第六册 宋紀

綱鑑易知録

卷六十四至
卷七十七

宋太祖建隆元年（公元九六〇年）起
南宋高宗建炎元年（公元一一二七年）止

中華書局

綱鑑易知錄卷六四

宋紀

太祖神德皇帝

姓趙名匡胤，事周世宗，拜殿前都點檢。世宗殂，恭帝年七歲，即位僅六月，匡胤遂篡周，廢恭帝爲鄭王而自立。在位十六年，壽五十歲而崩。

綱 庚申，（九六〇）周恭帝宗訓元年，宋太祖神德皇帝趙匡胤建隆元年，蜀主孟昶廣政二十三年，南漢主劉鋹大寶三年，北漢孝和帝劉鈞天會五年，南唐元宗李景十八年。是歲周亡宋代，新大國一，舊小國四，凡五國；吳越、荆南、湖南凡三鎭。春正月，周殿前都點檢趙匡胤稱皇帝，國號宋。廢周主宗訓爲鄭王，周侍衞副都指揮使韓通死之。

趙匡胤稱帝

目 匡胤涿州人，（治涿縣，在今河北涿縣東北。）四世祖朓，朓音挑。唐幽都令，（幽都，在今北京市內。）生珽，珽音挺。唐御史中丞。珽生敬，涿州刺史。敬生弘殷，周檢校司徒岳州防禦使。弘殷娶杜氏，生匡胤於洛陽夾馬營，（洛陽，即今河南洛陽市。）赤光繞室，異香經宿不散。及長，容貌雄偉，器度豁如，識者知其非常人。

仕周，補東西班行首，累官殿前都指揮使，掌軍政，凡六年，數從世宗征伐，薦立大功，薦同荐，屢也。人望歸之。世宗嘗於文書囊中得木，長三尺餘，題云「點檢作天子」。時張永德爲殿前都點檢，乃命匡胤代之。及宗訓立，加檢校太尉，領歸德節度使。（歸德節度使治宋州城，在今河南商丘市南。）時主少國疑，中外密有推戴之意。

顯德六年，冬十一月，鎭、定二州言：（鎭州治眞定縣，即今河北正定縣。定州治安喜縣，即今河北定縣。）「北漢會契丹兵入寇。」（北漢劉鈞都太原，在今山西太原市西南。）正月辛丑朔，遣匡胤率兵禦之。殿前副都點檢慕容延釗將前軍先發，釗音昭。都下讙言：讙音歡，譁也。「將以出軍之日，册點檢爲天子。」士民恐怖，爭爲逃匿之計，惟内廷晏然不知。癸卯，大軍繼出。軍校苗訓號知天文，見日下復有一日，黑光摩盪者久之，指示匡胤親吏楚昭輔曰：「此天命也。」

是夕次陳橋驛，（在今河南開封市北。）將士相聚謀曰：「主上幼弱，我輩出死力破敵，誰則知之！不如先册點檢爲天子，然後北征，未晚也。」都押衙李處耘具以事白匡胤弟供奉官都知匡義及歸德掌書記趙普。匡義、普部分都將環列待旦，遣牙隊軍使郭延贇馳騎入京，贇音賓。報殿前都指揮使石守信、都虞候王審琦，二人皆素歸心匡胤者。

甲辰黎明，將士逼匡胤寢所，匡義、普入帳中白之。匡胤時被酒臥，欠伸徐起，氣乏則欠，體疲則伸。將校已露刃列庭，曰：「諸將無主，願册太尉爲皇帝。」匡胤未及對，黄袍已加身矣。衆即羅拜呼萬歲，掖之上馬，掖，挾持也。還汴。（汴州，周都，在今河南開封市北。）匡胤攬轡曰：「汝等貪富貴，能從我命則可，不然我不能爲若主矣。」若，汝也。皆下馬曰：「願受命。」匡胤曰：「太后、主上，我北面事者，不得驚犯；公、卿皆我比肩，不得侵陵；朝市府庫，不得侵掠。用命

日下復有一日

陳橋謀變

黄袍加身

韓通謀帥衆禦趙匡胤

禪詔出陶穀袖中

天下自此定

有重賞，違不汝貰也。」貰音射，赦也。皆應曰：「諾。」遂肅隊而行。乙巳，入汴，先遣楚昭輔慰安家人，又遣客省使潘美見執政諭意。

時早朝未罷，聞變，范質執王溥手曰：「倉卒遣將，卒音猝。吾輩之罪也。」侍衛親軍副都指揮使韓通自禁中遑遽而歸，遑，急也。謀帥衆禦之。軍校王彥昇逐焉，通馳入其第，未及闔門，爲彥昇所害，妻子俱死。

匡胤進登明德門，命甲士歸營，而自退居公署。將士擁范質等至，匡胤見之流涕曰：「吾受世宗厚恩，爲六軍所迫，一旦至此，慚負天地，將若之何！」質等未及對，列校羅彥環挺劍厲聲曰：「我輩無主，今日必得天子！」質等相顧不知所爲。溥降階先拜，質不得已亦拜，遂請匡胤詣崇元殿行禪代禮，召百官至。晡時班定，晡，申時。猶未有禪詔，翰林承旨陶穀出諸袖中，遂用之。宣徽使引匡胤就庭，北面拜受；已，乃掖升殿，服衮冕，卽皇帝位。奉周主爲鄭王，符太后爲周太后，遷之西宮。大赦，改元。以所領歸德軍在宋州，國因號宋。定國運以火德王，色尚赤，臘用戌。華山隱士陳摶聞宋主代周，（華山，在今陝西渭南縣東。）曰：「天下自此定矣！」未幾，鎭州報北漢兵引還。

綱　宋贈周韓通爲中書令。

目　宋主贈通以旌其忠，仍詔以禮葬之。欲加王彥昇擅殺之罪；羣臣以建國之始，乞貰之。宋主猶怒，故終身不得節鉞。

綱 宋論翊戴功，加石守信等官爵。

綱 宋遣使分賑諸州。

綱 宋主以其弟光義爲殿前都虞候，光義即匡義。趙普爲樞密直學士。

綱 宋立太廟，追帝其祖考。立四親廟，尊高祖朓爲僖祖文獻皇帝，曾祖珽爲順祖惠元皇帝，祖敬爲翼祖簡恭皇帝，妣皆爲皇后，考弘殷爲宣祖昭武皇帝。

綱 宋主視學。

目 詔增葺祠宇，塑繪先聖、先賢像，塑音素。自爲贊書於孔顏座端，令羣臣分撰餘贊，屢臨幸焉。常謂侍臣曰：「朕欲盡令武臣讀書，知爲治之道。」於是臣庶始貴文學。

綱 二月，宋主尊其母杜氏爲太后。

目 后定州安喜人，治家嚴而有法。陳橋之變，后聞之曰：「吾兒素有大志，今果然矣！」及尊爲皇太后，宋主拜於殿上，羣臣稱賀，后愀然不樂。愀音悄。愀然，悚動之貌。左右進曰：「臣聞母以子貴。公羊傳隱公元年：「子以母貴，母以子貴。」今子爲天子，胡爲不樂？」后曰：「吾聞爲君難。天子置身兆庶之上，若治得其道，則此位可尊；苟或失馭，求爲匹夫不可得：是吾所以憂也。」宋主再拜曰：「謹受教。」

綱 宋以范質、王溥、魏仁浦同平章事，吳廷祚爲樞密使。

目 舊制，宰臣上殿，命坐而議大政；其進擬差除，但入執狀畫可，降出奉行而已。質

塑繪先聖先賢像

范質等相

范質請用劄子

李筠起兵伐宋

閭丘仲卿說李筠

等自以周朝舊臣，稍存形迹，且憚宋主英睿，乃請用劄子，（非表非狀者謂之劄子，唐人用以奏事。）面取旨，退各疏其事，同列書字以誌。宋主從之，坐論之禮遂廢。

綱 夏四月，周昭義節度使李筠起兵，（昭義節度使治潞州城，即今山西長治市。）會北漢伐宋；宋遣兵擊之。

目 宋遣使加筠中書令。使者至潞州，（昭義軍治。）筠欲拒之，賓佐切諫，乃延使者置酒，既而取周太祖畫像懸於壁，涕泣不已，賓佐惶駭。北漢主鈞聞之，乃以蠟書結筠同舉兵。（蠟書，以蠟爲丸，置書其中。）筠長子守節泣諫，筠不聽。遂起兵，令幕府爲檄，數宋主罪。執監軍周光遜等送於北漢以求濟師，又遣人殺澤州刺史張福，（澤州治晉城縣，在今山西晉城縣東。）據其城。

從事閭丘仲卿說筠曰：「公孤軍舉事，其勢甚危，雖倚河東之援，（河東即太原，北漢都。）恐亦不得其力。大梁甲兵精銳，（大梁即汴州，宋都。）難以爭鋒，不如西下太行，（太行山，在今河南沁陽縣西北，北入山西境。）直抵懷孟，（懷孟治懷州河內縣，即今河南沁陽縣。）塞虎牢，（關名，在今河南滎陽縣西北。）據洛邑，（即洛陽。）東向而爭天下，計之上也。」筠不能用。

北漢主自帥兵赴筠，筠迎謁於太平驛，言受周太祖恩，不敢愛死。北漢主與周世讎，（後漢爲周所滅。）不悅其說，因使其宣徽使盧贊監其軍。筠見漢兵弱少，而贊又來監，心甚悔，謀多不協，乃留守節守潞而自引衆南向。北漢主聞贊與筠異，復遣其平章事衞融和解之。

宋主遣石守信、高懷德、慕容延釗、王全斌分道擊之，仍敕守信等曰：「勿縱筠下太行，急引兵扼其險，破之必矣。」守信等敗筠兵於長平。（即戰國白起坑趙卒處，在今山西晉城縣西北。）

綱　五月，宋主自將圍澤州。六月，克其城，李筠死之。

目　宋主自帥大衆討筠。山路險峻多石，宋主先於馬上負數石，將士因爭負之，即日平爲大道，遂與守信等會，大敗筠衆於澤州南，殺盧贊。筠走保澤州，宋主列栅圍之。六月，宋將馬全義帥敢死士數十人攀堞而上，堞音疊，城上女垣。遂入其城。筠赴火死。獲衞融，融請死。宋主怒，以鐵檛擊其首，檛音打，杖也。流血被面。融呼曰：「臣得死所矣。」宋主曰：「忠臣也！」釋之，以爲太府卿。

北漢主懼，引師歸。宋主進攻潞州，守節以城降，宋主釋其罪，以爲單州團練使。單音善。（單州治單父縣，即今山東單縣。）

綱　秋七月，宋主還，以趙普爲樞密副使。

綱　荆南節度使高保融卒，弟保勖嗣。（荆南節度使治荆州城，即今湖北江陵縣。）

綱　冬十月，周淮南節度使李重進謀起兵拒宋。（淮南節度使治揚州城，即今江蘇揚州市。）十一月，宋主自將擊之，重進自焚死。

目　重進，周太祖之甥，與宋主同事周室，分掌兵權，常心憚宋主。宋主立，加重進中書令，移鎮青州。（治益都縣，即今山東益都縣。）重進心不自安，陰懷異志。及李筠舉兵，重進遣親吏翟守珣往潞陰結筠。守珣素識宋主，乃潛詣京師求見。宋主問曰：「我欲賜重進鐵劵，

李筠敗死

荆南高保勖嗣立

李重進死節

鐵券，符契也，以鐵鑴之，朱書字也。彼信我乎？」守珣曰：「重進終無歸順之志。」宋主厚賜守珣，令說重進緩其謀，無令二兇並作，分我兵勢。守珣歸，勸重進未可輕發，重進信之。既而宋主遣六宅使陳思誨賜之鐵券，重進欲治裝，隨思誨朝汴，（大梁。）左右沮之，猶豫不決。又自以周室懿親，恐不得全，遂拘思誨，治城繕兵，遣人求援於唐。（南唐李景，都金陵，在今江蘇南京市。）

宋拔淮南

唐主聞於宋，宋遣石守信、王審琦、李處耘、宋偓等分道討之。趙普勸宋主自行。十月，宋主發汴，十一月至廣陵，（即淮南。）即日拔之。城將陷，左右欲殺思誨，重進曰：「吾將舉族赴火死，殺此何益。」即盡室自焚，思誨亦被害。宋主入城，戮同謀者數百人。

綱 唐主遣子朝宋主于揚州。十二月，宋主還汴。

竇儀重入翰林

綱 宋以竇儀爲翰林學士。

目 翰林學士王著以酒失貶官，宋主謂宰相曰：「深嚴之地，當使宿儒處之。」范質等對曰：「竇儀清介重厚，然已自翰林遷端明矣。」（端明殿學士。）宋主曰：「非斯人不可。卿當諭以朕意，勉令就職。」即日復入翰林。宋主嘗召儀草制，至苑門，儀見宋主岸幘跣足而坐，（幘音謫。露額曰岸，髮有巾曰幘。跣足，赤足也。）卻立不肯進，宋主遽索冠帶而後召入。儀曰：「陛下創業垂統，宜以禮示天下，恐豪傑聞而解體。」宋主斂容謝之，自是對近臣未嘗不冠帶。

綱 辛酉，（九六一）宋建隆二年。是歲凡五國、三鎮。春二月，唐徙都洪州。（治南昌縣，即今江西南昌市。唐徙都之，昇爲南昌府。）

杜太后屬宋祖

綱　夏六月，宋太后杜氏殂。

目　后疾，宋主侍藥餌不離左右。疾革，革讀棘，亟也。召趙普入受遺命，且問宋主曰：「汝知所以得天下乎？」宋主曰：「皆祖考及太后之餘慶也。」后曰：「不然。正由柴氏使幼兒主天下爾。若周有長君，汝安得至此！汝百歲後，當傳位光義，光義傳光美，光美傳德昭。德昭，太祖子。夫四海至廣，能立長君，社稷之福也。」宋主泣曰：「敢不如教。」后顧謂普曰：「爾同記吾言，不可違也。」普卽榻前爲誓書於紙尾，署曰「臣普記」，藏之金匱，金匱，以誓書藏之匱中而緘之以金，不欲人開之。命謹密宮人掌之；遂殂。

解石守信等兵權

綱　秋七月，宋罷其侍衛都指揮使石守信等典禁兵。

目　石守信、王審琦等皆宋主故人，有功，典禁衛兵。普數以爲言，宋主曰：「彼等必不吾叛，卿何憂之深邪？」普曰：「臣亦不憂其叛也。然熟觀數人者，皆非統御才，恐不能制伏其下，則軍伍閒萬一有作孽者，彼臨時亦不能自由爾。」宋主悟。

宋主諭諸臣

一日因晚朝與守信等飲，酒酣，屏左右謂曰：「朕非卿等不及此，然天子亦大艱難，殊不若爲節度使之樂，朕終夕未嘗敢安枕臥也。」守信等請其故，宋主曰：「是不難知，此位誰不欲爲。」守信等頓首曰：「陛下何爲出此言？今天命已定，誰復有異心。」宋主曰：「卿等固然；其如麾下欲富貴何。一旦有以黃袍加汝身，汝雖欲不爲，其可得乎？」守信等泣謝曰：「臣等愚不及此，惟陛下哀矜，指示可生之途。」宋主曰：「人生如白駒過隙，所以好富貴者，不過

生死肉骨

南唐李煜

欲多積金錢，厚自娛樂，使子孫無貧乏爾。卿等何不釋去兵權，出守大藩，擇便好田宅市之，爲子孫立永遠不可動之業。多置歌兒舞女，日夕飲酒相歡，以終天年。朕且與卿等約爲婚姻，君臣之閒，兩無猜疑，上下相安，不亦善乎？」守信等皆謝曰：「陛下念臣等至此，所謂生死而肉骨也。」國語：「起死人而肉白骨。」明日皆稱疾，乞罷典兵。宋主從之，以守信爲天平節度使，（天平軍節度使治鄆州城，即今山東東平縣。）高懷德爲歸德節度使，王審琦爲忠正節度使，（忠正軍節度使治下蔡縣，即今安徽鳳臺縣。）張令鐸爲鎭寧節度使，（鎭寧軍節度使治澶州城，即今河南濮陽縣。）皆罷宿衞就鎭，賜賚甚厚，唯守信兼職如故，其實兵權不在也。

綱 宋主以其弟光義爲開封尹，光美爲興元尹。（興元府即梁州，治南鄭縣，即今陝西漢中市。）

綱 八月，唐主景殂，子煜立于金陵。煜音欲。

目 景方議東還，以疾卒於南都，洪州。太子煜時留建康，（即金陵，南唐都。）遂即位。遣其戶部尙書馮謐奉父遺表於宋，謐音密。願追尊帝號，宋主許之。煜初名從嘉，聰悟好學，善屬文，工書畫，明音律。

綱 壬戌，（九六二）宋建隆三年，唐後主煜元年。是歲凡五國、三鎭。春正月，宋廣東京城。

目 宋主既廣汴城，且命有司畫洛陽宮殿，按圖脩之，以韓重贇董其役。贇音賓。營繕既畢，宋主坐寢殿，令洞開諸門，皆端直軒豁，無有壅蔽，謂左右曰：「此如我心，若有邪曲，人皆見之矣。」

綱 二月，宋初詔常參官轉對。

目 每五日內殿起居，百官以次轉對，指陳時政得失。事關急切者，許非時上章。

綱 宋令大辟，諸州不得專決。禮文王世子：「其死罪，則曰某之罪，在大辟。其刑罪，則曰某之罪，在小辟。」

大辟不得專決

目 宋主謂宰臣曰：「五代諸侯跋扈，有枉法殺人者，朝廷置而不問。人命至重，姑息藩鎮，姑息，苟安也。檀弓曾子曰：「君子之愛人也以德，細人之愛人也以姑息。」當如是邪！自今諸州決大辟，錄案聞奏，付刑部詳覆之。」

綱 冬十月，宋以趙普為樞密使。

綱 宋主匡胤遷鄭王宗訓于房州。（治房陵縣，即今湖北房縣。）

趙匡胤遷故主于房州

綱 武平節度使周行逢卒，（武平節度使治朗州城，即今湖南常德市。）子保權嗣。年十一矣。

綱 十一月，荊南節度使高保勖卒，兄子繼沖嗣。繼沖，保融子。

綱 十二月，湖南將張文表襲潭州，（湖南節度使治潭州城，即今湖南長沙市。）據之。

目 初，周行逢病，亟召將校屬其子保權曰：「吾部內兇很者誅之略盡，惟張文表在耳。我若死，文表必亂，諸君善佐吾兒，無失土宇。必不得已，當舉族歸朝，無令陷於虎口。」及保權嗣位，文表聞之，怒曰：「我與行逢俱起微賤，立功名，今日安能北面事小兒乎！」會保權遣兵代永州戍，（永州治零陵縣，即今湖南零陵縣。）道出衡陽，（即今湖南衡陽市。）文表遂驅之以襲潭州。知留後廖簡素易文表，不設備。文表兵徑入府中，簡方燕客醉，被殺，文表遂據潭州。又將取朗陵，（即朗州。）以滅周氏。保權遣楊師璠擊之，璠音煩。且求援於宋。

綱　癸亥，（九六三）宋乾德元年。是歲凡五國、一鎮。春正月，宋初以文臣知州事。

目　五代諸侯彊盛，朝廷不能制，每移鎮受代，先命近臣諭旨，且發兵備之，尚有不奉詔者。宋初異姓王及帶相印者不下數十人，宋主用趙普謀，漸削其權，或因其卒，或因遷徙致仕，或因遙領他職，皆以文臣代之。

（宋初以文臣知州事）

綱　宋遣慕容延釗、李處耘假道荆南討張文表。二月，周保權執文表誅之。處耘襲江陵，（江陵即荆南治。）高繼沖以荆南降。

（南平亡）

綱　延釗進克潭州，周保權遣兵逆戰，敗走，延釗遂入朗，執保權以歸。

（宋取湖南）

綱　宋天雄節度使符彥卿入朝。（天雄軍治魏州城，在今河北大名縣東。）

目　宋主欲使彥卿典兵，趙普屢諫，不聽。宣已出，復懷入，從容言之，宋主曰：「朕待彥卿厚，豈忍相負邪！」普曰：「陛下何以能負周世宗？」宋主默然，事遂寢。

綱　夏四月，宋初置諸州通判。

（宋初置諸州通判）

目　詔設通判於諸州，凡軍民之政皆統治之，事得專達，與長吏均禮。大州或置二員。又令節鎮所領支郡皆直隸京師，得自奏事，不屬諸藩。於是節度使之權始輕，用趙普之言也。

宋初以常參官知縣事

綱　宋初以常參官知縣事。

目　符彥卿久鎭大名，（卽魏州，天雄軍節度使治。）專恣不法，屬邑頗不治，故特選常參官彊幹者往涖之，自是遂著爲令。

宋毀白起像

綱　秋七月，宋主幸武成王廟，毀白起像。（唐玄宗開元十九年，令兩京及諸州置姜太公廟，封武成王，以張良、白起、韓信等配享。）

目　宋主歷觀武成王廟兩廡，指白起曰：「起殺已降，（秦將白起坑殺趙降卒四十萬人，見卷七周赧王五十五年。）不武之甚，豈宜受享！」命去之。

宋取北漢樂平

綱　八月，宋侵北漢，取樂平；（在今山西陽泉市東南。）契丹救之，不及。

目　宋將王全斌攻取北漢樂平，詔以爲平晉軍。

綱　宋殺其殿前都虞候張瓊。

目　初，宋主爲周將，瓊隸帳下，嘗以身蔽宋主，中弩矢，死而復蘇。及宋主卽位，擢典禁兵。會殿前都虞候闕，宋主曰：「殿前衞士如狼虎者，不啻萬人，非瓊不能統制。」卽命瓊爲之。遷嘉州防禦使。時軍校史珪、石漢卿以數言外事，得幸於宋主，瓊輕侮之，二人因譖瓊養部曲百餘人，擅威福。宋主召瓊面訊之，不伏。宋主怒，令擊之，漢卿卽奮鐵檛擊其首，血流氣絕，乃曳出下吏。曳音葉，拖也。瓊自知不免，解所繫帶以遺母，卽自殺。宋主旋聞瓊家無餘財，甚悔，責漢卿，厚恤其家。

綱 九月，宋貶李處耘爲淄州刺史。處耘與慕容延釗不協，更相論奏。朝議罪處耘，遂貶。（淄州治淄川縣，卽今山東淄川縣。）

綱 北漢以契丹攻宋平晉軍，宋將郭進救却之。

郭進用人

目 進從征澤潞，（卽昭義軍，見上。）遷洛州防禦使，（洛州卽洛陽，治河南縣，卽今河南洛陽市。按宋史郭進傳作「洛州」。）充西山巡檢，御下嚴毅。宋主遣戍卒，必諭之曰：「汝輩謹奉法。我猶貸汝，郭進殺汝矣。」嘗有軍校自西山詣汴，誣訟進不法事，宋主詰知其情，送進，令殺之。會北漢來伐，進語其人曰：「汝敢論我，信有膽氣。今貰汝罪，汝能掩殺敵兵，當卽薦汝；如敗，可自投河東。」其人踴躍赴戰，大致克捷，進卽以聞，乞還其職，宋主從之。

趙普相

綱 甲子，（九六四）宋乾德二年。是歲凡五國、一鎭。春正月，宋范質、王溥、魏仁浦罷，以趙普同平章事。

宋祖雪夜幸趙普家

目 普既相，以天下爲己任，宋主倚任之，事無大小，悉咨決焉。宋主數微行，私出也。過功臣家。普每退朝，不敢去衣冠。一日大雪，向夜，普意宋主不出，久之，聞叩門聲，普亟出，宋主立風雪中。普皇恐迎拜。宋主曰：「已約光義矣。」已而光義至，設重茵地坐，茵音因，褥也。堂中熾炭燒肉，普妻行酒至，宋主以嫂呼之。因與普計下太原。普曰：「太原當西北二面，太原既下，則我獨當之，不如姑俟削平諸國，則彈丸黑子之地，彈丸黑子喩小也。將安逃乎。」宋主曰：「吾意正如此，特試卿耳。」

商取太原

宋主又嘗以幽、燕地圖示普，問進取之策。普曰：「圖必出曹翰。」宋主曰：「然。」因曰：「翰可取否？」普曰：「翰可取，孰可守？」宋主曰：「以翰守之。」普曰：「翰死，孰可代？」宋主默然，良久曰：「卿可謂深慮矣。」

商取幽燕

普嘗薦某人爲某官，宋主不許；明日復奏，亦不許；明日又奏，宋主大怒，裂碎奏牘擲地，普顔色不變，跪而拾之以歸。他日補綴舊牘，復奏如初，宋主乃悟，卒用其人。又有羣臣當遷官，宋主素惡其人，不與。普堅以爲請，宋主怒曰：「朕固不與遷，卿若之何？」普曰：「刑賞天下之刑賞，陛下豈得以喜怒專之。」宋主怒甚，起，普亦隨之。宋主入宮，普立宮門，久之不去，竟得俞允。其剛毅果斷類如此。然多忌克，屢以微時所不足者爲言。宋主曰：「若塵埃中可識天子、宰相，則人皆物色之矣。」自是不復敢言。

趙普奏用人

趙普請遷官

綱　夏四月，宋以薛居正、呂餘慶參知政事。

目　宋主以趙普獨相，欲置副而難其名稱，問翰林承旨陶穀曰：「下宰相一等有何官？」對曰：「唐有參知政事。」乃以樞密直學士薛居正、兵部侍郎呂餘慶並以本官參知政事，不押班、宣制、知印，不預奏事，不升政事堂，止令就宣徽使廳上事，殿廷別設甎位，敕尾署銜降宰相，月俸雜給半之，未欲與普齊也。

綱　六月，宋主以其子德昭爲貴州防禦使。（貴州治鬱林縣，即今廣西貴縣。）

目　故事，皇子出閤卽封王，宋主以德昭未冠，特殺其禮。

宋頒刑統

劉鋹極刑

宋伐蜀

蜀張廷偉說王昭遠

綱 秋七月，宋頒刑統。判大理寺竇儀所重定也。

綱 九月，宋攻南漢郴州，（南漢劉鋹都廣州，即今廣東廣州市。郴州治郴縣，即今湖南郴縣。）克之。

目 宋潘美、尹崇珂帥兵攻南漢郴州，克之，獲其內侍韓延業。宋主訪其國政，延業具言其主作燒煮、剝剔、刀山、劍樹之刑，或令罪人鬬虎、抵象，抵，觸也。又賦斂繁重，邕民入城者人輸一錢。邕音雍。（邕州治宣化縣，即今廣西南寧市。）宋主驚駭曰：「吾當救此一方民！」時方謀下蜀，（蜀，孟昶。）未遑也。

綱 冬十一月，宋范質卒。

目 質遺命其子勿請謚立碑。宋主弟光義嘗稱之曰：「宰輔中能循規矩，愼名器，（左傳成公二年：「唯器與名，不可以假人。」注：「器，車服。名，爵位。」）持廉節，無出質右者，但欠世宗一死，爲可惜爾。」

綱 蜀約北漢侵宋，宋遣忠武節度使王全斌等伐之。（忠武節度使治許州城，即今河南許昌市。）

目 初，宋主欲謀伐蜀，以張暉爲鳳州團練使，（鳳州治梁泉縣，即今陝西鳳縣東北鳳州城。）暉盡得蜀虛實、險易以聞，宋主大悅。已而蜀山南節度判官張廷偉，（山南節度使治梁州，即今陝西漢中市。）說知樞密院事王昭遠曰：「公素無勳業，一旦位至樞近，不自建立大功，何以塞時論！莫若通好并州，（并州即太原，謂北漢。）令發兵南下，我自黃花、子午谷出兵應之，（黃花，地名，在今陝西鳳縣北。子午谷，在今陝西西安市南子午鎭。）使中原表裏受敵，則關右之地可撫而有。」昭遠然其言，勸蜀主遣趙彥韜等，以蠟書閒行約北漢濟河同擧兵。閒行，從微道而行。至汴，彥韜潛取其書以獻宋主。宋主得書笑曰：「西討有名矣。」乃命王全斌爲西川行營都部署，（西川卽蜀都成都，今四川成都市。）劉光義、崔彥進副之，王仁贍、曹彬爲都監，將步騎六萬分道伐蜀。且謂全斌曰：「凡克城寨，止籍其器甲芻糧，悉以財帛分給將士，吾所欲得者其土地耳。」全斌及彥進等由鳳州進，光義及彬等由歸州進。（歸州治秭歸縣，卽今湖北秭歸縣。）蜀主聞之，以王昭遠爲都統，趙崇韜爲都監，韓保正爲招討使，李進副之，帥兵拒宋。命左僕射李昊餞於郊，昭遠酒酣，攘臂言曰：「吾此行非止克敵，取中原如反掌耳。」手執鐵如意指麾軍事，自比諸葛亮。

綱　十二月，宋王全斌入蜀興州，（治順治縣，卽今陝西略陽縣。）擒其招討使韓保正，蜀兵大潰。

宋入興州

綱　宋將劉光義、曹彬克蜀夔州，（治奉節縣，卽今四川奉節縣。）蜀寧江制置使高彥儔死之。

宋克夔州

綱　宋命判太常寺和峴定雅樂。峴音賢，上聲。

定雅樂

綱　乙丑，（九六五）宋乾德三年。是歲宋滅蜀，凡四國、一鎭。春正月，宋王全斌攻蜀劍門，（在今四川劍閣縣東北。）克之，獲其都統王昭遠。

宋獲蜀都統

綱　宋劉光義、曹彬取蜀五州。

宋取蜀五州

目　光義克蜀萬、施、開、忠四州。（萬州治南浦縣，卽今四川萬縣市。施州治淸江縣，卽今湖北恩施縣。

開州治盛山縣，即今四川開江縣。忠州治臨江縣，即今四川忠縣。）遂州知州陳愈以城降。（遂州治方義縣，即今四川遂寧縣。）時諸將所過咸欲屠戮以逞，獨曹彬禁止之，故峽路兵始終秋毫無犯。（峽謂三峽，在今四川、湖北間。）

曹彬仁將

後蜀亡

綱 蜀太子玄喆將兵禦宋，喆音哲。至綿州遁還。（綿州治巴西縣，即今四川綿陽縣。）王全斌進次魏城，（縣名，在今四川綿陽縣東北。）蜀主昶降。

目 蜀主聞昭遠敗，大懼，出金帛募兵，令太子玄喆統之。李廷珪、張惠安等爲之副，趨劍門以禦宋師。玄喆素不習武，廷珪、惠安皆庸懦無識，至綿州，聞已失劍門，遂遁還東川。（治梓州城，即今四川三台縣。）蜀主皇駭，已而全斌進次魏城，蜀主命李昊草表請降。全斌受之，遂入城，劉光義等亦引兵來會。

世脩降表李家

前蜀之亡也，（前蜀亡在後唐莊宗同光三年。）降表亦昊爲之，蜀人夜書其門曰「世脩降表李家。」宋師自發汴至受降，凡六十六日。

解紫貂裘帽賜王全斌

初，全斌之伐蜀也，屬汴京大雪，屬，會也。宋主設氈帷於講武殿，衣紫貂裘帽以視事。忽謂左右曰：「我被服如此，體尚覺寒，念西征將士衝冒霜雪，何以堪處！」即解裘帽，遣中使馳賜全斌，仍諭諸將曰：「不能徧及也。」全斌拜賜感泣，故所向有功。

宋兩川軍亂

綱 三月，宋兩川軍亂。兩川謂西川、東川。

目 王全斌、崔彥進、王仁贍等在蜀，晝夜宴飲，不恤軍務，縱部下掠女子，奪財物，蜀人苦之。曹彬屢請旋師，全斌等不從。既而宋主詔發蜀兵赴汴，並優給裝錢，全斌等擅減其數，仍縱部曲侵擾之。蜀兵憤怨，思亂。三月，蜀兵行至綿州，遂作亂，劫屬邑，衆至十餘萬，獲蜀文州刺史全師雄，（文州治曲水縣，在今甘肅文縣西北。）推以爲帥，率衆攻彭州，（治九隴縣，即今四川彭縣。）據之，自稱「興蜀大王」，兩川民爭應之。全斌等退保成都。

興蜀大王

綱　宋初置諸路轉運使。

置諸路轉運使

目　自唐天寶以來，（天寶，唐玄宗年號。）藩鎮屯重兵，租稅所入皆以自贍，名曰留使、留州；其上供者甚少。五代藩鎮益彊，率令部曲主場務，厚斂以入己，而輸貢有數。宋主素知其弊，趙普乞命諸州度支經費外，凡金帛悉送汴都，無得占留。每藩鎮帥缺，即令文臣權知所在場務。凡一路之財，置轉運使掌之，雖節度、防禦、團練、觀察諸使及刺史皆不預簽書金穀之籍。於是，財利盡歸於上矣。

收方鎮利權

綱　夏六月，宋賜孟昶爵秦國公，尋卒。

孟昶卒

目　蜀主昶舉族與官屬至汴，率子弟素服待罪闕下。宋主御崇元殿，備禮見之，賜賚甚厚，拜昶檢校太師，兼中書令，封秦國公，子玄喆爲大寧軍節度使。（大寧軍節度使，在今四川巫溪縣。）昶尋卒，昶母李氏不肯哭，以酒酹地曰：「汝不死社稷，貪生以至今日。吾所以忍死者，以汝在爾。今汝既死，吾何用生焉！」不食數日亦死。宋主聞而傷之。宋主嘗見昶寶裝溺器，命撞碎之，曰：「以七寶飾此，當以何器貯食！所爲如是，不亡何待！」

孟昶母

孟昶寶裝溺器

封椿庫

綱 秋八月，宋選諸道兵入補禁衛。

綱 宋置封椿庫。椿音莊。

目 宋主平荆、湖、西蜀，荆，荆南高繼沖。湖，湖南馬希崇。蜀，孟昶。收其金帛，別爲內庫儲之，號封椿，凡歲終用度之餘皆入之，以爲軍旅饑饉之備。宋主嘗諭近臣曰：「石晉割幽、燕以賂契丹，使一方獨限外境，朕甚憫之。欲俟斯庫所蓄滿三五萬，遣使謀於彼，儻肯以地歸於我，則以此酬之；不然朕當散滯財，募勇士，以圖攻取也。」尋又鑿大池於京城南，號講武池，選精卒習戰池中，宋主常臨視之。

講武池

綱 丙寅，（九六六）宋乾德四年。是歲凡四國、一鎮。夏閏五月，宋求遺書。

宋求遺書

綱 冬十一月，宋竄儀卒。

目 初，宋主將改元，諭宰相曰：「年號須擇前代所未有者。」及蜀平，蜀宮人入內，宋主見其鏡背有識「乾德四年鑄」者，召儀問之。儀對曰：「此必蜀物，蜀主王衍嘗有此號。」宋主大悅曰：「宰相須用讀書人。」由是益重儒者。

綱 十二月，宋兩川平。

綱 韃靼入貢于宋。

綱 丁卯，（九六七）宋乾德五年，是歲凡四國、一鎮。春正月，宋王全斌等有罪，徵還，貶官有差。以曹彬爲宣徽南院使。

貶王全斌等

目　宋主自聞蜀兵亂，凡使者至，各令陳王全斌等不法事，因盡得其狀，乃皆徵還。以其初立功，不欲屬吏，但令中書問狀。全斌等具伏黷貨殺降之罪，遂責降全斌崇義節度留後，崔彥進昭化節度留後，王仁贍右衞大將軍。以劉光義等廉謹，並進爵秩。復召呂餘慶參知政事。

仁贍等歷詆諸將，冀以自免，獨曰：「清廉畏愼，不負陛下者，曹彬一人爾。」彬之還也，橐中惟圖書衣衾，又能戢下，於是賞彬特優。彬入謝曰：「諸將皆獲罪，臣不敢奉詔。」宋主曰：「卿有茂功，又不矜伐。懲勸，國之常典，可無遜。」

賞曹彬

綱　二月，宋以沈義倫爲樞密副使。

沈義倫爲樞密副使

目　義倫爲西川轉運使，隨軍入蜀，獨居佛寺蔬食，有以珍異獻者，皆却之。及歸，篋中惟書數卷而已。篋音怯。宋主嘗問曹彬以官吏善否，彬曰：「臣止監軍旅，至於采察官吏，非所職也。」固問之，曰：「義倫可用。」宋主嘉之，故有是命。

綱　三月，五星聚奎。

目　周顯德中，顯德，世宗年號。竇儼與盧多遜、楊徽之同爲諫官，儼善步星曆，嘗謂徽之等曰：「丁卯歲五星聚奎，自此天下太平。二拾遺見之，儼不與也。」卒如其言。

綱　戊辰，（九六八）宋開寶元年，北漢主繼元廣運元年，是歲凡四國、一鎭。春二月，宋主立宋氏爲后。

目　宋主元配賀氏早卒，建隆初冊繼室王氏爲后，乾德元年殂，至是立宋氏爲后。后，左衞上將軍偓之女也。

綱 三月，宋覆試貢士。

目 知貢舉王裕上進士合格者十八人，陶穀子邴名在第六。宋主謂左右曰：「聞穀不能訓子，邴安得登第？」因詔：「自今舉人，凡關食祿之家，悉委中書覆試。」

綱 夏六月，宋以董遵誨爲通遠軍使。（通遠軍治夏州城，在今陝西横山縣西。）

目 遵誨父宗本，仕漢爲隨州刺史，（隨州治隨縣，即今湖北隨縣。）宋主微時往依焉。遵誨憑藉父勢，憑音平。常侮之。一日謂宋主曰：「每見城上有紫雲如蓋，又夢登高臺遇黑蛇，約長百尺餘，俄化龍，飛騰東北去，雷電隨之。是何祥也？」宋主皆不對。他日論兵，遵誨理屈，拂衣起，宋主乃辭宗本去。及卽位，遵誨被召，伏地請死。宋主諭之曰：「卿尙記曩日紫雲、黑蛇之事乎？」遵誨再拜呼萬歲。俄而部下卒訴其不法十餘事，遵誨皇恐待罪。宋主曰：「朕方赦過賞功，豈念舊惡邪。」至是以夏州近邊，授通遠軍使。遵誨至鎭，召諸族酋長，諭以朝廷威德，衆皆感悅。後數月，復來擾邊，遵誨率兵深入其境，俘斬甚衆，獲羊馬數萬，夷落以定。

綱 秋七月，北漢主鈞殂，養子繼恩立。

綱 八月，宋遣李繼勳將兵伐北漢。

綱 九月，北漢司空郭無爲弑其主繼恩，而立其弟繼元。

宋覆試貢士

紫雲黑龍

伐北漢

北漢劉繼元立

雷德驤忠直

祖宗寧識禮器

綱 宋李繼勳敗北漢兵于銅鍋河，進薄太原。薄音博，逼也。

綱 冬十月，宋貶雷德驤爲商州司戶參軍。（商州治上洛縣，卽今陝西商縣。）

目 德驤判大理寺，寺之官屬與堂吏附會宰相趙普，增減刑名。德驤憤惋，求見宋主，面白其事。未及引對，卽直詣講武殿奏，辭氣俱厲，幷言普彊市人第宅，聚斂財賄。宋主怒，叱之曰：「鼎鐺尚有耳，鐺音撐。鐺，釜屬。汝不聞趙普吾社稷臣乎！」引柱斧擊折其上齶二齒，齶音萼，齒根肉也。命左右曳出之，曳音葉，拖也。詔處以極刑。既而怒解，止，以闌入之罪黜之。（妄入曰闌入。）

綱 十一月，契丹救北漢，宋李繼勳引還，北漢遂入宋晉、絳州。（晉州治臨汾縣，卽今山西臨汾縣。絳州治正平縣，在今山西侯馬市西北。）

綱 宋主享太廟，翌日郊。

目 初，宋主入太廟，見其所陳籩豆、簠簋，問曰：「此何物也？」左右以禮器對。宋主曰：「吾祖宗寧識此。」亟命撤去，進常膳如平生。既而曰：「古禮不可廢也。」命復設之。判太常寺和峴請遵唐故事，每室加常食一牙盤，從之。自是三年而郊，郊必先享太廟，禮畢加恩肆赦，以爲常制。

綱 己巳，（九六九）宋開寶二年，是歲凡四國、一鎮。春二月，契丹弑其主兀律于懷州。（懷州，遼置，當在今遼寧境。）

宋主自將伐北漢 契丹耶律賢立

綱 宋主自將擊北漢，三月，圍太原。

綱 契丹耶律賢立。

綱 夏四月，契丹復救北漢，宋韓重贇等擊敗之。

綱 閏五月，宋主引還。

宋罷王彥超等節鎮

綱 冬十月，宋罷王彥超等節度使。

目 鳳翔節度使王彥超及諸藩鎮入朝，（鳳翔節度使治岐州城，在今陝西鳳翔縣南。）宋主宴於後苑，酒酣，從容謂之曰：「卿等皆國家宿舊，久臨劇鎮，王事鞅掌，詩小雅北山篇「或王事鞅掌」，注：「鞅掌，失容也。言事煩勞，不暇爲儀容也。」非朕所以優賢之意也。」彥超諭意，卽前奏曰：「臣本無勳勞，久冒榮寵；今已衰朽，乞骸骨歸丘園，臣之願也。」安遠節度使武行德、護國節度使郭從義、定國節度使白重贊、保大節度使楊廷璋，競自陳攻戰閥閱及歷履艱苦。古者人臣功有五品，明其等曰閥，積日曰閱。宋主曰：「此異代事，何足論！」明日皆罷鎮，奉朝請。不爲官無員，惟奉朝請而已。春曰朝，秋曰請。

綱 庚午，（九七〇）宋開寶三年，是歲凡四國、一鎮。春正月，宋徵處士王昭素爲國子博士。

目 昭素，酸棗人，（酸棗縣，卽今河南延津縣。）有學行，宋主召見便殿，年已七十餘，問以治世養身之術，對曰：「治世莫若愛民，養身莫若寡慾。」宋主愛其言，書於屏几。

省官增俸

綱 秋七月，宋省州縣官，增其俸。

目　詔曰：「吏員猥多，難以求治；俸祿鮮薄，未可責廉。與其冗員而重費，不若省官而益俸。諸州縣宜以戶口爲率，差減其員，（差音蔡，較也。）舊俸月增給五千。」

綱　九月，宋遣潘美將兵伐南漢。冬十月，克賀、昭等州。（賀州治臨賀縣，即今廣西賀縣。昭州治平樂縣，在今廣西平樂縣西南。）

綱　十二月，南漢將李承渥帥兵拒宋；潘美進擊，大敗之，遂拔韶州。（治曲江縣，即今廣東韶關市。）

南漢降宋

綱　辛未，（九七一）宋開寶四年。是歲宋滅南漢，唐改號江南，凡三國、一鎮。春二月，宋潘美大破南漢兵于馬逕，（即馬鞍山，在今廣州市境內。）遂克廣州。南漢主鋹降。

綱　宋加潘美山南東道節度使。（山南東道治襄州城，在今湖北襄樊市。）

綱　夏六月，宋誅南漢宦者龔澄樞、李托，賜劉鋹爵恩赦侯。

劉鋹工巧

目　鋹至汴，宋主遣呂餘慶問鋹反覆之罪，鋹歸罪龔澄樞、李托。明日，宋主命大理卿高繼申引澄樞、托斬於千秋門外，釋鋹罪，封恩赦侯。

鋹體質豐碩，眉目俱竦，有口辯，性絕巧。嘗以珠結鞍勒爲戲龍之狀，極其精妙，以獻，宋主謂左右曰：「鋹好工巧，習以成性，儻能移於治國，豈至滅亡哉！」

劉鋹疑酒有毒

鋹在國時，多置酖毒臣下。一日從宋主幸講武池，從官未集，鋹先至，賜以卮酒，鋹疑有毒，泣曰：「臣承祖父基業，違拒朝廷，勞王師致討，罪固當誅。陛下既待臣以不死，願爲大梁布衣，覩太平之盛，未敢飲此酒。」宋主笑曰：「朕推赤心於人腹中，安有此事。」命取銀酒自飲，而別酌以賜鋹。鋹大慙謝。

【綱】宋御史中丞劉溫叟卒。

【目】溫叟爲中丞十二年，屢求解職，宋主難其代，不許，至是卒。溫叟重厚淸介，好古執禮。一日晚過明德門西闕前，宋主方與中黃門數人登樓，溫叟知之，令傳呼依常而過。翌日請對，且言「人主非時登樓，則下必希望恩賞。臣所以呵導而過，欲示衆以陛下非時不登樓也。」宋主善之。

【綱】冬十一月，唐貶國號曰江南，遣使朝宋。

【目】唐主因南漢亡，懼甚，使其弟從善上表於宋，乞去國號，改印文爲「江南國主，」且請賜詔呼名。宋主許之。

先是，唐主以銀五萬兩遺趙普，普以白宋主，宋主曰：「此不可不受，但以書答謝，少賂其使者可也。」普辭。宋主曰：「大國之體，不可自爲削弱，當使之弗測。」及從善來朝，常賜外，密賚白金如遺普之數。唐君臣皆驚駭，服宋主之偉度。

【綱】壬申，（九七二）宋開寶五年，是歲凡三國、一鎭。春二月，江南主殺其南都留守林仁肇。（唐以洪州爲南都，卽今江西南昌市。）

【目】初，仁肇密陳：「淮南戍兵少，（淮南節度使治揚州城，卽今江蘇揚州市。）宋前以滅蜀，今又取

唐貶號江南

嶺南，（南漢。）道遠師疲，願假臣兵數萬，自壽春徑渡，（壽春，即今安徽壽縣。）復江北舊境。彼縱來援，臣據淮禦之，勢不能敵。兵起日，請以臣叛聞於北朝。事成，國享其利；敗則族臣家，明陛下無二心。」江南主不聽。

宋計除林仁肇

宋忌仁肇威名，賂其侍者，竊取仁肇畫像懸別室，引江南使者觀之。問「何人？」使者曰：「林仁肇也。」曰：「仁肇將來降，先持此爲信。」又指空館曰：「將以此賜仁肇。」使者歸白江南主，江南主不知其閒，（閒音諫。）酖殺仁肇。

綱 夏五月，大雨，河決；宋主出宮人。

綱 秋九月，宋以辛仲甫爲西川兵馬都監。

宋用文臣分治大藩

目 宋主問趙普以文臣有武幹者，普以左補闕辛仲甫對，宋主遂用之，因謂普曰：「五代方鎭殘虐，民受其禍。朕今用儒臣幹事者百餘人，分治大藩，縱皆貪濁，亦未及武臣一也。」

綱 癸酉，（九七三）宋開寶六年。是歲凡三國、一鎭。春二月，鄭王郭宗訓卒，宋人葬之，謚曰周恭帝。

宋初殿試貢士

綱 宋初殿試貢士。

目 翰林學士李昉知貢舉，有進士徐士廉訴昉用情取舍。宋主乃擇終場下第，并已舉者，親御講武殿，給紙筆別試，得進士諸科百二十五人；皆賜及第，且賜錢二十萬以張宴會。責昉爲太常少卿。殿試遂爲永制。

綱 夏五月，宋行開寶通禮。

目 初，宋主命李昉、劉溫叟重定開元禮，附以國朝制度損益，爲書二百卷，號通禮，至是行之。

綱 秋八月，宋趙普免。

目 普獨相十年，爲政頗專，嘗以私怨誣馮瓚、李美、李檝，檝音楫。以贓論死，廷臣多忌之。

宋主嘗幸其第，會吳越遣使致書於普，吳越，錢弘俶。及海物十瓶，置於廡下，廡音武。未及發而宋主至，倉卒不暇屏，卒音猝。宋主顧問「何物？」普以實對。宋主曰：「海物必佳。」即命啓之，皆瓜子金也。普皇恐謝曰：「臣未發書，實不知。」宋主曰：「第受之。彼謂國家事，皆由汝書生爾。」

時官禁私販秦、隴大木，（秦謂關中，即今陝西。隴謂隴山，指今甘肅。）普遣親吏詣市屋材，聯巨筏至汴治第，吏因之竊貨大木冒稱普市，貨鬻都下。三司使趙玭以聞，宋主大怒，即欲逐普，王溥力爲救解，得止。盧多遜與普不協，數因入對短普，宋主滋不悅。

初，雷德驤之貶商州也，知州奚嶼希普意，嶼音序。奏德驤怨望，坐削籍，流靈武。（即今寧夏靈武縣。）其子有鄰意普害之，擊登聞鼓，訴中書不法事。宋主怒，悉下御史獄鞫實。鞫音

宋行開寶通禮

海物皆瓜子金

菊，推窮罪也。始疑普，詔呂餘慶、薛居正與普更知印押班奏事，以分其權。普不自安，求罷政，遂出爲河陽三城節度使，（河陽三城，在今河南孟縣，北魏、北齊時築河陽南、北、中三城，唐置三城使，宋因之。）以有鄰爲祕書省正字，召德驤爲祕書丞。

趙普河陽上表自訴

普至河陽，上表自訴曰：「外人謂臣輕議皇弟開封尹，光義。皇弟忠孝全德，豈有間然。矧昭憲皇太后大漸之際，大漸，病甚也。臣實預聞顧命，知臣者君，願賜昭鑒。」宋主手封其表，藏之金匱。

薛居正沈義倫相

時呂餘慶以疾解職，宋主以薛居正、沈義倫同平章事。餘慶，宋主霸府元僚，趙普、李處耘先進用，餘慶恬然不以介意，及處耘與普得罪，餘慶悉爲明辨，時稱長者。

綱　宋主封其弟光義爲晉王，班宰相上。

皇子德昭相

目　又以弟光美兼侍中，子德昭同平章事。

綱　冬十二月，宋起復盧多遜參知政事。

盧億有高識

目　多遜敏給任數，謀多奇中，以翰林學士判史館。宋主好讀書，每取書館中，多遜預戒吏令必白己，知所取書，因通夕閱覽。及召對，宋主問書中事，應答無滯，同列皆服，拜參知政事。未幾，以父喪去位，詔起復之。多遜父億有高識，惡其子所爲，曰：「趙普，元勳也，而小子毁之。我得早死，不見其敗，幸也！」

伐江南

綱　甲戌，（九七四）宋開寶七年，是歲凡三國、一鎮。秋九月，宋遣曹彬將兵伐江南。

宋主誡曹彬

樊若水造浮梁濟師

目 宋主欲伐江南而無名，遣知制誥李穆諭江南主入朝。江南主欲從之，其門下侍郎陳喬、內史舍人張洎皆勸其主無入朝，洎音忌。江南主遂稱疾固辭，而遣使求封册。宋主不許，命梁迥復使諷之入朝，江南主不答。迥還，宋主乃命曹彬爲西南路行營都部署，潘美爲都監，曹翰爲先鋒，將兵十萬以伐之。

自王全斌平蜀，多殺降卒，宋主每恨之。至是，彬等入辭，宋主誡彬曰：「江南之事，一以委卿。切勿暴掠生民，務廣威信，使自歸順，不煩急擊也。」又曰：「城陷之日，愼無殺戮。設若困鬬，則李煜一門不可加害。」且以劍授彬曰：「副將而下，不用命者斬之。」潘美等皆失色。

彬自荊南發戰艦東下，（荊南，今湖北江陵縣，卽荊州治。）江南屯戍皆謂每歲宋所遣巡兵，但閉壁自守，奉牛酒犒師。尋覺異於他日，池州將戈彥棄城走。（池州治貴池縣，卽今安徽貴池縣。）彬入池州，敗江南兵於銅陵，（今安徽銅陵縣。）進次采石磯。（一名牛渚，在今安徽當塗縣西北，馬鞍山市西。）

綱 冬十一月，宋潘美渡江，江南將鄭彥華等拒戰，敗走。

目 初，江南池州人樊若水舉進士不第，因謀歸宋，乃漁釣於采石江上，乘小舟，載絲繩其中，維南岸，疾棹抵北岸，凡十數往返，得其江之廣狹。因詣汴上書，言江南可取狀，請造浮梁以濟師。宋主然之，以爲右贊善大夫。遣使往荊、湖造黃黑龍船數千艘，艘音搜，船之總名。（荊謂荊南，湖謂湖北道。）又以大艦載亙竹絙自荊渚而下。絙音亙，大索。或謂江闊水深，古未有浮梁而濟者，乃先試於石牌口，移置采石，三日而成，不差尺寸。潘美因帥步兵渡江，若履平地。江南主以鎭海節度使、同平章事鄭彥華督水軍萬人，（鎭海節度使治京口，在今江蘇鎭江市東南。）都虞候林眞領步軍萬人，同逆宋師。彥華以戰艦鳴鼓泝流而上，泝音素。泝流，逆流而行也。急趨浮梁；潘美麾兵擊敗之。眞以所部接戰，彥華不能救，亦敗。

宋始脩日曆

綱　宋始脩日曆。

目　史館脩撰扈蒙請脩日曆，宋主從之。命宰輔日錄時政送史館，仍以盧多遜專其職。

宋圍金陵

綱　乙亥，宋太祖神德皇帝開寶八年，（九七五）是歲江南亡，惟北漢至太平興國四年乃亡。春二月，曹彬大敗江南兵于秦淮，（秦淮河，出今江蘇溧水縣東南，西北流，又北流經南京市入江。）進圍金陵。

目　彬連破江南兵於白鷺洲、新林港，（白鷺州、新林港，俱在今江蘇南京市西南。）遣田欽祚攻溧水，溧音栗。（溧水，縣名，即今江蘇溧水縣。）江南統軍使李雄謂諸子曰：「吾必死於國難，爾曹勉之。」父子八人皆沒於陳。欽祚遂克溧水。彬大軍進次秦淮，江南兵水陸十萬陳於城下。時舟楫未具，潘美率兵先赴，令曰：「美提驍果數萬人，戰勝攻取，豈限此一衣帶水而不徑渡乎！」遂涉水，大軍隨之，江南兵大敗。馬軍都虞候李漢瓊率所部取巨艦，實以葭葦，乘風縱火，拔其城南水寨，又拔關城，守陴者爭遁，陴音皮，城上女牆。溺死千計。

綱　夏四月，彗星見東方。

江南乞緩師

綱 冬十月，江南主使徐鉉來乞緩師，不許。

目 江南都虞侯劉澄以潤州降。（潤州治丹陽縣，即今江蘇鎮江市。）江南主危迫，遣學士承旨徐鉉求緩師。鉉至，言於宋主曰：「李煜無罪，陛下兵出無名。煜以小事大，如子事父，未有過失，奈何見伐？」宋主曰：「爾謂父子爲兩家可乎？」鉉不能對而還。踰月，江南主復遣鉉乞緩師，以全一邦之命。鉉見宋主，論辯不已，宋主按劍怒曰：「不須多言！江南亦有何罪，但天下一家，臥榻之側，豈容他人鼾睡邪！」鼾音翰。睡，臥息也。鉉惶恐辭歸。

南唐降宋

綱 十一月，曹彬克金陵，江南主煜降。門下侍郎陳喬死之。

曹彬不違命

目 彬遣人謂江南主曰：「事勢如此，所惜者一城生聚耳。若能歸命，策之上也。某日城必破，宜早爲之所。」江南主不聽。一日，彬忽稱疾不視事，諸將皆來問疾。彬曰：「余之疾，非藥石所能愈，惟須諸君誠心自誓，以克城之日，不妄殺一人，則自愈矣。」諸將許諾，共焚香爲誓。明日，彬卽稱愈；又明日，城陷。

陳喬自殺

初，陳喬、張洎約同死社稷，然洎實無死志，至是喬徑入白江南主曰：「今日國亡，願加顯戮以謝國人。」江南主曰：「此乃歷數，卿死無益也。」喬曰：「縱不殺臣，臣何面目以見士人乎！」遂自縊死。

鍾倩舉族死

勤政殿學士鍾倩，朝服坐於家，兵及門，亦舉族死之。

江南主率臣僚詣軍門請罪，彬慰安之，待以賓禮，煜遂與其宰相湯悅等四十五人赴汴京。

彬自出師至凱旋，凱同愷，軍勝之樂。士衆畏服，無敢輕肆。克城之日，兵不血刃。捷至，羣臣稱賀。宋主泣曰：「宇縣分割，民受其禍，攻城之際，必有橫罹鋒刃者，罹音離。實可哀也。」命出米十萬賑卹之。

曹彬振旅而還

綱 丙子，九年，（九七六）十二月，太宗皇帝太平興國元年。春正月，曹彬振旅而還。詔賜李煜爵違命侯。

目 彬俘江南主李煜還汴；俘音孚，軍所虜囚曰俘。帝御明德門，令煜君臣至樓下待罪。詔並釋之，封煜違命侯。帝責張洎曰：「汝教煜不降，使至今日。」因出洎所草召上江援兵蠟丸書示之。洎謝曰：「書實臣所爲。犬吠非其主，此其一耳；（蒯徹說漢高帝：「跖之犬吠堯，堯非不仁，犬固吠非其主。」）他尚多。今得死，臣之分也。」帝奇之，以爲太子中允。

宋祖不授曹彬使相好官不過多得錢

綱 二月，以曹彬爲樞密使。

目 初，彬之伐江南也，帝謂曰：「俟克李煜，當以卿爲使相。」（唐時以節度使兼同平章事曰使相，宋亦稱之。）潘美預以爲賀，彬曰：「不然。夫是行也，仗天威，遵廟謨，乃能成事，吾何功哉，況使相極品乎！」美曰：「何謂也？」彬曰：「太原未平耳。」（太原謂北漢劉繼元。）及還，帝謂曰：「本授卿使相，然劉繼元未下，姑少待之。」美視彬微笑，帝詰之，美以實對，帝亦大笑，乃賜彬錢五十萬。彬退曰：「人生何必使相，好官不過多得錢耳。」未幾，乃拜樞密使。

綱　吳越王俶來朝。

目　帝謂吳越使者曰：「元帥克毗陵，元帥謂錢俶。毗音皮。去年四月，俶受宋命取江南常州。（毗陵即常州，治晉陵縣，即今江蘇常州市。）有大功，俟平江南，可暫來與朕一相見，以慰延想，即當復還。朕三執圭幣以見上帝，豈食言乎！」食言，謂言已出而反吞之也。至是，俶與妻孫氏、子惟濬入朝。帝賜禮賢宅以居，親幸宴之，賞賚甚厚。留兩月遣還，賜以一黃袱，封識甚固，戒俶曰：「途中宜密觀。」及啓之，則皆羣臣乞留俶章疏也，俶益感懼。

黃袱封識賜錢俶

綱　三月，以子德芳爲貴州團練使。（貴州治鬱林縣，在今廣西貴縣南。）

綱　帝如西京。西京即洛陽。夏四月，郊，大赦。

目　帝以江表底定，底，平也。方內大同，欲西幸以行郊禮。一月，如西京，次鞏縣，鞏音拱。（鞏縣，即今河南鞏縣。）遂拜安陵，帝父宣祖陵也。至洛陽。四月，祭天地於南郊，都民垂白者相謂曰：「我輩少經亂離，不圖今日復觀太平天子儀衛。」有泣下者。祭畢，大赦。

復觀太平天子儀衛

綱　還宮。

目　帝欲留都洛陽，羣臣咸諫，弗聽。晉王光義言其非便，帝曰：「遷河南未已，終當居長安耳。」光義問其故，帝曰：「吾欲西遷，據山、河之勝以去冗兵，循周、漢故事以安天下也。」光義曰：「在德不在險。」力請還汴。帝不得已，從之，因歎曰：「不出百年，天下民力殫矣！」

循周漢故事以安天下

曹翰屠江州 灼艾分痛

綱 曹翰屠江州，（治潯陽縣，即今江西九江市。）殺江南守將胡則。

目 江南州郡皆降，獨江州指揮使胡則，殺刺史謝彥實集衆固守。曹翰圍之四月餘，則力屈被執，翰殺之，因縱兵悉取貨財，而屠其民。

綱 秋八月，遣侍衛都指揮使党進率兵伐漢。九月，敗漢兵于太原，契丹救之。

綱 帝幸晉王光義第。

目 帝友愛光義，數幸其第，恩禮甚厚。光義嘗有疾，親爲灼艾，光義覺痛，帝亦取艾自灸。（灸音糾。）每對近臣言：「光義龍行虎步，他日必爲太平天子，福德非吾所及也。」

綱 冬十月，帝崩，晉王光義即位。

目 癸丑，帝崩。甲寅，晉王即位，號宋后爲開寶皇后，遷之西宮。李燾云：「上不豫，夜召晉王屬以後事，左右皆不得聞，但遙見燭影下，晉王時或離席，若有遜避之狀。既而上引柱斧戳地，大聲謂晉王曰：『好爲之。』已而帝崩。顧命大事也，實錄、正史皆不能記，惜哉。」

帝享年五十，性孝友，節儉，質任自然，不事矯飾。一日罷朝坐便殿，不樂者久之。左右請其故，曰：「爾謂天子容易爲邪！早作，乘快誤決一事，故不樂耳。」宮中葦簾，緣用青布。緣，飾也。常服之衣，澣濯至再。澣音緩。永康公主常衣貼繡鋪翠襦，襦音如。帝曰：「汝服此，衆必相傚。」禁之。主一日勸帝以黃金飾肩輿，帝曰：「我以四海之富，宮殿飾以金銀，力亦可辦，但念我爲天下守財耳，豈可妄用。」

初，頗好獵，一日逐兎，馬蹶墜地，因引佩刀刺馬殺之。既而悔曰：「吾爲天下主，輕事田獵，又何罪馬哉！」自是不復獵。

尤注意刑辟，嘗讀二典，（書堯典、舜典。）歎曰：「堯、舜之罪四凶，止從投竄，何近代法網之密邪！」故定爲折杖法，以遞減流徒杖笞之刑。自開寶以來，犯大辟，非情理深害者，多得貸死，惟贓吏棄市，則未嘗貰。（貰音射，赦也。）

殺馬戒獵

定折杖法

盧多遜相

綱 以弟廷美爲開封尹，（廷美卽光美。）封齊王；（齊卽齊州，治歷城縣，卽今山東濟南市。）兄子德昭封武功郡王；（武功，在今陝西興平縣西。）德芳爲興元尹。

綱 以盧多遜同平章事，楚昭輔爲樞密使。

綱 十二月，大赦，改元。

綱 詔羣臣論列者卽時引對。

綱 初詔諸道轉運使糾察官吏。

綱 罷河東兵。（伐北漢兵也。）

太宗皇帝 初名匡義，賜名光義，復更名炅，太祖之弟。初封晉王，太祖崩，以昭憲太后顧命嗣立，在位二十二年，壽五十九歲而崩。帝仁恕恭儉，好文守成，三年收吳越，四年滅北漢，天下一統，盛矣！然背母負兄，一弟二姪，俱罹非命，宋后崩不爲成服，其秉心抑何忍耶！

綱 丁丑，太宗皇帝太平興國二年，（九七七）春二月，賜禮部進士呂蒙正等及第。

張齊賢布衣獻策

一牓盡賜及第

受貢珠

榷酒酤

立崇文院

吳越亡

以孔宜襲封文宣公

目　初，太祖幸洛陽，張齊賢以布衣獻策條陳十事，內四說稱旨，齊賢堅執其餘策皆善；太祖怒，令武士拽出之。拽音葉，拖也。及還，語帝曰：「我幸西都，唯得一張齊賢，我不欲爵之以官，異時可使輔汝爲相也。」是時，齊賢亦在選中，有司失於掄擇，寘於下第；寘同置。帝不悅，故一牓自呂蒙正以下盡賜及第。牓同榜。

綱　二月，帝更名炅。炅音憬。

綱　夏四月，葬永昌陵。（在今河南鞏縣西南。）

綱　秋九月，容州初貢珠。（容州治普陵縣，即今廣西容縣。）

綱　冬十月，初榷酒酤。

綱　十一月朔，日食既。

綱　戊寅，三年，（九七八）春二月，立崇文院。

目　初置三館於長慶門北，謂之西館。帝臨幸，惡其陋，命有司於昇龍門東北剏立三館。至是成，賜名崇文院，遷西館書貯焉，凡八萬卷。

綱　夏五月，吳越王俶以其地來歸，詔封俶爲淮海國王。

綱　秋七月，以孔宜襲封文宣公。孔宜，孔子四十四世孫。（唐玄宗開元二十七年，追謚孔子爲文宣王。）

目　宜知星子縣回，（星子縣，即今江西星子縣。）獻所爲文。帝召問孔子世嗣，遂命襲封。宜因言歷代以聖人之後，不預庸調。（庸調，見卷四十二唐高祖武德七年「初定均田租庸調法」目。）周顯德中遣使均田，顯德，周世宗年號。遂抑爲編戶。編戶，列次民籍也。詔特復其家。復，除也，除其傜賦。

綱　冬十月，置內藏庫。

目　帝幸左藏庫，（左藏庫，見卷四十九玄宗開元八年「帥羣臣觀左藏」注。）語薛居正曰：「此金帛如山，用何能盡。先帝每焦心勞慮，以經費爲心，何其過也。」詔改爲內藏庫，并以封樁庫屬焉。

置內藏庫

綱　己酉，四年，（九七九）春正月，以潘美爲北路都招討使。帥諸將伐漢。

綱　新渾儀成。

目　司天監生張思訓本唐李淳風、梁令瓚之法，創式以獻，製於禁中，日月行度，成於自然，不假人運，比舊制尤爲精妙。命置文明殿東南鼓樓，擢思訓爲渾儀丞。

張思訓作渾儀

綱　二月，帝自將伐漢。

帝自將伐漢

目　帝欲以齊王廷美掌留務。開封判官呂端言於廷美曰：「上櫛風沐雨以申弔伐，（櫛風沐雨，見卷四十七中宗嗣聖十五年「太宗櫛風沐雨」注。）王地處親賢，當表率扈從；若掌留務，非所宜也。」廷美遂請行，帝許之，以沈倫爲東京留守，王仁贍爲大內都部署。

綱　二月，契丹救漢，都部署郭進邀擊于白馬嶺，大敗之。

綱　夏四月，帝至太原，漢都。督諸軍圍城。五月，漢主繼元降，詔賜爵彭城郡公。（彭城

北漢亡

即徐州，今江蘇徐州市。）

目　潘美等屢敗漢兵，進築長連城，圍太原，矢石交下如雨。漢外援不至，餉道又絕，城中大懼。帝至，督戰益急，城無完堞。帝慮城陷殺傷者衆，詔諭繼元降。繼元率官屬縞衣紗帽待罪城臺下，帝釋之，封彭城郡公。帝作平晉詩，命從臣和。

平晉詩

綱　徙太原民于并州。

目　詔毁太原舊城，改爲平晉縣，以榆次縣爲并州，（榆次縣，即今山西榆次市。）遣使分部徙太原民居之。

以榆次縣爲并州

綱　帝發太原，六月，遂伐契丹，圍幽州。（治薊縣，在今北京市境內。）秋七月，與契丹耶律休哥大戰于高梁河，（在今北京市西直門外。）敗績，乃還。

太宗高梁之敗

綱　八月，皇子武功王德昭自殺。

皇子自殺

目　初，德昭從帝征幽州，軍中嘗夜驚，不知帝所在。有謀立德昭者，帝聞不悅。及還，以征北不利，久不行太原之賞，德昭以爲言。帝大怒，曰：「待汝自爲之，賞未晚也。」德昭退而自刎。帝聞之驚悔，往抱其尸哭曰：「癡兒，何至此邪！」追封魏王，謚曰懿。

綱　九月，以楊業爲代州刺史。（代州治鴈門縣，在今山西原平縣東北。）

目　業本漢建雄節度使劉繼業，本姓楊。帝克太原，聞其勇，召見，復楊姓。以其老於邊事，拜代州刺史。業善戰，號「楊無敵」。

楊無敵

定差役法

劉鋹卒

劉鋹諸國降王長

楊業敗契丹

綱 冬十月，進封齊王廷美爲秦王。（秦，卽秦州，治成紀縣，卽今甘肅天水市。）

目 論平漢功也。文武諸臣，進秩有差。

綱 庚辰，五年，（九八〇）春二月，定差役法。

目 從京西轉運使程能請，定諸州戶爲九等，上四等充役，下五等免之。

綱 三月，衞公劉鋹卒。太宗卽位，封鋹爲衞國公。

目 鋹有口辯，帝之將伐北漢也，宴近臣於禁中，鋹進言曰：「朝廷威靈及遠，四方僭僞之主，今日盡在坐中。旦夕平太原，劉繼元又至，臣率先來朝，願得執梃爲諸國降王長。」梃，杖也。帝大笑。至是卒，追封南越王。

綱 楊業敗契丹于鴈門，殺其將蕭咄李。咄音敦，入聲。

目 契丹兵十萬寇鴈門，業領麾下數百騎，自西陘出至鴈門北口，（西陘，在今山西繁峙縣西北。鴈門山，在今山西原平縣北。）南向擊之。契丹兵大敗，殺其節度使、駙馬侍中蕭咄李。自是契丹畏業，每望見旌旗卽引去。主將多嫉之，或潛上謗書，帝皆不問，封其書付業。

綱 冬十月，契丹寇瓦橋關。（在今河北霸縣西南易水上。）十一月，帝自將禦之，次于大名，（卽魏州城，卽今河北大名縣。）契丹軍退，乃還。

目 契丹主賢圍瓦橋關，契丹主耶律賢。耶律休哥帥精騎渡水而戰，宋軍大敗，休哥追至莫州。（治任丘縣，卽今河北任丘縣。）十一月，帝自將禦之。時關南諸將已破契丹，帝次大名，諸

張齊賢諫取幽薊

將復戰於莫州，敗績。會契丹主引去，帝欲遂取幽州，李昉力陳其未可，乃詔曹翰部署諸將而還。

帝既還京，議者皆言宜速取幽、薊。（薊州治漁陽縣，即今河北薊縣。）張齊賢上疏曰：「聖人舉事，動在萬全，百戰百勝，不若不戰而勝。自古疆場之難，非盡由戎狄，亦多邊吏擾而致之；若緣邊諸軍，撫御得人，但使峻壘深溝，畜力養銳，以逸自處，則邊鄙寧，而河北之民獲休息矣。臣又聞：家六合者，六合，天地四方。以天下爲心，豈止爭尺寸之土，角戎狄之勢而已。是故聖人先本而後末，安內以養外，堯、舜王道無他，廣推恩於天下之民爾。民既安利，則戎狄斂衽而至矣。」

綱鑑易知錄卷六五

宋紀

太宗皇帝

綱 辛巳，六年，（九八一）春三月，皇子興元尹德芳卒。贈中書令、岐王。

薛居正卒

綱 夏六月，薛居正卒。

目 居正輔相十八年，寬簡不苛察，衆論賢之。因服丹砂遇毒，方奏事疾作，輿歸遂卒。帝親臨其喪，爲之流涕。居正子惟吉，素無行，帝存問其家，因曰：「不肖子安在？頗改節否？不克負荷先業，奈何！」惟吉伏喪側，懼赧不敢起。自是，盡革故態，讀書，親賢士，脩飭爲善。其後帝數委以大藩，所至稱治。

田錫進封事

綱 秋九月，罷左拾遺田錫。

目 時盧多遜專政，羣臣章奏必先白多遜，然後敢通。又必於閤門署狀，云「不敢妄陳利便，希望恩榮。」錫貽書多遜，乞免署狀，多遜不悅，出錫爲河北南路轉運副使。錫因入辭，直進封事，封事，密奏也。言朝廷大體者四。其一：乞脩德以來遠，宜罷交州屯兵。（交州治龍編縣，在今越南民主共和國河內市境。）其二言：今諫官不聞廷爭，給事中不聞封駁，左右史不聞升陛記言動，御史不敢彈奏，中書舍人未嘗訪以政事，集賢院雖有書籍而無職官，祕書省雖有職官而無圖籍，願擇才任之使各司其局。其三言：關西苑，廣御池，而尚書省湫隘，郎官無本局，尚書無聽事，聽事，中庭也。九寺、三監寓天街之兩廊，九寺，謂九卿。三監，秘書、將作、國子。貢院就武成王廟，武成王廟即姜太公廟。是豈太平之制度邪！願別脩省寺，用列職官。其四言：按獄官令枷、杻、鉗、鎖皆有定式，今以鐵爲枷，於法所無，去之可也。帝覽疏，優詔褒答，賜錢五十萬。

以鐵爲枷

綱　以趙普爲司徒，兼侍中。

目　普奉朝請累年，奉朝請，不爲官無員，惟春朝、秋請而已。盧多遜益毀之，謂普初無立上意；普鬱鬱不得志。會晉邸舊僚柴禹錫、趙鎔、楊守一告秦王廷美驕恣，晉邸，太宗初爲晉王之邸。將有陰謀竊發。帝疑，以問普，普因言「願備樞軸，樞，戶樞也。軸，車軸也。樞軸，猶言鈞軸。以察姦變。」且自陳曰：「臣忝舊臣，爲權倖所沮。」謂盧多遜。遂備道預聞昭憲太后顧命，（事見卷六十四建隆二年「宋太后杜氏殂」目。）及前朝上表自訴等事。（趙普上表自訴，在太祖開寶六年。）帝發金匱，得誓書，及覽普前表，因召見，謂曰：「人誰無過，朕不待五十，已知四十九年非矣。」莊周稱蘧伯玉，行年五十，而知四十九年之非。乃拜普司徒，兼侍中，封梁國公。

趙普自陳

趙普復相

綱　以石熙載爲樞密使。冬十一月，楚昭輔罷。

綱　女眞遣使入貢。女眞之先，居古肅愼地，元魏時號勿吉，至隋末號靺鞨。唐初有黑水、粟末兩部，後粟

女眞

已誤豈容再誤

貶盧多遜

趙普陷秦王

末盛強，號渤海國，黑水因役屬之。渤海既滅，黑水部民在南者，繫籍於契丹，號熟女眞，在北者不籍於契丹，號生女眞。

綱 壬午，七年，（九八二）春三月，罷秦王廷美爲西京留守。西京，洛陽。夏四月，以柴禹錫爲樞密副使。

目 或又告廷美欲因帝幸西池爲亂，（西池即金明池，在今河南開封市西。）遂罷廷美開封尹。以上變，上變即上變告，謂非常之事，斥言反背也。進禹錫樞密副使，楊守一樞密都承旨，趙鎔東上閤門使。初，昭憲太后遺命太祖傳位於帝，意欲帝傳之廷美以及德昭，故帝即位之初，命廷美尹開封，而德昭、德芳等皆稱皇子。及德昭不得其死，德芳相繼夭歿，廷美始不自安。他日，帝以傳國意訪之趙普，普對曰：「太祖已誤，陛下豈容再誤。」廷美遂得罪。

綱 以竇偁、郭贄參知政事。偁音稱。

目 初帝尹開封，偁爲判官，以推官賈琰佞諛，於坐叱之曰：「賈氏子巧言令色，豈不愧於心哉！」衆皆失色。帝因重偁之直，至是謂偁曰：「賞卿之叱賈琰也。」

綱 勒秦王廷美就第，流盧多遜于崖州。（治舍城縣，在今廣東瓊山縣東南。）

目 趙普復相，多遜不自安，普屢諷令引退，而多遜貪固權位，不能決。會普廉得多遜交通秦王事，廉，察也。帝大怒，責授兵部尚書，越二日下御史獄，命翰林承旨李昉等雜治之。多遜具狀：「累遣中書守堂官趙白以機事密告廷美。且云：『願宮車晏駕，盡力事大王。』廷美亦遣小吏樊德明報多遜云：『承旨言，正會我意。』因遺之弓箭，多遜受之。」獄上，詔文武集議，王溥等奏：「廷美、多遜詛呪怨望，大逆不道，宜正刑章。」詔削奪多遜官爵，流崖州，并徙其家屬期親於遠裔。趙白、樊德明等悉斬於都門外。廷美勒歸私第。

綱　沈倫罷。坐與盧多遜同列，不能覺察，降授工部尚書。

綱　五月，貶秦王廷美爲涪陵縣公，（涪陵，即今四川涪陵縣。）安置房州。（治房陵縣，即今湖北房縣。）

目　趙普又以廷美居西京非便，諷知開封府李符上言：「廷美不悔過而怨望，乞徙遠郡，以防他變。」詔降封廷美爲涪陵縣公，房州安置。普又恐符言泄，乃坐符他事，貶寧國司馬。（寧國府即宣州，治宣城縣，即今安徽宣城縣。）

趙普諷李符

綱　定難留後李繼捧入朝，（定難節度使治夏州城，在今陝西橫山縣西。）獻銀、夏、綏、宥四州。（銀州治儒林縣，在今陝西米脂縣西北。綏州治上縣，即今甘肅綏德縣。宥州治長澤縣，在今陝西靖邊縣東。）六月，繼捧弟繼遷叛走地斤澤。（在今陝西橫山縣東北。）

李繼捧獻四州

目　夏州自李思恭以來，李思恭爲定難節度使。未嘗親朝中國，至是繼捧率其族入朝，帝嘉之，賜賚甚厚。繼捧陳其諸父、昆弟多相懟怨，乞納其境內夏、綏、銀、宥四州，留京居之。帝爲遣使如夏州護緦麻已上親赴闕，以曹光實爲四州都巡檢使。

時繼捧族弟定難軍都知蕃落使繼遷留居銀州，聞使至，乃詐言乳母死，出葬於郊，遂與其黨數十人奔入地斤澤，出其祖像以示戎人，戎人拜泣，從者日衆。澤距夏州東北三百里。

李繼遷奔地斤澤

遼聖宗耶律隆緒

罷曹彬

宴進士于瓊林苑

進士分三甲

【綱】秋九月，契丹耶律賢死，子隆緒立。年十二，復國號曰大契丹。

【綱】冬十一月，以李繼捧爲彰德節度使。（彰德軍節度使治相州城，即今河南安陽市。）

【目】帝嘗問繼捧曰：「汝在夏州用何道以制諸部？」對曰：「羌人鷙悍，鷙音至。鷙悍，如鷙鳥之猛悍。但羈縻而已，非能制也。」

【綱】癸未，八年，（九八三）春正月，罷樞密使曹彬，以王顯、弭德超爲樞密副使。

【目】酒坊使弭德超有寵於帝，覬代曹彬之位，覬音記，希幸也。乃自鎮州乘傳以急變聞，傳，驛車。曰：「彬秉政久，得士心，將爲不利。」且誣以事爲徵，帝信之。郭贄極言救解，不聽，遂出彬爲天平節度使，（天平節度使治鄆州城，即今山東東平縣。）而以顯、德超並爲副使。

【綱】二月，以宋琪參知政事。

【綱】三月，宴進士于瓊林苑。

【目】帝親試禮部貢士於講武殿，始分三甲，錫宴於瓊林苑，寵之以詩，遂爲定制。

【綱】夏四月，弭德超有罪，流瓊州。（治瓊山縣，在今廣東瓊山縣南。）

【目】德超以不得樞密使，怨望，居常怏怏。一日詬王顯、柴禹錫曰：「我言國家大事，有安社稷功，止得線許大官；汝等何人，反在吾上。我實恥之！」言頗侵帝。顯奏之，詔鞫問，德超具伏，遂奪官秩，禁錮瓊州而死。帝始悟曹彬之誣，待之加厚。

【綱】六月，以王顯爲樞密使。

賜王顥軍戒三篇

【目】帝語顥曰：「卿世家本儒，少遭兵亂失學，今典機務，無暇博覽羣書，能熟讀軍戒三篇，亦可免於面牆。」因取賜之。

【綱】秋七月，郭贄免，以李昉參知政事。八月，石熙載罷。

【綱】冬十月，以姚坦爲益王府翊善。（益即益州，今四川成都市。）

血山非假山

【目】王，帝第五子元傑也。嘗作假山，召僚屬置酒，衆皆褒美，坦獨俛首。俛同俯。王彊使視之，坦曰：「但見血山，安得假山。」王驚問故，坦曰：「坦在田舍時，見州縣督稅，上下相急，父子兄弟鞭笞苦楚，血流滿身。此假山皆民租所出，非血山而何！」時帝亦爲假山未成，聞之亟毀焉。王每有過失，坦輒盡言規正。左右教王稱疾，帝憂甚，召乳母問狀。乳母曰：「王本無疾，徒以姚坦檢束，不得自便耳。」帝怒曰：「吾選端士輔王爲善，今乃使我逐正人！王年少，豈解此也，必爾輩教之。」杖乳母於後園，召坦慰諭之。

趙普罷相

【綱】趙普罷。

【目】普罷爲武勝軍節度使，（武勝軍節度使治鄧州城，在今河南鄧縣東南。）帝作詩餞之，賜宴長春殿。普奉詩泣曰：「陛下賜臣詩，當刻石與臣朽骨同葬泉下。」帝爲之動容。翌日，帝謂宰相曰：「普有功國家，朕昔與遊，今齒髮衰矣，不欲煩以樞務，擇善地處之。因詩以導意，普感激泣下，朕亦爲之墮淚。」宋琪對曰：「昨普至中書，執御詩涕泣，謂臣曰：『此生餘年，無階上答，庶希來世，得効犬馬力。』臣昨聞普言，今復聞宣諭，君臣始終，可謂兩全。」

宋琪李昉相

呂蒙正不詰朝士姓名

太平御覽

開卷有益

求遺書

綱 十一月，以宋琪、李昉同平章事，李穆、呂蒙正、李至參知政事，張齊賢、王沔簽書樞密院事。沔音勉。

目 昉初與盧多遜善，多遜屢譖昉，人或以告，昉曰：「盧與我厚，不當爾。」帝嘗語及多遜事，昉頗爲解釋。帝曰：「多遜居常毁卿不直一錢。」昉始悟。帝由此益重之，遂與琪並相。

帝又謂蒙正曰：「古所謂君臣道合者，情無閒耳。凡士未達，見當世之務戾於理者，戾音例。則怏怏於心；及列於位，得以獻可替否，當盡其所藴。言或未中，亦當僉議而更之，俾協於道。朕固不以崇高自恃，使人不敢言也。」蒙正初入朝堂，有朝士指之曰：「此子亦參政邪？」蒙正佯爲不知而過之。同列不能平，詰其姓名，蒙正遽止之曰：「若一知其姓名，則終身不能忘，不若弗知之爲愈。」時人服其量。

綱 以呂文仲爲翰林侍讀，王著爲侍書。

目 帝勤於讀書，自巳至申，然後釋卷。詔史館脩太平御覽一千卷，日進三卷。宋琪以勞瘁諫，帝曰：「開卷有益，不爲勞也。朕欲周歲讀遍是書耳。」每暇日則問文仲以經義，著以筆法。

綱 甲申，雍熙元年，（九八四）春正月，求遺書。

目 時三館所貯遺帙尚多，三館卽崇文院。帙音姪，書卷編次曰帙。乃詔募中外，有以書來上，及三百卷，當議甄錄酬奬，（甄音眞，察也。）餘第卷帙之數，等級優賜；不願送官者，借其本寫之。由是四方之書間出矣。

綱　涪陵公廷美以憂卒。

目　廷美至房州，憂悸成疾，（悸音忌。）薨，年三十八。追封涪王，謚曰悼，以其子德恭、德隆爲刺史。

綱　李穆卒。

（太宗哭李穆）

目　帝臨其喪，哭謂侍臣曰：「穆操履純正，眞不易得。朕方倚用，遽爾淪沒，非穆之不幸，乃朕之不幸也！」

綱　夏四月，羣臣請封禪，許之。五月，乾元、文明殿災。六月，詔求直言，罷封禪。

（封禪以災罷）

目　帝既詔以十一月有事於泰山，（在今山東泰安市北。）命翰林學士扈蒙等詳定儀注矣；五月，乾元、文明二殿災，詔求直言，遂罷封禪。

（田錫疏略）

知睦州田錫上疏，（睦州治建德縣，即今浙江建德縣。）略曰：「給事中不得其人，左右補遺不舉其職，致陛下有朝令夕改，捨近謀遠之事。」又言：「時久升平，天下混一，故左取右奉，致陛下以功業自多。然臨御九年，四方雖寧，而刑罰未甚措，水旱未甚調，陛下謂之太平，誰敢不謂之太平！陛下謂之至理，誰敢不謂之至理！」又言：「宰相若賢，當信而用之；宰相非賢，當擇而任之。何以置之爲具臣，而疑之若衆人也。」

白日上升何益於世

希夷先生

李繼遷據銀州

宴羣臣于後苑

綱 冬十月，華山隱士陳摶入朝。（華山，在今陝西渭南縣東。）

目 帝之即位也，召摶入見，待之甚厚，至是復至。帝謂宰臣曰：「摶獨善其身，不干勢利，方外之士也。」遣中使送至中書。宋琪等從容問曰：「先生得玄默脩養之道，可以教人乎？」摶曰：「摶山野之人，於時無用，亦不知神仙黃白之事，吐納養生之理，非有方術可傳。假令白日上升，亦何益於世！今聖上龍顏秀異，有天日之表，博達古今，深究治亂，眞有道仁聖之主也。正君臣協心同德、興化致治之秋，勤行脩煉，無出於此。」琪等以聞，帝益重之，賜號希夷先生。（老子上篇：「聽之不聞名曰希，視之不見名曰夷。」）還華山，尋卒。

綱 知夏州尹憲襲李繼遷，（憲與曹光實襲繼遷於地斤澤。）破走之。

綱 十二月，立妃李氏爲皇后。（后，淄州刺史處耘之女。）

綱 賜京師大酺三日。

綱 乙酉，二年，（九八五）春二月，李繼遷誘殺都巡檢使曹光實，遂襲銀州據之。

綱 遣知秦州田仁朗等將兵討李繼遷。（秦州治成紀縣，即今甘肅天水市。）

綱 夏四月，江南饑。（遣使賑之。）

綱 宴羣臣于後苑。

目 先是帝召宰相近臣賞花於後苑，謂之曰：「春風暄和，萬物暢茂，四方無事，朕以天下之樂爲樂，宜令侍從詞臣賦詩。」至是召輔臣、三司使、翰林、樞密、直學士、尙書省四品、

賞花曲宴自此始

兩省五品以上、三館學士，宴於後苑，賞花釣魚，命羣臣賦詩。因習射水心殿。賞花曲宴自此始。曲宴，私宴也。

綱　徵田仁朗還。五月，副將王侁擊李繼遷走之，侁音莘。銀、麟、夏州蕃內附。（麟州治新秦縣，在今陝西神木縣北。）

延美死楚王狂

綱　秋九月，廢楚王元佐爲庶人。

目　元佐，帝長子，少聰警，貌類帝，帝鍾愛之。廷美遷房州，元佐嘗力救。及廷美死，遂發狂疾，至以小過操梃刃傷侍人。梃，杖也。疾少閒，閒，瘳也。帝爲赦天下。會重九，詔諸王宴射苑中，元佐以新瘥不預。瘥音蔡，亦瘳也。及諸王宴歸，暮過元佐，元佐恚曰：恚音惠，怒恨也。「若等侍上宴，若，汝也。我獨不預，是棄我也。」因發憤被酒，夜縱火焚其宮。帝大怒，廢爲庶人，均州安置。（均州治武當縣，即今湖北均縣。）宋琪率百官三上表，請留之京師；帝許之，召還，居於南宮。

遣使如高麗

綱　遣使如高麗。

目　時議伐契丹，以高麗與之接壤，數爲所侵，命韓國華齎詔諭令發兵西會。高麗遷延未卽奉詔，國華屢移檄督之；得報發兵，乃還。

綱　冬十二月，宋琪、柴禹錫免。

伐契丹

綱　丙戌，三年，（九八六）春正月，以曹彬、田重進、潘美等爲都部署，將兵伐契丹。

賀懷浦父子請取燕薊

曹彬岐溝之敗

目 初，賀懷浦將兵屯三交，（城名，在今山西太原市東北。）好議邊事，與其子知雄州令圖上言：（雄州治歸信縣，在今河北霸縣西南。）「契丹主少，母后專政，寵倖用事，請乘其釁以取燕、薊。」（燕即幽州，治薊城，在今北京市德勝門外。薊州治漁陽縣，即今河北薊縣。）帝信之，以曹彬爲幽州道行營都部署，崔彥進副之；米信爲西北道都部署，杜彥圭副之，出雄州；田重進爲定州路都部署，（定州治安喜縣，即今河北定縣。）出飛狐；（飛狐今名黑石嶺，在河北淶源縣，北接蔚縣界。）潘美爲雲、應、朔等州都部署，（雲州治雲中縣，即今山西大同市。應州治金城縣，在今山西山陰縣東北。朔州治善陽縣，即今山西朔縣。）楊業副之，出鴈門。（鴈門，關名，在今山西原平縣北。）

綱 李至罷。上疏諫伐契丹故也。

綱 二月，李繼遷降契丹。

目 契丹以爲定難節度使，都督夏州諸軍事。

綱 三月，曹彬取涿州。（治涿縣，在今河北涿縣東北。）

綱 田重進敗契丹兵于飛狐。

綱 潘美取寰、朔、應、雲州。（寰州治馬邑縣，在今山西朔縣東。）

綱 夏四月，田重進取蔚州。（蔚州治安邊縣，在今河北蔚縣西南。）

綱 五月，曹彬引兵退，彬居涿旬日，食盡，退師雄州。與契丹耶律休哥戰于岐溝，（在今河北涿縣西北。）敗績。帝聞敗，召彬、米信及崔彥進等還，令田重進屯定州，潘美還代州。

楊業戰死

【綱】契丹復陷蔚、寰州。

【綱】潘美副將楊業進兵擊契丹，敗績，轉戰至陳家谷，（在今山西朔縣南。）死之。契丹復陷雲、應、朔諸城。

【綱】六月，以辛仲甫參知政事。

【綱】秋七月，貶曹彬爲右驍衛上將軍。崔彦進、米信以下貶官有差。

張齊賢請知代州

【綱】以張齊賢知代州。（治鴈門縣，在今山西原平縣東北。）

【目】帝以楊業死，訪近臣可知代州者。時齊賢以言事頗忤帝意，因請行，乃命與潘美同領緣邊兵馬。

【綱】八月，以王沔、張宏爲樞密副使。

【綱】冬十二月，契丹隆緒大擧入寇，瀛州部署劉廷讓與戰，（瀛州治河間縣，即今河北河間縣。）敗績。契丹誘執知雄州賀令圖，遂掠邢、深、德州。（邢州治龍崗縣，即今河北邢臺市。深州治饒陽縣，在今河北獻縣西北。德州治安德縣，即今山東德州市。）

【綱】張齊賢敗契丹于代州。

【目】契丹薄代州城，薄，迫也。副部署盧漢贇畏懦，保壁自固。壁軍壘。齊賢選廂軍二千出禦之，誓衆感慨，無不一當百，契丹少却。先是，齊賢遣使約潘美以并師來會戰，（并州治榆次縣，即今山西榆次市。）使爲契丹所執，俄而美使至，云：「師出至百井，（鎮名，在今山西太原市東北。）

張齊賢計敗契丹
列幟然芻

得密詔，云『東路王師敗衂，衂音肉，刀傷也。幷之全軍不許出戰』，已還州矣。」時契丹兵塞川，齊賢曰：「敵知美來而不知美退。」乃閉美使室中。夜發兵二百人持一幟負一束芻，距州西南三十里，列幟然芻。契丹遙見火光中有旗幟，意謂幷師至，駭而北走。齊賢先伏步卒二千於土鐙砦掩擊，砦同寨。（土鐙砦亦作土墱寨，在今山西靈武縣東。）大敗之，斬首數百，獲馬二千，器械無算。

綱　丁亥，四年，（九八七）夏四月，張宏免，以趙昌言爲樞密副使。

綱　戊子，端拱元年，（九八八）春正月，親耕藉田，赦。

綱　二月，改補闕、拾遺爲司諫、正言。

目　舊制，臺諫有名而不得行其職，帝以失建官本意，故更以新名。

綱　李昉罷。

李昉罷相

目　布衣翟穎，性險誕，與知制誥胡旦狎，旦爲作大言，使穎上之，且改穎名曰馬周，以爲唐馬周復出也。（馬周事見卷四十三唐太宗貞觀三年「以馬周爲監察御史」目。）於是穎擊登聞鼓，訟「昉居宰相位，當北方有事之時，不爲邊備，徒知賦詩宴樂。」帝由是厭昉，遂罷爲右僕射。

馬周復出

昉和厚多恕，在位小心醇謹，每有求進用者，雖知其材可取，必正色絕之，已而擢用；或不足用，必和顏溫語待之。子弟問其故，昉曰：「用賢人主之事，若受其請，是市私恩也，故峻絕之，使恩歸於上。若不用者，既失所望，又無善辭，取怨之道也。」

李昉忠恕

綱　以趙普爲太保，兼侍中，呂蒙正同平章事。

目　帝欲相呂蒙正，以其新進，藉趙普舊德爲之表率。會普以籍田入朝，時普鎮武勝軍。帝遂留爲太保，兼侍中。蒙正質厚寬簡，有重望，以正道自持，遇事敢言。每論時政，有未允者必固稱其不可，帝嘉其無隱，故與普並命。普開國元老，蒙正以後進歷官一紀，進同相位，普雅重之。

綱　以王沔參知政事，張宏爲樞密副使，楊守一簽書樞密院事。

綱　夏五月，作祕閣。

目　詔就崇文院中堂建祕閣，分三館書籍置其中，以吏部侍郎李至兼祕書監。帝謂至曰：「人君當淡然無欲，勿使嗜好形見於外，則奸佞無自入。朕無他好，但喜讀書，多見古今成敗，善者從之，不善者改之，如斯而已矣。」至每與李昉、王化基觀書閣下，帝必遣使賜宴，且命三館學士皆預焉。

綱　以李繼捧爲定難節度使，賜姓名趙保忠。

目　李繼遷侵擾日甚，趙普復請命繼捧鎮夏州。帝召見，加賜而遣之，且謂曰：「若繼遷歸款，款，誠也。當授以官也。」

綱　鄭州團練使侯莫陳利用有罪，侯莫陳，三字姓。（鄭州治管城縣，即今河南鄭州市。）賜死。

目　利用以幻術得幸，驕恣不法，居處服御僭擬乘輿。趙普按其十罪，既命配商州，普

法可惜豎子何足惜

錢俶卒

制敵之方盡於此

復力請誅之。帝曰：「豈有萬乘之主，不能庇一人乎。」普曰：「陛下不誅，則亂天下法。法可惜，此一豎子何足惜哉！」帝不得已，命誅之，已而復遣使貸之。使至新安，（即今河南新安縣。）馬旋濘而踣，濘，泥淖也。踣同仆。及出濘易馬，至商州，已磔於市矣。磔音窄，裂尸也。聞者快之。

【綱】秋八月，鄧王錢俶卒。（鄧即鄧州，治穰縣，在今河南鄧縣東南。）

【目】俶薨，輟朝七日，追封秦國王，謚忠懿，命中使護喪葬洛陽。自鏐至俶，世有吳越，而俶任太師、尚書令兼中書令者四十年，爲天下兵馬大元帥者三十五年。既以地歸朝，（太平興國三年，吳越王俶以其地歸宋，封爲淮海國王。）四徙大國，俶雍熙中改封漢南國王，未幾改南陽，俶固讓國王之封，乃改封許王，是年二月復封鄧王。善始令終，窮極富貴，福履之盛，履，祿也。近代無比。

【綱】九月，契丹復陷涿州。冬十一月，遂入祁州。（治無極縣，在今河北藁城縣東北。）

【綱】己丑，二年，（九八九）春正月，契丹陷易州，（治易縣，即今河北易縣。）遷其民于燕。（燕即幽州。）

【目】時契丹屢寇邊，詔羣臣上備戎策。張洎言：「中國禦戎，惟恃險阻。今自飛狐以東皆爲契丹所有，既失地利，而河朔列壁，河朔，河北也。皆具城自固，莫可出戰，此又分兵之過也。請於沿邊建三大鎭，各統十萬之衆，鼎峙而守，峙音雉，立也。仍命親王出臨魏府以控其要，控，制也。（魏府即魏州，治貴鄉縣，即今河北大名縣。）則契丹雖有精兵，豈敢越而南侵。制敵之方，盡於此矣。」宋琪言：「兵，凶器，聖人不得已而用之。若選使通好，弭戰息民，弭音米，止也。此亦策之得也。」李昉、王禹偁亦多以脩好爲言，帝嘉納之。

綱 自三月不雨，至于夏五月。

目 詔錄繫囚，遣使分諸路決獄。

綱 秋七月，以張齊賢爲樞密副使，張遜簽書樞密院事。

目 齊賢復入樞密，趙普薦之也。

彗星出東井

綱 彗星出東井。八月，赦。

目 司天言「妖星爲滅契丹之象。」趙普上疏謂「此邪佞之言，不足信。」帝避殿減膳，大赦。

作開寶寺塔

綱 作開寶寺塔。

目 藏佛舍利也。高三百六十尺，費億萬計，踰八年始成。知制誥田錫嘗上疏云：「衆謂金碧熒煌，臣以爲塗膏釁血。」帝亦不怒。

尹繼倫徐河之捷

綱 都巡檢使尹繼倫襲契丹耶律休哥于徐河，(即徐水，在今河北徐水縣城北。)大敗之。

目 朝廷聞契丹復至，遣李繼隆發鎮、定兵萬餘，護送糧餽數千乘，趨威虜。(宋置威虜軍，治地未詳，當在今河北保定一帶。)休哥聞之，帥精騎數萬邀諸途。北面都巡檢使尹繼倫適領兵徼巡路遇之，徼音驕，伺察也。休哥不顧而南，繼倫曰：「寇蔑視我耳。彼捷還，則乘勝而驅我北去；不捷，亦且洩怒於我，將無遺類矣。類，種也。爲今日計，當卷兵銜枚以躡之。卷音捲。銜枚，所以止喧譁也。枚形似箸，兩端有小繩，銜於口而繫於頸後，則不能言。彼銳氣前趨，不虞我之至，力戰而勝，足以自樹；縱死，猶不失爲忠義，豈可泯然爲胡地鬼乎！」衆皆憤激從命。繼倫令秣馬，秣音末。以穀飼馬曰秣。俟夜，人持短兵潛躡其後，行數十里，至徐河，天未明。休哥去大軍四五里，會食訖，將戰，繼隆方陣於前以待，繼倫從後急擊，殺契丹一大將，衆皆驚潰。休哥方食，失箸，爲短兵中其臂，創甚，創音昌，傷也。乘善馬先遁，餘衆引去。契丹爲之奪氣，自是不敢大入寇。每相戒曰：「當避黑面大王。」以繼倫黑面，故云。

黑面大王

綱 大旱。

目 自秋徂冬不雨。田錫上言：「此實陰陽失和，調燮倒置。燮，和也。上侵下之職，而燭理未盡；下知上之失，而規過未能。」疏入，帝及宰臣皆不悅，出錫知陳州。（治宛丘縣，即今河南淮陽縣。）

綱 庚寅，淳化元年，（九九〇）春正月，趙普罷。普以疾力求致仕，授太保，兼中書令，西京留守。

趙普罷

綱 夏四月，詔貸江州義門陳兢粟。（江州治潯陽縣，即今江西九江市。）

目 兢，陳宜都王叔明之後，九世同居，長幼凡七百口，不畜僕妾，上下姻睦，姻音因，和也。人無閒言。每食必羣坐廣堂，未成人者別爲一席。有犬百餘，共一牢食，一犬不至，羣犬亦皆不食。唐僖宗及南唐時旌其門，開寶初免徭役。開寶，宋太祖年號。至兢子姪益衆，常苦乏食，知州康戩言於朝，戩音剪。詔本州每歲貸粟二千石。

陳兢九世同居

義門犬

李繼遷爲夏王

綱 冬十二月，契丹封李繼遷爲夏王。（夏卽夏州。）

綱 辛卯，二年，（九九一）春，旱、蝗。

目 時連歲旱、蝗，是年尤甚，禱雩無應，雩音于，祈雨祭。帝手詔宰相曰：「朕將自焚以答天譴。」翌日，大雨，蝗盡死。

綱 閏二月，辛仲甫罷。

綱 夏四月，以張齊賢、陳恕參知政事，張遜、溫仲舒、寇準爲樞密副使。

寇準旱蝗之對

目 初準爲樞密直學士，嘗奏事殿中，語不合，帝怒起，準輒引帝衣請復坐，事決乃退，帝嘉之。及旱、蝗，帝召近臣問以得失，衆以「天數」對。準曰：「洪範天人之際，應若影響。大旱之證，蓋刑有所不平也。」帝怒，起入禁中。頃之，復召準，問以不平狀。準曰：「願召二府至，二府，中書、樞密。臣卽言之。」二府入，準乃曰：「頃者祖吉、王淮皆侮法受賕。以財枉法相謝曰賕。吉贓少，乃伏誅；淮以參政沔之弟，盜主守財至千萬，止杖之，仍復其官：非不平而何？」帝以問沔，沔頓首謝。於是切責沔，而以準爲可大任，遂有是命。

綱 張宏罷。

綱 五月，以謝泌爲左司諫。

目 上脩正殿，頗施綵繪。泌爲右正言，因對陳其事。卽日命代以赭堊，赭音者，赤土。堊音惡，白土。賜泌金紫，（唐高祖初給隨身魚袋，三品以上賜紫則給金魚，宋因之。）拜左司諫。泌入謝曰：「陛

潘美卒

李繼遷請降賜名趙保吉

置審刑院

罷三相

下從諫如流，故臣得以盡誠。如唐末孟昭圖者，朝上諫疏，暮不知所在，（事見卷五十九唐僖宗中和元年。）如此安得不亂！」帝動容久之。

綱　置諸路提刑官。

綱　六月，忠武節度使、韓公潘美卒。（忠武節度使治許州城，即今河南許昌市。）

綱　秋七月，李繼遷請降，以爲銀州觀察使，賜姓名趙保吉。且以其子德明爲管內蕃落使、行軍司馬。

綱　八月，置審刑院。

目　帝慮大理刑部吏舞文巧詆，乃置審刑院於禁中，以李昌齡知院事。置詳議官六員，凡獄上奏，先達院印訖，付大理刑部斷覆以聞，乃下院詳議，申覆裁決訖，以付中書省行之；其未允者，宰相覆以聞，始命論決。

綱　九月，王沔、陳恕、呂蒙正罷。

目　呂蒙正爲首相，以寬簡居位，政事多決於沔。沔聽察敏辯，有適時材，然性苛刻少誠，謁見者必啗以甘言，啗音淡，餌之也。既而進退非允，人胥怨之。又素與張齊賢、陳恕不協，及二人參知政事，沔不自安，慮僚屬有以中書舊事告齊賢、恕者。會司諫王禹偁言「宰相、樞密不得於本廳見客，許於都堂延接，以杜私請。」沔喜，卽奏行之。司諫謝泌以爲「如此，是疑大臣以私也」，疏駁之，帝追還前詔，沔遂罷。

時帝怒戶部使樊知古所部不治，恕聞，密以語之，覬其悛舉。覬音記，望也。知古訴於帝，帝怒恕漏言，亦坐免。

度支判官宋沆伏閤奏疏，請立太子，詞意狂率。帝怒，貶沆，而沆乃蒙正妻族也，遂罷蒙正爲吏部尚書。

時三日之閒，連罷三相，因有奏毀者，帝語之曰：「蒙正有大臣體，沔甚明敏。」毀者慙而止。

綱　以李昉、張齊賢同平章事，賈黃中、李沆參知政事。

目　初，黃中再典貢部，多拔寒畯，畯音俊。及掌吏部，選除擬精當。沆嘗侍宴，上目送之曰：「風度端凝，眞貴人也。」至是並拜。

綱　王顯免，以張遜知樞密院事，溫仲舒、寇準同知院事。知樞密院、同知樞密院，自此始。

綱　冬十月，趙保忠叛降契丹，契丹封爲西平王。

綱　女眞請伐契丹，不許。自是不復入貢，遂屬契丹。

綱　十一月，以畢士安爲翰林學士。

目　先是翰林學士承旨蘇易簡續翰林志二卷以獻，帝嘉之，賜詩二章，又飛白書「玉堂之署」四字，令榜於廳額，曰：「永爲翰林美事。」於是知制誥范杲獻玉堂記，杲音稿。請備其職。帝惡其躁競，出知濠州，（治鍾離縣，即今安徽鳳陽縣。）乃以士安爲學士。執政欲用諫議大夫

李昉張齊賢相
李沆風度端凝
趙保忠叛降契丹
蘇易簡續翰林志
范杲玉堂記

張洎，帝曰：「洎文學、資任不下士安，第德行不及耳。」

置常平倉於京師

綱　壬辰，三年，（九九二）夏六月，置常平倉于京師。

目　先是旱，大蝗，詔遣使決諸州獄。五月，雨，蝗盡殪。殪音意，死也。至是京畿穀賤，帝遣使增價糴貯之，俟歲饑則減價糶，名曰「常平倉」，遂爲永制。

趙普卒

綱　秋七月，趙普卒。

趙普讀論語二十篇

目　普卒，年七十一。帝聞之震悼，謂近臣曰：「普能斷大事，盡忠國家，眞社稷臣也。」普性深沉，有岸谷。少習吏事，寡學術，及爲相，太祖勸以讀書，遂手不釋卷，每歸私第，闔戶啓篋，篋音怯。取書誦之竟日。及次日臨政，處決如流。既卒，家人發篋視之，則論語二十篇也。

种放

綱　召終南隱士种放，种音充。（終南即南山，在今陝西西安市南。）不至。

种放裂佛經製帳帷

目　放，洛人，洛即洛陽。沉默好學，隱居終南，以講習爲業，從學者衆，資以養母。母亦能樂道，薄滋味。放不喜浮圖，釋氏也。嘗裂佛經以製帳帷。所著有蒙書及嗣禹說。轉運使宋惟幹言其才行，詔使召之。其母恚曰：恚音惠，怒恨也。「常勸汝勿聚徒講學，身既隱矣，何用文爲？果爲人知，而不得安處。我將棄汝深入窮山矣！」放乃稱疾不起。其母盡取其筆硯焚之，與放轉居窮僻，人迹罕至。帝嘉其節，命有司時加存問。

置審官院

綱　癸巳，四年，（九九三）春二月，置審官院。

目 初，帝慮中外官吏清濁混淆，命官考課，號磨勘院，至是改爲審官院，掌審京朝官；其幕職州縣官，幕職，幕府之職。別置考課院主之。

王小波作亂

綱 青神民王小波作亂。（青神縣，卽今四川青神縣。）

王小波疾貧富不均

目 初蜀亡，其府庫之積悉輸汴京，後任事者競起功利，於常賦外更置博買務，禁商賈不得私市布帛。蜀地狹民稠，耕稼不足以給，由是小民貧困，兼幷者益糴賤販貴以規利。青神民王小波因聚衆爲亂，且曰：「吾疾貧富不均，今爲汝均之！」貧者爭附。遂攻青神，掠彭山，（卽今四川彭山縣。）殺縣令齊元振，剖其腹，實之以錢，惡其誅求無厭也。賊黨由是愈熾，旁邑響應。

剖腹實錢

綱 三月，以何承矩爲河北屯田制置使。

錢若水爲學士

綱 夏五月，以錢若水爲翰林學士。

目 帝謂侍臣曰：「學士之職，親切貴重，非他官可比，朕常恨不得爲之。」又曰：「士之學古入官，遭時得位，紆朱拖紫，紆音迂，縮也。足以爲榮矣，得不竭誠以報國乎。」若水對曰：「高尚之士不以名位爲光寵，忠正之士不以窮達易志操。其或以爵祿位遇之故，而效忠於上，中人以下者之所爲也。」

綱 六月，張齊賢罷，以呂端參知政事。

綱 以向敏中、張詠同知銀臺、通進司。

寇準免

左右沮寇準

呂蒙正相

蘇易簡急求進用

【目】二司舊隸樞密院，至是始以敏中、詠同知司事，隸門下，主視章奏案牘，以稽出入，蓋給事中之職也。

【綱】張遜、寇準免，以柴禹錫知樞密院事，劉昌言同知院事。

【目】遜素與準不協。一日，準與溫仲舒並轡晚歸，有狂民迎馬首呼萬歲，街使王賓與遜雅相厚，因奏民迎準拜呼萬歲。準自辨云：「實與仲舒同行，而遜令賓獨奏臣。」因互發其私，帝惡之，乃左降遜為右領軍衞將軍，出準知青州。（治益都縣，即今山東益都縣。）準既罷，帝念之不置，語左右曰：「寇準在青州樂乎？」左右揣帝意且復召用，因對曰：「陛下思準不少忘；聞準日縱酒，未知亦念陛下否？」帝默然。

【綱】秋九月，大水。冬十月，河決澶州。（治濮陽縣，即今河南濮陽縣。）

【綱】李昉、賈黃中、李沆、溫仲舒罷。以水災故也。

【綱】以呂蒙正同平章事，蘇易簡、趙昌言參知政事，趙鎔、向敏中同知樞密院事。

【目】蒙正嘗因召對論及征伐，帝曰：「朕比年征討，蓋為民除暴，苟好功黷武，則天下之人熸亡盡矣。」熸音尖，滅也。蒙正對曰：「治國之要，在內脩政事，則遠人來歸，自致安靜。」帝然之。

易簡在翰林八年，帝待之若賓友。舊制，欲授台輔，必使天下稔其名望，而後正位。易簡以親老急於進用，因亟言時政得失，遂入政府。自是帝不復有款接意，但正色責吏事而

向敏中明辨有才

已，易簡悔之。

時西北用兵，樞機之任，專主謀議。敏中明辨，有才略，遇事敏速，凡二邊道路、斥候、走集之所，莫不周知。帝器之。

復置三司使分天下郡縣爲十道

綱 閏月，以陳恕爲三司總計使。

目 時復置三司使，而罷鹽鐵、戸部、度支三使。分天下郡縣爲十道，曰河南、河東、關西、劍南、淮南、江南東、西、浙東、西、廣南。（河南道治東京開封府，即今開封市。河東道治太原府，即今山西榆次縣。關西道治京兆府，即今陝西西安市。劍南道治成都府，即今四川成都市。淮南道治揚州，即今江蘇揚州市。江南東道治蘇州，即今江蘇蘇州市。江南西道治江寧府，即今江蘇南京市。浙江東道治紹興府，即今浙江紹興市。浙江西道治杭州，即今浙江杭州市。廣南道治廣州府，即今廣東廣州市。）以京東爲左計，西爲右計。（京東即東京，治開封府，即今河南開封市。西謂東京之西，洛陽也。）恕爲總計使，魏羽爲左計使，董儼爲右計使，中分十道以隸焉，而各道則署判官以領其事，凡涉計度者三使通議之。恕言：「官司各建，政令互出，難以經久。」帝不聽。

左計右計

李順陷邛州

綱 十二月，王小波死，其黨李順陷蜀邛州永康軍。邛音窮。（邛州治臨邛縣，即今四川邛崍縣。）

李順陷成都

綱 甲午，五年，（九九四）春正月，李順陷成都；以宦者王繼恩爲兩川招安使，討之。

（兩川，謂東川、西川。東川治梓州，即今四川三台縣，西川治成都。）

綱 趙保吉寇靈州；（治迴樂縣，即今寧夏靈武縣。）以李繼隆爲河西都部署，（河西，即舊河西節度

置起居院

起居注進御始此　王繼恩復成都

別立宣政使　張詠知益州

使，治涼州城，即今甘肅武威縣。）討之。

綱　三月，李繼隆入夏州，執趙保忠赴京師。

綱　夏四月，削趙保吉姓名，隳夏州城。隳音揮，毀也。

綱　置起居院。

目　右諫議大夫張佖請置起居院，佖音弼。脩左右史之職爲起居注與時政記，逐月終送史館，以備脩日曆。上嘉之，乃置院於禁中，命梁周翰等掌其事。周翰請以所撰先進御，後付史館，從之。起居注進御始此。

綱　五月，王繼恩復成都，獲李順誅之，其黨張餘復陷嘉、戎諸州。（嘉州治龍游縣，即今四川樂山縣。戎州治南溪縣，即今四川南溪縣。）

綱　秋八月，以王繼恩爲宣政使。

目　中書以繼恩討蜀寇功，欲除宣徽使，帝曰：「朕讀前代史，不欲令宦官預政。宣徽使，執政之漸也，止可授以他官。」宰相力言繼恩有大功，非此不足以賞。帝怒，深責之，乃命學士張洎、錢若水議，別立宣政使以授之。

綱　以張詠知益州。（今四川成都市。）

目　王繼恩、上官正、宿翰等總兵討賊，漸有成功，頓師不進，專務飲博；其下恣橫剽掠，餘寇勢復張大。詠至，勉正等親行，臨發舉酒屬軍校曰：「爾曹蒙國家厚恩，此行當平蕩醜類；若老師曠日，卽此地還爲爾死所矣！」還音旋。正由是決行深入，大致克捷。時寇掠之際，民多脅從，詠諭以恩信，使各歸田里。且曰：「前日李順脅民爲賊，今日吾化賊爲民，不亦可乎。」其爲政恩威並用，蜀民畏而愛之。先是城中屯兵尙三萬人，無半月之食，詠知民間舊苦鹽貴，而廩有餘積，乃下其估，估音古，市稅。聽民以米易鹽。未踰月，得米數十萬斛。詠度有二歲備，乃奏罷陝西糧運。帝聞之，喜曰：「此人何事不能了，吾無憂矣！」

元凱封壽王

綱　九月，以襄王元侃爲開封尹，進封壽王。（壽卽壽州，今安徽壽縣。）

目　帝在位久，儲貳未定，馮拯等上疏言之。帝怒，斥之嶺南，中外無敢復言者。寇準自青州召還，入見，帝曰：「朕諸子孰可以付神器者？」（神器謂帝位。）準曰：「陛下爲天下擇君，謀及婦人、中官不可也。唯陛下擇所以副天下望者。」帝俯首久之，屛左右曰：「襄王可乎？」準曰：「知子莫若父。聖意旣以爲可，願卽決定。」遂以元侃爲開封尹，進封壽王。元侃，帝第三子也。

綱　以寇準參知政事。

罷總計使　眞鹽鐵陳恕

綱　冬十二月，以陳恕爲鹽鐵使。

目　總計使果不便，乃罷之。復以三司、兩京、十道歸三部，各置使，以恕爲鹽鐵使。恕有心計，釐去宿弊，釐，治也。帝深器之，親題殿柱曰「眞鹽鐵陳恕」。恕每便殿奏事，帝或

觀燈乾元樓

呂蒙正規諫

呂蒙正等罷相

呂端相

呂端大事不糊塗

未察，至形誚讓；恕踧踖退至殿壁，俟帝意稍解復進，懇執前論，終不易，帝亦多從之。

綱　乙未，至道元年，(九九五)春正月，帝觀燈于乾元樓。

目　帝以上元御乾元門樓觀燈賜宴，見京師繁盛，諭近臣曰：「五代之際，生靈凋喪，當時謂無復太平之日矣。朕躬覽庶政，萬事粗理，每念上天之貺，貺音況，賜也。致此繁盛，乃知理亂在人。」呂蒙正避席曰：「乘輿所在，士庶走集，故繁盛如此。臣嘗見都城外不數里，飢寒而死者甚衆。願陛下親近以及遠，蒼生之幸也。」帝變色不言。蒙正侃然復位，同列咸多其伉直。伉音抗。

綱　劉昌言免，以錢若水同知樞密院事。

綱　二月，四川都監宿翰獲張餘于嘉州，蜀盜平。

綱　夏四月，呂蒙正、柴禹錫、蘇易簡罷。

目　帝嘗欲遣人使朔方，卽夏州。諭中書選可責以事者。蒙正以名上，帝不許。他日三問，三以其人對。帝怒曰：「卿何執邪！」蒙正對曰：「臣非執，臣不欲用媚道妄隨人主意以害國事。」因稱其人可使，餘人不及。同列竦息不敢動。竦音聳。帝退謂左右曰：「蒙正氣量我不如。」既而卒用其人，果稱職。至是罷相，判河南。

綱　以呂端同平章事，張洎參知政事，趙鎔知樞密院事。

目　初帝欲相端，或曰：「端爲人糊塗。」帝曰：「端小事糊塗，大事不糊塗。」決意用之。

張洎江東士人之冠

端持重，識大體，時同列奏對多異議，惟端罕所建明，一日内札戒諭：「自今中書事，必經呂端參酌，乃得聞奏。」端愈謙讓不敢當。

泊博涉經史，善持論，爲翰林學士。帝嘗謂近臣曰：「張洎富有文藝，至今尚苦學，江東士人之冠也。」甚見寵遇。洎初爲寇準官屬，甚恭謹。每爲準規畫，準心伏，以兄事之，極薦其才，遂與準同列，奉之愈謹，政事一決於準，無所參預，惟專脩時政記，甘言善柔而已。

宋后崩不成服

綱　開寶皇后宋氏崩，貶翰林學士王禹偁知滁州。（滁州治清流縣，即今安徽滁縣。）

目　后疾甚，遷於故燕國長公主第，崩，權殯普濟佛舍，謚曰孝章皇后，羣臣不成服。禹偁對客言：「后嘗母儀天下，當遵舊禮。」帝不悅，坐謗訕，責知滁州。禹偁立朝敢言，以直躬行道爲己任，不爲流俗所容，故屢見斥。

綱　六月，以李繼遷爲鄜州節度使；鄜音孚。（鄜州節度使治鄜州城，在今陝西洛川縣西北。）繼遷不奉詔。

元侃立爲太子

綱　秋八月，立元侃爲皇太子，更名恆，大赦。

目　太子既立，廟見還宮，京師民擁道喜躍曰：「少年天子也。」帝聞之不懌，召寇準謂曰：「人心遽屬太子，欲置我何地！」準再拜賀曰：「此社稷之福也。」帝悟。入語后嬪，宮中皆前慶；帝喜，復出，延準飲，極醉而罷。以李至、李沆並兼太子賓客，詔太子以師傅禮事之。

太子拜至沆

太子每見至、沆，必先拜；至、沆不敢當，上表辭謝，帝不許。

官太祖孫惟吉

寇準罷

綱 丙申，二年，（九九六）春二月，以李昌齡參知政事。

綱 以太祖孫惟吉爲閬州觀察使。（閬州治閬中縣，即今四川閬中縣。）

目 惟吉，魏王德昭長子也。太祖崩時，惟吉纔六歲，帝即位，猶在禁中，日侍中食。太平興國八年始出居東宮，未幾授左驍衞大將軍，至是授閬州觀察使，凡邸第供億車服賜與，供，給也。億，安也。謂給其匱乏，使之安也。皆與諸王埒。埒音劣，等也。

綱 夏四月，遣李繼隆等分道討李繼遷。

綱 秋七月，寇準罷。

目 是歲郊祀，中外官皆進秩，準素所喜者多得臺省清要官，所惡及不相知者即序進之。廣州通判馮拯上疏極陳準擅權，且條上除拜不平數事；帝不懌。張洎揣知帝嫉準，懼一日同罷，乃奏準誹謗；帝益不悅。會廣東轉運使康戩上言：「呂端、張洎、李昌齡皆準所引，故準得以任胸臆，亂經制。」帝怒，召端等責之。端對曰：「準性剛自任，臣等不欲數爭，慮傷國體。」因再拜請罪。及準入對，帝語及拯事，準力爭不已，又持中書簿論曲直於帝前。帝因歎曰：「鼠雀尚知人意，況人乎？」遂罷知鄧州。

綱 八月，李繼隆副將范廷召遇李繼遷于烏白池，（在今寧夏靈武縣東。）擊敗之，繼隆不見虜而還。

綱 九月，秦、晉諸州地震。（秦州見上。晉州治臨汾縣，即今山西臨汾縣。）

【綱】大有年。

【綱】丁酉，三年，（九九七）春正月，張洎罷。以病罷，尋卒。

【綱】以溫仲舒、王化基參知政事，李惟清同知樞密院事。

【綱】葬孝章皇后。

【綱】分天下州、軍爲十五路。

分州軍爲十五路

【目】京東、京西、河北、河東、陝西、淮南、江南東、西、荆湖南、北、兩浙、福建、川陝、廣南東、西，凡十五路，各置轉運使。（京東路治開封府。京西路治河南府。河北路治大名府，即今河北大名縣。河東路治并州，在今山西太原市東北。陝西路治京兆府。淮南路治揚州。江南東路治昇州，在今江蘇南京市。江南西路治洪州，即今江西南昌市。荆湖南路治潭州，即今湖南長沙市。荆湖北路治荆州，即今湖北江陵縣。兩浙路治臨安府，即今浙江杭州市。福建路治福州，即今福建福州市。川陝路治成都府。廣南東路治廣州。廣南西路治靜江府，即今廣西桂林市。）

【綱】三月，帝崩，太子恒卽位。

王繼恩等欲立楚王

呂端請立恒

【目】帝不豫，宣政使王繼恩忌太子英明，陰與參知政事李昌齡、知制誥胡旦等謀立楚王元佐。帝崩，皇后令繼恩召呂端，端知有變，卽紿繼恩入書閣，紿，欺也。鎖閉之。亟入宮，后問曰：「宮車已晏駕，立嗣以長，順也，今將何如？」端曰：「先帝立太子，正爲今日，豈容更有異議。」后默然，乃奉太子至福寧殿卽位，垂簾引見羣臣。端平立殿下，不拜，請捲簾升殿審視，然後降階，率羣臣拜焉。

綱 夏四月，尊皇后爲皇太后，赦。以李至、李沆參知政事。

綱 五月，李昌齡有罪，貶忠武行軍司馬。

目 討謀立楚王之罪，貶昌齡爲司馬；降王繼恩爲右監門衛將軍，均州安置；胡旦除名，長流潯州。（治桂平縣，即今廣西桂平縣。）

綱 立郭氏爲皇后。后，宣徽南院使守文之女。

綱 六月，追復涪王廷美爲秦王，復封兄元佐爲楚王。

錢若水請罷

綱 錢若水請罷，許之。

錢若水薦王旦

目 初，太宗以劉昌言罷，問左右曰：「昌言涕泣否？」及呂蒙正罷，又曰：「望復位目穿矣。」若水因歎曰：「上待輔臣如此，蓋無秉節高邁，全進退之道以感動之者耳。」即欲移疾，移文稱疾。會西邊用兵，不敢言。至是以母老請解樞務，章再上，乃罷爲集賢院學士。若水入謝便殿，帝問近臣可大用者，若水以中書舍人王旦對，帝曰：「此固朕所屬也。」

綱 秋八月，趙鎔、李惟淸罷，以曹彬爲樞密使，向敏中、夏侯嶠爲副使。

綱 冬十月，葬永熙陵。（在今河南鞏縣西南。）

綱 十二月，追尊太宗賢妃李氏爲皇太后。帝生母也。

綱 李繼遷請降，以爲定難節度使，復姓名趙保吉。

綱鑑易知錄卷六六

宋紀

眞宗皇帝 初名元侃，更名恆，太宗第三子。初封襄王，進封壽王，尋立爲太子。太宗崩嗣立，在位二十五年，壽五十五歲而崩。帝寬仁慈愛，有帝王之量，然好奉道教，信惑邪說，天書封祀，制作紛紛矣。景德初，契丹大舉入寇，向微寇準勸帝親征，講和澶淵，幾於亡國矣。

星變求直言

綱　戊戌，眞宗皇帝咸平元年，（九九八）春正月，彗星見，詔求直言。

目　彗出營室北，營室，北方宿名。呂端言：「應在齊、魯分。」帝曰：「朕以天下爲憂，豈直一方邪！」詔求直言，避殿減膳。時田錫自知集賢院出知泰州，（治海陵縣，即今江蘇泰州縣。）上疏言：「李繼遷不合與夏州，又不合呼之爲趙保吉，（去年李繼遷請降，以爲定難節度使，仍名趙保吉。定難即夏州，在今陝西橫山縣西。）乃時政舛誤之大者。」又言「樞密公事，宰相不得預聞，中書政事，樞密不得預議，以致兵謀未精，國計未善。」帝嘉納之。

除逋負

綱　夏四月，遣使按諸路逋負，悉除之。

釋繫獄

目　除天下逋欠一千餘萬，釋繫獄者三千餘人，用三司判官王欽若之言也。

呂端等罷

綱　冬十月，呂端、李至、溫仲舒、夏侯嶠罷。

目 端器量寬恕，知大體，帝深重之。每見其入對，肅然拱揖，不以名呼。又以端姿儀瓌大，瓌音規，偉也。宮庭陛峻，特令梓人爲納陛。至是，以疾罷。

綱 以張齊賢、李沆同平章事，向敏中參知政事，楊礪、宋湜爲樞密副使。

張齊賢李沆相

目 齊賢慷慨有大略，每以致君自負。嘗爲帝言皇王之道，帝曰：「皇王之道非有跡，但庶事無撓，則近之矣。」

李沆引燭焚詔

帝嘗問沆治道所宜先，沆對曰：「不用浮薄新進喜事之人，此最爲先。」帝問其人，沆曰：「如梅詢、曾致堯輩是矣。」帝又語及「唐人樹黨，遂使王室微弱，蓋姦邪難辨耳。」沆曰：「佞言似忠，姦言似信，如盧杞蒙蔽德宗，李泌以爲眞姦邪是也。」帝曰：「姦邪之迹雖曰難辨，久之自敗。」一夕內出手詔，欲以劉美人爲貴妃，沆對使者引燭焚之，附奏曰：「但道臣沆以爲不可。」其議遂寢。帝嘗謂沆曰：「人皆有密啓，卿獨無，何也？」對曰：「臣待罪宰相，公事則公言之，何用密啓。夫人臣有密啓者，非讒卽佞，臣常惡之，豈可效尤。」

綱 己亥，二年，（九九九）春閏三月，旱，求直言。

目 轉運副使朱台符上言，略曰：「陛下踐祚以來，彗星一見，時雨再愆。彗星見者，兵之象也。時雨愆者，澤未流也。宜重農以積粟，簡卒以省費，專將帥之任以安邊，愼守令之選以惠民，舍此數事，雖有智者不能爲計矣。」

曹彬卒

綱 夏六月，樞密使兼侍中魯公曹彬卒。（魯，在今山東曲阜縣東北。）

目 彬疾，帝臨問，因詢以契丹事宜，彬對曰：「太祖英武定天下，猶經營和好。」帝曰：「此事朕當屈節爲天下蒼生，然須執綱紀，存大體，卽久遠之利也。」又問以後事，對曰：「臣無事可言。臣子璨、瑋，材器皆堪爲將。」帝問其優劣，對曰：「璨不如瑋。」及卒，帝哭之慟，贈中書令，追封濟陽王，（濟陽縣，卽今山東鄒平縣。）謚武惠。彬在朝廷，未嘗忤旨，亦未嘗言人過失。位兼將相，不以等威自異，遇士夫於途，必引車避之，不名下吏。每白事，必冠而後見。居官俸入，給宗族，無餘積。君子謂彬仁恕清愼，能保功名，守法度，爲宋良將第一。

綱 秋七月，以王顯爲樞密使。

綱 以呂文仲等爲翰林侍讀學士，邢昺爲侍講學士。昺音丙。

目 初置翰林侍讀、侍講學士，設直廬於祕閣，以楊徽之、夏侯嶠及文仲爲侍讀學士，昺爲侍講學士，更直召對詢訪，或至中夕。尋詔昺與杜鎬、舒雅、孫奭等校定周禮、儀禮、公羊、穀梁春秋傳、孝經、論語、爾雅義疏。

綱 冬十月，契丹隆緒入寇，都部署康保裔與戰于瀛州，（治河間縣，卽今河北河間縣。）死之。

綱 十二月，帝自將禦契丹，次于大名。（卽今河北大名縣。）

綱 庚子，三年，（一〇〇〇）春正月，契丹引還，范廷召追敗之。帝至自大名。

綱 二月，王顯罷，以周瑩、王繼英知樞密院事，王旦同知院事。

目 初，旦爲翰林學士，嘗奏事退，帝目送之，曰：「爲朕致太平者，必此人也。」

曹彬舉二子

曹彬爲宋良將第一

翰林侍讀侍講學士校定周禮儀禮等

自將禦契丹

眞宗識王旦

呂端卒

張齊賢失儀坐免

呂蒙正向敏中相

頒九經于州縣學校

綱 夏四月，太子太保呂端卒。諡正惠。

綱 冬十一月，張齊賢免。

目 齊賢與李沆不相得。日南至朝會，日南至，冬至也。齊賢被酒失儀，遂坐免。

綱 辛丑，四年，（一〇〇一）春二月，詔羣臣子弟補京官者試一經。

綱 三月，以呂蒙正、向敏中同平章事。王化基罷。以王旦參知政事，馮拯、陳堯叟同知樞密院事。

綱 夏四月，以王欽若參知政事。

綱 頒九經于州縣學校。

綱 秋八月，以張齊賢爲涇原諸路經略使。（涇原經略使，治涇州城，在今甘肅涇川縣北。）

目 帝以趙保吉雖入貢，而鈔劫益甚，乃遣齊賢行邊。齊賢言：「靈武孤城，（靈武，即靈州，今寧夏靈武縣。）必難固守，徒使軍民六七萬陷於危亡之地。」通判永興軍何亮復上安邊書，（永興軍治長安城，即今陝西西安市舊長安縣。）言「靈武地方千里，表裏山河，決不可舍之以資戎狄。」帝不能決，詔羣臣議棄守之宜。楊億言「棄之便。」輔臣咸以「靈州乃必爭之地，苟失之，則緣邊諸郡皆不可保。」帝惑之。李沆曰：「保吉未死，靈州非朝廷有也。莫若遣使密召州將，使部分軍民，空壘而歸，如此則關右之民息肩矣。」帝不從，以王超爲西面行營都部署，將步騎六萬援靈州。齊賢又請募江南丁壯以益戍兵，帝曰：「此不惟人心動搖，抑使南方之人遠

趙保吉反
趙保吉陷靈州
杜鎬誦北山移文

戍西鄙，甚不便也。」寢其奏。

【綱】九月，趙保吉反，陷清遠軍。（在今寧夏靈武縣東南。）

【綱】壬寅，五年，（一〇〇二）春三月，趙保吉陷靈州，知州事裴濟死之。

【目】濟知靈州，謀輯八鎮，興屯田之科，民甚賴之。保吉大集蕃部來攻，濟被圍餉絕，刺指血染奏，求救兵，不至，城遂陷，濟死焉。保吉以州爲西平府，居之。帝得報，悔不用李沆之言，詔王超屯永興軍。

【綱】夏六月，周瑩罷。

【綱】秋九月，召种放爲左司諫，直昭文館。

【目】張齊賢言放孝行純至，簡朴退靜，可厲風俗。下詔召之，放乃詣京師，對於崇政殿，賜坐，詢以民政邊事。放對曰：「明王之治，愛民而已，惟徐而化之。」餘皆謙讓不對。即日授左司諫、直昭文館。放固讓，不許，賜予甚厚，時召對焉。明年請暫還山，許之，遷起居舍人。放既還，後數朝京師，東封、西祀無不預。祿賜既豐，頗飾輿服，置田長安，（京兆尹治。）強市爭訟，時議薄之。王嗣宗守京兆，因條上其不法事，極其醜詆，會赦而止。杜鎬嘗因宴餞賦詩，誦北山移文以譏之，（南北朝齊周彥倫隱於北山，後應聘出爲海鹽令，秩滿入京，復經此山，孔稚圭假山靈之意移之，名曰北山移文。）放不之愧。

【綱】冬十月，向敏中免。

張詠復知益州

綱 癸卯，六年，（一○○三）夏四月，復以張詠知益州。（即成都府，今四川成都市。太宗端拱五年，張詠曾知益州。）

目 帝以詠前在蜀，初詠知益州，後徙永興軍。治政優異，復自永興徙知益州。民聞詠再至，皆鼓舞相慶。詠威惠並行，政績益著，下詔褒美，且令巡撫使傳諭詠曰：「得卿在蜀，朕無西顧之憂矣。」

陳恕不進錢穀數

陳恕薦寇準

綱 六月，以寇準爲三司使，（太宗淳化四年，罷鹽鐵、戶部、度支三使，復置三司使。）陳恕罷。

目 恕久領三司。帝初即位，嘗命條具中外錢穀，恕久不進，屢詔趣之，恕對曰：「陛下富於春秋，若知府庫充實，恐生侈心，是以不敢進也。」帝嘉之。至是以疾固求館殿之職，帝曰：「卿求一人可代者，聽卿去。」恕薦準焉。準至三司，檢尋恕前後改創之事類爲册，及其所出榜，別用新板，躬至恕第請判押；恕亦不讓，一一押之，自是計使無不循其舊貫。貫，事也。恕精於吏理，深刻少恩，人不敢干以私。掌利柄十餘年，強力幹事，胥吏畏服。

綱 秋九月，呂蒙正罷。

田錫焚疏

綱 冬十二月，右諫議大夫田錫卒。

目 錫居諫署，直言時政得失，每指斥將相備位，無所籌謀，封疏凡五十二奏，悉焚之。曰：「直諫，臣職也，豈可藏副示後以賣直邪。」及卒，帝謂李沆曰：「田錫，直臣也。朝廷少有闕失，方在思慮，錫之章疏已至矣。」嗟惜久之。

趙保吉死德明嗣立

綱　趙保吉陷西涼，（西涼府即涼州，治姑臧縣，即今甘肅武威縣。）殺丁惟清，丁惟清時知西涼府。潘羅支會蕃部擊敗之。潘羅支，六谷酋長，時爲朔方節度使。保吉走死，子德明嗣。

曹瑋請乘時滅夏

目　環、慶邊臣以德明初立，（環州治通遠縣，即今甘肅環縣。慶州治安化縣，即今甘肅慶陽縣。）乞降詔撫之。帝乃詔德明，令審圖去就。知鎮戎軍曹瑋上言：「保吉擅河南地二十年，（河南指今黃河河套以南，靈武以東，甘肅北部及寧夏等地。）兵不解甲，使中國有西顧之憂。今其國危子弱，不即捕滅，後更強盛，不可制矣。願假臣精兵，出其不意，擒德明送闕下，復河南爲郡縣，此其時也。」帝欲以恩致德明，不報。

綱　甲辰，景德元年，（一〇〇四）春正月，京師地震。

綱　三月，皇太后李氏崩。諡曰明德。

李沆卒

綱　秋七月，尚書右僕射同平章事李沆卒。

李沆日奏水旱盜賊

目　時西北用兵，帝便殿延訪，或至旰食，旰音幹，日晚也。王旦歎曰：「我輩安得坐見太平，優游無事邪！」沆曰：「強敵外患，足爲警戒。他日四方寧謐，謐音密。朝廷未必無事。」沆又日取四方水旱、盜賊奏之，旦以爲細事不足煩帝聽。沆曰：「人主少年，當使知四方艱難，不然，血氣方剛，不留意聲色犬馬，則土木、甲兵、禱祠之事作矣。吾老不及見，此參政他日之憂也。」

李沆識丁謂

丁謂與寇準善，準屢薦其才於沆，沆不用。準問之，沆曰：「顧其爲人，可使之在人上乎？」準曰：「如謂者，相公終能抑之使在人下乎？」沆笑曰：「他日當思吾言。」

沆嘗言：「居重位無補，惟中外所陳利害，一切報罷之，少以報國爾。朝廷防制，纖悉備具，或徇所陳請，行一事卽所傷多矣，陸象先所謂『庸人擾之』是已。」沆常讀論語，或問之，沆曰：「沆爲宰相，如『節用而愛人，使民以時』，尚未能行。聖人之言，終身誦之可也。」

沆性直諒，內行脩謹，居位愼密，不求聲譽，遵法度，識大體，人莫能干以私。公退，終日危坐，未嘗跛倚。偏任爲跛，依物爲倚。偏任，一足反立也。治第封丘門內，封丘門，汴京城門名。廳事前僅容旋馬。聽事，中庭也。旋，轉也。或言其太隘，沆笑曰：「居第當傳子孫。此爲宰相廳事誠隘，爲太祝奉禮廳事則已寬矣。」

及卒，帝驚慟，謂左右曰：「沆忠良純厚，始終如一，豈意不享遐壽邪！」贈太尉、中書令，謚文靖。

李沆讀論語

聽事前僅容旋馬

綱 以畢士安參知政事。

綱 八月，以畢士安、寇準同平章事，王繼英爲樞密使，馮拯、陳堯叟簽書樞密院事。

畢士安寇準相

目 初，士安既拜參知政事，入謝，帝曰：「未也，行且相卿。」因問「誰可與卿同進者？」對曰：「寇準兼資忠義，善斷大事，臣所不如。」帝曰：「聞其好剛使氣。」對曰：「準忘身徇國，秉道疾邪，故不爲流俗所喜。今天下之民，雖蒙休德，涵養安佚，而北戎跳梁，跳梁猶言強梁，跋扈。爲邊境患，若準者正宜用也。」帝曰：「然。當藉卿宿德鎭之。」準既相，守正疾惡，小人

畢士安薦寇準

契丹入寇　置龍圖閣　寇準飲笑自如　寇準請帝幸澶州

日思所以傾之，士安每爲申辨，帝始不疑。

綱　閏九月，契丹隆緒大舉入寇。契丹主耶律隆緒同其母蕭氏大舉寇邊。

綱　冬十月，契丹來議和，遣閤門祇候曹利用報之。

綱　置龍圖閣。

目　奉太宗御製文集及典籍圖畫寶瑞之物，與宗正所進屬籍；并置待制學士官。自是，每一帝崩，則置一閣。

綱　十一月，契丹進寇澶州，（治濮陽縣，即今河南濮陽縣。）帝自將禦之。

目　契丹陷德清軍，（治在清豐縣，在今河南清豐縣西北。）逼冀州，（治信都縣，在今河北衡水縣西南。）遂抵澶州。邊書告急，一夕五至，寇準不發，飲笑自如。帝聞之大駭，以問準。對曰：「陛下欲了此，不過五日耳。」因請帝幸澶州，同列懼欲退，準止之，令候駕起。帝難之，欲還內，準曰：「陛下入，則臣不得見，大事去矣！請無還。」

畢士安力勸帝如準所請，帝乃議親征，召羣臣問方略。時以虜寇深入，中外震駭，王欽若臨江人也，（臨江，軍名。王欽若臨江軍新喻縣人，即今江西新喻縣。）請幸金陵；（在今江蘇南京市。）陳堯叟閬州人也，（閬州治閬中縣，即今四川閬中縣。）請幸成都。帝以問準，準心知二人謀，乃陽若不知者，曰：「誰爲陛下畫此策？罪可斬也！陛下神武，將臣協和，若大駕親征，敵當自遁；不然，出奇以撓其謀，堅守以老其師，勞佚之勢，我得勝算矣。奈何棄廟社欲幸楚、蜀？楚謂金陵。蜀謂成都也。所在人心崩潰，敵乘勝深入，天下可復保邪！」帝意乃決。時欲擇大臣鎮大名，天雄軍治。準薦欽若，遂詔判天雄軍。蓋準以欽若多智，恐妄有所疑沮，故出之。

寇準出王欽若鎮天雄

綱　李繼隆軍射殺契丹將蕭撻覽。

目　契丹圍澶州，李繼隆整軍禦之。會有自虜中回者，言撻覽謀以遲明襲寨，遲明，猶黎明也。繼隆伏兵分據要害。頃之，控弦暴至，控，引也。（控弦，謂兵士。古時軍多用箭，故稱控弦之士。）撻覽躬出陣前督戰；繼隆將張環守牀子弩，弩撼機發，射殺之。撻覽有機勇，所領皆銳兵，既死，虜大挫衄。衄音肉，刃傷也。

綱　以王旦爲東京留守。東京，汴京。

綱　十二月，帝渡河，次澶州，契丹請盟而退。

惟可進尺不可退寸

目　帝在道，又有以金陵之謀告者，帝意稍惑，召準問之。準曰：「陛下惟可進尺，不可退寸。河北諸軍日夜望鑾輿至，士氣百倍；若回輦數步，則萬衆瓦解，虜乘其後，金陵亦不可得至也。」殿前都指揮使高瓊曰：「寇準言是。」準又曰：「機不可失，宜趣駕。」趣音促。帝乃晨發。

至澶州南城，望見契丹軍勢甚盛，衆請駐蹕。天子出則稱警，入則言蹕。蹕，止行人也。寇準固請曰：「陛下不過河則人心益危，敵氣未懾，非所以取威決勝也。且王超領勁兵屯中山以扼其吭，吭音岡，咽也。（中山即定州，今河北定縣。）李繼隆、石保吉分大陣以扼其左右肘，四方征鎮赴援者日至，何疑而不進！」高瓊亦固以請，卽麾衛士進輦，帝遂渡河。御北城門樓，遠近望見御蓋，踴躍呼萬歲，聲聞數十里，契丹相視益恟駭。帝悉以軍事付準，準承制專決，號令明肅，士卒畏悅。已而契丹數千騎來薄城下，（薄，逼也。）詔士卒迎擊，斬獲大半，乃引去。帝還行宮，留準居北城上，徐使人視準何爲。準方與知制誥楊億飲博，歌謔歡呼。帝喜曰：「準如是，吾復何憂。」

契丹請盟

契丹遣其臣韓杞持書與曹利用俱來請盟，利用言契丹欲得關南地，帝曰：「所言歸地，事極無名；若必邀求，朕當決戰；若欲金帛，朝廷之體，固亦無傷。」準不欲賂以貨財，且欲邀其稱臣及獻幽、薊之地，

寇準畫策以進

（幽、薊，謂晉高祖石敬瑭天福元年，割與契丹幽薊十六州地，見卷六十一。）因畫策以進曰：「如此，則可保百年無事；不然，數十年後戎且生心矣。」帝曰：「數十年後，當有扞禦之者。吾不忍生靈重困，姑聽其和可也。」準尚未許，會有譖準幸兵以自取重者，準不得已，乃許其成。

許契丹歲幣

復遣曹利用如契丹軍，議歲幣。帝曰：「必不得已，雖百萬亦可。」準聞之，召利用至幄謂曰：「雖有敕旨，汝所許過三十萬，吾斬汝矣！」利用至契丹軍，竟以銀十萬兩，絹二十萬匹，成約而還。契丹遣其閤門使丁振持誓書來，以兄禮事帝，引兵北歸。

綱　帝至自澶州。

綱　乙巳，二年，（一〇〇五）春正月，大赦。

目　以契丹講和，大赦天下，放河北諸州強壯歸農，罷諸路行營，省河北戍兵十之五，

緣邊三之二。詔緣邊毋出境掠奪，得契丹馬牛悉縱還之。通互市，葺城池，招流亡，廣儲蓄，由是河北民得安業，皆畢士安之謀也。

綱　夏四月，王欽若罷，以馮拯參知政事。

目　欽若與寇準不協，累表願解政事，特置資政殿學士授之。

綱　秋七月，增置制舉六科。

增置制舉六科

目　賢良方正等三科久不行，至是增置爲六科：曰賢良方正能直言極諫，博通墳、典達於教化，（墳，三墳，三皇之書。典，五典，五帝之典。）才識兼茂明於體用，詳明吏理可使從政，識洞韜、略運籌決勝，（韜，六韜：文韜、武韜、龍韜、虎韜、豹韜、犬韜，太公兵法。略，三略：上、中、下三卷，黃石公兵法。）軍謀宏遠材任邊寄，凡六科。詔中書門下試察其才，具名聞奏，臨軒親策之。

綱　歸幣于契丹。

歸幣契丹

目　自是歲以爲常。

綱　八月，以向敏中知延州。（治膚施縣，即今陝西延安縣。）

目　先是趙德明以父有遺命，遣使乞歸順，詔以敏中爲緣邊安撫使，受其降。至是，以德明誓約未定，徙敏中爲都部署，兼知延州，委以經略。

綱　冬十月，吏部侍郎同平章事畢士安卒。

畢士安卒

目　帝謂輔臣曰：「士安飭躬畏謹，有古人之風，遽此淪沒，深可悼惜。」王旦等對曰：

「士安官至輔相，而四方無田園居第。沒未終喪，家用已屈，眞不負陛下之所知矣。」帝感歎，賜其家白金五千兩，謚文簡。

綱　十一月，契丹遣使來聘。自是往來不絕。

寇準罷

綱　丙午，三年，（一〇〇六）春二月，罷寇準知陝州。（治陝縣，即今河南陝縣。）

目　準爲相，用人不以次，同列頗不悅。他日除官，同列目吏持例簿以進，準曰：「宰相所以進賢退不肖，若用例，一吏職耳。」自澶淵還，澶淵即澶州。頗矜其功。

王欽若毀寇準

帝待準甚厚，王欽若深嫉之。一日會朝，準先退，帝目送之，欽若因進曰：「陛下敬準，爲其有社稷功邪？」帝曰：「然。」欽若曰：「澶淵之役，陛下不以爲恥，而謂準有社稷功何也？」帝愕然，曰：「何故？」欽若曰：「城下之盟，春秋恥之。澶淵之舉，以萬乘之貴，而爲城下之盟，何恥如之！」帝愀然不悅。愀音悄。欽若曰：「陛下知博乎？博者輸錢欲盡，乃罄所有出之，謂之孤注。陛下，寇準之孤注也，斯亦危矣！」由是帝顧準寖衰，竟罷爲刑部尙書，出知陝州。

寇準之孤注

霍光傳不可不讀

初，張詠在成都，聞準入相，謂僚屬曰：「寇公奇材，惜學術不足耳。」及準知陝，詠適自成都還，準送之郊，問曰：「何以敎準？」詠徐曰：「霍光傳不可不讀也。」霍光傳在班固漢書中。準莫諭其意，歸取其傳讀之，至「不學無術」，笑曰：「此張公謂我也。」

未幾，移準知天雄軍，契丹使過大名謂準曰：「相公望重，何故不在中書？」準曰：「主上

北門鎖鑰　置諸州常平倉　契丹中京　丁謂上景德會計錄　天書見承天門　王欽若請封禪

以朝廷無事，北門鎖鑰，非準不可耳。」

綱　以王旦同平章事，趙安仁參知政事。以王欽若、陳堯叟知樞密院事，韓崇訓、馬知節簽書院事。

綱　置諸州常平倉。

綱　冬十月，趙德明請降，詔以爲定難節度使。封西平王。

綱　丁未，四年，（一〇〇七）春正月，契丹城遼西爲中京。契丹建都遼西，置宮掖、樓閣、府庫、城市，實以漢戶，號中京。（遼以遼西爲中京大定府，在今河北平泉縣東北。）

綱　夏四月，皇后郭氏崩。謚曰莊穆。

綱　五月，增孔子守塋戶。塋音營，墓也。凡二千戶。

綱　秋八月，權三司使丁謂上景德會計錄。

綱　戊申，大中祥符元年，（一〇〇八）春正月，有天書見于承天門，大赦，改元。

目　帝自聞王欽若言，深以澶州之盟爲辱，常怏怏不樂。欽若度帝厭兵，因謬進曰：「陛下以兵取幽、薊，乃可滌此恥。」帝曰：「河朔生靈，河朔，河北也。始免兵革，朕安忍爲此！可思其次。」欽若曰：「惟封禪可以鎭服四海，誇示外國。然自古封禪，當得天瑞希世絕倫之事乃可爾。」既而又曰：「天瑞安可必得，前代蓋有以人力爲之者。惟人主深信而崇奉之，以明示天下，則與天瑞無異也。陛下謂河圖、洛書果有邪？伏羲時龍馬負圖出於河，大禹時神龜負書出

聖人以神道設教

於洛。易繫辭：「河出圖，洛出書，聖人則之。」聖人以神道設教耳。」易觀卦彖傳：「聖人以神道設教，而天下服矣。」帝沉思久之，曰：「王旦得無不可乎？」欽若曰：「臣諭以聖意，宜無不可。」欽若乃乘閒爲旦言，閒音閑。乘閒，乘空閒處。旦黽勉從之。帝尙猶豫，會幸祕閣，驟問直學士杜鎬曰：「古所謂河出圖、洛出書，果何事邪？」鎬老儒，不測上旨，漫應之曰：「此聖人以神道設教耳。」帝意乃決，遂召旦飲，歡甚，賜以樽酒曰：「歸與妻孥共之。」既歸，發封，則皆美珠也。旦悟帝旨，自是不敢有異議。

賜王旦樽酒皆美珠

天書

正月乙丑，帝謂羣臣曰：「去冬十一月庚寅，夜將半，朕方就寢，忽室中光曜，見神人星冠絳衣，告曰：『來月宜於正殿建黃籙道場一月，當降天書大中祥符三篇。』朕竦然起對，已復無見。自十二月朔，卽齋戒於朝元殿，建道場以佇神貺。適皇城司奏有黃帛曳左承天門南鴟尾上，令中使視之，帛長二丈許，緘物如書卷，纏以青縷，封處隱隱有字，蓋神人所謂天降之書也。」旦等皆再拜稱賀。

帝卽步至承天門，瞻望再拜，遣二內侍升屋奉之下。奉音捧。旦跪進，帝再拜受之，親置輿中，導至道場，授陳堯叟啓封，復命堯叟讀之。其書黃字三幅，詞類洪範、道德經，始言帝能以至孝至道紹世，次諭以清淨簡儉，終述世祚延永之意。讀訖，盛以金匱，羣臣入賀於崇政殿，賜宴，遣官告天地、宗廟、社稷，大赦，改元。

陳堯叟等益以經義附和

欽若之計既行，陳堯叟、陳彭年、丁謂、杜鎬益以經義附和，而天下爭言祥符矣。獨龍

孫奭直言

得天書于泰山

作玉清昭應宮

加謚孔子玄聖文宣王

以方士爲左武衛將軍

聖祖

圖閣待制孫奭言於帝曰：「以臣愚所聞，『天何言哉』，豈有書也！」帝默然。

綱 三月，詔議封禪。夏四月，以王旦兼封禪大禮使。

綱 六月，得天書于泰山。（王欽若詣泰山得天書，授中使馳捧詣闕。（泰山在今山東泰安市北。）羣臣上帝尊號。

綱 作玉清昭應宮。奉天書也。

綱 冬十月，帝封泰山，帝發京師，以玉輅載天書先道，凡十七日至泰山。禪社首。大赦。

綱 十一月，帝過曲阜，謁孔子，加謚玄聖文宣王。

綱 還宮。

目 帝還，羣臣爭頌功德，惟進士孫籍獻書，言：「封禪，帝王之盛事，願陛下謹於盈成，不可遂自滿假。」知制誥周起亦上言：「天下之勢，常患恬於逸安，而忽於兢畏。願毋以告成爲恃。」帝皆納之。

綱 己酉，二年，（一〇〇九）春二月，以方士王中正爲左武衛將軍。

目 先是汀州人王捷言：（汀州治長汀縣，即今福建長汀縣。）「於南康遇道人，（南康，即今江西南康縣。）姓趙氏，授以丹術及小鐶神劍。蓋司命眞君也，是爲聖祖。」宦者劉承珪以聞，賜捷名中正，得對龍圖閣。既東封，加聖祖爲司命天尊，授中正以官，恩遇甚厚。

綱 夏四月，昇州大火，（昇州即金陵。）陝西旱、蝗。

【綱】三司使丁謂上封禪祥瑞圖。

【目】丁謂上封禪祥瑞圖，示百官於朝堂。自封禪之後，士大夫爭奏符瑞，獻贊頌。崔立獨言：「水發徐、兗，（徐，徐州，治彭城縣，即今江蘇徐州市。兗，兗州，治瑕丘縣，在今山東滋陽縣西。）旱連江、淮，無爲烈風，（無爲，軍名，卽今安徽無爲縣。）金陵大火，是天所以戒驕矜也。而中外多上雲霧草木之瑞，此何足爲治道言哉！」不省。

丁謂上封禪祥瑞圖　崔立直言

【綱】庚戌，三年，（一〇一〇）春二月，贖呂端第賜其家。

【目】端諸子多不同處，舊第已質於人。帝聞之，出內庫錢贖還之，令其聚居。端長子藩言負人息錢甚多，帝別賜內庫金帛，俾償之。藩弟荀與西京差遣，（西京卽洛陽。）仍令內侍省置簿爲掌僦課，（僦，賃也。）給其家。王旦曰：「陛下推思舊臣，始終委曲至矣。」

贖呂端第

【綱】秋，旱、蝗。

【綱】九月，內侍江守恩有罪，誅。

【目】守恩擅取民麥穗，（穗音遂，麥穎。）杖殺軍士，獄成抵法。太常博士俞獻卿抗章論救，坐貶。帝嘗謂輔臣曰：「前代內臣恃恩恣橫，蠹政害物，朕深以爲戒，故於班秩賜予不使過分，有罪未嘗矜貸。」王旦等曰：「前代事跡昭然，足爲龜鑑。陛下言及此，社稷之福也。」

【綱】冬十二月，夏州饑。

【目】西夏管內饑，趙德明表求粟百萬，朝議不知所出。或言德明方納款，而敢渝誓，請

西夏饑

降詔責之。王旦曰：「第詔德明云：『已敕有司具粟百萬於京師，其遣衆來取。』」德明得詔慚曰：「朝廷有人。」

祀后土

綱 辛亥，四年，（一〇一一）春二月，帝祭后土于汾陰，（漢武帝得寶鼎於此，唐更名寶鼎縣，在今山西萬榮縣榮河鎮北。）大赦。

目 先是羣臣上表請祀汾陰，帝從之，以王旦兼大禮使，王欽若爲禮儀使，陳堯叟爲經度使。正月，奉天書發京師，是月至寶鼎縣，即汾陰。祀后土地祇，大赦天下。建寶鼎縣爲慶成軍，大宴羣臣於穆清宮而還。

孫奭諫祀汾陰

初，將祀汾陰，會歲旱，龍圖閣待制孫奭上疏，陳不可者十，且曰：「陛下纔畢東封，又議西幸，非先王五年卜征重謹之意。今國家土木之功，累年不息，水旱作沴，陰陽氣亂曰沴。饑饉居多，乃欲勞民事神，神其饗之乎！」時羣臣爭奏祥瑞，奭復上言：「方今野鵰、山鹿，鵰亦作雕，大鷙鳥，一名鷲。並形奏簡；秋旱、冬雷，率皆稱賀。將以欺上天，則上天不可欺；將以愚下民，則下民不可愚；將以惑後世，則後世不可惑。夫『國將興聽于民，將亡聽于神』，左傳莊公三十二年：「神居莘，虢公使祝應、宗區、史嚚享焉，神賜之土田。史嚚曰：『虢其亡乎！吾聞之，國將興聽于民，將亡聽于神。』」陛下何爲而不思也！」帝嘉其忠而不能從。

國將亡聽于神

陝州隱士魏野

綱 三月，召陝州隱士魏野，不至。

目 野不求聞達，居陝之東郊，爲詩精苦。帝自汾陰還，次陝州，遣陝令王希召之，不

呂蒙正卒　向敏中復相　杭州隱士林逋　作會靈觀　王欽若排趙安仁

起，命工圖其所居觀之。

綱 帝過西京，遂謁諸陵。夏四月，還宮。

綱 太子太師呂蒙正卒。諡文穆。

綱 壬子，五年，（一〇一二）夏四月，復以向敏中同平章事。

目 時舊相出鎮，不以吏事爲意，惟敏中盡心民事，帝由是有復用之意。及東封、西祀，皆以敏中留守，厚重鎮靜，人情帖然，遂復拜相。

綱 五月，賜杭州隱士林逋粟帛。

目 逋力學，善詩，不趨榮利。家貧，衣食不足，晏如也。結廬杭州西湖之孤山。（在今浙江杭州市西湖上。）帝聞其名，賜以粟帛。

綱 秋八月，作會靈觀。奉祀五嶽。

綱 九月，罷參知政事趙安仁。

目 初，議立后，安仁謂「劉德妃家世寒微，不如沈才人出於相門。」帝不悅。他日，與王欽若從容論方今大臣誰爲長者，欽若欲排安仁，乃譽之曰：「無若趙安仁。安仁昔爲沈倫所知，常欲報之。」帝默然，未幾罷。安仁雖貴，簡儉若貧素，喜誨誘後進，時以重德推焉。

綱 以王欽若、陳堯叟爲樞密使，丁謂參知政事，馬知節爲樞密副使。

目 時天下乂安，王欽若、丁謂導帝以封祀，眷遇日隆。欽若自以深達道教，多所建

五鬼
癭相
聖祖趙玄朗
作景靈宮
改孔子諡

明，而謂附會之，與陳彭年、劉承珪等蒐講墜典，蒐音搜。大脩宮觀。以林特有心計，使爲三司使以幹財利。五人交通，縱跡詭祕，時號「五鬼」。王旦欲諫，則業已同之；欲去，則上遇之厚。追思李沆之先識，歎曰：「李文靖眞聖人也！」

欽若狀貌短小，頸有附疣，疣音由，瘤也。時目爲「癭相」。癭音穎，頸瘤。性傾巧，敢爲矯誕。知節以衆方競言祥瑞，深不然之，每言於帝曰：「天下雖安，不可忘戰去兵也。」

綱 冬十月，帝言聖祖降于延恩殿。

目 帝語輔臣曰：「朕夢神人傳玉皇之命云：『先令汝祖趙玄朗授汝天書，今令再見汝。』翌日，復夢神人傳聖祖言。吾座西，斜設六位以候。是日卽於延恩殿設道場，五鼓一籌，先聞異香，頃之，聖祖至，朕再拜殿下，俄有六人至，揖聖祖，皆就坐。聖祖命朕前曰：『吾人皇九人中一人也，是趙之始祖。』卽離座乘雲而去。」王旦等皆再拜稱賀。詔告天下，肆赦加恩。閏月，上聖祖及聖母尊號。

綱 十一月，以王旦兼玉清昭應宮使。

綱 作景靈宮。奉聖祖也。

綱 改孔子諡。

目 以「玄」字犯聖祖諱，改「玄聖」爲「至聖」。

綱 十二月，立德妃劉氏爲皇后。

目 后父通爲虎捷都指揮使，從征太原，道卒，后在襁褓而孤，襁褓，負兒衣。鞠於外氏，鞠，養也。善播鼗。蜀人龔美者以鍛銀爲業，攜之至京師，年十五入襄邸。眞宗初爲襄王之邸。帝即位，自美人進位德妃，專寵後宮。郭氏崩，帝欲立之，翰林學士李迪言「妃起於寒微，不可以母天下。」帝不從。欲得楊億草制，使丁謂諭旨。億難之，謂曰：「勉爲此，不憂不富貴。」億曰：「如此富貴，亦非所願也。」乃命他學士焉。后既立，以無宗族，更以美爲兄，改其姓爲劉。聞李迪之諫，大恨之。后性警敏，曉書史，聞朝廷事，能記其本末。帝退朝，閱天下封奏，多至中夜，后皆預聞。宮闈事有問，輒援引故實以對。帝深重之，由是漸干外政。

李迪諫立劉后　楊億不肯草制

綱 癸丑，六年，（一〇一三）春正月，禁內臣出使干預公事。

綱 秋七月，除農器稅。

除農器稅

目 知濱州呂夷簡請免稅河北農器。呂夷簡，蒙正姪。（濱州治渤海縣，在今山東惠民縣東。）帝曰：「務穡勸農，古之道也，豈獨河北哉！」詔諸路並除之。

綱 冬十二月，獻天書于朝元殿。

獻天書于朝元殿

目 先是，帝享玉皇於朝元殿，判亳州丁謂獻芝草三萬七千本，（亳州治譙縣，即今安徽亳縣。）遂詔扶侍使趙安仁等奉獻天書於朝元殿。

綱 甲寅，七年，（一〇一四）春正月，帝如亳州，謁老子于太淸宮。宮在亳州，眞宗建以祠老子。

謁老子于太淸宮

目 先是，詔親謁太淸宮，命王旦兼大禮使，丁謂兼奉祀經度制置使，陳彭年副之，加

孫奭諫祀老子

號太上老君混元上德皇帝。孫奭上言：「陛下事事慕效唐明皇，（明皇卽唐玄宗。玄宗開元十三年封泰山。唐高宗乾封元年上老子尊號爲太上玄元皇帝。玄宗開元二十八年迎老子像至興慶宮。）豈以明皇爲令德之主邪？」帝曰：「東封、祀汾、謁陵寢、享老子，非始於明皇。且開元禮今世所循用，不可以天寶之亂而非之。」（天寶，唐玄宗年號。）作解疑論以示羣臣。是月，奉天書發京師，遂朝謁太淸宮。

馬知節面詆王欽若短

懷中奏何不盡出

綱 以應天府爲南京。（應天府卽宋州，治宋城縣，在今河南商丘市南。）

目 國初因五代之舊，以大梁爲東京開封府，洛陽爲西京河南府，後以太祖舊藩歸德軍在宋州，改宋州爲應天府，至是建爲南京。作鴻慶宮，以奉太祖、太宗聖像。

綱 二月，還宮，大赦。

綱 夏六月，王欽若、陳堯叟、馬知節免。

目 知節素惡欽若之爲人，議論未嘗少屈。欽若每奏事，必懷數奏，但出一二，匿其餘，退則以己意稱上旨行之。知節嘗於帝前顧欽若曰：「懷中奏，何不盡出之？」欽若不悅。會瀘州都巡檢王懷信等上平蠻功，（瀘州治瀘川縣，卽今四川瀘州市。）欽若久不決，旣而擅超擢之；知節因面詆其短，爭於帝前。帝召王旦質之。旦至，欽若猶譁不已，知節流涕曰：「願與欽若同下御史府。」旦叱欽若使退。帝大怒，命付獄。旦從容曰：「欽若等當黜，未知坐以何罪？」帝曰：「忿爭無禮。」旦曰：「陛下奄有天下，使大臣坐忿爭無禮之罪，或聞外國，無以威遠。願至中書召欽若等，宣示陛下含容之意，且戒約之，俟少閒罷未晚也。」帝曰：「非卿言，朕固難忍。」月餘，始罷欽若、知節并及堯叟。

張齊賢卒

【綱】司空張齊賢卒。謚文定。

【綱】以寇準爲樞密使。王旦薦之也。

【綱】秋七月，以王嗣宗、曹利用爲樞密副使。八月，以向敏中兼景靈宮使。

日食不應

【綱】冬十二月朔，司天監奏日食，不應。

【目】羣臣表賀。

【綱】乙卯，八年，（一〇一五）春二月，加楚王元佐天策上將軍，賜劍履上殿，詔書不名。

寇準罷

【綱】夏四月，寇準罷。

【目】準以三司使林特附會邪險，惡之，每事沮抑。帝方寵特，聞之不悅，謂王旦曰：「準剛忿如昔。」旦曰：「準，好人懷惠，又欲人畏威，皆大臣所當避，而準乃以爲己任，此其所短也。非至仁之主，孰能容之？」準竟以是罷。

王旦大度

初，準數短旦於帝，而旦專稱準。帝謂旦曰：「卿雖稱其美，彼專談卿惡。」旦曰：「理固當然。臣在相位久，政事缺失必多，準對陛下無隱，益見其忠直，此臣所以重準也。」帝由是益賢旦。

中書有事送樞密院，違詔格，準以上聞。旦被責，拜謝，堂吏皆坐罰。不踰月，樞密有

王旦不報寇準
王旦密薦寇準
朝元殿火
張詠乞斬丁謂
張正隨賜號眞靜先生

事送中書亦違詔格，堂吏欣然呈旦，旦令送還樞密而已。準大慙謝。及罷，準託人語旦，求爲使相。節度使兼同平章事曰使相。旦驚曰：「將相之任，豈可求邪！吾不受私請也。」準深憾之。已而除準武勝軍節度使、同平章事、判河南府。（武勝軍節度使治鄧州城，在今河南鄧縣東南。）準入見，謝曰：「非陛下知臣，安能至此。」帝具道旦所以薦者，準愧歎，以爲不可及。

綱 以王欽若、陳堯叟爲樞密使。

綱 朝元殿火。

綱 秋九月，王嗣宗罷。

綱 樞密直學士知陳州張詠卒。（陳州治宛丘縣，即今河南淮陽縣。）

目 詠臨卒上疏言：「不當造宮觀，竭天下之財，傷生民之命。此皆賊臣丁謂誑惑陛下；乞斬謂頭置國門以謝天下，然後斬詠頭置丁氏之門以謝謂。」帝歎其忠，謚忠定。

綱 賜信州道士張正隨號眞靜先生。

目 初，漢張魯子自漢川徙居信州龍虎山，（漢川卽漢中，在今陝西漢中市東。龍虎山，在今江西貴溪縣西南象山西南。）世以鬼道惑衆，正隨其後也。至是，召赴闕，賜號。王欽若爲奏立授籙院及上清觀，蠲其田租。自是凡嗣世者皆賜號。

綱 丙辰，九年，（一〇一六）春正月，以張旻爲樞密副使。旻音民。

王旦諫賀死蝗

李迪知曹瑋

曹瑋大破唃厮囉

目 先是旻爲馬軍副都指揮使，被旨選兵，下令太峻，兵懼，謀欲爲變。上召二府議之，（二府，中書、樞密。）王旦曰：「若罪旻，則自今帥臣何以禦衆，捕謀者則震驚都邑。今但擢旻，使解兵柄，反側者當自安矣。」帝從其言，兵果無他。帝語左右曰：「王旦善處大事，眞宰相也。」

綱 夏六月，畿內蝗。

目 帝遣人出郊，得死蝗以獻，因以示大臣。明日執政遂袖死蝗進曰：「蝗盡死矣，請示於朝，率百官賀。」王旦曰：「蝗出爲災，災弭，（弭，息也。）幸也，又何賀。」固稱不可。後數日二府方奏事，飛蝗忽蔽天，帝顧旦曰：「使百官方賀而蝗如此，豈不爲天下笑邪！」

綱 秋八月，知秦州曹瑋敗吐蕃于伏羌砦。（秦州治成紀縣，即今甘肅天水市。吐蕃即今西藏族。伏羌砦，在今天水市西北。）

目 瑋在秦州，屢請益兵。（備吐蕃也。）帝不悅，問李迪「邊將誰可代瑋者？」迪曰：「瑋知唃厮囉欲窺關中，（唃厮囉，吐蕃贊普之裔，初居宗哥城，尋徙居邈川。）（關中，指今陝西。）故請益兵爲備，非怯也。」乃詔發關內羨兵赴瑋。（關內即關中。羨，餘也。）未幾，唃厮囉與宗哥族連結入寇；使諜者聲言（諜，間諜。）以某日下秦州會食，以激怒瑋。瑋勒兵不動，坐俟其至，大破之，夷其族帳，斬首千餘級。自是唃厮囉勢蹙，退保磧中不出。（磧音迹，沙漠也。）

綱 九月，丁謂、陳堯叟免，以陳彭年、王曾、張知白參知政事，任中正爲樞密副使。

目 彭年初入翰林爲學士，嘗謁王旦，旦辭不見。翌日，向敏中以彭年所上文字示旦，旦瞑目不覽曰：「是不過興建符瑞，圖進取耳。」已而彭年附王欽若、丁謂，朝廷典禮，無不參預，帝甚寵遇。及升內閣，而李宗諤卒，楊億罷，彭年獨任，事務叢委，形神皆耗，（耗音帽，昏亂也。）舉止失措，至家人有不記其名者。

綱 罷諸營建。

目 李迪言：「陛下土木之役過甚，蝗旱之災，殆天意以警陛下也。」帝深然之，遂罷諸營造，禁天下貢瑞物。詔民能賑貧者，官之。未幾得雨，青州飛蝗多赴海死。（青州治益都縣，即今山東益都縣。）

綱鑑易知錄卷六七

宋紀

眞宗皇帝

陳彭年號九尾狐

王曾知義不知異

王旦以病罷

綱 丁巳，天禧元年，（一〇一七）春二月，陳彭年卒。

目 彭年敏給强記，尤好刑名之學，性奸諂，時號「九尾狐」。張齊賢謂人曰：「彭年在位，必亂國政。」或疑齊賢過甚，後乃服其知人。

綱 三月，以王曾兼會靈觀使，曾辭不受。

目 王欽若方挾符瑞以固寵位，陰排異己者。會有詔以曾爲會靈觀使，曾以推欽若，帝不悅，謂曾曰：「大臣宜傅會國事，傅同附。何遽自異邪！」曾頓首曰：「君從諫謂明，臣盡忠謂義。陛下不知臣駑病，使待罪宰府，臣知義而已，不知異也。」

綱 夏五月，以王旦爲太尉、侍中，參決軍國重事。旦固辭，以疾故也。許之。

綱 秋七月，王旦罷。

目 旦疾甚，引對滋福殿，力求避位，帝憫其形瘁，許之。復問曰：「卿萬一有不諱，朕以天下付之誰乎？」旦謝曰：「知臣莫若君，惟明主擇之。」固問之，旦舉笏曰：「以臣之愚，莫

王旦薦寇準王欽若相

王旦識王曾

王旦卒

如寇準。」帝曰：「準性剛褊，更思其次。」旦曰：「他人臣所不知也。」

綱 八月，以王欽若同平章事。

目 帝久欲相欽若，王旦曰：「欽若遭逢陛下，恩禮已隆，且乞留之樞密，兩府亦均。臣見祖宗朝，未嘗有南人當國者。雖古稱立賢無方，然須賢士乃可。臣爲宰相，不敢沮抑人，此亦公議也。」乃止。及旦罷，欽若遂相。欽若語人曰：「爲王子明，王旦字子明。遲我十年作宰相。」

綱 九月，王曾罷。

目 曾既不受會靈觀使，上意不懌，王欽若數譖之。會曾市賀皇后家舊第，其家未徙，而曾令人舁土置其門。舁音預，對舉也。賀氏訴於朝，遂罷曾政事。王旦在告，在告，休假也。聞之曰：「王君介然，他日德望勳業甚大，顧予不得見爾。」或請其故，曰：「王君昨讓觀使，雖怫上旨，而辭直氣和，了無所慴。慴同懾。且始被進用，已能若是。我自任政事二十年，每進對稍忤，卽蹴踖不能自容，蹴同蹙。以是知其偉度矣。」

綱 以李迪參知政事，馬知節知樞密院事，曹利用、任中正、周起同知院事。

綱 太尉玉清昭應宮使王旦卒。

目 旦爲首相，會天下無事，愼守祖宗法度，無所變改。帝久益信，言無不從，凡大臣有所奏請，必問曰：「王旦以爲如何？」

旦與人寡言笑，及奏事，羣臣異同，旦徐一言以定。居家賓客滿堂，察可與言及素知名者，數日後召與語，詢訪四方利病，或使疏其言而獻之，以觀其所長，密籍其名薦之，人未嘗知。諫議大夫張師德兩詣旦門，不得見，意爲人所毁，以告向敏中。敏中從容爲旦言之，旦曰：「旦處安得有毁人者。」及議知制誥，旦曰：「可惜張師德。」敏中問之，旦曰：「師德名家子，有士行，不意兩及吾門。狀元及第，榮進素定，當靜以待之；若復奔競，使無階而入者當如何也。」

可惜張師德

薛奎發運江、淮，辭旦，旦無他語，但云「東南民力竭矣。」奎退歎曰：「眞宰相之言也。」內臣劉承珪以忠謹得幸，既病，求節度使。帝謂旦曰：「承珪待此以瞑目。」旦執不可，曰：「他日求爲樞密使，此其階也。」遂止。自是內臣不過留後。節度留後也。旦任事久，有謗之者輒引咎不辨；至人有過失，雖人主盛怒，可辨者辨之，必得而後已。

王旦不與劉承珪節度使

至是疾篤，帝臨問，親調藥并薯蕷粥賜之。薯蕷音樹預，山藥也。及薨，痛悼不已。旦遺令削髮披緇以斂，斂同殮。蓋悔其不諫「天書」之失也。諸子欲奉遺令，楊億以爲不可，乃止。

王旦悔不諫天書

綱　戊午，二年，（一〇一八）夏閏四月，馬知節罷。六月，以曹利用知樞密院事。

綱　彗星出北斗。

綱　秋八月，立子受益爲皇太子，更名禎，赦。

目　受益，司寢李氏所生，皇后養以爲子，與楊淑妃同撫育之。祥符九年，封壽春郡

寇準以天書復相

門生勸寇準

丁謂拂寇準鬚

王，（壽春，壽州治，即今安徽壽縣。）就學於資善堂，以張士遜、崔遵度爲王友。未幾進封昇王，（昇州即金陵，在今江蘇南京市境。）至是立爲皇太子。

綱 冬十二月，張知白罷。知白與王欽若議論多相失，遂罷知天雄軍。

綱 乙未，三年，（一〇一九）春三月，得天書于乾佑山。（在今陝西西安市南。）夏六月，王欽若有罪，免；以寇準同平章事。

目 巡檢朱能，挾內侍都知周懷政，詐爲天書。時寇準判永興軍，（治長安城，在今陝西西安市境。）以聞，詔迎入禁中。中外皆識其詐，帝獨信之。諭德魯宗道言：「姦臣誕妄，以惑聖聽。」知河陽孫奭言：（河陽即孟州河陽軍，治河陽城，在今河南孟縣西。）「乞斬朱能，以謝天下。」皆不聽。準由是得召用矣。時欽若恩禮衰，商州捕得道士譙文易，（商州治上洛縣，即今陝西商縣。）畜禁書，能以術使六丁、六甲神。欽若坐與之出入，遂免，以準代相。準之始召也，門生有勸準者曰：「公若至河陽稱疾，堅求外補，此爲上策；倘入見，即發乾佑天書之詐，斯爲次也；最下則再入中書耳。」準不懌。

綱 以丁謂參知政事。

目 謂因準稱譽得致通顯，雖同列，而事之甚謹。嘗會食中書，羹汚準鬚，謂徐起拂之。準笑曰：「參政國之大臣，乃爲官長拂鬚邪！」謂大慙恨，遂成釁隙。

綱 秋八月，大會道、釋于天安殿。凡萬三千八十六人。

綱　冬十一月，帝謁景靈宮，享太廟，祀天地于圜丘，大赦。

目　自是每三歲行禮，宮廟、圜丘必同舉，爲永制。向敏中、寇準並加僕射。麻下，（麻謂制書，唐、宋封王、拜相皆用白麻紙寫制。）帝以卽位未嘗除左僕射，意敏中應甚喜，賀客必多，使人密覘之，（覘，窺視也。）云敏中方謝客，門闌悄然。（悄，靜也。）瞯其庖中，（瞯音諫。）亦寂無一人。帝大笑曰：「向敏中大耐官職。」

向敏中大耐官職

綱　十二月，以曹利用、丁謂爲樞密使，任中正、周起爲副使。

綱　庚申，四年，（一〇二〇）春正月，以曹瑋簽書樞密院事。

目　瑋沉勇有謀，馭軍嚴明，自少捍禦西陲，（陲音垂，邊也。）熟知羌情，每以奇計用兵，所向克捷。善撫士卒，綏懷邊人，羌戎畏懷之。

綱　二月，帝有疾，不視朝。

綱　三月，尚書左僕射、同平章事、兼景靈宮使向敏中卒。

向敏中卒

綱　夏四月，有兩月並見西南。

綱　六月，寇準罷。

寇準罷

目　時帝得風疾，事多決於皇后，寇準、李迪以爲憂。一日準請閒曰：「皇太子人所屬望，願陛下思宗廟之重，傳以神器，（神器謂帝位。）擇方正大臣羽翼之。丁謂、錢惟演，佞人也，不可以輔少主。」帝然之。準密令楊億草表，請太子監國，且欲援億輔政。已而準被酒，漏言，謂聞之曰：「卽日上體平，朝廷何以處此？」李迪曰：「太子監國，古制也，何不可之有？」謂力譖準，請罷其政事。帝不記與準有成言，竟罷爲太子太傅，封萊國公。（萊卽萊州，治掖縣，卽今山東掖縣。）

李迪丁謂相

綱 秋七月，以李迪、丁謂同平章事，馮拯爲樞密使。

綱 貶寇準知相州。（治安陽縣，卽今河南安陽市。）

目 帝始得疾，自疑不起，嘗臥宦者周懷政股，與之謀，欲命太子監國。懷政，東宮官也，出告寇準。已而事泄，準罷，丁謂等因疎斥之，使不得親近。懷政憂懼不自安，陰謀奉帝爲太上皇，而傳位太子，罷皇后預政，殺丁謂而復相準。客省使楊崇勳等以其謀告謂，謂卽微服夜乘犢車，挾崇勳詣曹利用議。明日以聞，詔命曹瑋訊之；懷政具服。帝怒甚，欲責及太子。羣臣莫敢言，李迪從容奏曰：「陛下有幾子，乃欲如是？」帝悟，乃止，誅懷政。

寇準以天書貶

謂與皇后謀，幷發朱能天書妖妄事，遂貶準爲太常卿，知相州。

綱 八月，以任中正、王曾參知政事，錢惟演爲樞密副使。周起、曹瑋罷。

綱 貶寇準爲道州司馬。（道州治營道縣，卽今湖南道縣。）

目 時遣使捕朱能，能擁衆叛，未幾衆潰，自殺。準坐是，再貶道州。旣至，晨具朝服如常時，對賓客言笑自若，初無廊廟之貴者。自罷相三絀，絀同黜。皆非帝意。歲餘，帝問左右曰：「吾目中何久不見寇準？」羣臣畏謂威，莫敢對。

綱　九月，帝疾瘳。

綱　冬十一月，李迪、丁謂罷，翌日謂復留視事。罷翰林學士劉筠。

目　丁謂擅權用事，至除吏不以聞，迪憤然謂同列曰：「迪起布衣至宰相，有以報國，死猶不恨，安能附權倖爲自安計邪！」會議二府皆進秩兼東宮官，（二府，中書、樞密。）迪以爲不可。謂又欲引林特爲樞副，迪復沮之。謂積怒。既而謂加門下侍郎兼太子太傅，迪加尚書左丞，仍兼太子少傅。故事，宰相無兼左丞者，及入對長春殿，内出制書置榻前，帝謂輔臣曰：「此卿等兼東宮官制也。」迪進曰：「東宮官屬不當增置，臣不敢受命。丁謂罔上弄權，私林特、錢惟演而嫉寇準。特子殺人，事寢不治；準無罪遠謫；惟演以皇后姻家使預朝政；曹利用、馮拯相爲朋黨。臣願與謂俱罷，付御史臺劾正。」帝怒，留制不下，左遷迪知鄆州，（治須昌縣，即今山東東平縣。）謂知河南府。（即洛陽，今河南洛陽市。）明日，謂入謝，帝詰所爭狀，謂對曰：「非臣敢爭，乃迪詈臣爾。（詈者罵也。音荔）願復留。」遂自出傳口詔，復入中書視事。

時劉筠已草迪、謂同罷制，既而謂復留，命草制，筠不奉詔，乃更召學士晏殊草之。筠自院出遇殊，殊皇愧側面，不敢與揖。謂既復位，益擅權專恣。筠曰：「姦人用事，安可一日居此！」力請補外，遂知廬州。（治合肥縣，在今安徽合肥市北。）筠初爲楊億所識拔，後遂與億齊名，時號「楊、劉」。

李迪斥丁謂

劉筠不草丁謂復留制

綱　詔太子參議朝政。

目　詔：「自今軍國大事，取旨如故，餘皆委皇太子同宰相、樞密等參議施行。」太子固讓不允，遂開資善堂親政，皇后裁決於內，而丁謂用事，中外以爲憂。王曾謂錢惟演曰：「太子幼，非中宮不能立；中宮非倚太子，則人心亦不附。后若加恩太子則太子安，太子安則劉氏安矣。」（劉氏謂皇后。）惟演乘閒言之，（乘閒，乘空閒處。）后深納焉。

綱　以馮拯同平章事。

綱　辛酉，五年，（一〇二一）春正月，以張士遜爲樞密副使。

綱　冬十一月，貶王欽若爲司農卿，分司南京。（大中祥符七年，以應天府爲南京，卽宋州，在今河南商丘市南。）

目　欽若判河南，有疾，表乞就醫京師。丁謂使人紿之曰：（紿，欺也。）「上甚思一見君也。」欽若信之，卽輿疾至京。謂因言：「欽若擅去官守，無人臣禮。」命御史就第按問，欽若惶恐伏罪，故貶。

綱　壬戌，乾興元年，（一〇二二）春二月，帝崩。遺詔皇后權處分軍國事。太子禎卽位，尊皇后爲皇太后，赦。

目　王曾奉遺詔入殿廬草制，命皇后權處分軍國事，輔太子聽政。太子卽位，年十三矣，尊皇后爲皇太后，淑妃楊氏爲皇太妃。兩府議太后臨朝儀，曾請如東漢故事，太后與帝五日一御承明殿，太后坐右，垂簾聽政。丁謂欲擅權，不欲同列與聞機政，潛結入內押班雷

馮拯相

丁謂紿王欽若

丁謂結雷允恭

王曾正色立朝

居停主人恐未免

丁謂改制草

允恭，密請太后降手書云：「帝朔望見羣臣，大事則太后召對，輔臣決之；非大事則令允恭傳奏禁中，畫可以下。」曾曰：「兩宮異處，而柄歸宦官，禍端兆矣。」於是允恭恃勢專恣，而謂權傾中外，衆莫敢抗，獨曾正色立朝，時倚爲重。

綱　夏四月，貶寇準爲雷州司戶參軍，（雷州治海康縣，即今廣東海康縣。）李迪爲衡州團練副使。（衡州治臨蒸縣，即今湖南衡陽市。）

目　帝臨崩，惟言寇準、李迪可託。丁謂怨準，而太后憾迪嘗諫立己，（事見卷六十六大中祥符五年「立德妃劉氏爲皇后」目。）遂誣以朋黨，貶之。連坐者甚衆，曹瑋亦謫知萊州。初議竄逐，王曾疑責太重，謂熟視曾曰：「居停主人恐亦未免耳。」蓋曾嘗以第舍假準，曾遂不復爭。學士呈制草，謂改曰：「當醜徒干紀之際，屬先帝違豫之初，罹此震驚，罹音離。遂致沉劇。」且使人迫迪行。或語謂曰：「迪若貶死，公如士論何！」謂曰：「異日諸生記事，不過曰『天下惜之』而已。」謂必欲令二人死，遣中使齎敕就賜，以錦囊貯劍，揭於馬前，示將誅戮狀。至道州，衆皆皇恐，不知所爲。準方與郡官宴飲，神色自若，使人謂之曰：「朝廷若賜準死，願見敕書。」中使不得已，乃授敕。準拜於庭，升階，復宴，至暮乃罷。

綱　六月，內侍雷允恭伏誅，丁謂、任中正免。

目　謂爲山陵使，允恭爲都監判，司天監邢中和言於允恭曰：「今山陵上百步，法宜子孫，但恐下有石與水耳。」允恭曰：「上無子，何不可。」中和曰：「山陵事重，踏行覆按，動經月日，恐不及七月之期耳。」允恭曰：「第移就上穴，我走馬入見太后言之。」允恭素驕橫，人不敢違，卽改穿上穴，乃入白。太后曰：「此大事，何輕易如此！」允恭曰：「使先帝宜子孫，何爲不可？」太后意不然，曰：「出與山陵使議可否。」允恭出與謂言，謂唯唯。唯音委。唯唯，連諾也。遂命夏守恩領工徒數萬穿地，土石相半，繼之以水，衆議日喧，奏請待命。謂芘允恭，芘同庇。依違不決。內侍毛昌達自陵下還，以其事聞。詔問謂，謂始請遣使按視。既而咸請復用舊地，乃詔遣王曾復視。曾還，請獨對，因言「謂包藏禍心，令允恭移皇堂於絕地。」太后大驚，怒甚，欲併誅謂。馮拯進曰：「謂固有罪，然帝新卽位，亟誅大臣，駭天下耳目。」后怒稍解，遂止誅允恭等。任中正進曰：「謂被先帝顧託，雖有罪，請如律議功。」曾曰：「謂以不忠得罪宗廟，尚可議邪！」乃降授謂太子少保，分司西京，并罷中正出知鄆州。

王曾劾丁謂

綱 秋七月朔，日食幾盡。

綱 以王曾同平章事，呂夷簡、魯宗道參知政事，錢惟演爲樞密使。

王曾相

目 曾方嚴持重，每進見言利害事，審而中理。多所拔薦，尤惡僥倖。帝嘗問曾曰：「比臣僚請對多求進者。」曾對曰：「惟陛下抑奔競，崇恬靜，庶幾有難進易退之人矣。」

初，眞宗封岱祀汾，封泰山，祀汾陰。兩過洛陽，皆幸呂蒙正第，問曰：「卿諸子孰可用？」蒙正對曰：「臣諸子皆不足用，姪夷簡宰相材也。」夷簡由是進用，累擢知開封府，嚴辨有聲，眞宗識其姓名於屏風，將大任之，不果。

呂夷簡宰相材識姓名於屏風

宗道嘗爲右正言，論列無所畏避，眞宗書殿壁曰「魯直」，蓋思念之也。

綱　丁謂有罪，貶崖州司戶參軍。（崖州治舍城縣，在今廣東瓊山縣東南。）

目　初女道士劉德妙常以巫師出入謂家，謂敗，逮繫德妙，內鞫問之。推窮罪曰鞫。德妙具言謂嘗教之曰：「汝所爲不過巫事，不若託老君言禍福，足以動人。」謂又作頌，題曰「混元皇帝賜德妙」，語涉妖誕。遂貶謂崖州司戶參軍。謂赴崖州，道出雷州，寇準使人以一蒸羊逆諸境上。逆，迎也。謂欲見準，準固辭之。準聞家僮謀欲報仇，乃杜門使縱博，毋得出，候謂行遠乃已。

綱　八月，太后同御承明殿聽政。

綱　冬十月，葬永定陵，（在今河南鞏縣西南。）以天書殉。

綱　十一月，錢惟演罷。

目　初，惟演見丁謂當國，權勢薰灼，因附之，與爲婚媾，媾同姻。寇準之斥，惟演有力焉。及序樞密題名，獨削去準姓氏，云「逆準不書」。御史中丞蔡齊言於帝曰：「寇準忠義聞天下，社稷之臣也，豈可爲姦黨所誣哉！」帝遽令磨去之。謂得罪，惟演慮將及己，因擠謂以自解。馮拯以是惡其爲人，因言惟演以妹妻劉美，（劉美即龔美，太后認以爲兄，見卷六十六大中祥符五年。）乃太后姻家，不可與機政，以廢祖宗之法，請罷之。乃以保大節度使知河陽府。（保大節度使治鄜州城，在今陝西洛川縣西北。）踰年入朝，意圖執政，御史鞠詠上疏論之，太后遣內使持奏示惟

書殿壁曰魯直

貶丁謂崖州

寇準蒸羊迎丁謂

禁家僮報仇

蔡齊訟寇準

鞠詠欲毀白麻

孫奭請給兗州學田

御經筵

演。惟演猶顧望不行，詠語右司諫劉隨曰：「若相惟演，當取白麻廷毀之。」白麻，謂制書。惟演始亟去。

綱 以張知白爲樞密副使。

綱 給兗州學田。（兗州治瑕丘縣，在今山東滋陽縣西。）

目 判國子監孫奭上言：「知兗州日，建立學舍以延生徒，至數百人。臣雖以俸贍之，然常不給，乞給田十頃爲學糧。」百畝爲頃。從之。諸州給學田始此。

綱 帝初御經筵。

目 王曾以帝初即位，宜近師儒，乃請御崇政殿西閣，召侍講學士孫奭、直學士馮元講論語。初詔雙日御經筵，自是雖隻日亦召侍臣講讀。帝在經筵，或左右瞻矚及容體不正，奭即拱立不講，帝爲竦然改聽。矚音竹，視之甚也。

仁宗皇帝

初名受益，更名禎，眞宗第六子。在位四十二年，壽五十四歲而崩。帝之初立，母后臨朝，政非己出。寶元、康定間，西鄙多事。慶曆以後，君子滿朝，恭儉仁恕，始終如一。然仁柔有餘，剛武不足，是以常有夷狄之禍，不能如漢、唐之盛也。

綱 癸亥，仁宗皇帝天聖元年，（一〇二三）秋九月，馮拯罷。

目 拯氣貌嚴重，而乏風節，議論多迎合上意。平居自奉侈靡，外示儉陋，人不能知。至是，以疾罷。

王欽若相
王欽若獻百官敍進圖
寇準卒
質劑法
交子
日食不應

〔綱〕以王欽若同平章事。

〔目〕欽若再相，以帝初臨政，謂百官敍進皆有常法，爲圖以獻，然亦不能大用事如眞宗朝矣。

〔綱〕閏月，故相寇準卒于雷州。

〔目〕詔許歸葬西京。

〔綱〕冬十一月，置益州交子務。（益州治成都，即今四川成都市。）

〔目〕初，張詠知益州，患蜀人鐵錢重，不便貿易，設質劑之法，（劑，券也。兩書一札，同而別之，長曰質，短曰劑，即今所謂合同。周禮：「大市以質，小市以劑。」）一交一緡，（緡音民，錢貫也。）以三年爲一界而換之，六十五年爲二十二界，謂之交子，使富民主之。後富民稍衰，不能償所負，爭訟不息。轉運使薛田、張若谷請置交子務，以權其出入，禁私造者。帝從其議，立務於益州界，以百二十五萬六千三百緡爲額。

〔綱〕甲子，二年，（一〇二四）夏五月朔，司天監奏日食，不應。

〔目〕中書奉表稱賀。

〔綱〕秋八月，帝臨國子監，謁孔子。

〔編〕冬十一月，立皇后郭氏。

〔目〕后，平盧節度使崇之孫女。（平盧節度使治青州城，即今山東益都縣。）時張美人有寵，帝欲

五鬼

張知白相

立之，太后不可而止，故后雖立而頗見疎。

綱 乙丑，三年，（一〇二五）冬十月，以晏殊爲樞密副使。

綱 十一月，王欽若卒。

目 帝謂輔臣曰：「欽若久在政府，觀其所爲，眞姦邪也。」王曾對曰：「欽若與丁謂、林特、陳彭年、劉承珪同惡，時人目爲『五鬼』，姦邪憸僞，憸音纖。誠如聖諭。」

綱 十二月，以張知白同平章事，張旻爲樞密使。

目 太后微時嘗寓旻家，旻事之甚謹，后德之，故自河陽召還長樞府。晏殊言：「旻無勳勞，徒以恩倖被寵，天下已有非才之議，奈何復用爲樞密使也！」后不悅。旻尋更名耆。

綱 丙寅，四年，（一〇二六）夏六月，大水。

目 京師大雨，平地水數尺，壞民舍，壓死數百人。京東、西及河北、江、淮以南皆大水。帝避殿，減膳，肆赦，蠲民租，撫流民。方水之作也，宰執晨朝，未入，有旨放朝，王曾附中使奏曰：「天變甚異，乃臣等燮理無狀，燮理，和調之也。周官：「燮理陰陽。」豈可退安私室。」亟請入見，陳所以備禦之道。同列有先歸者，皆愧服焉。

綱 丁卯，五年，（一〇二七）春正月朔，帝率羣臣朝太后于會慶殿。

綱 晏殊罷，以夏竦爲樞密副使。

目 殊從幸玉淸昭應宮，從者持笏後至，殊怒，以笏擊之，折齒，爲御史所論，出知宣

晏殊延范仲淹以教生徒

張知白喜不辱筆

張士遜相

趙元昊襲取甘州

州，（治宣城縣，即今安徽宣城縣。）尋改應天。（即南京，見上。）自五代以來，天下學校廢壞，殊始興建，爲諸州倡，且延范仲淹以教生徒。仲淹敦尚風節，每感激論天下事，殊深器之。

竦明敏博學，文章典雅，材術過人，但急於進取，喜交結，任數傾側，世以姦邪目之。

綱 夏五月，楚王元佐卒。

綱 秋九月，以程琳爲御史中丞。

目 張知白最器琳，當除命，喜曰：「不辱吾筆。」琳上疏請罷諸土木營造，蠲被災郡縣逋租，帝嘉納之。未幾除知開封府。

綱 戊辰，六年，（一〇二八）春二月，工部尚書、同平章事張知白卒。

目 知白爲相，愼名器，抑僥倖，每以盛滿爲戒；雖貴顯，淸約如寒士。卒，謚文節。

綱 三月，以張士遜同平章事，姜遵、范雍爲樞密副使。

綱 夏五月，趙德明使其子元昊襲回鶻甘州，（治張掖縣，即今甘肅張掖縣，時爲回鶻所據。）取之。

目 元昊小字嵬理，嵬音危。性雄毅，多大略，善繪畫，能創製物始。圓面高準，準音拙，鼻也。曉浮圖學，浮圖，釋氏。通蕃、漢文字。德明雖臣事中國及契丹，然於本國則稱帝，至是以元昊襲破回鶻，奪甘州，遂立爲皇太子。

綱 秋八月，水。

魯宗道諫立劉氏七廟

魚頭參政

和鼓

呂夷簡相

復制擧諸科

綱 己巳，七年，(一〇二九)春正月，曹利用罷。

綱 二月，參知政事魯宗道卒。

目 太后臨朝，宗道屢有獻替。后嘗問「唐武后何如主？」對曰：「唐之罪人也，幾危社稷。」后默然。有小臣方仲弓請立劉氏七廟，后問諸輔臣，衆不敢對。宗道獨進曰：「若立劉氏七廟，如嗣君何！」乃止。后嘗與帝同幸慈孝寺，欲乘輦先行，宗道以夫死從子之義爭之，后遽命輦後乘輿。宗道剛正嫉惡，遇事敢言，貴戚用事者皆憚之，目爲「魚頭參政」，因其姓，且言骨鯁也。卒，諡簡肅。

綱 張士遜罷。

目 士遜之相，曹利用薦之也。利用憑寵自恣，而士遜依違其閒，時人目之爲「和鼓」。利用既斥，士遜亦罷。

綱 以呂夷簡同平章事，夏竦、薛奎參知政事，陳堯佐爲樞密副使。

目 初奎知開封府時，眞宗數宴大臣，至有沾醉者，奎諫曰：「今天下誠無事，然宴樂無度，大臣數被酒失儀，非所以重朝廷也。」眞宗善其言。及拜參政，入謝，帝曰：「先帝常以卿可大任；今用卿，先帝意也。」他日帝諭輔臣曰：「臣事君鮮有克終者。」奎對曰：「保終之道，匪獨臣下然也。」因歷數唐開元、天寶時事以聞，開元、天寶，俱玄宗年號。帝然之。

綱 復制擧諸科。眞宗大中祥符二年十二月，罷制擧諸科。

目 詔復賢良方正等六科，（六科見眞宗景德二年「增置制舉六科」目。）以待京朝官之被舉及應選者；增置書判拔萃科，以待選人之應書者；高蹈丘園、沉淪草澤、茂材異等三科，以待布衣之被舉者。又置武舉，以待方略智勇之士。

綱 三月，給契丹流民田。

目 契丹饑，流民至境上，帝曰：「皆吾赤子也。」詔給以唐、鄧州閒田，（唐州治沘源縣，即今河南唐河縣。鄧州治穰縣，即今河南鄧縣東南。）仍令所過給食。

以災變罷出首相

綱 夏六月，玉清昭應宮災，罷王曾知兗州。

目 初太后受册，將御天安殿，曾執不可；及長寧節上壽，又執不可；皆供帳便殿。太后左右姻家稍通請謁，曾多裁抑之。太后滋不悅，會玉清昭應宮災，曾以首相罷，出知兗州。

綱 秋八月，以陳堯佐、王曙參知政事，夏竦爲樞密副使。

綱 冬十月，京師地震。

范仲淹諫太后受朝
范仲淹請太后還政

綱 十一月，出祕閣校理范仲淹通判河中。（即蒲州，治河東縣，在今山西芮城縣西北。）

目 時帝每以歲旦冬至，率百官上太后壽於會寧殿，遂同御天安殿以受朝。祕閣校理范仲淹上疏曰：「天子奉親於內，自有家人禮。今顧與百官同列北面而朝，虧君體，損主威，非所以垂法後世也。」疏入，不報。既而又疏請太后還政，亦不報。遂乞補外，出爲河中府通判。

綱 庚午，八年，(一〇三〇)秋九月，姜遵卒，以趙稹爲樞密副使。稹音軫。

目 時政出宮掖，掖，宮旁舍。稹厚結劉美家婢以干進用。命未下，有馳告者，稹問：「東頭，西頭？」蓋意在中書也，聞者以爲笑談。

綱 辛未，九年，(一〇三一)夏六月，契丹隆緒死，子宗眞立，其母蕭耨斤治國事。

綱 秋七月，遣龍圖閣待制孔道輔等使契丹。

目 契丹來告哀，帝遣道輔及王隨等充賀册及弔祭等使。初，道輔使契丹，契丹燕使者，優人以文宣王爲戲。(唐玄宗開元二十七年，追謚孔子爲文宣王。)道輔艴然徑出，艴音孛。艴然，怒貌。虜使主客者邀還坐，且令謝。道輔正色曰：「中國與北朝通好，以禮文相接。今俳優之徒侮慢先聖，俳音牌，戲也。優，倡也。而不之禁，北朝之過也，何謝爲！」至是益加禮重。道輔，孔子四十五世孫也。

綱 冬十月，罷翰林學士宋綬。

目 時太后專政，而帝未始獨對羣臣，綬請令羣臣對前殿，非軍國大事及除拜皆前殿取旨。書上，忤太后意，出知應天府。

綱 壬申，明道元年，(一〇三二)春二月，以張士遜同平章事。

綱 眞宗宸妃李氏卒。

東頭西頭

契丹宗眞立

孔道輔使契丹

張士遜相

呂夷簡請厚喪李宸妃

呂夷簡諭羅崇勳

夏元昊嗣立

目 李氏，杭州人，實生帝，太后既取帝爲己子，與楊太妃保護之，李氏默然處先朝嬪御中，未嘗自異。人畏太后，亦無敢言者，以是帝雖春秋長，不自知爲李氏出也。至是疾革，革音戟，亟也。乃自順容進位宸妃。順容，婦官名。薨，太后欲以宮人禮治喪於外，呂夷簡奏：「禮宜從厚。」太后遽引帝起；有頃，復獨立簾下，召夷簡問曰：「一宮人死，相公云云何也？」夷簡對曰：「臣待罪宰相，事無內外，皆當預也。」后怒曰：「相公欲離閒吾母子邪！」夷簡對曰：「陛下不以劉氏爲念，臣不敢言。尙念劉氏，則喪禮宜從厚。」后悟，乃以一品禮殯於洪福院。夷簡又謂入內都知羅崇勳曰：「宸妃當以后服殮，用水銀實棺，異時勿謂夷簡不道及也。」崇勳懼，馳告太后，乃許之。

綱 秋七月，王曙罷。八月，以晏殊參知政事，楊崇勳爲樞密副使。

綱 宮中火，延及八殿。詔羣臣言闕失。

綱 九月，復作受命寶。以舊寶爲宮火所焚，故也。

綱 冬十一月，夏王趙德明卒，是歲封德明爲夏王。子元昊嗣。

綱 癸酉，二年，（一〇三三）春二月，彗星見于東北。

目 光芒長二尺，司天言含譽星見，然觀者皆以爲彗。

綱 太后有事于太廟。

目 太后欲被服天子袞冕以享太廟，薛奎力諫，且曰：「必御此，若何爲拜！」后不聽，服儀天冠袞衣初獻，皇太妃亞獻，皇后終獻。禮畢，羣臣上太后尊號。

綱　帝耕藉田。

目　命宰相張士遜撰謁太廟及躬耕藉田記。檢討宋祁言：「皇太后謁廟，非後世法。」乃止撰藉田記。

綱　三月，皇太后劉氏崩，尊太妃楊氏爲皇太后。帝始親政。

目　后稱制十一年，至是后崩，謚曰莊獻明肅。舊制后皆二謚，稱制加四謚，自此始。遵太后遺誥，尊太妃爲皇太后。帝始親政，罷創脩寺觀，裁抑僥倖。召宋綬、范仲淹而黜內侍羅崇勳等，中外大悅。劉太后愛帝如己出，帝亦盡孝，故始終無毫髮閒隙。及帝親庶務，言者多追詆太后時事，仲淹言於帝曰：「太后受遺先帝，調護陛下者十餘年，今宜掩其小故，以全大德。」帝曰：「此亦朕所不忍聞也。」遂下詔戒飭中外，毋得輒言皇太后垂簾日事。

范仲淹請掩太后小故

綱　夏四月，呂夷簡、張耆、夏竦、陳堯佐、范雍、趙稹、晏殊罷。

目　帝與呂夷簡謀，以張耆等皆附太后，耆即張旻更名。欲悉罷之，夷簡以爲然。帝退，以語皇后，后曰：「夷簡獨不附太后邪？但多機巧，善應變耳。」由是夷簡亦罷。制下，夷簡方押班，聞唱名，大駭，不知其故。因令素所厚內侍都知閻文應詗之，詗，刺探也。乃知事由郭后也，於是深憾后，思有以傾之。

呂夷簡思傾郭后

綱　以李迪同平章事，王隨參知政事，李諮爲樞密副使，王德用簽書樞密院事。

李迪相

目　迪自太后崩，召還，未幾復相。

德用初爲殿前都虞候，有求太后內降補軍吏者，德用曰：「補吏，軍政也，不可與。」太后固欲與之，德用卒不奉詔。至是，帝閱太后閤中，得德用所奏事，奇之，以爲可大用，遂拜簽樞。

綱　追尊母宸妃李氏爲皇太后。

目　左右有爲帝言，「陛下乃李宸妃所生，妃死以非命」者。帝號慟累日，下詔自責，追尊爲皇太后，謚莊懿，幸洪福寺祭告，易梓宮，（以梓木爲棺稱梓宮。）親啓視之，妃以水銀故，玉色如生，冠服如皇后。帝歎曰：「人言其可信哉！」待劉氏加厚。

綱　秋七月，旱、蝗，詔求直言。

綱　冬十月，張士遜、楊崇勳免，以呂夷簡同平章事，宋綬參知政事，王曙爲樞密使，王德用、蔡齊爲副使。

呂夷簡相

綱　十一月，贈寇準中書令。

目　復萊國公，謚忠愍。

綱　薛奎罷。

目　奎以疾罷，踰年卒。奎謀議正直，或志不伸，歸輒歎吒不食。家人笑曰：「何必如是。」奎曰：「吾仰慙古人，俯愧後世爾。」尤能知人，范仲淹、龐籍、明鎬自爲吏部選人，皆以

薛奎仰慙俯愧

詔宰相毋得進用臺官

廢皇后郭氏

呂夷簡主廢黜郭后之議

孔道輔范仲淹等諫廢郭后

孔道輔扣鐶大呼

公輔許之，卒如其言。

綱　詔宰相毋得進用臺官。

目　言者謂臺官必由中旨，乃祖宗法也。帝曰：「祖宗法不可壞。宰相自用臺官，則宰相過失無敢言者矣。」故詔：「自今臺官，非中丞、知雜保薦者，毋得除授。」

綱　廢皇后郭氏，謫御史中丞孔道輔、右司諫范仲淹。

目　時尚美人、楊美人俱得幸，數與皇后忿爭。一日，尚氏於帝前有侵后語，后不勝忿，批其頰；批，手擊之也。帝自起救之，誤批帝頸。帝大怒，內侍閻文應因與帝謀廢后，且勸以爪痕示執政。帝以示呂夷簡，告之故。夷簡有憾於后，遂主廢黜之議。帝猶疑之，夷簡曰：「光武，漢之明主也，郭后止以怨懟坐廢，（事見卷二十一漢光武帝建武十七年。）況傷陛下頸乎！」帝意遂決。

夷簡先敕有司毋得受臺諫章奏，乃詔稱皇后願入道，封淨妃、玉京沖妙仙師，居長寧宮。臺諫章疏果不得入。於是中丞孔道輔率諫官范仲淹、孫祖德、宋庠、劉渙、御史蔣堂、郭勸、楊偕、馬絳、段少連十人，詣垂拱殿伏奏：「皇后，天下之母，不當輕廢。願賜對，盡所言。」殿門闔，不爲通。道輔扣鐶大呼曰：鐶音還，門鐶也。「皇后被廢，奈何不聽臺臣言！」尋有詔，令夷簡諭以皇后當廢狀。道輔等至中書語夷簡曰：「大臣之於帝后，猶子事父母也。父母不和，可以諫止，奈何順父出母乎！」夷簡曰：「廢后有漢、唐故事。」道輔曰：「人臣當道君以堯、舜，豈得引漢、唐失德爲法邪？」夷簡不能答。卽奏言「伏閤請對，非太平美事」，遂黜道輔知泰州，仲淹知睦州，（治建德縣，卽今浙江建德縣。）祖德等罰金。道輔鯁挺特達，遇事彈劾無所避，天下皆以直道許之。簽書河陽判官富弼言：「朝廷一舉而兩失，縱不能復后，宜還仲淹等。」不聽。

置崇政殿說書

綱　甲戌，景祐元年，（一〇三四）春正月，置崇政殿說書。

目　侍講學士孫奭年老乞外，因薦賈昌朝、趙希言、王宗道、楊安國等自代，遂置說書，日輪二人祗候。昌朝誦說明白，帝多所質問。

趙元昊反

綱　秋七月，趙元昊反，寇環、慶。（環州治通遠縣，卽今甘肅環縣。慶州治安化縣，卽今甘肅慶陽縣。）

綱　八月，有星孛于張、翼。

目　帝以星變避殿，減膳。尋詔淨妃郭氏出居瑤華宮，美人尙氏入道，楊氏安置別宅。

綱　王曙卒，以王曾爲樞密使。

綱　九月，立曹氏爲皇后。

目　后，彬之孫女也。御史裏行孫沔請終莊獻喪制而後行，（莊獻，劉太后謚。）祕書丞余靖亦以爲言，不報。

作邇英延義二閣

綱　乙亥，二年，（一〇三五）春正月，作邇英、延義二閣。

目　孫奭嘗上無逸圖，帝命施於講讀閣，至是又詔蔡襄寫無逸篇於閣屏。（無逸，周書篇名。）

孫沔盡職

宗實

王曾相

綱 貶御史裏行孫沔監永州酒務。（永州治零陵縣，卽今湖南零陵縣。）

目 沔上言：「自孔道輔、范仲淹被黜，凡在縉紳，縉同搢。搢，插也。紳，帶也。謂插笏於大帶革帶之間。盡懷緘默。乞少霽天威，霽音祭，止也。用存國體。」疏入，責知衡山縣。（卽今湖南衡山縣。）沔未知有責命，復上書曰：「深宮之中，侍左右者，刀鋸之餘；悅耳目者，豔冶之色。宸禁晝嚴，乘輿天遠，未見款召名臣，凊問外事，詢祖宗之紀綱，質朝廷之得失，徒脩簡易之名，未益承平之化。」又曰：「願推擇大臣，講求古道，極論精思，品藻賢哲。逐刺史、縣令老懦、貪殘之輩，以利於民。罷公卿、大夫諂佞、詭誕之士，以肅於朝。簡掖庭之幽曠，掖庭，妃、嬪、宮女所居。以求錫羡之慶。漢書：「圓靈錫羡」，謂天錫餘福，延及後昆也。抑宦侍之重任，以防昵近之私。」書奏，再責監永州酒務。

綱 二月，育宗室允讓子宗實于宮中。

目 宗實，太宗之曾孫，商王元份之孫，份音賓。江寧節度使允讓之子也。（江寧節度使治江寧縣，在今江蘇南京市內。）帝未有儲嗣，取入宮，命皇后拊鞠之；鞠，養也。生四年矣。

綱 李迪罷。呂夷簡因事以傾迪，遂罷迪知亳州。

綱 以王曾同平章事，蔡齊、盛度參知政事，王隨、李諮知樞密院事，王德用、韓億同知院事。

綱 命集賢校理李照重定雅樂。

綱 冬十一月，故后郭氏暴卒，詔竄內侍閻文應于嶺南。（嶺南指今廣東。）

目 后居瑤華，帝頗念之，遣使存問，賜以樂府；后和答之，辭意悽惋，帝亦悔焉。嘗密遣人召之，后辭曰：「若再見召，須百官立班受册方可。」文應以嘗譖后，懼其復立。屬后小疾，帝遣文應挾醫診視，數日，言后暴崩。中外疑文應進毒，而不得其實。帝深悼之，追復后號，以禮斂葬，而停謚册祔廟之禮。知開封府范仲淹劾奏文應之罪，竄之嶺南，死於道。

綱 詔錄五代及諸國後。

目 御史臺辟石介爲主簿，辟音壁，舉也。介未至，論不當求諸僞國後，坐罷。館閣校勘歐陽脩貽書責中丞杜衍曰：「主簿於臺中非言事官，介足未履臺門之閾，已用言事見罷，可謂正直剛明，不畏避矣。度介之才不止爲主簿，直可爲御史。今斥介而他舉，亦必擇賢。夫賢者固好辯，又有言則又斥而他舉乎？如此，則必得愚闇懦默者而後止也。」衍不能用。

綱 丙子，三年，（一〇三六）夏五月，貶知開封府范仲淹及集賢校理余靖、館閣校勘尹洙、歐陽脩于外。詔戒羣臣越職言事。

歐陽脩貽書責杜衍

范仲淹上百官圖

目 仲淹以呂夷簡執政，進用多出其門，上百官圖，指其次第曰：「如此爲序遷，如此爲不次，如此則公，如此則私，況進退近臣凡超格者，不宜全委之宰相。」夷簡不悅。他日論建都之事，仲淹進曰：「洛陽險固，而汴爲四戰之地，（汴即汴州開封府，宋都，今河南開封市。）太平宜居

范仲淹四論
余靖疏救范仲淹
尹洙疏救范仲淹
歐陽脩貽書責高若訥
李紘王質飲餞范仲淹
蔡襄作四賢一不肖詩

汴，即有事必居洛陽。當漸廣儲蓄，繕宮室。」帝以問夷簡，夷簡對曰：「仲淹迂闊，務名無實。」仲淹聞之，乃爲四論以獻，大抵譏切時弊，且曰：「漢成帝信張禹不疑舅家，故有新莽之禍。臣恐今日亦有張禹壞陛下家法。」夷簡訴仲淹越職言事，離間君臣，引用朋黨。仲淹對益切，由是落職，知饒州。（治鄱陽縣，即今江西鄱陽縣。）

集賢校理余靖上言：「仲淹以譏刺大臣，重加譴謫。儻其言未合聖慮，在陛下聽與不聽爾，安可以爲罪乎！陛下自親政以來，屢逐言事者，恐鉗天下口。請改前命。」疏入，坐落職，監筠州酒稅。（筠州治高安縣，即今江西高安縣。）

館閣校勘尹洙上疏曰：「仲淹忠亮有素，臣與之義兼師友，則是仲淹之黨也。臣不可苟免。」夷簡怒，斥監郢州酒稅。（郢州治長壽縣，即今湖北鍾祥縣。）

館閣校勘歐陽脩貽書責司諫高若訥曰：「仲淹以非辜逐，君不能辨，猶以面目見士大夫，出入朝中，是不復知人間有羞恥事！」若訥怒，上其書，脩坐貶夷陵令。（夷陵縣，即今湖北宜昌市。）

時朝士畏宰相，無敢送仲淹者，獨龍圖直學士李紘、集賢校理王質出郊飲餞之。或以誚質，質曰：「希文賢者，（仲淹字希文。）得爲朋黨，幸矣。」館閣校勘蔡襄作四賢一不肖詩以譽仲淹、靖、洙、修而譏若訥，都人相傳寫，粥書者市之得厚利。粥同鬻。御史韓縝希夷簡旨，請以仲淹朋黨牓朝堂，戒百官越職言事者，從之。

契丹初殿試進士

呂夷簡等罷

王隨陳堯佐相

地震

綱　冬十月，契丹初殿試進士。

綱　十一月，皇太后楊氏崩。諡曰莊惠。

綱　李諮卒，以王德用知樞密院事，章得象同知院事。

綱　丁丑，四年，（一〇三七）夏四月，呂夷簡、王曾、宋綬、蔡齊罷。

目　初，夷簡事曾甚謹，曾力薦爲相。及曾復入中書，位反居下。而夷簡任事久，多所專決，曾不能堪，議論閒有異同，遂力求罷。帝疑之，問曾曰：「卿亦有所不足邪？」時外傳夷簡納賂，曾因及之。帝以問夷簡，夷簡乞置對，遂交論帝前，而曾語亦有失實者，求去益力，夷簡亦乞罷。時曾與蔡齊善，而夷簡善宋綬，惟盛度不得志於二人；而性猜險，每有所議，依違其閒。及是，帝問度曰：「曾、夷簡力求退，何也？」度對曰：「二人心事，臣不得知。陛下詢二人以孰可代者，則其情可察矣。」帝從之。曾薦齊，夷簡薦綬；於是四人俱罷，而度獨留。

綱　以王隨、陳堯佐同平章事，韓億、程琳、石中立參知政事，盛度知樞密院事，王鬷同知院事。鬷音宗。

綱　冬十二月，地震。

目　京師及幷、代、忻州皆震，（幷州時治陽曲縣，在今山西太原市東北。代州治鴈門縣，在今山西原平縣東北。忻州治秀容縣，即今山西忻定縣。）而幷、代、忻尤甚，壞民廬舍，壓死者二萬二千餘人，傷者

蘇舜欽災變奏
韓琦奏免王隨等
張士遜章得象相
趙元昊稱帝
王曾卒

五千六百人。以直史館葉淸臣奏，范仲淹等皆得近徙。

綱　戊寅，寶元元年，（一〇三八）春正月，求直言。

目　時有衆星西北流，雷發不時。下詔求直言，大理評事蘇舜欽言：「臣觀國史，見祖宗日日視朝，旰昃方罷。旰，日晚。昃，日西。今陛下春秋鼎盛，實宵旰求治之秋，乃隔日御殿，此政事不親也。三司計度經費，二十倍於祖宗之時，府庫匱竭，斂科無虛日，此用度不足也。二者誠國大憂。願陛下因此災變，脩己以御人，洗心以鑒物，勤聽斷，舍燕安，放優諧近習之纖人，優，俳優。諧，詼諧。纖人，細人。親剛明鯁直之良士，以思永圖。」疏入，詔復日御前殿。

綱　三月，王隨、陳堯佐、韓億、石中立免。

目　隨爲相無所建明，而數與堯佐、億、中立爭事。會災異屢見，右司諫韓琦言：「隨、堯佐、中立非輔弼才，億不當以子綱爲衆牧判官。」遂皆免。琦遇事敢言，切而不迂，在諫垣前後凡七十餘疏。

綱　以張士遜、章得象同平章事，王鬷、李若谷參知政事，王博文、陳執中同知樞密院事。夏四月，王博文卒，以張觀同知樞密院事。

綱　冬十月，趙元昊稱帝于夏州。

綱　十一月，沂公王曾卒。（沂即沂州，治臨沂縣，即今山東臨沂縣。）

范仲淹服王曾

王德用以貌罷

目 贈侍中，諡文正。曾性資端厚，在朝廷進止有常處，平居寡言笑，人不敢干以私。進退士人，莫有知者。范仲淹嘗謂曾曰：「明揚士類，（書堯典：「明明揚側陋。」注：「明明，上明謂明顯之，下明謂已在顯位者。側陋，微賤之人也。」言惟德是舉，不拘貴賤也。）宰相任也，公之盛德獨少此爾。」曾曰：「恩欲歸己，怨將誰歸邪？」仲淹服其言。

綱 十二月，京師地震。

綱 以夏竦爲涇原、秦、鳳安撫使，（涇原軍治涇州城，在今甘肅涇川縣北。秦州治成紀縣，即今甘肅天水市。鳳州治梁泉縣，即今陝西鳳縣東北鳳州城。）范雍爲鄜、延、環、慶安撫使，（延州治膚施縣，即今陝西延安縣。）經略夏州。

綱 己卯，二年，（一〇三九）夏四月，募民入粟實邊。

綱 五月，罷王德用，以夏守贇知樞密院事。

目 趙元昊反，德用請自將討之，不許。德用狀貌雄毅，面黑，頸以下白皙，（皙亦白也。）人皆異之，言者論其貌類藝祖，（始祖也，謂太祖。）且得士心，不宜久典機密，遂罷。言者猶不已，遂降知隨州。（治隨縣，即今湖北隨縣。）家人惶懼，而德用舉止言笑自若，惟不接賓客而已。

綱 六月，削趙元昊賜姓、官爵。

綱 冬十一月，盛度、程琳罷。

綱 以王隨知樞密院事，宋庠參知政事。

狄青保安之捷

綱 夏人寇保安軍，(即今陝西志丹縣。)巡檢指揮使狄青擊敗之。

目 青初以善騎射爲騎御散直，從西征，戰安遠諸砦，砦同寨。皆克捷。臨敵，披髮帶銅面具，出入賊中，皆披靡，靡音米。披靡，震懾貌。莫敢當。至是元昊寇保安軍，鈐轄盧守懃使青擊走之，以功加秦州刺史。帝欲召見，問以方略，會賊寇渭州，(治襄武縣，在今甘肅隴西縣西。)命圖形以進。

綱鑑易知錄卷六八

宋紀

仁宗皇帝

綱　庚辰，康定元年，（一〇四〇）春正月朔，日食。

目　先是司天楊惟德請移閏於庚辰歲，則日食在正月之晦。帝曰：「閏，所以正天時而授民事，其可曲避乎！」不許。至是知諫院富弼請「罷宴、徹樂，就館賜北使酒食。」執政不可，弼曰：「萬一契丹行之，豈不爲朝廷羞。」既而聞契丹罷宴，帝深悔之。

綱　元昊寇延州，（治膚施縣，即今陝西延安縣。）副總管劉平、石元孫戰沒。二月，貶范雍知安州。（治安陸縣，在今湖北安陸縣北。）

綱　以夏守贇爲陝西經略安撫招討使，（陝西經略安撫使治京兆，即今陝西西安市。）內侍王守忠爲都鈐轄。

綱　除越職言事之禁。從富弼之請也。

綱　命知制誥韓琦安撫陝西。

目　初，琦使蜀歸，論西師形勢甚悉，即命安撫陝西。琦言：「范雍節制無狀，宜召知越

韓琦薦范仲淹

曹瑋謂元昊必爲邊患

呂夷簡相

張方平上平戎十策

州范仲淹委任之。（越州治會稽縣，即今浙江紹興市。）方陛下焦勞之際，臣豈敢避形迹不言，若涉朋比誤國家，當族。」帝從之，召仲淹知永興軍。（治長安縣，在今陝西西安市。）

綱　三月，王鬷、陳執中、張觀免。

目　天聖中，（天聖，仁宗即位年號。）鬷使河北，過眞定，（定州治，即今河北正定縣。）時曹瑋爲總管，鬷見之，瑋謂曰：「君異日當柄用，願留意邊防。」鬷曰：「何以教之？」瑋曰：「吾嘗使人覘趙元昊，（覘，窺視也。）狀貌異常，他日必爲邊患。」鬷未以爲然。比再入樞密，元昊果反。帝數問邊事，鬷不能對。及劉平敗，議刺鄉兵久未決，帝怒，遂與執中、觀同免，鬷始歎瑋之明識。

綱　以晏殊、宋綬知樞密院事，王貽永同知院事。

綱　夏五月，張士遜致仕，以呂夷簡同平章事。

綱　以夏竦爲陝西經略安撫招討使，韓琦、范仲淹副之；召夏守贇、王守忠還。

綱　元昊陷塞門諸砦。（塞門砦，在今陝西榆林縣西南大理河北岸。）

目　執砦主高延德以去。又陷安遠、承平砦。（兩砦俱在今甘肅通渭縣東南。）時著作佐郎張方平上平戎十策，其略以爲「宜屯重兵河東，（在今山西芮城縣西北。）示以形勢。賊入寇必自延、渭，（渭州治襄武縣，在今甘肅隴西縣西。）而興州巢穴之守必虛，（西夏置興州興慶府，在今寧夏東南。）我師自麟、府渡河，（麟州治新秦縣，在今陝西神木縣北。府州治府谷縣，在今陝西神木縣東北黃河西岸。）不十日可至；此所謂攻其所必救，形格勢禁之道也。」格同閣。閣，攱閣不得行也。事形相格而其勢自禁止。宰臣呂夷

小范不比大范
任福白豹之捷

簡見之，謂知樞密院宋綬曰：「大科得人矣。」

綱　六月，以夏守贇同知樞密院事。秋八月，守贇罷，以杜衍同知樞密院事。

綱　以范仲淹兼知延州。

目　延州諸砦多失守，仲淹請自行，詔兼知延州。仲淹大閱州兵，得萬八千人，分六將領之，日夜訓練。量敵衆寡，使更出禦。敵人聞之相戒曰：「無以延州爲意，今小范老子腹中自有數萬甲兵，不比大范老子可欺也。」大范蓋指雍也。仲淹以民遠輸勞苦，請建鄜城爲軍，（鄜州治洛交縣，在今陝西洛川縣西北。）以河中府、同、華州中下戶租稅就輸之，（同州治馮翊縣，即今陝西大荔縣。華州治鄭縣，在今陝西華縣西。）春夏徙兵就食，可省糴十之三，他所減不與。詔以爲康定軍。仲淹又脩承平、永平等砦，稍招還流亡，定堡障，小城也。通斥堠，斥，度；堠，望也。所以望烽燧。城十二砦，於是羌、漢之民相踵歸業。

綱　九月，李若谷罷，以宋綬、晁宗慤參知政事。以晏殊爲樞密使，王貽永、杜衍、鄭戩爲副使。

綱　元昊寇三川諸砦，（三川砦在今寧夏固原縣西北。）環慶副總管任福攻其白豹城，（時以環州置環慶總管府，治環州，即今甘肅環縣。白豹城，在今甘肅慶陽縣北。）克之。

目　元昊之寇三川也，韓琦使任福等領兵七千聲言巡邊，部分諸將，夜趨七十里至白豹城，平明克之，破四十族，焚其積聚而還。

种世衡城青澗

當十錢

綱 鄜州將种世衡城青澗。（在今陝西綏德縣西南青澗河東岸。）

目 時塞門諸砦既陷，鄜州判官种世衡言：「延安東北二百里有故寬州，（延安即延州，見上。）請因廢壘而興之以當寇衝。右可固延安之勢，左可致河東之粟，北可圖銀、夏之舊。」（銀州治儒林縣，在今陝西米脂縣西北。夏州治朔方縣，在今陝西橫山縣西。皆爲西夏所據。）朝廷從之，命世衡董其役。夏人屢來爭，世衡且戰且城。然處險無泉，議不可守，鑿地百五十尺至石不及泉，工辭不可穿。世衡命屑石一畚，屑，碎也。畚音本，盛土器，以草索爲之。酬百錢，卒得泉以濟。城成，賜名青澗，以世衡知城事。世衡開營田，募商賈，通貨利，城遂富實。

綱 冬十二月，宋綬卒。

綱 鑄當十錢。助邊費也。

綱 辛巳，慶曆元年，（一〇四一）春正月，詔鄜、延、涇原會兵討李元昊，（涇原軍治涇州，在今甘肅涇川縣北。）不果行。范仲淹奏主招納，韓琦奏主進討，朝廷終難之。

綱 元昊遣人至延州議和，范仲淹以書諭之。

目 元昊遣高延德還延州，與范仲淹約和。仲淹自爲書遺元昊，反覆戒諭，令去帝號盡臣節，以報累朝厚待之恩。韓琦聞之曰：「無約而請和者，謀也。」命諸將戒嚴，戒嚴，整兵也。而自行邊。行，巡視也。

綱 二月，元昊寇渭州，（治襄武縣，在今甘肅隴西縣西。）任福與戰于好水川，（今名甜水河，在今寧夏隆德縣東。）敗死。貶韓琦知秦州。（治成紀縣，即今甘肅天水市。）

目　韓琦行邊至高平，（即今寧夏固原縣。）元昊果遣衆寇渭州，薄懷遠城，薄，逼也。琦乃趨鎮戎軍，（即今甘肅鎮原縣。）盡出其兵，又募勇士萬八千人，命環慶副總管任福將之，以耿傅參軍事，涇原都監桑懌爲先鋒，朱觀、武英、王珪各以所部從福。將行，琦令福并兵自懷遠趨德勝砦，（在今甘肅靜寧縣境。）至羊牧隆城，（在今寧夏隆德縣北。）出敵之後，諸砦相距才四十里，道近，糧餉便；度勢未可戰，即據險置伏，要其歸路。要音邀。戒之再三，且曰：「苟違節制，有功亦斬！」

福引輕騎數千趨懷遠捺龍川，（懷遠鎮，在今寧夏固原縣南。）遇鎮戎西路巡檢常鼎、劉肅與敵戰於張家堡南，斬首數百，敵棄馬羊槖駝佯北，敗走曰北。桑懌引騎趨之，福踵其後。諜傳敵兵少，（諜，間諜。）福等頗易之。薄暮，（薄暮，將晚也，猶傍晚。）與懌合軍屯好水川，觀、英屯籠絡川，相距五里，約翌日會兵川口，（好水川口。）必使夏人匹騎不還，然不知已陷其伏中矣。路既遠，芻餉不繼，士馬乏食者三日。

時元昊自將精兵十萬營於川口。候者言「夏人有砦不多」。候，伺敵之人。詰旦，詰旦，明旦也。福與懌循好水川西行，出六盤山下，距羊牧隆城五里與夏軍遇；諸將方知墮敵計，勢不可留，遂前格戰。懌於道傍得數銀泥合，合同盒。封襲謹密，中有動躍聲，疑莫敢發。福至，發之，乃懸哨家鴿百餘，哨，吹篇也。自中起盤飛軍上，於是夏兵四合。懌馳犯其鋒，福陣未成

韓琦戒任福

任福發銀泥合

懸哨家鴿

鮑老旗

宋庠請斬范仲淹

元昊輕侮夏竦

列，賊縱鐵騎突之。自辰至午，陣動，衆欲據勝地，忽夏人陣中樹鮑老旗，懌等莫測。既而旗左麾，左伏起；右麾，右伏起；自山背下擊，士卒多墜崖塹相覆壓。塹，阬也。懌、肅戰死。敵分兵數千斷官軍後，福力戰，身被十餘矢。有小校劉進勸福自免，福曰：「吾爲大將，兵敗，以死報國爾。」揮四刃鐵簡，挺身決鬬，鎗中左頰，絕其喉而死。子懷亮亦死之。英、珪、傳皆死，士卒死者萬三百人。惟觀以兵千餘保民垣，會暮，敵引去，得還。關右大震。

奏至，帝震悼，爲之旰食。旰音幹，日晚也。夏竦使人收散兵，得琦檄於福衣帶閒，言罪不在琦；琦亦上章自劾，徙知秦州。

綱 三月，貶仲淹知耀州。（治華原縣，在今陝西銅川市西南。）

目 元昊答仲淹書，語多不遜，仲淹對來使焚之。朝議以仲淹不當擅通書，又不當擅焚之。宋庠請斬仲淹，杜衍曰：「仲淹志在招納，蓋忠於朝廷也，何可深罪。」帝悟，乃降戶部員外郎，徙知耀州。

綱 夏四月，以陳執中同陝西安撫經略招討使。

目 時夏竦判永興軍，執中知軍事議多異同，故分命竦屯鄜州，執中屯涇州。竦雅意在朝廷，及任以西事，頗依違顧避。嘗出巡邊，置侍婢中軍帳下，幾至兵變。元昊命募得竦首者，與錢三千，其見輕侮如此。

綱 五月，宋庠、鄭戩罷。皆與呂夷簡不合，罷。

綱　以王舉正參知政事，任中師、任布爲樞密副使。

綱　秋八月，元昊陷豐州。（舊治九原縣，在今內蒙古杭錦後旗西北，已陷西夏，此別置豐州於今陝西神木縣東北。）冬十月，夏竦、陳執中免。改竦判河中，執中知陝州。

分陝西爲四路

綱　分陝西爲四路，以韓琦、王沿、范仲淹、龐籍兼經略安撫招討使。沿同沿。

目　分秦鳳、涇原、環慶、鄜延爲四路，各置使。時琦知秦州，沿知渭州，仲淹知慶州，籍知延州，詔分領之。

龐籍治延州

自元昊反，延州城砦焚掠殆盡，籍至，稍葺治之。戍兵十萬無壁壘，皆散處城中，畏籍莫敢犯法。籍命部將狄青將萬人築招安砦於橋子谷旁，（橋子谷，在今陝西延長縣北。）以斷寇出入之路。又使周美襲取承平砦，王信築龍安砦。悉復所亡地，築十一城，延民以安。

范仲淹治環慶

初，元昊陰誘屬羌爲助，而環慶酋長六百餘人，約爲鄉導。事尋露，仲淹以其反覆不常，至部卽奏行邊，以詔書犒賞諸羌，閱其人馬，爲立條約，諸羌皆受命，自是爲中國用。羌人親愛之，呼爲「龍圖老子」。（仲淹曾爲龍圖閣學士。）

范仲淹築大順城

仲淹以慶州西北馬鋪砦當後橋川口，在賊腹中，欲城之，度賊必爭，密遣其子純佑與蕃將趙明先據其地，引兵隨之。諸將不知所向，行至柔遠，（柔遠寨，在今甘肅慶陽縣北。）版築皆具，旬日城成，卽大順城也。賊覺，以三萬騎來戰，佯北；仲淹戒勿追，已而果有伏。大順旣成，而白豹、金湯皆不敢犯，（金湯城，在今陝西志丹縣西北。）環慶自此寇盜益少。

仲淹在邊，純佑年方冠，與將卒錯處，鉤深摘隱，得其材否，由是仲淹任無失，所向有功矣。

綱 壬午，二年，（一〇四二）春二月，置義勇保捷軍。

目 詔選河北諸州強壯者爲軍，刺手背爲「義勇」字。各營於其州給以俸廩，分番訓練，不願者釋之。尋又刺陝西秦鳳路義勇爲保捷軍。

綱 三月，晁宗慤罷。

綱 契丹來求關南之地；夏四月，遣知制誥富弼報之。

目 契丹主有南侵意，（耶律宗眞。）會元昊反，欲乘釁取瓦橋關以南十縣地，（周世宗顯德六年取瓦橋關，平關南。瓦橋關在今河北涿縣東南易水上。）乃遣南院宣徽使蕭特末、翰林學士劉六符來致書取故地。帝唯許增歲幣，或以宗室女嫁其子，且令呂夷簡擇報聘者。夷簡不悅弼，因薦之。弼得命，卽入對，叩頭曰：「主憂臣辱，臣不敢愛其死。」帝爲動色。進弼樞密直學士，弼辭曰：「國家有急，義不憚勞，奈何逆以官爵賂之！」遂往。

綱 五月，以大名府爲北京。契丹聲言南下，呂夷簡請建都大名，示將親征，以伐其謀。乃建大名爲北京。（大名府，卽今河北大名縣。）

綱 六月，以王德用判定州。以契丹兵壓境，故有是命。（定州治安喜縣，卽今河北定縣。）

綱 秋七月，任布罷。以呂夷簡、章得象兼樞密使，加晏殊同平章事。

置義勇保捷軍

呂夷簡薦富弼報契丹

以大名府爲北京

綱　富弼還，復如契丹。

目　弼至契丹，見契丹主宗眞言曰：「兩朝人主，父子繼好垂四十年，一旦求割地，何也？」契丹主曰：「南朝違約，塞鴈門，（鴈門關，在今山西原平縣北。）增塘水，（謂沿邊疏濬水澤。）治城隍，（隍，城下池也。）籍民兵，將以何爲？羣臣請舉兵而南，吾謂不若遣使求地；求而不獲，舉兵未晚。」弼曰：「北朝忘章聖皇帝之大德乎？（章聖，眞宗廟號。）澶淵之役，（澶淵之役，見卷六十六眞宗景德元年。澶淵卽澶州，今河南濮陽縣。）苟從諸將言，北兵無得脫者。且北朝與中國通好，則人主專其利，而臣下無所獲；若用兵，則利歸臣下，而人主任其禍。故勸用兵者，皆爲身謀爾。」契丹主驚曰：「何謂也？」弼曰：「晉高祖欺天叛君，（晉高祖石敬瑭。）末帝昏亂，（末帝李從珂。）土宇狹小，上下離叛，故契丹全師獨克。然虜獲金幣充牣諸臣之家，（牣，滿也。）而壯士健馬，物故大半。今中國提封萬里，（提舉四方之內，總其封數。）精兵百萬，法令脩明，上下一心，北朝欲用兵，能保其必勝乎！就使其勝，所亡士馬，羣臣當之歟，抑人主當之歟？若通好不絕，歲幣盡歸人主，羣臣何利焉。」契丹主大悟，首肯者久之。弼又曰：「塞鴈門者，備元昊也。塘水始於何承矩，（太宗淳化四年，何承矩爲河北屯田制置使，開塘泊，種稻田，民賴其利。）事在通好前。城隍皆脩舊；民兵亦補闕，非違約也。」契丹主曰：「微卿言，吾不知其詳。雖然，吾祖宗故地當見還也。」弼曰：「晉以盧龍賂契丹，（盧龍，晉天福時入於遼。盧龍卽范陽，卽今河北薊縣。）周世宗復取關南地，皆異代事；若各求地，豈北朝之利哉。」既退，劉六符曰：「吾主恥受金幣，堅欲十縣何如？」弼

富弼說契丹主

富弼却割地

曰：「本朝皇帝嘗言：『爲祖宗守國，豈敢妄以土地與人！北朝所欲，不過租賦爾，朕不忍多殺兩朝赤子，故屈己增幣以代之；若必欲得地，是志在敗盟，假此爲辭爾。澶淵之盟，天地、鬼神實臨之。北朝首發兵端，過不在我，天地、鬼神其可欺乎！』」六符謂其介曰：「南朝皇帝存心如此，大善，當共奏使兩主意通。」

富弼却求婚

明日，契丹主召弼同獵，引弼馬自近，謂曰：「得地則歡好可久。」弼反覆陳其不可狀，且言：「北朝既以得地爲榮，南朝必以失地爲辱，兄弟之國，豈可使一榮一辱哉！」獵罷，六符曰：「吾主聞公榮辱之言，意甚感悟。今惟有結昏可議爾。」弼曰：「結昏易生嫌隙，本朝長公主出降，帝姊妹爲長公主。齎送不過十萬緡，豈若歲幣無窮之利哉。」契丹主諭弼使還曰：「俟卿再至，當擇一事受之，卿其遂以誓書來。」弼還，具以白帝。

富弼啓視國書

帝復使弼持和親、增幣二議及誓書往契丹，且命受口傳之辭於政府。既行，次樂壽，（卽今河北獻縣。）謂副使張茂實曰：「吾爲使而不見國書，脫書辭與口傳異，吾事敗矣。」啓視，果不同。馳還都，以晡時入見，晡，申時。曰：「政府故爲此以陷臣，臣死不足惜，如國事何！」帝以問晏殊，殊曰：「呂夷簡決不爲此，誠恐誤爾。」弼曰：「晏殊姦邪，黨夷簡以欺陛下！」遂易書而行。

綱 九月，暨契丹平。暨音忌，及也。

目 弼至，契丹不復議昏，專欲增幣，且曰：「南朝既增我歲幣，其遺我之辭當曰『獻』。」

富弼却獻納二字

增契丹歲銀絹

以韓琦范仲淹經略陝西王堯臣薦韓范

弼曰：「南朝爲兄，豈有兄獻於弟乎！」契丹主曰：「然則爲『納』字。」弼曰：「亦不可。」契丹主曰：「南朝既以厚幣遺我，是懼我矣，於一字何有？若我擁兵而南，得無悔乎！」弼曰：「本朝兼愛南北之民，故屈己增幣，何名爲懼？或不得已而用兵，則當以曲直爲勝負，非使臣之所知也。」契丹主曰：「卿勿固執，古有之矣。」弼曰：「自古惟唐高祖借兵突厥，當時贈遺或稱獻納，（見卷四十一隋恭帝義寧元年「李淵遣使如突厥」目。）然後頡利爲太宗所擒，（事見卷四十三唐太宗貞觀四年四月。）豈復有此禮哉！」聲色俱厲。契丹主知不可奪，乃曰：「吾當自遣人議之。」乃留增幣誓書，而使其北院樞密副使耶律仁先及劉六符，持誓書與弼偕來，且議「獻納」二字。弼至，入對曰：「二字臣以死拒之，虜氣折矣，可勿許也。」帝用晏殊議，竟以「納」字許之。於是歲增銀、絹各十萬兩、匹，送至白溝，（宋與契丹分界處。）（白溝，在今河北涿縣東。）自是通好如故。

綱　元昊寇鎮戎軍，副總管葛懷敏會兵禦之，敗死；元昊遂大掠渭州。

綱　冬十一月，以韓琦、范仲淹、龐籍爲陝西安撫經略招討使，置司涇州。

目　初，翰林學士王堯臣，體量安撫陝西歸，上疏論兵，因言：「韓琦、范仲淹皆忠義智勇，不當置之散地。」及葛懷敏敗死，中外震懼，帝思堯臣之言，乃復置陝西路經略安撫招討使，總四路之事，置府涇州，益屯兵三萬，以琦、仲淹、籍分領之。復以堯臣爲體量安撫使，以文彥博帥秦州，滕宗諒帥慶州，張亢帥渭州。堯臣復言：「琦等既爲陝西四路招討等使，則四路當稟節制，不當復帶使名，各置司行事，使所稟不一。」於是諸路並罷經略使。

琦與仲淹在兵間久，名重一時，人心歸之，朝廷倚以爲重。二人號令嚴明，愛撫士卒，諸羌來者推誠撫接，咸感恩畏威，不敢輒犯邊境。邊人爲之謠曰：「軍中有一韓，西賊聞之心膽寒。軍中有一范，西賊聞之驚破膽。」

寒心破膽之謠

綱 徵處士孫復爲國子監直講。

徵孫復

目 復，晉州平陽人，（平陽，在今山西臨汾縣南。）舉進士不第，退居泰山，（在今山東泰安市北。）著春秋尊王發微十二篇。國子直講石介嘗師事之，語人曰：「孫先生非隱者也。」於是范仲淹、富弼皆言復有經術，宜在朝廷，故召用之。

綱 以富弼爲翰林學士，辭不拜。

富弼不顧家

目 弼始受命使契丹，聞一女卒；再往，聞一男生，皆不顧。得家書未嘗發，輒焚之，曰：「徒亂人意。」於是帝復申樞密直學士之命，弼辭。又除翰林學士，弼懇辭曰：「增歲幣，非臣本意，特以方討元昊，未暇與角，故不敢以死爭，安敢受賞乎！」

綱 癸未，三年，（一〇四三）春正月，元昊上書請和。自稱「男邦泥定國兀卒上書父大宋皇帝」，更名曩霄，而不稱臣。兀卒，即吾祖也，如可汗號。

元昊請和

綱 二月，立四門學。

立四門學

綱 三月，以呂夷簡爲司徒，同議軍國大事。

目 先是，夷簡感風眩，詔拜司空，平章軍國重事。疾稍愈，命數日一至中書，裁決可

仁宗剪髭賜呂夷簡

否。夷簡力辭，帝降手詔曰：「古謂髭可療疾，髭音咨。髭鬚，上曰髭，下曰鬚。今剪以賜卿。」至是帝御延和殿召見，敕乘馬至殿門，命內侍取兀子輿以前。夷簡辭避久之，詔給扶，毋拜。乃罷相，改授司徒，同議軍國大事。

晏殊相

綱 以晏殊同平章事兼樞密使，賈昌朝參知政事，富弼為樞密副使。弼固辭，不拜。

綱 召夏竦為樞密使。

綱 以歐陽脩、王素、蔡襄知諫院，余靖為右正言。

目 增置諫官，以脩等為之。襄喜言路開而慮正人難久立，乃上疏曰：「任諫非難，聽諫為難。聽諫非難，用諫為難。脩等三人，忠誠剛正，必能盡言。臣恐邪人不利，必造為禦之之說。其禦之不過有三：曰好名，好進，彰君過爾。願陛下察之，毋使有好諫之名，而無其實。」

脩每入對，帝必延問執政，咨所宜行。既多所張弛，小人潝潝不便；潝音吸。詩小雅小旻篇：「潝潝訿訿。」注：「潝潝，相和也。訿訿，相詆也。」脩慮善人必不勝，數為帝分別言之。

歐陽脩朋黨論

初，范仲淹之貶饒州，（治鄱陽縣，即今江西鄱陽縣。）脩及尹洙、余靖皆以直仲淹見退，羣邪目之曰「黨人」，於是朋黨之論起。脩乃進朋黨論，以為：「君子以同道為朋，小人以同利為朋，皆自然之理也。然小人無朋，惟君子則有之。蓋小人所好者利祿，所貪者財貨，當其同利之時，暫相黨引以為朋者，偽也；及其見利而爭先，或利盡而反相賊害，雖兄弟親戚不能

歐陽脩何處得來

歐陽脩等諫用夏竦

良醫不得盡術

相保。君子則不然，所守者道義，所行者忠信，所惜者名節，以之脩身則同道而相益，以之事國則同心而共濟，終始如一。故爲君者但當退小人之僞朋，用君子之眞朋，則天下治矣。」脩論事切直，人視之如仇，帝獨奬其敢言，顧侍臣曰：「如歐陽脩者何處得來。」

綱 夏四月，以韓琦、范仲淹爲樞密副使。以元昊請和，故召還，命知永興軍鄭戩代之。

綱 夏竦至京師，罷之，以杜衍爲樞密使。

目 初召竦，諫官歐陽脩、蔡襄等交章論：「竦在陝西，畏懦不肯盡力，兼之挾詐任數，姦邪傾險。陛下孜孜政事，首用懷詐不忠之臣，何以求治！」中丞王拱宸亦言：「竦經略西師，無功而歸。今置諸二府，中書、樞密。何以厲世！」因對極論之，帝未省，遽起；拱宸前引裾畢其說，裾音居。衣後裾。帝乃悟。會竦已至國門，言者論益力，卽日詔竦歸鎭；拜杜衍爲樞密使。竦亦自請還節鉞，徙知亳州。（治譙縣，卽今安徽亳縣。）竦至亳上書萬言自辨，乃徙判幷州。（治陽曲縣，在今山西太原市東北。）

蔡襄言於帝曰：「陛下罷竦而用琦、仲淹，士大夫賀於朝，庶民歌於路，至飲酒叫號以爲歡。且退一邪進一賢，豈能關天下輕重哉？蓋一邪退則其類退，一賢進則其類進，衆邪並退衆賢並進，海內有不泰乎！雖然，臣竊憂之。天下之勢，譬猶病者，陛下既得良醫矣，信任不疑，非徒愈病而又壽民；醫雖良，術不得盡用，則病且日深，雖有和、扁，（和，醫和；扁，扁鵲，皆古名醫。）難責效矣。」

國子監直講石介，篤學尚志，樂善嫉惡，喜聲名，遇事奮然敢爲。會呂夷簡罷相，章得象、晏殊、賈昌朝、韓琦、范仲淹、富弼同時執政，而歐陽脩、蔡襄、王素、余靖並爲諫官，夏竦既拜，復奪之，以衍代，因大喜曰：「此盛事也！歌頌，吾職，其可已乎？」作慶曆聖德詩，有曰：「衆賢之進，如茅斯拔。易（泰卦）：「拔茅茹。」茹，茅根也。言衆賢相連而進，有拔茅而其根自以其類而起之象。大姦之去，如距斯脫。」（距，見卷十五本始三年「廣漢尤善爲鉤距」注。）其言大姦，蓋斥竦也。詩且出，孫復聞之曰：「介禍始於此矣！」范仲淹亦謂韓琦曰：「爲此鬼怪輩壞事也。」

石介作慶曆聖德詩

綱　自正月不雨至于是月。帝禱于西太乙宮，是日雨。

綱　呂夷簡罷。

孫沔劾呂夷簡

目　先是陝西轉運使孫沔上書，言自夷簡當國，黜忠良，廢直道，以姑息爲安，姑息，苟安也。以避謗爲智，柔而易制者升爲心腹，姦而可使者保爲羽翼，是張禹不獨生於漢，張禹，漢成帝朝佞臣。而李林甫之復見於今也。」李林甫，唐玄宗朝姦相。書上，帝不之罪。夷簡見書謂人曰：「元規藥石之言，孫沔字元規。但恨聞此遲十年爾！」至是蔡襄復言：「夷簡被病以來，兩府大臣並務受事於門，貪尙權勢，病不知止。」乃罷同議軍國大事，未幾以太尉致仕。

蔡襄劾呂夷簡

綱　秋七月，王舉正罷。八月，以范仲淹參知政事，富弼爲樞密副使。

范仲淹上十事

目　帝方銳意太平，數問仲淹以當世事，又爲之開天章閣，召輔臣條對。仲淹退而上十事，曰「明黜陟，抑僥倖，精貢舉，擇長官，均公田，厚農桑，脩武備，推恩信，重命令，減徭役」，悉采用之。

帝以平治責成輔相，命弼主北事，北事謂契丹。仲淹主西事。西事謂元昊。弼上當世之務十餘條及安邊十三策，大略以進賢、退不肖，止僥倖，去宿弊，欲漸易監司之不才者，使澄汰所部吏，於是小人始不悅矣。

綱 以韓琦爲陝西宣撫使。

綱 九月，任中師罷。

綱 冬十月，以張昷之、王素等爲都轉運按察使。昷音溫。

目 先是知諫院歐陽脩言：「天下官吏旣多，朝廷無由遍知其賢愚善惡，乞立按察之法。於內外朝官三丞郎官中，選强幹廉明者爲之，使至州縣遍見官吏，其公廉無狀皆以朱書於名之下，其中材之人以墨書之，歲具以聞。」詔從之。富弼、范仲淹復請詔中書、樞密通選逐路轉運按察使，卽委使自擇知州，知州擇知縣，不任事者皆罷之。於是昷之等首被茲選，昷之河北，（河北路卽大名府。）王素淮南，（治揚州，卽今江蘇揚州市。）沈邈京東，（卽開封府，今河南開封市。）施昌言河東，李絢京西。（卽洛陽。）

仲淹之選監司也，取班簿視不才者一筆勾之。弼曰：「一筆勾之甚易，焉知一家哭矣。」仲淹曰：「一家哭，何如一路哭邪！」遂悉罷之。

綱 十二月，河北雨赤雪，河東地震。

歐陽脩請立按察法

一家哭何如一路哭

赤雪

【綱】甲申，四年，(一〇四四)春正月，帝復御經筵。

趙師民諫罷進講

【目】自元昊反，罷進講。崇政殿説書趙師民言：「帝王治經與品庶異，不獨玩空文、占古語也。今方外小有事，臣等卽不復進見，是以爲先王遺籍可以講無事之朝，不足贊有爲之世，臣愚以爲過矣。」又獻勸講箴，帝嘉納之，於是復命曾公亮等講讀經史。嘗謂公亮等曰：「卿等宿儒博學，多所發明；朕雖盛暑，亦未嘗倦，但恐卿等勞爾。」

趙師民獻勸講箴

【綱】三月，詔天下州縣立學，行科舉新法。

行科舉新法

【目】時范仲淹意欲復古勸學，數言興學校，本行實。詔近臣議，於是宋祁等奏：「教不本於學校，士不察於鄉里，則不能覈名實。有司束以聲病，學者專於記誦，則不足盡人材。參考衆説，擇其便於今者，莫若使士皆土著而教之於學校，然後州縣察其履行，則學者修飭矣。先策論，則文詞者留心於治亂矣。簡程式，則閎博者得以馳騁矣。問大義，則執經者不專於記誦矣。」帝從之，乃詔天下州縣皆立學，本道使者選部屬官爲教授；員不足，取於鄉里宿學有道業者。士須在學三百日乃聽預秋賦；貢士曰賦。舊嘗充賦者，百日而止。試於州者令相保任，有匿服、犯刑、虧行、冒名等禁。三場，先策，次論，次詩賦，通考爲去取，而罷帖經墨義。墨同默。士通經術願對大義者，試十道。

立學選教授

【綱】夏四月，作太學。五月，帝謁孔子。

作太學謁孔子

【目】判國子監王拱辰、田況、王洙、余靖等言：「漢太學二百四十房，千八百室，生徒三萬人，唐學舍亦千二百間。今取才養士之法盛矣，而國子監纔二百楹，制度狹小，不足以容。」詔以錫慶院爲太學，置內舍生二百人。講殿既備，帝謁孔子，故事止肅揖，手至地曰肅。帝特再拜。賜直講孫復五品服。

初，海陵人胡瑗爲湖州教授，瑗音院。（海陵縣，即今江蘇泰州市。湖州治烏程縣，即今浙江湖州市。）訓人有法，科條纖悉備具。以身率先，雖盛暑必公服坐堂上，嚴師弟子之禮，視諸生如其子弟，諸生亦信愛如其父兄，從之遊者常數百人。時方尙詞賦，湖學獨立經義、治事齋以敦實學。及興太學，詔下湖州取其法，著爲令式。

胡瑗立經義治事二齋

綱 元昊復遣使來上表。

綱 六月，以范仲淹爲陝西、河東宣撫使。

目 初，仲淹以忤呂夷簡放逐者數年，及陝西用兵，帝以其士望所屬，拔用護邊。及夷簡罷，召還，倚以爲治。中外想望其功業，仲淹亦以天下爲己任，與富弼日夜謀慮，興致太平；然更張無漸，規模闊大，論者籍籍，籍籍，語聲也。由是謗毁稍行。先是石介奏記於弼，責以行伊、周之事。夏竦怨介，又欲因以傾弼等，乃使女奴陰習介書，久之習成，遂改「伊、周」曰「伊、霍」，且僞作介爲弼撰廢立詔草，飛語上聞。帝雖不信，而弼與仲淹恐懼不自安，適聞契丹伐夏，遂請行邊。

夏竦使女奴陰習石介書

綱 秋七月，大封宗室。時祖宗之後未有封王者，帝用富弼議，封秦王廷美子德文爲東平王，潤王元份子

大封宗室

允讓爲汝南王，燕王德昭孫從藹爲潁國公，岐王德芳孫從照爲安國公，同時封王公者凡十人。

綱　八月，以富弼爲河北宣撫使。

目　從弼請也。弼及范仲淹既去，石介不自安，亦請外，得濮州通判。（濮州治鄄城縣，在今山東鄄城縣東。）

綱　許公呂夷簡卒。（許即許州，治長社縣，即今河南許昌市。）

呂夷簡卒

目　謚文靖。自莊獻太后臨朝，十餘年閒，天下晏然，夷簡之力爲多。及西夏用師，契丹求地，夷簡選將命使，二邊以寧。獨成郭后之廢，逐孔道輔、范仲淹於外，時論少之；然所斥士，旋復收用，亦不終廢。其於天下之事，屈伸舒卷，動有操術，故當國最久，雖數爲言者所詆，而帝眷倚不衰。

綱　九月，晏殊罷。

目　殊剛簡清儉，博學洽聞，文章贍麗，爲世推重。

綱　以杜衍同平章事兼樞密使，賈昌朝爲樞密使，陳執中參知政事。

杜衍相

目　衍務裁僥倖，每有內降，率寢格不行。格音閣。積詔旨至十數，輒納帝前。帝嘗語歐陽脩曰：「外人知杜衍封還內降邪？凡有求於朕，每以衍不可告之而止者，多於所封還也。」

杜衍封還內降

綱　冬十一月，詔戒朋黨相訐。

册元昊爲夏國王
賈昌朝相
王益柔席上傲歌
一舉網盡
罷杜衍等

綱 契丹以雲州爲西京。（雲州治雲中縣，即今山西大同市。）

綱 十二月，册元昊爲夏國王。元昊帝其國中自若。

綱 乙酉，五年，（一〇四五）春正月，罷杜衍、范仲淹、富弼，以賈昌朝同平章事兼樞密使，宋庠參知政事，王貽永爲樞密使，吴育、龐籍爲副使。

目 仲淹、弼既出宣撫，攻者益衆，二人在朝所爲亦稍沮止，衍獨左右之。衍好薦引賢士而抑僥倖，羣小咸怨。衍壻蘇舜欽，易簡子也，能文章，論議稍侵權貴。時監進奏院，循例祠神以伎樂娱賓，集賢校理王益柔，集賢，院名。曙之子也，於席上戲作傲歌。御史中丞王拱辰聞之，以二人皆仲淹所薦，而舜欽又衍壻，欲因是傾衍及仲淹，乃諷御史魚周詢、劉元瑜舉劾其事。拱辰及張方平列狀請誅益柔，章得象無所可否，賈昌朝陰主之。韓琦言於帝曰：「益柔狂語，何足深計。方平等皆陛下近臣，今西陲用兵，大事何限，俱不爲陛下論列，而同狀攻一王益柔，此其意可見矣。」帝感悟，乃止黜益柔監復州酒税，（復州治沔陽縣，即今湖北沔陽縣。）而除舜欽名，同席被斥者十餘人，皆知名之士。拱辰喜曰：「吾一舉網盡矣。」舜欽既得罪，衍由是不安，求去不許，會諫官錢明逸論「仲淹、弼更張綱紀，紛擾國經，凡所推薦，多挾朋黨。」陳執中復譖衍庇二人。帝不悦，遂併黜之。衍罷知兖州，（治瑕丘縣，即今山東滋陽縣。）仲淹知邠州，（治新平縣，即今陝西邠縣。）弼知鄆州。（治須昌縣，即今山東東平縣。）衍清介有大節，其去也君子惜之。

【綱】三月，罷樞密副使韓琦。

【目】范仲淹、富弼罷去，琦不能獨居，上疏辨析，且言「近日臣僚多務攻擊忠良，取快私忿」，不報。琦乃請外，遂出知揚州。河東轉運使歐陽脩上疏曰：「杜衍、范仲淹、韓琦、富弼，天下皆知其有可用之賢，而不聞其有可罷之罪。夫正士在朝，羣邪所忌；謀臣不用，敵國之福也。竊爲陛下惜之。」羣邪益忌脩，因傅致脩罪，左遷知滁州。（治清流縣，即今安徽滁縣。）

知慶州尹洙，博學有識度，以爲自唐以來文格卑弱，至柳開始爲古文，而世未知宗尚，乃與穆脩復振起之，爲文簡而有法。元昊反，洙未嘗不在兵閒，故於西事尤爲練習。未幾卒。

韓琦罷　尹洙振起古文

【綱】罷科舉新法。

【目】范仲淹既去，執政以新定科舉，入學預試爲不便。且言：「詩賦聲病易考，而策論汗漫難知，祖宗以來莫之有改，且得人嘗多矣。」帝下其議，有司請如舊法，乃詔前所更令悉罷之。

罷科舉新法

【綱】夏五月，章得象罷。得象上章求去，遂出知陳州。

【綱】以陳執中同平章事兼樞密使，吳育參知政事，丁度爲樞密副使。

陳執中相

【綱】冬十一月，罷京東安撫使富弼。

【目】滁州狂人孔直溫謀反，伏誅。搜其家，得石介書。時介已死，宣徽南院使夏竦言：

夏竦報石介

「介詐死，乃弼遣介結契丹起兵，期以一路兵爲內應，請發介棺驗之。」詔下兗州訪介存亡，杜衍以闔族保介必死，提刑呂居簡亦言「無故發棺，何以示後？」始獲免，遂罷弼安撫使，貶孫復監虔州稅，（虔州治贛縣，卽今江西贛州市。）介子孫羈管他州。

綱 丙戌，六年，（一〇四六）秋八月，以吳育爲樞密副使，丁度參知政事。

綱 丁亥，七年，（一〇四七）春二月，大旱，詔求直言。三月，賈昌朝、吳育免。朝昌出判大名，育出知許州。

綱 以夏竦同平章事，尋改授樞密使。

目 竦制下，諫官、御史交章言：「大臣和則政事脩。竦前在關中與首相陳執中論議不合，今不可使共事。」故改之。

綱 以文彥博參知政事，高若訥爲樞密副使。

綱 帝禱于西太乙宮，是日雨。

目 帝出禱雨於太乙宮，日方炎赫，帝却蓋不御，及還而雨大浹。

綱 冬十一月，貝州卒王則據城反。（貝州治清河縣，在今河北南宮縣東南。）以明鎬爲河北安撫使。

綱 太子太傅致仕李迪卒。謚文定。

綱 戊子，八年，（一〇四八）春正月，以文彥博爲河北宣撫使，明鎬副之。閏月，執王則，檻送京師，檻，囚車。誅之。以彦博同平章事。

文彦博相

元昊卒

綱 夏元昊卒。

目 年四十六。子諒祚方期歲，沒藏氏所生也，養於母族訛龐。訛龐因以三大將分治國政，謚元昊曰武烈皇帝，廟號景宗，尊沒藏氏爲皇太后。

給筆札即坐對詔

綱 三月，詔衆臣言時政闕失。

目 帝幸龍圖、天章閣，以手詔問輔臣及御史中丞以上時政闕失，皆給筆札，令即坐以對。時陳執中不學少文，固辭不對，宋祥亦請至中書合議條奏，乃聽兩府歸而上之。翰林學士張方平方鎖院草制，夜半與所條對俱上，言汰冗兵，退剩員，愼磨勘，擇將帥四事。帝覽奏驚異，詰旦更賜手札問詔所不及者，方平復上備邊、恤刑二事。

張方平夜半條對

綱 夏四月，册諒祚爲夏國王。

册諒祚爲夏國王

目 夏遣使來告哀，朝廷及契丹皆遣使慰奠。議者請因諒祚幼弱，母族專國，以節鉞啖其三大將，啖音淡，餌之也。使各有所部分以披其勢，披，分也。可以得志。陝西安撫使程琳曰：「幸人之喪，非所以柔遠人，不如因而撫之。」帝乃遣使册諒祚爲夏國王，議者深惜朝廷之失機會。

綱 罷丁度爲觀文殿學士，以明鎬參知政事。

目 度以與夏竦議事不合，求解政事，乃置觀文殿學士以授之。度性淳質，在翰林十

文彥博薦明鎬

五年，數論天下事，未嘗及私，帝雅重之。文彥博數推鎬貝州之功，且薦其才可大用，帝遂以代度。

何郯劾夏竦

綱 五月，無雲而震。夏竦免，以宋庠爲樞密使，龐籍參知政事。

目 殿中侍御史何郯論竦姦邪，郯音談。不可任樞要。會京師一日無雲而震者五，帝方坐便殿，趣召翰林學士張方平至，趣同促。謂曰：「夏竦姦邪，以致天變如此，宜免之！」乃出知河南。

綱 六月，明鎬卒。

綱 河北、京東大水。

綱 冬十月，以美人張氏爲貴妃。

綱 己丑，皇祐元年，（一〇四九）春正月朔，日食。

綱 二月，彗星見。

富弼救青州荒

綱 夏五月，加知青州富弼禮部侍郎，（青州治益都縣，即今山東益都縣。）辭不受。

目 河北、京東大水，民流就食青州，富弼勸所部民出粟益以官廩，得公私廬舍十餘萬區，散處其人，以便薪水。官吏自前資待缺寄居者，皆給其祿，使卽民所聚，卽，就也。選老弱病瘠者廩之。廩，給也。仍書其勞，約他日爲奏請受賞，率五日輒遣人持酒肉飯糗慰藉，糗，乾飯也。出於至誠，人人爲盡力。山林陂澤之利，陂音卑。澤障曰陂。可資以生者，聽民擅取。死者

幸後苑觀刈麥　置觀文殿大學士　宋庠相

爲大冢葬之，冢，俗作「塚」。目曰叢冢。及麥大熟，民各以遠近受糧而歸。凡活五十餘萬人，募爲兵者萬計。前此救災者皆聚民城郭中，爲粥食之，蒸爲疾疫，及相蹈藉，或待哺數日不得粥而仆，哺音步，食也。名爲救之，而實殺之。自弼立法，簡便周盡，天下傳以爲式。帝聞，遣使褒勞，加拜禮部侍郎。弼曰：「救災，守臣職也。」固辭不受。

綱　帝幸後苑觀刈麥。

目　帝御寶岐殿觀之，謂輔臣曰：「朕作此殿，不欲植花卉而歲以種麥，庶知稼穡之不易也。」

綱　六月，以賈昌朝爲觀文殿大學士，判尚書都省。

目　帝以昌朝舊學，特置觀文殿大學士以寵之，仍兼判尚書都省。詔：「自今非嘗爲相者毋得除。」後昌朝以山南東道節度使同平章事入見，（山南東道治襄州城，即今湖北襄樊市。）召赴邇英閣講乾卦，帝曰：「將相侍講，天下盛事。」昌朝頓首謝。

綱　秋八月，陳執中罷。以足疾求罷，出知陳州。

綱　以宋庠同平章事，高若訥參知政事，龐籍爲樞密使，梁適爲副使。

目　庠初執政，遇事輒分別可否；及再登用，遂浮沉自安，然天資忠厚，嘗曰：「逆詐恃明，殘人矜才，吾終身不爲也。」

綱　汰諸路兵。

儂智高反

外戚毋得任二府

胡瑗定雅樂

【綱】九月，廣源州蠻儂智高反，（廣源州，在今廣西凭祥市南，越南民主共和國諒山境。）寇邕州。（治宣化縣，即今廣西南寧市。）

【綱】罷武舉。

【綱】庚寅，二年，（一〇五〇）秋九月，大享天地于明堂，赦。

【綱】冬十一月，詔外戚毋得任二府。

【目】時張貴妃寵冠後庭，堯佐其伯父也，驟除宣徽、節度、景靈、羣牧四使。（景靈，即景靈宮使。）殿中侍御史唐介與知諫院包拯、吳奎等力爭之，中丞王舉正又留百官班廷論，故有是詔，且罷堯佐宣徽、景靈二使。

【綱】閏月，詔太子中舍致仕胡瑗定雅樂。

【綱】辛卯，三年，（一〇五一）春三月，宋庠免，以劉沆參知政事。

【綱】夏六月，詔州郡勿獻瑞物。

【目】知無爲軍茹孝標獻芝草，（無爲軍，即今安徽無爲縣。）帝曰：「朕以豐年爲瑞，賢臣爲寶，草木之異焉足尚哉！」免孝標罪，而戒州郡勿復獻。

【綱】冬十月，以張堯佐爲宣徽南院使，貶殿中侍御史裏行唐介爲英州別駕，（英州治湞陽縣，即今廣東英德縣。）文彥博免。

【目】堯佐復除宣徽使，知河陽。（在今河南孟縣南。）命下，介謂同列曰：「是欲與宣徽而假河陽爲名耳。」獨抗言之。帝謂曰：「除擬本出中書。」介遂劾文彥博知益州日造閒金奇錦，（益州治成都，今四川成都市。）緣閹侍通宮掖，（掖，宮旁舍。）以得執政。今顯用堯佐，益自固結。請罷之而相富弼。語甚切直，帝怒，卻其奏不視，且曰：「將遠竄。」介徐讀疏畢，曰：「臣忠憤所激，鼎鑊不避，何辭於謫！」帝急召執政示之曰：「介論事是其職，至以彥博由妃嬪致宰相，此何言也？進用冢司，豈應得預，而乃薦弼！」時彥博在帝前，介責之曰：「彥博宜自省，即有之不可隱。」彥博拜謝不已，帝怒益甚，梁適叱介使下殿，脩起居注蔡襄趨進救之，貶春州別駕。（春州治陽春縣，即今廣東陽春縣。）王舉正言其太重，帝亦悟，明日取其疏入，改英州，而罷彥博知許州。吳奎亦以介黨出知密州。（治諸城縣，即今山東諸城縣。）帝慮介或道死，有殺直臣名，命中使護之。由是介直聲聞天下，然彥博事之有無，卒莫能辨。

唐介劾文彥博

唐介直聲聞天下

綱　夏竦卒。以龐籍同平章事，高若訥爲樞密使，梁適參知政事，王堯臣爲樞密副使。

龐籍相

綱　壬辰，四年，（一〇五二）夏五月，資政殿學士汝南公范仲淹卒。（汝南縣，即今河南汝南縣。）

范仲淹卒

目　贈兵部尚書，謚文正。仲淹爲政忠厚，所至有恩，邠、慶二州之民與屬羌皆畫像立生祠，其卒也哀號如父。

綱　儂智高陷邕、橫諸州，（橫州治寧浦縣，即今廣西橫縣。）遂圍廣州；（治南海縣，即今廣東廣州市。）詔鈐轄陳曙等發兵討之。

儂智高圍廣州

綱　以狄青爲樞密副使。

尹洙薦狄青
范仲淹授狄青左氏春秋
狄青面涅

目　初，尹洙與青談兵，善之，薦於韓琦、范仲淹曰：「此良將材也。」二人待之甚厚。仲淹授以左氏春秋，且曰：「將不知古今，匹夫勇耳。」青由是折節讀書，悉通秦、漢以來將帥兵法，累進馬軍副都指揮使。青起行伍，十餘年而顯貴，面涅猶存。（面刺字以青涅之。）帝嘗敕青傅藥除之，（傅同敷。）青指其面曰：「陛下以功擢臣，不問門地。臣所以有今日，由此涅耳，臣願留以勸軍中，不敢奉詔。」帝益重之。至是，自知延州召拜副使，臺諫王舉正等諫其不可，帝不聽。

綱　秋七月，儂智高陷昭州。（治平樂縣，在今廣西平樂縣西南。）九月，以孫沔為廣南安撫使。（廣南治廣州城。）

狄青討儂智高

綱　以狄青為荆湖宣撫使，督諸軍討儂智高。

梁適諫納儂智高
龐籍請專任狄青

目　智高寇擾日甚，帝以為憂。智高移書行營求邕、桂節度使，（桂州治臨桂縣，即今廣西桂林市。）帝將受其降，梁適曰：「若爾，則嶺表非朝廷有矣。」（嶺表即嶺南。）會狄青上表請行，遂以為宣撫使、提舉廣南經制盜賊事。諫官韓絳言青武人，不宜專任。帝以問龐籍，籍力贊青可用，且言：「號令不專，不如不遣。」乃詔嶺南諸軍皆受青節度。

綱　冬十月，以胡瑗為國子監直講。

目　瑗既居太學，其徒至不能容，取旁官舍處之。禮部所得士，瑗弟子十常居四五，隨材高下，喜自修飭，衣服容止，往往相類，人遇之不問可知為瑗弟子也。時與孫復同為直講，復教養不及瑗而治經過之。然二人論見多不合，常相避不見。

綱　儂智高陷賓州，（治嶺方縣，即今廣西賓陽縣。）復入于邕。

綱　十二月，狄青勒兵賓州；陳曙兵敗，青斬之以徇。徇，行示也。

狄青斬陳曙

目　青行軍立行伍，明約束，野宿皆成營栅。至廣南，合孫沔、余靖之兵進次賓州，戒諸將無得妄與賊鬬，聽吾所爲。廣西鈐轄陳曙乘青未至，輒以步兵八千擊賊，潰於崑崙關，（在今廣西南寧市東北。）殿直袁用等皆遁。青曰：「令之不齊，兵所以敗。」晨會諸將堂上，揖曙起，并召用等三十二人，按以敗亡狀，驅出軍門斬之。沔、靖相顧愕眙，眙音熾，驚視也。諸將股栗，莫敢仰視。

綱　癸巳，五年，（一〇五三）春正月，狄青夜度崑崙關，大敗儂智高于邕州。智高走大理，（即今雲南大理縣。）廣南平。

狄青平廣南

目　青既誅陳曙，因按兵止營，令軍休十日，衆莫測；賊覘者還言軍未即進。青明日即整兵，自將前軍，孫沔將次軍，余靖爲殿，夕次崑崙關。黎明，黎明，天將明也。整大將旗鼓，諸將環立帳前，待令乃發，而青已微服與先鋒度關，趣諸將會食關外。賊方覺，悉出逆戰。青執白旗麾蕃落騎兵，初青請於帝，以蕃落數百騎從軍。從左右翼擊之，縱橫開合，部伍不亂。賊不知所爲，大敗，走，追奔五十里，斬首數千級，生擒賊五百餘，死者萬計。智高夜縱火燒城遁去，由合江口入大理。（合江口，在今雲南文山縣西北，即盤江與衆水合流處。）遲明，猶黎明也。青按兵入

狄青不貪功

呈身御史識面臺官

陳執中梁適相

城，斂屍築京觀於城北隅，積尸封土其上謂之京觀。左傳宣公十二年：「收晉尸以爲京觀。」時賊屍有衣金龍衣者，衆謂智高已死，欲以上聞。青曰：「安知其非詐邪！寧失智高，不敢誣朝廷以貪功也。」廣南悉平，捷至，帝喜曰：「青破賊，龐籍之力也。」又曰：「向非梁適言，南方安危未可知也。」詔余靖經制廣西，追捕智高，而召青、沔還朝。後二年，靖募死士使大理求智高，會智高已死於大理，函首至京師。

綱　夏五月，高若訥罷，以狄青爲樞密使，孫沔爲副使。賞平廣南功也。

綱　以孫抃爲御史中丞。抃音便。

目　韓絳奏抃非糾繩才，抃即手疏曰：「臣觀方今士人，趨進者多，廉退者少。以善求事爲精神，以能訐人爲風采，捷給者謂之有議論，刻深者謂之有政事，諫官所謂才者，無乃謂是乎？若然，臣誠不能也。」上察其言，趣令視事。未幾，抃舉吳中復爲監察御史，抃未始識其面，或問之，抃曰：「昔人恥爲呈身御史，唐韋澳廉靜寡慾，不肯見高元格，曰：「恐無呈身御史。」今豈薦識面臺官邪。」

綱　秋七月，龐籍罷。八月，以陳執中、梁適同平章事。

綱鑑易知錄卷六九

宋紀

仁宗皇帝

綱 甲午，至和元年，(一〇五四)春正月，貴妃張氏卒，追册爲溫成皇后。二月，孫沔罷。

目 貴妃卒，帝憂悼甚，追册爲皇后。知制誥王洙陰與內侍石全斌附會，欲令孫沔讀册，帝從之。沔曰：「陛上若以臣沔讀册則可，以樞密副使讀册則不可。」遂求罷，乃知杭州。(治錢塘縣，即今浙江杭州市。)

綱 京師疫。

目 內出犀角二，令太醫和藥以療民。其一通天犀也，通天犀即文犀。左右請留供服御，帝曰：「吾豈貴異物而賤百姓哉！」立命碎之。

綱 以田況爲樞密副使。

綱 三月，王貽永罷，以王德用爲樞密使。

目 貽永尚眞宗女鄭國公主，自以祖宗來無外姻輔政者，恆懼寵祿過盛，故於樞府十五年，能遠權勢，帝由是益加尊禮；至是，以疾罷。

孫沔不肯讀册

豈貴異物而賤百姓

王貽永懼寵祿過盛

黑王相公　劉沆相　衍聖公　鐵面御史

德用時以太子太師致仕，會乾元節上壽，立班廷中，契丹使語譯者曰：「黑王相公乃復起邪！」德用面黑。帝聞之，遂拜樞使。

綱　夏四月，朔，日食，用牲于社。

綱　秋七月，以程戡參知政事。

綱　梁適免。八月，以劉沆同平章事。冬十月，葬溫成皇后，祔其主于太廟。

綱　乙未，二年，（一〇五五）春三月，改封孔子後世愿爲衍聖公。

目　世愿，孔子四十七代孫，襲封文宣公。（唐玄宗開元二十七年，追謚孔子爲文宣公。）太常博士祖無擇言「祖謚不可加後嗣」，乃詔改封，仍令世襲。

綱　夏四月，以趙抃爲殿中侍御史。

目　抃彈劾不避權倖，聲稱凜然，京師目爲「鐵面御史」。其言務欲朝廷別白君子、小人。以爲小人雖小過，當力遏而絶之；君子不幸詿誤，詿音卦，亦誤也。當保全愛惜，以成就其德。時吳充、鞠眞卿、馬遵、吳中復等，皆以直言居外，歐陽脩、賈黯復求郡，抃言：「近日正人端士紛紛引去者，以正色立朝，不能詔事權要，傷之者衆耳。」由是充等悉得召還。

綱　六月，陳執中免。

目　知諫院范鎭論執中無學術，非宰相器。孫抃復論奏執中過失，執中竟免。然執中在中書八年，人莫敢干以私。

文彥博富弼相

【綱】以文彥博、富弼同平章事。

【目】帝嘗問置相於王素，素對曰：「惟宦官宮妾不知姓名者可充其選。」帝曰：「如是則富弼耳。」至是，彥博與弼同召，至郊，詔百官迎之。范鎮言曰：「隆之以虛禮，不若推之以至誠。」及宣制，士大夫相慶於朝，帝遣小黃門覘知之，（覘，竊視也。）語翰林學士歐陽脩曰：「古之命相，或得諸夢卜。（殷高宗夢得傅說，周文王卜得呂尚。）今朕用二相，人情如此，豈不賢於夢卜哉。」脩頓首賀。會契丹使者耶律防至，王德用與射於玉津園，（在今河南開封市城南。）防曰：「天子以公典樞密，而用富公爲相，將相皆得人矣。」

人情賢於夢卜

【綱】以張昪爲御史中丞。昪音忭。

【目】昪指切時政，無所避畏，帝謂之曰：「卿孤立，乃能如是。」昪對曰：「臣仰託聖主致位侍從，是爲不孤。今陛下之臣持祿養望者多，而赤心謀國者少，竊以爲陛下乃孤立耳。」帝爲感動。

契丹洪基立

【綱】秋八月，契丹宗眞死，子洪基立。以太弟重元爲太叔，改元淸寧。

脩六塔河

【綱】冬十二月，脩六塔河。（在今河南淸豐縣東南六塔鎭，今堙。）

【目】時河決大名、館陶，（大名，即今河北大名縣。館陶，在今山東冠縣西北。）殿中丞李仲昌請自澶州商胡河穿六塔渠入橫隴故道，（澶州治濮陽縣，即今河南濮陽縣。商胡河在濮陽縣東北。）以披其勢，披，分也。富弼是其策。詔發三十萬丁脩六塔河以回河道，以仲昌提舉河渠。翰林學士歐陽脩「

三上疏，力諫其不可行，（歐陽脩謂六塔狹小不能容受大河，以全河注之，濱、棣、德、博等州必受其害。主增隄防，疏之入海。）帝不聽。

綱 丙申，嘉祐元年，（一〇五六）春正月，帝有疾，文彥博等宿衞禁中。二月，帝疾瘳。

綱 閏三月，以王堯臣參知政事，程戡爲樞密副使。

綱 以唐介知諫院。

目 御史吳中復請召還唐介，文彥博因言於帝曰：「介頃言臣事，（唐介劾文彥博見卷六十八仁宗皇祐三年。）多中臣病，其間雖有風聞之誤，然當時責之太深，請如中復奏。」乃召介知諫院，時稱彥博長者。

綱 夏四月，河決六塔，流殿中丞李仲昌于英州。（治湞陽縣，即今廣東英德縣。）

綱 五月，罷知諫院范鎭。

目 帝性寬仁，言事者競爲激訐，鎭獨務引大體，非關朝廷安危，生民利疚，則未嘗言。及帝暴疾，文彥博因請帝建儲，帝許之，會疾瘳而止。至是鎭奮然曰：「天下事尙有大於此者乎！」即上疏曰：「置諫官者，爲宗廟、社稷計也。諫官而不以宗廟、社稷計事陛下，是愛死嗜利之人，臣不爲也。方陛下不豫，海內皇皇，莫知所爲。陛下獨以祖宗後裔爲念，是爲宗廟、社稷之慮至深且明也。昔太祖舍其子而立太宗，天下之大公也；眞宗以周王薨養宗子於宮中，天下之大慮也。願以太祖之心，行眞宗故事，拔近屬賢者，優其禮秩而試以政事，

文彥博請召還唐介

范鎭請建儲

范鎭貽書執政

待命百日鬚髮盡白

大水社稷壇壞

侯有聖嗣，復遣還邸。」章累上，不報。執政論之曰：「奈何效希名干進之人！」鎭貽書曰：「比天象見變，當有急兵。鎭義當死職，不可死亂兵之下。此乃鎭擇死之時，尙何顧希名干進之嫌哉！」因復上疏，言之愈切。除兼侍御史知雜事，鎭以言不從固辭。凡見帝面陳者三，因泣下，帝亦泣謂曰：「朕知卿忠，當更俟二、三年。」鎭前後章凡十九上，待命百餘日，鬚髮皆白，朝廷知不可奪，乃罷知諫院，改糾察在京刑獄。時幷州通判司馬光亦言建儲事，（幷州治陽曲縣，在今山西太原市東北。）且勸鎭以死爭之。翰林學士歐陽脩、殿中侍御史包拯、呂景初、趙抃、知制誥吳奎、劉敞等皆上疏力請，於是文彥博、富弼、王堯臣等相繼勸帝早定大計，皆不見聽。

綱　六月，大水，社稷壇壞。詔求直言。

綱　彗出紫微垣。

綱　秋八月，罷狄青判陳州，（治宛丘縣，即今河南淮陽縣。）以韓琦爲樞密使。

目　青在樞府，每出入，士卒輒指目以相矜誇，至壅馬足不得行；又其家數有光怪。會大水，青避於相國寺，行止殿上，人情頗疑。翰林學士歐陽脩言「青掌國機密，而得軍情，非國家之利。」知制誥劉敞出知揚州，（治江都縣，即今江蘇揚州市。）陛辭，亦言「陛下幸愛青，不如出之以全其終。」帝然之，乃以使相判陳州。節度使兼同平章事曰使相。

綱　冬十一月，王德用罷，以賈昌朝爲樞密使。

目　德用將家子，習知軍中情僞，善以恩撫下，故多得士心，雖屢臨邊境，未嘗親矢石，督攻戰，而名聞四夷，閭閻婦女、小兒亦呼爲「黑王相公」。

綱　十一月，劉沆免，以曾公亮參知政事。

綱　以包拯知開封府。（卽京師，今河南開封市。）

目　拯立朝剛毅，貴戚宦官爲之斂手，聞者皆憚之，以其笑比黄河清。拾遺記：「黄河千年一清。」童稚婦女亦知其名，呼曰「包待制」，京師爲之語曰：「關節不到，有閻羅包老。」

綱　丁酉，二年，（一〇五七）春二月，祁公杜衍卒。（祁卽祁州，治蒲陰縣，卽今河北安國縣。）

目　衍臨終作遺疏，略曰：「無以久安而忽邊防，無以既富而輕財用，宜早建儲副以安人心。」語不及私，諡正獻。

綱　以翰林學士歐陽脩知貢舉。

目　帝切於求士，進士諸科一舉而獲選者至千三百餘人。士子習尚險怪奇澀之文，號「太學體」。張方平嘗言：「文章之變與政通。邇來文格日失其舊，各出新意，相勝爲奇，驅扇浮薄，重虧雅俗，非取賢斂才備治具之意。」雖下詔揭示，而士習不改。翰林學士歐陽脩知貢舉，痛抑新體，凡爲時所推譽者皆被黜。榜出，澆薄之士候脩晨朝，聚譟於馬首，街司邏卒不能禁止，邏，巡也。然自是場屋之習遂爲之變。

綱　二月，護國節度使、同平章事狄青卒。（護國節度使治河中府，在今山西芮城縣西北。）

包拯知開封府
笑比黄河清
歐陽脩知貢舉
太學體
歐陽脩痛抑新體
狄青卒

目　青爲人愼密寡言，其計事必審中機會而後發。行師，先正部伍，明賞罰，與士卒同飢寒、勞苦，雖敵猝犯之，無一士敢後先者，故數有功。嘗有持狄梁公畫像及告身詣青獻之，（狄仁傑封梁公。告身，唐代授官之符。）以爲青之遠祖。青謝之曰：「一時遭際，安敢自附梁公。」厚贈其人而遣之。卒謚武襄。

置廣惠倉

綱　秋八月，詔諸州置廣惠倉。

目　初，天下沒入戶絕田，官自粥之。粥同鬻。至是韓琦請留勿粥，募人耕而收其租，别爲倉貯之，以給州縣之老幼貧疾不能自存者，謂之「廣惠倉」。

間歲一舉士

綱　冬十二月，詔間歲一舉士，置明經科。

綱　戊戌，三年，（一〇五八）夏六月，文彥博、賈昌朝罷。

目　彥博以老求罷，以使相判河南，封潞國公。（潞即潞州，治上黨縣，即今山西長治市。）知諫院陳旭等恐昌朝遂代爲相，乃率僚屬上言昌朝交通女謁，婦人請謁也。昌朝竟出判許州。（治長社縣，即今河南許昌市。）

韓琦相

綱　以韓琦同平章事，宋庠、田況爲樞密使，張昪爲副使。

包拯請立太子

綱　以包拯爲御史中丞。

目　拯言：「東宮虛位日久，兵下以爲憂。夫萬物皆有根本，而太子者天下之根本也，根本不立，禍孰大焉。」帝曰：「卿欲誰立？」拯曰：「臣非才備位，所以乞豫建太子者，爲宗廟

封柴詠爲崇義公

萬世計爾。陛下問臣欲誰立，是疑臣也。臣年七十且無子，非邀後福者。」帝喜曰：「徐當議之。」

綱 秋八月，王堯臣卒。

綱 己亥，四年，（一〇五九）春正月朔，日食，用牲于社。

目 知制誥劉敞言：「社者，上公之神，羣陰之長，故日食則伐鼓於社，所以責上公，退羣陰。今反祠而請之，是屈天子之禮，從諸侯之制，抑陽扶陰，降尊貶重，非承天戒尊朝廷之義也。」

綱 夏四月，封周世宗後柴詠爲崇義公。

目 給田十頃，百畝爲頃。以奉周祀，從著作佐郎何鬲請也。

綱 秋七月，放宮人。帝以月食幾盡，脩陰教以應天變，前後出宮女幾五百人。

綱 田況罷。

綱 冬十一月，汝南王允讓卒，追封濮王。（允讓，商王元份子，太宗孫。初封汝南，即今河南汝南縣；追封濮，即濮州，在今山東鄄城縣東。）

目 允讓天資渾厚，內寬外莊，知大宗正寺二十年。宗子有好學者，勉進之以善；若不率教，則勸戒之；至不變，始正其罪，故皆畏服。及薨，謚安懿，以其子宗實育宮中，故卹典有加。卹同恤。

河南處士邵雍

李之才易學源流

康節受易於李之才

綱 召河南處士邵雍，（河南縣，在今河南洛陽市。）不至。

目 雍，河南人，少時自雄其才，慷慨欲樹功名，於書無所不讀。始爲學卽堅苦刻勵，寒不爐，暑不扇，夜不就枕者數年。既而踰河、汾，（謂黄河及汾水。）涉淮、濮，（謂淮水及濮水。濮水在今河南延津縣境，本黄河分流，今已堙。）周流齊、魯、宋、鄭，（齊州治歷城，卽今山東濟南市。魯卽曲阜，在今山東曲阜縣東北。宋，宋州宋城縣，在今河南商丘市南。鄭，鄭州，治管城縣，卽今河南鄭州市。）久之，幡然來歸，曰：「道在是矣。」遂不復出。

初，北海李之才受易於河南穆脩，（北海卽青州，治益都縣，今山東益都縣。）脩受於种放，而放受之於陳摶，源流最遠。之才攝共城令，（共城縣，卽今河南輝縣。）雍時居母憂於蘇門山，（在今河南輝縣西北。）躬爨以養父，之才叩門來謁，勞苦之曰：「好學篤志，果何似？」雍曰：「簡策迹外，未有適也。」之才曰：「君非迹簡策者，其如物理之學何。」他日則又曰：「物理之學學矣，不有性命之學乎。」雍再拜願受業，之才遂授以河圖、洛書、伏羲八卦六十四卦圖象。雍由是探賾索隱，（賾音宅，雜也。隱，幽也。）妙悟神契，玩心高明，深造曲暢，遂衍伏羲先天之旨，（伏羲卦圖爲先天之學，文王卦圖爲後天之學。）著書十餘萬言。富弼、司馬光、呂公著諸賢居洛中，（洛卽河南。）雅敬雍，恆相從遊，爲市園宅。雍德氣粹然，望之知其賢，羣居燕笑終日，不爲甚異，人無貴賤少長一接以誠，故賢者悅其德，不賢者服其化。留守王拱辰薦雍遺逸，授將作主簿，後復舉逸士，補潁州團練推官，（治汝陰縣，卽今安徽阜陽縣。）皆固辭乃受命，竟稱疾不之官。

召王安石

文彥博歐陽脩交薦王安石

王安石上萬言書

契丹新置國子監

新唐書

綱　庚子，五年，（一〇六〇）夏四月，程戡免，以孫抃爲樞密副使。

綱　五月，召王安石爲三司度支判官。

目　安石，臨川人，（臨川，即今江西撫州市。）好讀書，善屬文，曾鞏攜其所撰以示歐陽脩，脩爲之延譽；擢進士上第，授淮南判官。（淮南治揚州，即今江蘇揚州市。）故事，秩滿許獻文求試館職，安石獨否，調知鄞縣，（即今浙江寧波市。）通判舒州。（治懷寧縣，即今安徽潛山縣。）文彥博爲相，薦其恬退，乞不次進用，以激奔競之風；歐陽脩薦爲諫官；安石皆以祖母年高辭。脩以其須祿養，復言於朝，召爲羣牧判官，改度支判官。

安石議論高奇，能以辨博濟其說，果於自用，慨然有矯世變俗之志。於是上萬言書，其大要以爲：「今天下之財力日以困窮，風俗日以衰壞，患在不知法度，不法先王之政故也。法先王之政者，法其意而已。法其意，則吾所改易更革，不至乎傾駭天下之耳目，囂天下之口，而固已合先王之政矣。因天下之力以生天下之財，取天下之財以供天下之費；自古治世，未嘗以財不足爲患也，患在治財無其道耳。」

先是，館閣之命屢下，安石輒辭不起，士大夫謂其無意於世，恨不識其面；朝廷每欲畀以美官，畀音秘。惟患其不就也。及赴是職，聞者莫不喜悅。

綱　六月，契丹新置國子監。

綱　歐陽脩等上新唐書。

目　先是帝以劉昫等所撰唐史卑弱淺陋，昫音許。命翰林學士歐陽脩、端明殿學士宋祁刊脩之，刊，削也。曾公亮提舉其事，十有七年而成，凡二百二十五卷。事增於前，文省於舊，脩撰紀、志、表，祁撰傳。

綱　冬十一月，宋庠免，以曾公亮爲樞密使。以張昪、孫抃參知政事，歐陽脩、陳旭、趙槩爲樞密副使。

綱　辛丑，六年，（一〇六一）春三月，起復富弼同平章事，弼固辭，許之。

富弼辭相

目　弼以母喪去位，詔爲罷春宴。故事，執政遭喪皆起復，帝虛位五起之，弼固請終制，且曰：「起復，金革之變禮，不可施於平世。」帝乃許之。

綱　夏四月，陳旭罷。

綱　以包拯爲樞密副使。

綱　六月朔，日食。

司馬光諫賀食不滿分

目　司天言：「當食六分之半。」食四分而雨。羣臣欲援例稱賀，同判尚書禮部司馬光言：「日之所照，周徧華夷，雲之所蔽，至爲近狹，雖京師不見，四方必有見者。天意若曰『人君爲陰邪所蔽』，災愿甚明，天下皆知其憂危，而朝廷獨不知也。食不滿分者，乃曆官術數不精，當治其罪，亦非所以爲賀也」。帝從之。

綱　以司馬光知諫院。

司馬光上三劄子

目 光入對，首言：「臣昔通判并州，所言三章，願陛下果斷力行。」帝沉思久之，曰：「得非欲選宗室爲繼嗣者乎？此忠臣之言，但人不敢及耳。」光對曰：「臣言此，自謂必死，不意陛下開納。」帝曰：「此何害！古今皆有之。」

光復以三劄子上，非表非狀者曰劄子，用以奏事者。其一論「君德有三：曰仁、曰明、曰武。仁者，非嫗煦姑息之謂；嫗煦，音於許，小惠貌。姑息，苟安也。興教化，脩政治，養百姓，利萬物，此人君之仁也。明者，非煩苛伺察之謂；知道誼，識安危，別賢愚，辨是非，此人君之明也。武者，非強亢暴戾之謂；唯道所在，斷之不疑，奸不能惑，佞不能移，此人君之武也。陛下天性慈惠，謹微接下，子育元元，(元元謂百姓。) 汎愛羣生，雖古先聖王之仁殆無以過。然踐祚垂四十年，而朝廷紀綱猶有虧缺，閭里窮民猶有怨歎，意者羣臣不能宣揚聖化，將陛下之於三德萬分一亦有所未盡歟？臣伏見陛下推心御物，端拱淵默，羣臣各以其意有所敷奏，陛下不復詢訪利害，一皆可之，誠使陛下左右前後之臣皆忠實正人則善矣，或有一姦邪在焉，則豈可不爲之寒心哉！」

其二論「致治之道有三：曰任官、曰信賞、曰必罰。國家御羣臣之道，累日月以進秩，循資塗而授任。苟日月積久，則不問其人之賢愚而置高位；資塗相值，則不問其人之能否而居重職。非特如是而已，國家采名不采實，誅文不誅意。夫以名行賞，則天下飾名以求功；以文行罰，則天下巧文以逃罪。陛下誠能慎選在位之士而用之，有功則增秩加賞，而勿徙其官；無功，則降黜廢棄，而更求能者；有罪，則流竄刑誅而勿加寬貸。」其三言「養兵之術，務精不務多。赦書害多而利少，非國家之善政。」又進五規：曰保業、惜時、遠謀、謹微、務實。又言：「故事，凡臣僚上殿奏事，悉屏左右內臣。今內臣不過去御坐數步，君臣對問之言皆可聽聞，恐漏洩機事，非便。」帝皆嘉納之，詔：「自今止令御藥侍臣及扶侍四人立殿角以備宣喚，餘悉屏之。」

司馬光進五規

綱 以王安石知制誥。

目 安石自度支判官改同脩起居注，辭之累日，閤門吏齎敕就付之，拒不受。吏隨而拜之，則避於廁。廁音次，溷池也。吏置敕於案而去，又遣還之。上章至八九，乃受。及徑除知制誥，安石遂不復辭矣。

王安石不辭知制誥

綱 秋八月，以曾公亮同平章事，張昇爲樞密使，胡宿爲副使。

曾公亮相

目 宿爲人清慎忠實，臨事不妄發，既發亦不可回止。其當重任，尤能顧惜大體。羣臣多務更張革弊，宿曰：「變法，古人所難，不務守祖宗成法而徒紛紛，無益於治也。」

胡宿不務變法

綱 閏月，策賢良方正直言極諫之士。

目 王介、蘇軾、蘇轍皆在舉中。轍對切直，胡宿力請黜之，帝不許，曰：「以直言召人，奈何以直棄之！」乃收入第四等。王安石意轍右宰相，右，尊也。專攻人主，比之谷永，（谷永，漢成帝時光祿大夫，前後上章專攻成帝及後宮，而黨於王氏五侯。）不肯撰詞。韓琦曰：「此人謂宰相不足

王安石以蘇轍比谷永

用，欲得婁師德、郝處俊而用之，婁師德，唐中宗朝賢相。郝處俊，唐高宗朝賢相。倘以谷永疑之乎？」改命沈遘爲之詞。尋安石以母喪去職。

綱 以歐陽脩參知政事。

目 時韓琦爲首相，法令典故問曾公亮，文學之事問脩，三人同心輔政，百官奉法循理，朝廷稱治。脩以兵民、官吏、財利之要，中書所當知者集爲總目，遇事取視之，不復求諸有司。

三人同心輔政

綱 冬十月，起復宗實知宗正寺，固辭不拜。

目 羣臣以儲位未建爲憂，言者雖切，而帝未之允。司馬光上疏曰：「向者臣進豫建太子之說，意謂卽行；今寂無所聞，此必有小人言『陛下春秋鼎盛，鼎，方也。何遽爲此不祥之事！』小人無遠慮，特欲倉卒之際，援立其所厚善者耳。『定策國老、門生天子』之禍，（唐昭宗初爲壽王，楊復恭立之，後復恭出爲節度使，恨之，曰：「廢定策國老，有如此負心門生天子。」後舉兵反。）可勝言哉！」帝大感動曰：「送中書。」光見韓琦等曰：「諸公不及今定議，異日禁中夜半出寸紙，以某人爲嗣，則天下莫敢違。」琦等拱手曰：「敢不盡力。」時知江州呂誨亦上疏言之。（江州治潯陽，卽今江西九江市。）及琦入對，以光、誨二疏進讀，帝遽曰：「朕有意久矣，誰可者？」琦皇恐對曰：「此非臣輩所可議，當出自聖擇。」帝曰：「宮中嘗養二子，小者甚純，近不慧；大者可也。」琦請其名，帝曰：「宗實。」琦等遂力贊之，議乃定。

司馬光請建太子疏

定太子

宗實天性篤孝，好讀書，不爲燕嬉褻慢，服御儉素如儒者。時居濮王喪，（濮王允讓，宗實父。）乃起復知宗正寺。琦曰：「事若行，不可中止。陛下斷自不疑，乞內中批出。」帝意不欲宮人知，曰：「只中書行足矣。」命下，宗實固辭，乞終喪。帝復以問琦，琦對曰：「陛下既知其賢而選之，今不敢遽當，蓋器識遠大，所以爲賢也。願固起之。」帝曰：「然。」

英宗器識遠大

綱　壬寅，七年，（一〇六二）春三月，孫抃罷，以趙槩參知政事，吳奎爲樞密副使。

包拯卒

綱　夏四月，樞密副使包拯卒。

目　拯性陗直耿介，與人不苟合，不一毫妄取，平居無私書，故人親黨干謁一切絕之，然惡吏苛刻，務敦厚，於人未嘗不恕。其飲食服用喜儉朴，雖貴，如布衣時。卒贈禮部尚書，謚孝肅。

立皇子

綱　秋八月，立宗實爲皇子，賜名曙；九月，進封鉅鹿郡公。（鉅鹿，即今河北鉅鹿縣。）

目　宗實既終喪，韓琦言：「宗正之命初出，外人皆知必爲皇子，不若遂正其名。」帝從之。琦至中書，召翰林學士王珪草詔，珪曰：「此大事也，非面受旨不可。」明日請對，曰：「海內望此舉久矣，果出自聖意乎？」帝曰：「朕意決矣。」珪再拜賀，始退而草詔。詔下，宗實復稱疾固辭，章十餘上。記室周孟陽請其故，宗實曰：「非敢徼福，徼音驕。以避禍也。」孟陽曰：「今已有此迹，設固辭不受，中人別有所奉，中人，宦官也。遂得燕然無患乎！」宗實始悟。司馬光言於帝曰：「皇子辭不貲之富，貲音咨，量也。天子富有四海，故云。至於旬月，其賢於人遠矣。

然『父召無諾，君命召不俟駕』，願以臣子大義責之，宜必入。」帝從之，宗實遂受命。將入宮，戒其舍人曰：「謹守吾舍，上有適嗣，吾歸矣。」適同嫡。因肩輿赴召，良賤不滿三十人，行李蕭然，行李，使人也。左傳僖公三十年：「行李之往來。」後世遂以行裝爲行李。唯書數廚而已。中外相賀。

行李唯書數廚

綱 癸卯，八年，(一〇六三)春三月，帝崩。帝暴疾，崩於福寧殿。鉅鹿公曙卽位，尊皇后爲皇太后，赦。

綱 帝有疾，詔請皇太后權同聽政。

皇太后垂簾聽政

目 帝得暴疾，詔請皇太后權同處分軍國事；后乃御內東門小殿垂簾，宰臣日奏事。后性慈儉，頗涉經史，多援以決事。中外章奏日數十上，一一能記綱要。有疑未決者，則曰「公輩更議之」，未嘗出己意簡柅，柅音你。(簡，慢也。簡柅，謂簡慢而遽定也。)曹氏及左右臣僕毫分不以假借，曹氏，太后家。宮省肅然。

綱 立皇后高氏。后侍中瓊之曾孫，母曹氏，太后姊也。

綱 五月，以富弼爲樞密使。

綱 秋七月，帝疾瘳。

兩宮成隙

目 帝疾甚，舉措或改常度，遇宦者尤少恩，左右多不悅，乃共爲讒閒，兩宮遂成隙，內外洶懼。知諫院呂誨上書兩宮，開陳大義，詞旨深切，多人所難言者；然兩宮猶未釋然。

韓歐調和兩宮

一日，韓琦、歐陽脩奏事簾前，太后嗚咽流涕，且道所以。琦曰：「此病故爾，疾已必不然。子疾，毋可不容之乎？」后意不解。脩進曰：「太后事先帝數十年，仁德著於天下。昔溫成之寵，（溫成，仁宗妃張氏封號。）太后處之裕如，今母子閒反不能容邪！」后意稍和。脩復曰：「先帝在位久，德澤在人，故一日晏駕，（天子崩曰晏駕。）天下奉戴嗣君無敢異同者。今太后一婦人，臣等五六書生耳，非先帝遺意，天下誰肯聽從。」后默然久之。琦進曰：「臣等在外，聖躬若失調護，太后不得辭其責。」后驚曰：「是何言！我心更切也。」同列聞者莫不流汗。後數日，琦獨見帝，帝曰：「太后待我少恩。」琦對曰：「自古聖帝明王不爲少矣，獨稱舜爲大孝，豈其餘盡不孝哉！父母慈而子孝，此常事，不足道；惟父母不慈而子不失孝，乃爲可稱。但恐陛下事之未至耳，父母豈有不慈者哉！」帝大感悟。

帝自六月不御殿，至是初御紫宸殿，見百官，琦因請乘輿禱雨，具素服以出，人情大安。

綱　冬十月，葬永昭陵。（在今河南鞏縣西南。）

英宗皇帝 初名宗實，更名曙，濮安懿王允讓子，仁宗無嗣，養於宮中，後立爲皇子，進封鉅鹿郡公。仁宗崩，遂即位。在位四年，壽三十六歲而崩。帝之初立同曹太后臨朝，未幾宦官讒間，兩宮不和，賴韓琦、歐陽脩調護而安。然優禮大臣，愛民好儒，足爲良主，惜乎享國不永也。

綱　甲辰，英宗皇帝治平元年，（一〇六四）夏五月，太后還政于帝。加韓琦尙書右僕射。

目　帝疾大瘳，琦欲太后撤簾還政，乃取十餘事稟帝，帝裁決悉當，琦卽詣太后覆奏，后每事稱善。琦因白后求去，后曰：「相公不可去，我當居深宮耳。」遂起，琦卽厲聲命撤簾；

韓琦厲聲命撤簾

簾既落，猶於御屏後見后衣也。帝親政，加琦右僕射。

綱 秋八月，內侍任守忠有罪，竄蘄州。

目 初，莊獻太后臨朝，（仁宗即位，莊獻劉太后稱制，十一年而崩。）守忠與都知江德明等交通請謁，權寵過盛，累遷宣政使入內都知。仁宗以未有儲嗣，屬意於帝，守忠建議欲援立昏弱以邀大利。及帝即位，又乘帝疾交構兩宮。知諫院司馬光論守忠離閒之罪，國之大賊，乞斬於都市。呂誨亦上疏論之。帝納其言，翌日，韓琦出空頭敕一道，歐陽脩已簽，趙槩難之，脩曰：「第書之，韓公必自有說。」既而琦坐政事堂，召守忠立庭下曰：「汝罪當死！」遂責蘄州安置，（蘄州治蘄春縣，在今湖北蘄春縣北。）取空頭敕塡與之，即日押行，琦意以爲少緩則中變也。其黨史昭錫等悉竄南方，中外快之。

綱 詔日開經筵。

目 重陽節當罷講，呂公著、司馬光言「先帝時無事常開經筵。近以聖體不安，遂於端午及冬至後盛暑、盛寒權罷數月。今陛下始初清明，宜親近儒雅，講求治術，願不惜頃刻之閒，（閒同閑。）日御講筵。」從之。

綱 九月，復武舉。

綱 冬十一月，刺陝西民爲義勇軍。（仁宗慶曆二年，選河北民強壯者爲軍，於手背刺「義勇」二字。）

目 韓琦言：「唐置府兵，（唐府兵，見卷四十三唐太宗貞觀十年「更命統軍別將爲折衝果毅都尉」目。）最

韓琦出空頭敕一道

詔日開經筵

刺陝西民爲義勇軍

司馬光與韓琦辨刺義勇

義勇軍爲陝西之患

爲近古。今之義勇，河北幾十五萬，（河北道治大名府，卽今河北大名縣。）河東幾八萬，（河東道治幷州城，在今山西太原市東北。）勇悍純實，若稍加簡練，亦唐之府兵也。河東、北、陝西三路當西、北控禦之地，（西謂西夏，北謂契丹。）事當一體。今若於陝西諸州刺手背以爲義勇，甚便。」乃命徐億等往籍陝西主戶三丁之一刺之，凡十五萬六千餘人，人賜錢二千；民情驚擾，而紀律疎略，不可用。知諫院司馬光上疏力諫，不聽。光至中書與韓琦辨，琦曰：「兵貴先聲，諒祚方桀驁，（諒祚，西夏主名。）使驟聞益兵二十萬，豈不震慴！」（慴同懾。）光曰：「兵貴先聲，爲其無實也，獨可欺於一日之閒耳。今吾雖益兵，實不可用，不過十日，彼將知其詳，尙何懼？」琦曰：「君但見慶曆閒鄉兵刺爲『保捷』，憂今復然。已降敕與民約，永不充軍戍邊矣。」光曰：「朝廷嘗失信於民，未敢以爲然。」琦曰：「吾在此，君無憂。」光曰：「公長在此地可也。異日他人當位，用以運糧戍邊，反掌閒耳。」琦不從，竟爲陝西之患。

綱　十二月，吳奎罷，以王疇爲樞密副使。

綱　以內侍爲陝西諸路鈐轄。

綱　乙巳，二年，（一〇六五）春二月，罷三司使蔡襄。

目　帝自濮邸立爲皇子，聞近臣中有異議；人疑爲襄。及卽位，數問「襄何如人？」韓琦等爲救解，帝意不回，襄請罷，遂命出知杭州。

綱　王疇卒。

詔議濮王典禮

司馬光奮筆立議

綱 夏四月，詔議崇奉濮王典禮。

目 初，知諫院司馬光以帝必將追隆所生，嘗因奏事言：「漢宣帝爲孝昭後，終不追尊衞太子、史皇孫，（衞太子，漢武帝子，宣帝祖。史皇孫，武帝孫，宣帝父。）光武上繼元帝，亦不追尊鉅鹿、南頓君，（鉅鹿君，漢光武帝祖。南頓君，光武帝父。）此萬世法也。」既而韓琦等言：「禮不忘本，濮安懿王德盛位隆，所宜尊禮，請下有司議。王及夫人王氏、韓氏、仙遊縣君任氏，合行典禮，用宜稱情。」帝令「須大祥後議之」。至是，詔「禮官與待制以上議」。翰林學士王珪等相視莫敢先發，司馬光獨奮筆立議，略云：「爲人後者爲之子，不得顧私親。若恭愛之心分於彼，則不得專於此。秦、漢以來帝王有自傍支入承大統者，或推尊其父、母以爲帝、后，皆見非當時，取議後世，臣等不敢引以爲聖朝法。況前代入繼者多宮車晏駕之後，援立之策，或出臣下，非如仁宗皇帝年齡未衰，深惟宗廟之重，於宗室中簡推聖明，授以大業。陛下親爲先帝之子，然後繼體承祧，光有天下。濮安懿王雖於陛下有天性之親，顧復之恩，（顧，旋視也。復，反覆也。詩小雅：「顧我復我。」）然陛下所以負扆端冕，（負扆端冕，謂爲皇帝也。見卷三周成王元年「南面負扆」注。）子孫萬世相承，皆先帝德也。臣等竊以爲濮王宜準先朝封贈期親尊屬故事，尊以高官大國，譙國、襄國、仙遊並封太夫人，（譙國謂王氏，襄國謂韓氏，仙遊謂任氏。）考之古今爲宜稱。」於是珪卽命吏具以光手稾爲按，議上。中書奏：「珪等所議未見詳定，濮王當稱何親？名與不名？」珪等議：「濮王於仁宗爲兄，於皇帝宜稱皇伯而不名。」歐陽脩引喪服大記，以爲「爲人後者，爲其父母降服三年爲期，而不沒父母之名，以見服可降而名不可沒也。若本生之親，改稱皇伯，歷考前世皆無典據。進封大國，則又禮無加爵之道。請下尚書集三省御史臺議。」而太后手詔詰責執政，帝乃詔曰：「如聞集議不一，權宜罷之，令有司博求典故以聞。」

綱　五月，以陳旭爲樞密副使。

綱　秋七月，富弼、張昇罷。

富弼求解政

目　嘉祐中，（嘉祐，仁宗年號。）韓琦與弼同相，或中書有疑事，往往與樞密謀之；自弼使樞密，非得旨合議者，琦未嘗詢弼，弼頗不懌。及太后還政，弼大驚曰：「弼備位輔佐，他事固不可預聞，此事韓公獨不能共之邪！」或以咎琦，琦曰：「此事當如出太后意，安可顯言於衆。」弼愈不懌。帝親政，加弼戶部尚書，弼辭曰：「制詞：『取嘉祐中嘗議建儲推恩。』此特絲髮之勞，何足加賞。仁宗、太后於陛下有天地之恩，尙未聞所以爲報，可謂倒置。」再奏，不聽，乃受。至是以足疾力求解政，遂以使相、鄭國公判揚州。（鄭，鄭州，今河南鄭州市。）未幾徙判汝州。（治梁縣，即今河南臨汝縣。）

張昇請老

昇請老，帝曰：「太尉勤勞王家，詎可遽去。」但命五日一至院，進見毋蹈舞。司馬光亦疏昇忠謹清直，請留於朝，而昇求去益力，乃判許州。

綱　以文彥博爲樞密使，呂公弼爲副使。

目　彥博自河南入覲，帝曰：「朕之立，卿之功也。」彥博悚然對曰：「陛下入繼大統，乃先帝意，皇太后協贊之力，臣何功之有！且其時臣方在外，皆韓琦等承聖志，受顧命，（顧命猶言遺囑。）臣無預焉。」因避謝不敢當。帝曰：「暫煩卿西行，卽召還矣。」乃改判永興軍，（治長安城，在今陝西西安市境。）遂召爲樞密使。

文彥博辭功

綱 八月，京師大水，詔求直言。

目 京師大雨，平地涌水，壞官私廬舍，漂人民畜產，不可勝計。帝下詔責躬求言。司馬光上疏，略云：「陛下卽位以來，災異甚衆：日有黑子；江、淮之水或溢或涸；去夏霖雨，涉秋不止，老弱流離，積尸成丘；今夏疫癘大作，彌數千里，秋收未穫，暴雨大至，都城之內，道路乘桴，官府民居，覆沒殆盡，死於壓溺者不可勝紀。陛下安得不側身恐懼，思其所以致此者乎！」又曰：「先帝擢陛下於衆人中，升爲天子，惟以一后數公主託陛下，而梓宮在殯，已失太后歡心，（梓宮，天子棺。）長公主數人屛居閑宮，（長公主謂仁宗女。）此陛下所以失人心之始也。」又曰：「凡百奏請，不肯與奪；知人之賢不能擧，知人不肖不能去，知事之非不能改，知事之是不能從，此天下所以重失望也。」又曰：「臺諫，天子之耳目，其有所言，當以聖意察其是非，不宜一付之大臣。」帝嘉納之。

京師大水

司馬光水災疏

綱 丙午，三年，（一〇六六）春正月，翰林學士范鎭罷。

目 韓琦求去，鎭草批答，引「周公不之魯」爲辭，帝不悅。鎭遂請外，罷知陳州。（治宛丘縣，在今河南淮陽縣東南。）時論或謂鎭以議濮王追崇事忤歐陽脩，脩爲帝言「鎭以周公待琦，是以孺子待陛下」，鎮之出，脩爲之也。

綱　契丹復改國號曰遼。

綱　詔稱濮王爲親，立園廟。謫侍御史呂誨等于州縣。

目　濮王崇奉之議久而未定，侍御史呂誨、范純仁、監察御史呂大防引義固爭，以爲王珪議是，乞從之。章七上而不報，遂劾韓琦專權導諛罪，曰：「昭陵之土未乾，（昭陵，仁宗陵。）遽欲追崇濮王，使陛下厚所生而薄所繼，隆小宗而絕大宗。」又共劾歐陽脩「首開邪議，以枉道說人主，以近利負先帝，陷陛下於過舉，而韓琦、曾公亮、趙槩附會不正，乞皆貶黜。」不報。

時中書亦上言：「請明詔中外，以皇伯無稽，決不可稱。今所欲定者正名號耳，至於立廟京師，干亂統紀之事，皆非朝廷本意。」帝意不能不嚮中書，然未卽下詔也。既而皇太后手詔中書：「宜尊濮王爲皇，夫人爲后，皇帝稱親。」帝下詔謙讓，不受尊號，但稱親，卽園立廟，以王子宗濮爲濮國公，奉祠事，仍令臣民避王諱。

時論以爲太后之追崇及帝之謙讓，皆中書之謀也。於是呂誨等以所論奏不見聽用，繳納御史敕告，（告卽告身，猶後世之委任狀。）家居待罪。帝命閤門以告還之。誨力辭臺職，且言「與輔臣勢難兩立」。帝以問執政，琦、脩等對曰：「御史以爲理難並立，若臣等有罪，當留御史。」帝猶豫久之，命出御史，乃下遷誨知蘄州，純仁通判安州，（治安陸縣，在今湖北安陸縣北。）大防知休寧縣。（卽今安徽休寧縣。）

契丹復號遼

呂誨等劾韓琦

呂誨等劾歐陽脩

呂誨等繳納御史敕告

趙鼎等乞同貶
傅堯俞義不獨留
韓維司馬光請與俱貶
呂公著乞補外

時趙鼎、趙瞻、傅堯俞使契丹還，以嘗與呂誨言濮王事，卽上疏乞同貶；乃出鼎通判淄州，（治淄川縣，卽今山東淄川縣。）瞻通判汾州。（治西河縣，卽今山西汾陽縣。）帝眷注堯俞，獨進除侍御史。堯俞曰：「誨等已逐，臣義不當止。」帝不得已，命知和州。（治歷陽縣，卽今安徽和縣。）知制誥韓維及司馬光皆上疏乞留誨等，不報；遂請與俱貶，亦不許。侍讀呂公著言：「陛下卽位以來，納諫之風未彰，而屢詘言者，何以風天下！」帝不聽。公著乞補外，乃出知蔡州。（治汝陽縣，卽今河南汝南縣。）

誨等既出，濮議亦寢。

綱 三月，彗星見西方。

目 如太白，長丈有五尺；又孛於畢，（畢，宿名。）如月。

綱 夏四月，胡宿罷，以郭逵同簽書樞密院事。

綱 夏人寇邊，環慶經略使蔡挺擊走之。（環慶經略使治環州城，卽今甘肅環縣。）

綱 秋九月，詔宰臣舉館職。

目 帝謂中書曰：「水潦爲災，言事者多言不進賢，何也？」歐陽脩曰：「近年進賢路狹。往時進士五人以上，皆得試館職；第一人及第，不十年卽至輔相。今第一人兩任方得試，而第二人以下無復得試。往時大臣薦舉卽召試，今止令上簿，候闕人乃試。唯有因差遣例除者，半是年勞老病之人，此所謂進賢路狹也。」帝嘉納之。因命韓琦等四人舉士，得二十人，皆令召試。琦等以人多難之，帝曰：「苟賢，豈患多也。」乃先召試十人，餘須後試。時士人以登臺閣、陞禁從爲顯官，而不以官之遲速爲榮滯，故爲之語曰：「寧登瀛，言寧爲學士也。不爲卿；寧抱槧，削版牘曰槧，言寧爲學士抱槧牘也。不爲監。」

登瀛抱槧

【綱】冬十月，以郭逵爲陝西四路宣撫使。（見卷六十八仁宗慶曆元年「分陝西爲四路」目及注。）

【綱】詔禮部三歲一貢舉。

三歲一貢舉

【綱】十一月，帝有疾。十二月，立子頊爲皇太子，頊音旭。大赦。

【目】時帝久疾，韓琦入問起居，因進言曰：「陛下久不視朝，願早建儲以安社稷。」帝頷之。頷音撼，點頭以應也。琦請帝親筆指麾，帝乃書曰：「立大王爲皇太子。」琦曰：「必潁王也，煩聖躬更親書之。」帝又批於後曰「潁王頊」。琦卽召學士承旨張方平至福寧殿草制，帝憑几言，言不可辨；方平復進筆請書其名，帝力疾書之。太子既立，帝因泫然下淚。文彥博退謂琦曰：「見上顏色否？人生至此，雖父子亦不能不動也。」

【綱】丁未，四年，（一〇六七）春正月，帝崩，太子卽位，大赦。

【綱】尊皇太后曰太皇太后，皇后曰皇太后。以吳奎爲樞密副使，以韓琦爲司空兼侍中。

【綱】二月，立皇后向氏。

【目】后，太尉敏中之曾孫，定國留後經之女，（定國軍治同州城，卽今陝西大荔縣。）帝爲潁王時

始命公主行見舅姑禮

蔣之奇劾歐陽脩

吳奎進治說三篇

納焉，至是册爲后。

綱　始命公主行見舅姑禮。舊制，帝女出降，輒皆升行，以避舅姑之尊。至是，始詔令公主行見舅姑禮，著爲令。

綱　三月，歐陽脩罷。

目　脩旣以議濮王典禮爲呂誨所詆，惟蔣之奇以脩議爲是。及誨等斥，而脩薦之奇爲御史，衆因目爲姦邪。之奇患焉，思所以自解。會脩婦弟薛良孺有憾於脩，誣脩以帷薄不根之謗，（汙穢淫亂者曰帷薄不脩。不根，謂流言。）達於中丞彭思永，思永以告之奇，之奇卽上章劾脩。脩杜門請推治，帝使詰所從來，皆辭窮；乃黜思永知黃州，（治黃岡縣，卽今湖北黃岡縣。）之奇監道州酒稅。（道州治營道縣，卽今湖南道縣。）脩因力求退，乃以觀文殿學士知亳州。（治譙縣，卽今安徽亳縣。）

綱　以吳奎參知政事。

目　奎入謝，進治說三篇。又嘗言：「帝王所職惟在判正邪，使君子常居要近，小人不得以害之，則自治矣。」帝因言：「堯時四凶猶在朝。」奎曰：「四凶雖在，不能惑堯之聰明。聖人以天下爲度，未有顯過，固宜包容，但不可使居近要地耳。」帝然之。

綱　以司馬光爲翰林學士；固辭，不許。

目　光力辭，帝曰：「古之君子或學而不文，或文而不學，惟董仲舒、揚雄兼之。卿有文學，何辭焉？」光對曰：「臣不能爲四六。」帝曰：「如兩漢制誥可也。且卿能（舉）進士，取高第，而云不能四六，何邪？」光乃就職。

司馬光不能爲四六

綱　閏月，以王安石知江寧府。（治江寧縣，在今江蘇南京市境。）

王安石知江寧府

目　終英宗之世，安石被召未嘗起，韓維、呂公著兄弟更稱揚之。帝在潁邸，維爲記室，每講說見稱，輒曰：「此非維之說，維友王安石之說也。」維遷庶子，又薦安石自代。帝由是想見其人。及卽位，召之，安石不至。帝謂輔臣曰：「安石歷先帝朝召不赴，頗以爲不恭。今又不至，果病邪？有所要邪？」要音腰。曾公亮曰：「安石眞輔相材，必不欺罔。」吳奎曰：「臣嘗與安石同領羣牧，見其護非自用，所爲迂闊，萬一用之，必紊綱紀。」帝不聽，命知江寧府。衆謂安石必辭；及詔至，卽起視事。

綱　夏四月，以司馬光爲御史中丞。

綱　秋八月，葬永厚陵。（在今河南鞏縣西南。）

綱　京師地震。

綱　九月，召王安石爲翰林學士，罷司空侍中韓琦。

罷韓琦

目　琦執政三朝，或言其專，帝頗不悅。曾公亮因力薦安石，覬以閒琦。覬音記，希幸也。琦求去益力，帝不得已，以琦爲鎭安、武勝軍節度使、司徒兼侍中，判相州。（治安陽縣，卽今河南安陽市。）入對，帝泣曰：「侍中必欲去，今日已降制矣。然卿去，誰可屬國者？王安石何

一琴一鶴

如？」琦對曰：「安石爲翰林學士則有餘，處輔弼之地則不可。」帝不答。

琦早有盛名，識量英偉，臨事喜慍不見於色。居相位，再決大策，以安社稷。當是時朝廷多故，琦處危疑之際，知無不爲。或曰：「公所爲誠善，萬一蹉跌，豈惟身不自保，恐家無處所矣。」琦歎曰：「是何言邪！人臣當盡力事君，死生以之。至於成敗，天也，豈可豫憂其不濟，遂輟不爲哉。」聞者愧服。

綱 吳奎、陳升之罷。升之舊名旭，避帝嫌名以字行。

綱 以呂公弼爲樞密使，張方平、趙抃參知政事，韓絳、邵亢爲樞密副使。

目 抃自知成都召知諫院。（成都府治成都縣，即今四川成都市。）故事，近臣召自外州將大用者，必更省府。及命下，大臣以爲疑。帝曰：「吾賴其言耳。苟欲用之，無傷也。」及入謝，帝曰：「聞卿匹馬入蜀，即成都。以一琴一鶴自隨，爲治簡易，亦稱是乎？」遂拜參知政事。抃感顧知遇，朝政有未便者必密啓聞，帝嘉其忠，恒褒答之。

綱 復以司馬光爲翰林學士。冬十月，張方平罷。方平以父喪罷。

綱 青澗守將种諤，种音充。（青澗，在今陝西綏德縣西南。）襲虜夏監軍嵬名山，遂復綏州。（綏州治龍泉縣，即今陝西綏德縣。）

綱 十一月，夏人誘殺知保安軍楊定等。（保安軍，即今陝西志丹縣。）詔韓琦經略陝西，竄种諤于隨州。（治隨縣，即今湖北隨縣。）

【目】种諤既受嵬名山降，夏主諒祚乃詐爲會議，誘知保安軍楊定等殺之，邊釁復起。朝議以諤生事，欲棄綏誅諤。陝西宣撫主管機宜文字趙卨言：卨音屑。「虜既殺王官，而又棄綏不守，示弱已甚。且名山舉族來歸，當何以處？」又移書執政，請存綏以張兵勢，規度大理河川建堡，畫稼穡之地三十里以處降者。不從，乃命琦判永興軍，經略陝西。琦初言綏不當取，及定等被殺，復言綏不可棄。樞密以初議詰之，琦具論其故，卒存綏州。時言者交論种諤，乃下吏，貶其官，安置隨州。

趙卨請存綏州

【綱】十二月，夏主諒祚卒，子秉常立。

夏主秉常嗣立

綱鑑易知錄卷七十

宋紀

神宗皇帝 名頊，英宗長子，初封潁王，尋立爲太子。英宗崩，卽位，在位十八年，壽三十八歲而崩。帝勵精求治，不御田遊，不治宮室，惟勤惟儉，將以大有爲也，誤用王安石變更成法，以壞天下，亡宋之禍，實自帝始。

綱 戊申，神宗皇帝熙寧元年，（一〇六八）春正月朔，日食。

目 帝不受朝，詔宰相極言闕失。帝嘗謂文彥博曰：「天下敝事至多，不可不革。」彥博對曰：「譬如琴瑟不調，必更張之。」韓絳曰：「爲政立事，當有大小先後之序。」帝曰：「大抵威克厥愛，乃能有濟。」又謂彥博曰：「當今理財最爲急務。養兵備邊，府庫不可不豐，大臣共宜留意節用。」

綱 趙槩罷。

目 槩秉心和平，與人無怨惡，在官如不能言，然陰以利物者爲多，時議比之劉寬、婁師德。（劉寬，漢桓帝時尙書令。婁師德，唐中宗時相。）以老求罷。

綱 以唐介參知政事。

綱 夏四月，詔王安石越次入對。

趙槩比劉寬婁師德

王安石越次入對

目　安石受命，歷七月始至京師，詔越次入對。帝問爲治所先，安石對曰：「擇術爲先。」帝曰：「唐太宗何如？」曰：「陛下當法堯、舜，何以太宗爲哉！堯、舜之道至簡而不煩，至要而不迂，至易而不難，但末世學者不能通知，以爲高不可及耳。」帝曰：「卿可謂責難於君。」

一日御講席，羣臣退，帝留安石坐，因言「唐太宗必得魏徵，漢昭烈必得諸葛亮，然後可以有爲，二子誠不世出之人也。」安石曰：「陛下誠能爲堯、舜，則必有臯、夔、稷、契；誠能爲高宗，（殷高宗。）則必有傅說；彼二子者何足道哉！以天下之大，常患無人可以助治者，以陛下擇術未明，推誠未至，雖有臯、夔、稷、契、傅說之賢，亦將爲小人所蔽，卷懷而去耳。」帝曰：「何世無小人！雖堯、舜之時，不能無四凶。」安石曰：「惟能辨四凶而誅之，此其所以爲堯、舜也。若使四凶得肆其讒慝，則臯、夔、稷、契亦安肯苟食其祿以終身乎。」

綱　六月，河決恩、冀、瀛州。（恩州即貝州改名，治淸河縣，在今河北南宮縣東南。冀州治信都縣，在今河北衡水縣西南。瀛州治河間縣，即今河北河間縣。）

綱　秋七月，以陳升之知樞密院事。

綱　京師地震。

目　自七月至十一月京師地震者六，河朔地亦大震。（河朔，河北也。）

綱　九月，初封太祖曾孫從式爲安定郡王。（安定即涇州，在今甘肅涇川縣北。）

陛下當法堯舜

河決

初封太祖後

目 帝謂創業垂統，實自太祖，顧無以稱，稱，報稱也。乃下詔封太祖諸孫行尊者一人，奉太祖祀，世世勿絕。同知太常禮院劉攽言：攽音賓。「禮，諸侯不得祖天子。太祖傳天下於太宗，繼體之君，皆太祖子孫，不當別爲天子置後。若崇德昭、德芳之後，德昭、德芳俱太祖子。世世勿降爵，宗廟祭祀，使之在位，則所以褒揚藝祖者著矣。」藝祖，始祖也，謂太祖。帝從之，遂有是命。

綱 從式，德芳之孫也。

綱 冬十一月，郊。

目 執政以河朔旱傷，國用不足，乞南郊勿賜金帛。詔學士議。司馬光曰：「救災節用，當自貴近始，可聽也。」王安石曰：「常袞辭堂饌，時以爲袞自知不能，當辭職，不當辭祿。（事見卷五十二唐代宗大曆十二年「以楊綰、常袞同平章事」目。）且國用不足，以未得善理財者故也。」光曰：「善理財者不過頭會箕斂爾。」謂計入數出穀，以箕斂之也。安石曰：「不然。善理財者，不加賦而國用足。」光曰：「天下安有此理！天地所生財貨百物，不在民則在官，彼設法奪民，其害乃甚於加賦，此蓋桑弘羊欺武帝之言，太史公書之，在史記平準書中。以見其不明耳。」爭議不已。帝曰：「朕意與光同，然姑以不允答之。」會安石草制引常袞事責兩府，兩府，中書、樞密。兩府不敢復辭。

綱 十二月，邵亢罷。

綱 己酉，二年，（一〇六九）春二月，以富弼同平章事，王安石參知政事。

桑弘羊欺武帝之言

富弼王安石相

好惡不可令人窺測

顧二十年口不言兵

災異非關人事

目 初，弼自汝州入覲，（汝州治梁縣，即今河南臨汝縣。）詔許肩輿至殿門，令其子掖以進，掖，扶也。且命毋拜。坐語，從容訪以治道。弼知帝果於有爲，對曰：「人君好惡不可令人窺測，可測則姦人得以傅會。當如天之監人，善惡皆所自取，然後誅賞隨之，則功罪皆得其實矣。」又問邊事，弼對曰：「陛下臨御未久，當布德惠，願二十年口不言兵。」帝默然。至日昃乃退。欲以集禧觀使留之，力辭赴郡。至是，召拜司空兼侍中，賜甲第；悉辭之，乃詔以左僕射同平章事。

時帝以災變避殿，減膳撤樂，王安石言：「災異皆天數，非關人事得失所致。」弼在道聞之，歎曰：「人君所畏者天耳，若不畏天，何事不可爲者。此必姦人欲進邪說以搖上心，使輔弼諫諍之臣無所施其力。是治亂之機，不可以不速救。」即上書數千言力論之。及入對，又曰：「君子小人之進退，繫王道之消長，願深加辨察，勿以同異爲喜怒，喜怒爲用舍。陛下好使人伺察外事，故姦憸得志。憸音纖。又今中外之務漸有更張，此必小人獻說於陛下也。大抵小人惟喜動作生事，則其閒有所希覬；若朝廷守靜，則事有常法，小人何望哉。願深燭其然，無使有悔！」

帝欲用安石，唐介言：「安石難大任。」帝曰：「文學不可任邪？經術不可任邪？吏事不可任邪？」介對曰：「安石好學而泥古，故議論迂闊，若使爲政，必多所更變。」介退謂曾公亮曰：「安石果大用，天下必困擾，諸公當自知之。」帝問侍讀孫固曰：「安石可相否？」固對曰：

「安石文行甚高，處侍從、獻納之職可矣。宰相自有度，安石狷狹少容。狷，褊急也。必欲求賢相，呂公著、司馬光、韓維其人也。」帝不以爲然，竟以安石參知政事，謂之曰：「人皆不能知卿，以卿但知經術，不曉世務。」安石對曰：「經術正所以經世務。」帝曰：「然則卿設施以何爲先？」安石對曰：「變風俗，立法度，正方今之所急也。」帝深納之。

議行新法 王安石周官錢府之說

綱 創制置三司條例司，議行新法，命陳升之、王安石領其事。

目 王安石言：「周置泉府之官，（見卷三周成王十三年「作九府圜法」注。）以榷制兼幷，均濟貧乏，變通天下之財，後世惟桑弘羊、劉晏粗合此意。（桑弘羊，漢武帝時大農，劉晏，唐德宗時三司使，均善理財。）學者不能推明先王法意，更以爲人主不當與民爭利。今欲理財，則當脩泉府之法，以收利權。」帝納其說。

置三司條例司

安石猶恐帝不能決意任之，乃復言：「人才難得亦難知。今使十人理財，其中容有一二敗事，則異論乘之而起。堯與羣臣共擇一人治水，尚不能無敗事，況所擇而使非一人，豈能無失。要當計利害多少，不爲異論所惑。」帝曰：「有一人敗事而遂廢所圖，此所以少成事也。」乃立制置三司條例司，掌經畫邦計，議變舊法，以通天下之利。命升之、安石領其事。

王安石薦呂惠卿

初，泉人呂惠卿，（泉即泉州，治晉江縣，即今福建泉州市。）自眞州推官秩滿入都，（眞州治揚子縣，即今江蘇儀徵縣。）與安石論經義意多合，遂定交。因言於帝曰：「惠卿之賢，雖前世儒者未易比也。學先王之道而能用者，獨惠卿而已。」遂以惠卿及蘇轍並爲簡詳文字。事無大小，安石必與惠卿謀之，凡所建請章奏皆惠卿筆也。又以章惇爲三司條例官，曾布簡正中書五房。凡有奏請，朝臣以爲不便者布必上疏條析，以堅帝意，使專任安石，以威脅衆，俾毋敢言，由是安石信任布亞於惠卿。而農田、水利、青苗、均輸、保甲、免役、市易、保馬、方田諸役相繼並興，號爲新法，頒行天下。

新法頒行天下　劉恕諫王安石

安石與劉恕友善，欲引置三司條例，恕以不習金穀爲辭，且曰：「天子方屬公以大政，宜恢張堯、舜之道以佐明主，不應以利爲先。」安石遂與之絶。

綱　夏四月，河決，地震，旱。

綱　參知政事唐介卒。

唐介憤王安石而卒

目　介簡伉敢言，伉音抗，直也。居政府數與王安石爭辯，而安石強解，帝主其說，介不勝其憤，遂疽發背而卒。謚忠肅。

綱　以薛向爲江、浙、荆、淮發運使。王安石排羣議而用之也。

綱　罷知開封府滕甫。（開封府，即今河南開封市。）

相附者蔓草非松柏

目　初，甫同脩起居注，帝召問治亂之道，對曰：「治亂之道，如黑白、東西，所以變色易位者，朋黨汩之也。」汩音骨，亂也。帝曰：「卿知君子、小人之黨乎？」曰：「君子無黨，譬之草木，綢繆相附者，必蔓草非松柏也。朝廷無朋黨，雖中主可以濟；不然，雖上聖亦殆。」帝以爲名言，乃以翰林學士知開封府。甫在帝前論事，如家人父子，言無文飾，洞見肺鬲。鬲同膈。帝

察農田水利賦役

置賣鹽場

知其誠，盡事無巨細，人無親疏，輒皆問之，甫隨事解答，不少嫌隱。王安石嘗與甫同考試，語言不相能，（不相善也。）深惡甫。會議新法，恐甫言而帝信之，因極力排甫，出知鄆州。（治須昌縣，即今山東東平縣。）

綱 遣使察農田水利賦役于天下。

目 從三司條例司之請，遣劉彝、謝卿材、侯叔獻、程顥、盧秉、王汝翼、曾伉、王廣廉八人行諸路，（行，巡行也。）相度農田、水利、稅賦、科率、徭役利害。

綱 置賣鹽場于永興軍，（治長安城，在今陝西西安市。）罷通商法。

目 官自鬻之，從薛向之請也。

綱 五月，罷翰林學士鄭獬、宣徽北院使王拱辰、知制誥錢公輔。

目 獬權開封府，不肯行新法；拱辰與王安石議新法不合；公輔言滕甫不宜去，薛向變法當黜。安石惡之，出獬知杭州，（治錢塘縣，即今浙江杭州市。）拱辰判應天府，（即宋州，治宋城縣，在今河南商丘市南。）公輔知江寧府。（治江寧縣，在今江蘇南京市境。）

綱 六月，罷御史中丞呂誨。

目 王安石既執政，士大夫多以爲得人，呂誨獨言其不通時事，大用之則非所宜。將對，學士司馬光亦將詣經筵，相遇並行，光密問：「今日所言何事？」誨曰：「袖中彈文乃新參也。」光愕然曰：「衆喜得人，奈何論之？」誨曰：「君實亦爲是言邪！（司馬光字君實。）安石雖有時名，然好執偏見，輕信姦回，喜人佞己。聽其言則美，施於用則疎，置諸宰輔，天下必受其禍。且上新卽位，所與圖治者二三執政而已，苟非其人，將敗國事。此乃心腹之疾，顧可緩邪！」

呂誨彈王安石

上疏言：「大姦似忠，大詐似信。安石外示朴野，中藏巧詐，驕蹇慢上，陰賊害物。誠恐陛下悅其才辯，久而倚毗，（毗音皮，附也。）大姦得路，羣陰彙進，則賢者盡去，亂由是生。臣究安石之迹，固無遠略，惟務改作，立異於人，徒文言而飾非，將罔上而欺下，臣竊憂之，誤天下蒼生必斯人也。」疏奏，帝方眷注安石，還其章疏。誨遂求去，安石亦求去。帝謂曾公亮曰：「若出誨，恐安石不自安。」安石曰：「臣以身許國，陛下處之有義，臣何敢以形迹自嫌，苟爲去就。」乃出誨知鄧州。（治穰縣，在今河南鄧縣東南。）

誨旣斥，安石益橫，光由是服誨之先見，自以爲不及也。誨三居言職，始論陳旭，（仁宗嘉祐六年四月，御史呂誨等上疏論旭陰結宦者故得大用，帝曰：「朕選用執政，豈容內臣預議邪！」乃兩罷之，旭知定州，誨等亦補外。）次論歐陽脩，（論歐陽脩在卷六十九英宗治平三年。）最後論王安石。凡三見黜，人推其鯁直。

王安石欲去呂公弼

王安石嫌呂公弼不附己，乃白用公弼弟知開封府公著爲中丞以偪之，公弼果力求去，帝不許。公著言於帝曰：「惟人君去偏聽獨任之弊，而不主先入之言，則不爲邪說所亂矣。」帝善其言，而不能用。

行均輸法

蘇轍諫行均輸

綱　秋七月，行均輸法。

目　條例司言：「諸路上供，歲有常數，年豐可以多致，而不能贏餘；年歉難於供億，而不敢不足。遠方有倍蓰之輸，蓰音洗。五倍曰蓰。中都有半價之鬻，徒使富商大賈，乘公私之急，以擅輕重斂散之權。今江、浙、荆、淮發運使實總六路賦入，宜假以錢貨，資其用度。凡上供之物，皆得徙貴就賤，因近易遠。預知在京倉庫所當辦者，得以便宜蓄買，而制其有無，庶幾國用可足，民財不匱。」詔以發運使薛向領均輸平準，專行於六路，賜內藏錢五百萬緡，緡音民，錢貫也。上供米三百萬石。時議者慮其爲擾，多言非便，帝不聽。薛向既董其事，乃請設置官屬，從之。蘇轍言：「今先設官置吏，簿書廩祿，爲費已厚，非良不售，非賄不行。是官買之價，比民必貴；及其賣也，弊復如前。此錢一出，恐不可復，縱使其閒薄有所獲，而征商之額所損必多矣。」帝方惑於王安石，不納其言，然均輸法亦迄不能就。

綱　八月，罷判國子監范純仁。

目　初，純仁自陝西轉運副使召還，拜起居舍人、同知諫院，奏言：「王安石變祖宗法度，掊克財利，民心不寧。書曰：『怨豈在明，不見是圖。』此夏書五子之歌篇辭。願陛下圖不見之怨。」帝曰：「何謂不見之怨？」對曰：「杜牧所謂『不敢言而敢怒』者是也。」唐杜牧阿房宮賦：「使天下之人不敢言而敢怒，獨夫之心日益驕固。」帝曰：「卿善論事，宜爲朕條陳古今治亂可爲監戒者。」遂

范純仁尚書解

作尙書解以進。

范純仁劾王安石

時帝切於求治，多延見疎逖小臣，（逖音剔，遠也。）咨訪闕失。純仁言：「小人之言聽之若可采，行之必有累。蓋知小忘大，貪近昧遠。願加深察。」及薛向行均輸法於六路，純仁言：「臣嘗親奉德音，欲脩先王補助之政。今乃使小人掊克生靈，斂怨基禍。」安石以富國強兵之術啓迪上心，欲求近功，忘其舊學，鄙老成爲因循，棄公論爲流俗，異己者爲不肖，合意者爲賢人。在廷之臣，方大半趨附，陛下又從而驅之，其將何所不至！道遠者理當馴致，事大者不可速成，人才不可急求，積弊不可頓革，儻欲事功急就，必爲憸佞所乘。宜速還言者而退安石。」留章不下。純仁力求去，不許。未幾罷諫職，改判國子監，純仁去意愈確。安石使諭之曰：「已議除知制誥矣。」純仁曰：「是以利誎我也。（誎音恤，誘也。）言不用，萬鍾何加焉！」遂錄所上章申中書。安石大怒，乞加重貶，帝曰：「宜與一善地。」命知河中府，（治河東縣。在今山西芮城縣西北。）尋徙成都轉運使，以新法不便，戒州縣未得遽行，安石怒其沮格，（格音閣。）以事左遷知和州。（治歷陽縣，即今安徽和縣。）

明道治晉城

綱　以程顥權監察御史裏行。

目　初，顥舉進士，再調晉城令，（晉城縣，即今山西晉城縣。）民以事至縣者必告以孝弟忠信。度鄉村遠近爲伍保，使之力役相助，患難相恤。凡孤煢殘廢，使無失所，行旅疾病，皆有所養。鄉必有校，暇時親至，召父老與之語；兒童所讀書，親爲正句讀。鄉民爲社會，爲立科

呂公著薦程顥

條，旌其善惡。在縣三年，民愛之如父母。去之日，哭聲振野。用薦者改著作佐郎。至是，呂公著薦爲御史。帝素知其名，數召見；每退，必曰：「頻求對，欲常常見卿。」一日從容咨訪，報正午，始趨出庭，中人曰：「御史不知上未食乎！」顥前後進說甚多，大要以正心、窒欲、求言、育才爲言，務以誠意感悟人主。嘗勸帝防未萌之欲，及勿輕天下士。帝俯躬曰：「當爲卿戒之。」

綱 罷條例司檢詳文字蘇轍。

目 轍與呂惠卿論多不合，會遣八使於四方求遺利，轍以書抵王安石，力陳其不可。安石怒，將加之罪，陳升之止之，乃以爲河南府推官。（河南府，宋西京，即今河南洛陽市。）

行青苗法

綱 九月，行青苗法。

青苗錢

目 初，陝西轉運使李參以部內多戍兵，而糧儲不足，令民自隱度麥粟之贏，先貸以錢，俟穀熟還官，號青苗錢。經數年，廩有餘糧。至是，條例司請：「以諸路常平、廣惠倉錢穀，（常平倉見卷六十六眞宗景德三年，廣惠倉見卷六十九仁宗嘉祐二年。）依陝西青苗錢例，民願預借者給之，令出息二分，隨夏秋稅輸納，夏稅以六月，秋稅以十月起徵。願輸錢者從其便；如遇災傷，許展至豐熟日納。非惟足以待凶荒之患，民既受貸，則兼并之家，不得乘新陳不接以邀倍息。又常平、廣惠之物，收藏積滯，必待年儉物貴，然後出糶，所及者不過城市遊手之人，今通一路有無，貴發賤斂，以廣蓄積，平物價，使農人有以赴時趨事，而兼并不得乘其急。凡此皆以爲民，而公家無所利其入，是亦先王散惠興利，以爲耕斂補助之意也。欲量諸路錢穀多寡，分遣官提舉，每州選通判幕職官一員，典幹轉移出納，仍先自河北、京東、淮南三路施行，（河北路治大名府，即今河北大名縣。京東治開封府。淮南路治揚州，即今江蘇揚州市。）俟有緒推之諸路。」詔曰：「可。」乃出內庫緡錢百萬，糴河北常平粟，而常平、廣惠倉之法遂變爲青苗矣。

常平廣惠變爲青苗

初，王安石既與呂惠卿議定，出示蘇轍等曰：「此青苗法也，有不便以告，勿疑。」轍曰：「以錢貸民，本以救民。然出納之際，吏緣爲姦，雖有法不能禁；錢入民手，雖良民不免妄用；及其納錢，雖富民不免踰限：如此，則恐鞭箠必用，州縣之事煩矣。」安石曰：「君言誠有理，當徐思之。」由是逾月不言青苗。會京東轉運使王廣淵言：「春農事興而民苦乏，兼并之家得以乘急要利。要音邀。乞留本道錢帛五十萬，貸之貧民，歲可獲息二十五萬。」從之。其事與青苗法合，安石始以爲可用。召廣淵至京師與之議，於是決意行焉。

司馬光諫擢呂惠卿

綱　以呂惠卿爲崇政殿說書。

目　王安石薦惠卿爲太子中允、崇政殿說書。司馬光諫曰：「惠卿憸巧，非佳士，使王安石負謗於中外者皆其所爲。安石賢而愎，愎音闢，剛愎也。不閑世務，惠卿爲之謀主，而安石力行之，故天下並指爲姦邪。近者進擢不次，大不厭衆心。」厭，服也。帝曰：「惠卿進對明辯，亦似美才。」光對曰：「惠卿誠文學辯捷，然用心不正，願陛下徐察之。江充、李訓若無才，

司馬光貽書王安石

何以動人主？」（江充，漢武帝時直指繡衣使者；李訓，唐文宗時相，並以才見重而致亂。）帝默然。光又貽書安石曰：「諂諛之士，於公今日誠有順適之快，一旦失勢，將必賣公自售矣。」安石不悅。

富弼罷

綱 冬十月，富弼罷。

目 王安石用事，雅不與弼合，弼度不能爭，多稱疾求退，章數十上。帝曰：「卿即去，誰可代卿者？」弼薦文彥博。帝默然良久，曰：「王安石何如？」弼亦默然。遂出判亳州。（治譙縣，即今安徽亳縣。）弼恭儉孝敬，好善疾惡，常言：「君子與小人並處，其勢必不勝。君子不勝，則奉身而退，樂道無悶；（悶，鬱也。易乾卦文言：「遯世无悶。」）小人不勝，則交結構扇，千岐萬轍，必勝而後已。待其得志，遂肆毒於善良，求天下不亂，不可得也。」

陳升之相

綱 以陳升之同平章事。

目 升之既相，帝問司馬光曰：「近相升之，外議云何？」對曰：「閩人狡險，楚人輕易。今二相皆閩人，二參政皆楚人，必將援引鄉黨之士，充塞朝廷，風俗何以更得淳厚。」帝曰：「升之有才智，曉民政。」光曰：「但不能臨大節不可奪耳。凡才智之士，必得忠直之人從旁制之，此明主用人之法也。」帝又曰：「王安石何如？」對曰：「人言安石姦邪，則毀之太過；但不曉事，又執拗耳。」

綱 城綏州。（治龍泉縣，即今陝西綏德縣。）

目 初，夏主秉常寇秦州，（治成紀縣，即今甘肅天水市。）復上誓表，請納安遠、塞門二砦以乞綏州，（安遠、塞門砦，見卷六十八仁宗康定元年「元昊陷塞門諸砦」目及注。）詔將許之，鄜延宣撫郭逵上言曰：（鄜延宣撫使治鄜州城，在今陝西洛川縣西北。）「此正商於六百里之策也。（事見卷六周赧王二年「楚屈匄伐秦」目。）非先交二砦，不可與綏。」朝議以爲然，賜以誓詔。逵命機宜文字趙卨等如夏，卨音屑。卨以夏人渝盟，請城綏州不以易二砦，從之，改名綏德城。

綱　十一月，命韓絳制置三司條例。

目　初，陳升之欲傅會王安石以固其位，安石亦患正論盈廷，引升之爲助。升之知其不可，而竭力爲之用；安石德之，故先使正相位。升之既相，乃時爲小異，陽若不與之同者。因言於帝曰：「宰相無所不統，所領職事，豈可稱司，請罷制置三司條例司。」由是二人遂判，安石乃薦絳共事。安石每奏事，絳必曰：「臣見安石所陳非一，皆至當可用，陛下宜省察。」安石恃以爲助。

王安石恃韓絳爲助

綱　十二月，下龍圖閣學士祖無擇秀州獄，貶爲忠正節度副使。

貶祖無擇

目　初，無擇與王安石同知制誥，安石嘗辭一人所饋潤筆物，不獲，取置諸院梁上。安石憂去，以母憂去職。無擇用爲公費，安石聞而惡之。及安石得政，乃諷監司求無擇罪。會知明州苗振以貪聞，（明州治鄮縣，在今浙江寧波市東。）御史王子韶使兩浙廉其狀，廉，察也。（兩浙，浙江東路治越州，即今浙江紹興市；浙江西路治杭州，即今浙江杭州市。）因迎安石意，遂連無擇在杭州貪賄。時無擇知通進銀臺司，自京師逮赴秀州獄，（秀州治嘉興縣，即今浙江嘉興市。）巧詆無所得，遂誣以他

增置宮觀官

事，調爲忠正軍節度副使。（忠正軍即淸淮節度使，治壽州城。時壽州治下蔡縣，即今安徽鳳臺縣。）無擇以言語、政事爲時名卿，被誣放棄，士論惜之。

綱 增置宮觀官。

目 帝以監司郡守有老不任職者，則與閑局，王安石亦欲以處異議者，遂增置三京留司、御史臺、國子監及諸州宮觀官使，（三京，謂東京、西京、南京。）不限員。

綱 以張載爲崇文院校書，尋辭歸。

目 載，長安人，少喜談兵，至欲結客取洮西之地。（洮西，洮水之西，爲西夏所據。）年二十，以書謁范仲淹，仲淹謂之曰：「儒者自有名教可樂，何事於兵！」因勸之讀中庸。載讀其書，猶以爲未足，又訪諸釋、老，累年究極其說，知無所得，反而求之六經。（易、書、詩、春秋、禮、孝經。）與程顥、程頤論道學之要，渙然自信曰：「吾道自足，何事傍求。」於是盡棄異學，淳如也。舉進士，調雲巖令，（雲巖縣，在今陝西宜川縣西北。）以敦本善俗爲先。每月吉，（月朔也。）具酒食，召鄉人高年會縣庭，親勸酬之，使人知養老事長之義，因訪民疾苦，及告所以訓戒子弟之意。

帝初即位，一新百度，思得才哲之士謀之，呂公著薦載有古學，召見，問治道。載對曰：「爲政不法三代者終苟道也。」帝悅，以爲崇文校書。一日見王安石，安石問以新政。載曰：「公與人爲善則人以善歸公，如教玉人琢玉，則宜有不受命者矣。」未幾移疾，（移文稱疾。）屛居南山下。（南山即終南山，在今陝西西安市南。）

綱　庚戌，三年，（一〇七〇）春正月，罷判尚書省張方平。

（張方平極論新法之害）

目　初，帝欲用王安石，方平以爲不可。方平尋以喪去，服闋，闋音闕。服終曰闋。以觀文殿學士判尚書省。安石言留之不便，遂出知陳州。（治宛丘縣，即今河南淮陽縣。）及陛辭，極論新法之害，帝爲之憮然。憮音武。憮然，猶悵然。未幾召爲宣徽北院使，留京師，安石深沮之，方平亦力求去，乃復出判應天府。

綱　二月，河北安撫使韓琦請罷青苗法。王安石稱疾不朝，詔諭起之。

（韓琦請罷青苗疏）

目　河北安撫使韓琦上疏曰：「臣準散青苗詔書，務在惠小民，不使兼并乘急以要倍息，而公家無所利其入。今所立條約，乃令鄉戶及坊郭戶，借錢一千，納一千三百，是官自放錢取息，與初詔相違。又條約雖禁抑勒，然不抑勒，則上戶必不願請，下戶雖或願請，請時甚易，納時甚難，將來必有督索同保均賠之患。陛下躬行節儉，以化天下，自然國用不乏，何必使興利之臣，紛紛四出，以致遠邇之疑哉。乞罷提舉官，第委提點刑獄，依常平舊法施行。」帝袖其疏以示執政曰：「琦眞忠臣，雖在外不忘王室。朕始謂可以利民，今乃害民如此！且坊郭安得青苗，而使者亦强與之。」王安石勃然進曰：「苟從其所欲，雖坊郭何害！」因難琦奏曰：「如桑弘羊籠天下貨財以奉人主私用，（見卷十四漢武帝元封元年「賜桑弘羊爵左庶長」目。）乃可謂興利之臣。今陛下脩周公遺法，抑兼并，振貧弱，非所以佐私欲，安可謂興利之臣乎！」帝終以琦說爲疑，安石遂稱疾不出。

（陛下脩周公遺法）

趙抃請俟安石出　韓絳勸帝留安石

帝諭執政罷青苗法，趙抃請俟安石出。安石求去，帝命司馬光草答詔，有「士夫沸騰，黎民騷動」之語。安石抗章自辯，帝爲巽辭謝之，且命呂惠卿諭旨。韓絳又勸帝留安石，安石入謝，因言：「中外大臣、從官、臺諫朋比，欲敗先王正道以沮陛下，此所以紛紛也。」帝以爲然。安石乃起視事，持新法益堅。以琦奏付條例司，令曾布疏駁，刊石頒之天下。琦申辯愈切，且論安石妄引周禮以惑上聽，皆不報。

王安石論司馬光

與異論者立赤幟

綱　以司馬光爲樞密副使；固辭不拜。

目　光素與王安石厚，及行新法，貽書開陳再三，又與呂惠卿辨論於經筵，安石不樂。帝欲大用光，訪之安石，安石曰：「光外託劘上之名，（劘音磨，剴切也。）內懷附下之實，所言盡害政之事，所與盡害政之人，而欲置之左右使預國論，此消長之機也。光才豈能害政，但在高位，則異論之人倚以爲重。韓信立漢赤幟，趙卒奪氣，（事見卷九漢王三年「韓信大破趙軍」目。）今用光，是與異論者立赤幟也。」

及安石稱疾不出，帝乃以光爲樞密副使。光辭曰：「陛下所以用臣，蓋察其狂直，庶有補於國家。若徒以祿位榮之，而不取其言，是以天官私非其人也。臣徒以祿位自榮，而不能救生民之患，是盜竊名器，（名器謂爵號。）以私其身也。陛下誠能罷制置條例司，追還提舉官，不行青苗、助役法，雖不用臣，臣受賜多矣。

青苗之散

青苗之散，使者恐其逋負，必令貧富相保；貧者無可償，則散而之四方，富者不能去，必責使代償，十年之外，貧者既盡，富者亦貧，常平又廢，加之以師旅，因之以饑饉，民之羸者必委死溝壑，壯者必聚而爲盜賊，此事之必至者也。」疏凡九上，帝使謂之曰：「樞密，兵事也，官各有職，不當以他事爲辭。」光對曰：「臣未受命，則猶侍從也，於事無不可言者。」會安石復起視事，乃下詔允光辭，收還敕誥。知通進銀臺司范鎮封還詔旨者再，帝以詔直付光，不由門下。鎮奏曰：「由臣不才，使陛下廢法。」乞解其職，許之。

范鎮解職

綱　解韓琦河北安撫使。

目　琦以論青苗不見聽，上疏請解河北安撫使，止領大名府路。王安石欲沮琦，卽從之。

始以策試進士

綱　三月，始以策試進士。

目　初，向知貢舉呂公著在貢院中密奏言：「天子臨軒策士而用詩賦，非舉賢求治之意，乞出自宸衷以咨訪治道。」至是上御集英殿試進士，遂專用策，賜葉祖洽以下三百人及第出身。祖洽策言：「祖宗多因循苟簡之政，陛下卽位革而新之。」得擢第一。時直史館蘇軾謂「祖洽詆祖宗以媚時宰，而魁多士，何以正風化？」乃擬答進士策獻之。上以示王安石，安石言「軾才亦高，但所學不正，又以不得逞之故，其言遂跌蕩至此」，數請絀之。絀同黜。

葉祖洽策

綱　置刑法科。帝以學者多不通律意，遂立刑法科。或言「試刑法，世指爲俗吏」，故應者少，蓋高科不試，人不以爲榮，乃詔悉試。

置刑法科

孫覺條奏青苗之妄

綱 貶知審官院孫覺知廣德軍。（即今安徽廣德縣。）

目 帝初即位，覺爲右正言，以言事忤帝意，罷去。王安石早與覺善，將援以爲助，自知通州召還，（通州治靜海縣，即今江蘇南通市。）累改知審官院。時呂惠卿用事，帝問於覺，覺對曰：「惠卿辯而有才，過於人數等，特以爲利之故，屈身安石。安石不悟，臣竊以爲憂。」帝曰：「朕亦疑之。」青苗法行，首議者謂「周官泉府，民之貸者至輸息二十而五，國事之財用取具焉。」覺條奏其妄曰：「成周賒貸，賒音奢。特以備民之緩急，不可徒與也，故以國服爲之息。然國服之息，說者不明，鄭康成釋經乃引王莽計贏受息，無過歲什一爲據。不應周公取息重於莽時，況國用專取具於泉府，則冢宰九賦將安用邪！聖世宜講求先王之法，不當取疑文虛說以圖治。」安石覽之怒，始有逐覺意。會曾公亮言畿縣散青苗錢，有追呼抑配之擾。安石遣覺行視虛實，行視，巡視也。覺言：「民實不願與官相交，望賜寢罷。」遂坐奉詔反覆，貶知廣德軍。

貶呂公著

呂公著諫青苗疏

綱 夏四月，貶御史中丞呂公著知潁州。（治汝陰縣，即今安徽阜陽縣。）

目 青苗法行，公著上疏曰：「自古有爲之君，未有失人心而能圖治，亦未有脇之以威，勝之以辯，而能得人心者也。昔日之所謂賢者，今皆以此舉爲非，而主議者一切詆爲流俗浮論，豈昔皆賢而今皆不肖乎！」會帝使公著舉呂惠卿爲御史，公著曰：「惠卿固有才，然姦邪不可用。」王安石以是積怒公著，誣其言「韓琦欲因人心如趙鞅興晉陽之甲以逐君側之惡」，（事見春秋定公十三年及公羊傳。）貶知潁州。

罷趙抃

綱 趙抃罷。

目 安石持新法益堅，抃大悔恨，上疏言：「制置條例司，建使者四十餘輩，騷動天下。安石強辯自用，詆公論爲流俗，違衆罔民，順非文過。近者，臺諫侍從多以言不聽而去，司馬光除樞密不肯拜。且事有輕重，體有大小。財利於事爲輕，而民心得失爲重。青苗使者於體爲小，而禁近耳目之臣用舍爲大。今去重而取輕，失大而得小，懼非宗廟、社稷之福也。」奏入，懇求去位，乃出知杭州。抃長厚清脩，爲政善因俗施教，寬猛不同，以惠利爲本，韓琦稱爲人中表儀，已不及也。

趙抃人中表儀

綱 以韓絳參知政事。

綱 以李定爲監察御史裏行。罷知制誥宋敏求、蘇頌、李大臨。

目 定少受學於王安石，舉進士，爲秀州判官。孫覺薦之朝，召至京師。知諫院李常見之，問曰：「君從南方來，民謂青苗法如何？」定曰：「民便之，無不喜者。」常曰：「舉朝方共爭是事，君勿爲此言。」定卽往白安石，且曰：「定但知據實以言，不知京師乃不許。」安石大喜，立薦對。帝問青苗事，定曰「民甚便之。」於是諸言新法不便者，帝皆不聽。命定知諫院，宰相言：「前無選人除諫官之比。」比，例也。遂拜監察御史裏行。知制誥宋敏求、蘇頌、李大臨言：「定不由銓考擢授朝列，不緣御史薦寘憲臺，雖朝廷急於用才，度越常格，然隳紊法制，隳音灰。所益者小，所損者大。」封還制書。詔諭數四，頌等執奏不已；並坐累格詔命，格音閣。落知制誥。天下謂之「三舍人」。

綱 罷監察御史裏行程顥、張戩、右正言李常，戩音剪。以謝景溫爲侍御史知雜事。

目 顥言：「自古興治立事，未有中外人情交謂不可而能有成者。正使僥倖小有事成，而興利之臣日進，尙德之風浸衰，尤非朝廷之福。」帝令顥詣中書議，安石方怒言者，厲色待之。顥徐言曰：「天下事非一家私議，願平氣以聽之。」安石爲之愧屈。

戩與臺官王子韶論新法不便，乞召還孫覺、呂公著。戩又上疏論王安石亂法，曾公亮、陳升之依違不能救正，韓絳左右徇從，李定以邪諂竊臺諫，呂惠卿刻薄辯給，假經術以文姦言，豈宜勸講君側。又詣中書爭之，安石舉扇掩面而笑，戩曰：「戩之狂直，宜爲公笑，然天下之笑公者不少矣。」陳升之從傍解之，戩曰：「公亦不得爲無罪。」升之有愧色。

常上言：「均輸青苗，斂散取息，傅會經義，何異王莽猥析周官片言以流毒天下。」安石遣所親密諭意，常不爲止。又言：「州縣散常平錢實不出本，勒民出息。」帝詰安石，安石請令常具官吏主名；常以非諫官體，不奉詔。

安石既積怒言者，而顥等以言不行，亦各乞罷，乃罷常通判滑州，(治滑臺城，即今河南滑縣。)戩知公安縣，(在今湖北公安縣西。)子韶知上元縣。(在今江蘇南京市境。)安石素善顥，及是雖不合，猶敬其忠信，但出爲京西路提刑。顥固辭，乃改簽書鎭寧節度判官。(鎭寧節度使治澶州城，即今河南濮陽縣。）數日之閒，臺諫一空。安石以外議紛紛，請以姻家謝景溫爲侍御史知雜事，帝從之。

綱　五月，詔罷制置條例歸中書，以呂惠卿兼判司農寺。

綱　遼立賢良科。

遼立賢良科

綱　分審官東、西院。六月，罷知諫院胡宗愈。

目　舊制，文選屬審官院，武選屬樞密院。至是帝與王安石議分審官爲東、西院，東主文，西主武，以奪樞密之權，且沮文彥博也。彥博言於帝曰：「若是則臣無由與武臣相接，何由知其才而委令之哉！」帝不聽。宗愈亦力言其不可，且言：「李定非才。」帝惡之，手詔「宗愈潛伏姦意，中傷善良」，罷通判眞州。

監察御史陳薦言：「李定頃爲涇縣主簿，（涇縣，卽今安徽涇縣。）聞母仇氏死，匿不爲服。」定自辯實不知爲仇氏所生，故疑不敢服，而以侍養辭官。曾公亮謂「當行追服」，王安石力主之。罷薦御史，而改定爲崇政殿說書。監察御史林旦、薛昌朝、范育復言：「定不孝之人，不宜居勸講之地。」且論安石之罪。安石又白罷三人。定亦不自安，求解說書，乃檢正中書吏房直舍人院。

綱　以朱壽昌通判河中府。

目　壽昌父巽守京兆時，（京兆，卽今陝西西安市。）妾劉有娠而出，（娠音震，懷孕也。）生壽昌，數

朱壽昌尋母

歲乃還父家，母子不相聞者五十年。壽昌行四方求之，不得，飲食罕御酒肉，與人言輒流涕。及知廣州軍，（治廣州，即今廣東廣州市。）與家人訣，棄官入秦，（秦謂關中。）誓不見母不還。行次同州得焉，次，舍也。（同州治馮翊縣，即今陝西大荔縣。）劉氏時年七十餘矣。京兆守臣錢明逸以聞，詔壽昌赴闕。時言者共攻李定不服母喪，王安石力主定，因忌壽昌。及壽昌至，但付審官院折資，通判河中府。居數歲，其母卒，壽昌居喪幾喪明，天下稱其孝。

綱 秋七月，罷呂公弼知太原府，（即并州，治陽曲縣，在今山西太原市東北。）以馮京爲樞密副使。

目 公弼以王安石變法，數勸其務安靜，安石不悅。公弼具疏將論之，從孫嘉問竊其稾以示安石，安石先白之，帝怒，遂罷公弼知太原府。呂氏號嘉問爲「家賊」。京爲御史中丞，言：「薛向總利權無績效，近者復除天章閣待制，於侍從爲最親，非向人材所堪處。」帝不悅，以語安石，安石請改用京，帝從之，以爲樞密副使。

綱 出直史館蘇軾通判杭州。

目 軾自直史館議貢舉與帝合，即日召見，問方今政令得失。軾對曰：「陛下天縱文武，不患不明，不患不勤，不患不斷，但患求治太急，聽言太廣，進人太銳。願鎮以安靜，待時之來，然後應之。」帝竦然曰：「卿三言，朕當熟思之。凡在館閣，皆當爲朕深思治亂，無有所隱。」軾退言於同列，王安石不悅，命權開封推官，將困之以事。

軾決斷精敏，聲聞益遠。嘗以新法不便，上疏極論，且曰：「臣之所言者三言而已，願陛下結人心，厚風俗，存紀綱。人主所恃者人心也，自古及今未有和易同衆而不安，剛果自用而不危者。祖宗以來，治財用者不過三司，今陛下又創制置三司條例司，使六七少年日夜講求於內，使者四十餘輩分行營幹於外。以萬乘之主而言利，以天子之宰而治財，君臣宵旰，幾一年矣，而富國之功茫如捕風。青苗放錢，自昔有禁，今陛下始立成法，每歲常行，雖云不許抑配，而數世之後，暴君汙吏，陛下能保之乎！昔漢武以財力匱竭，用桑弘羊之說，買賤賣貴，謂之均輸，於時商賈不行，盜賊滋熾，幾至於亂。臣願陛下結人心者此也。國家之所以存亡者，在道德之淺深，不在乎強與弱。曆數之所以長短者，在風俗之厚薄，不在乎富與貧。臣願陛下務崇道德而厚風俗，不願陛下急於有功而貪富強。仁祖持法至寬，用人有序，專務掩覆過失，未嘗輕改舊章。考其成功，則曰未至；言乎用兵，則十出而九敗；言乎府庫，則僅足而無餘；徒以德澤在人，風俗知義，故升遐之日，升遐或作登霞、登假，言適遠也。天下歸仁。議者見其末年吏多因循，事不振舉，乃欲矯之以苛察，濟之以智能，招來新進勇銳之人，以圖一切速成之效。未享其利，澆風已成，欲望風俗之厚，豈可得哉！臣願陛下厚風俗者此也。祖宗委任臺諫，未嘗罪一言者，縱有薄責，旋即超升。臺諫固未必皆賢，所言亦未必皆是，然須養其銳氣，而借之重權者，將以折姦臣之萌也。臣聞長老之談，皆謂臺諫所言，常隨天下公議。今者物論沸騰，怨讟交至，讟音讀，怨謗也。公議所在，亦知之矣。臣恐

蘇軾試進士策問

陸佃新政之對

自茲以往，習慣成風，盡爲執政私人，以致人主孤立，綱紀一廢，何事不生？臣願陛下存紀綱者此也。」時王安石贊帝以獨斷專任，軾因試進士發策，以晉武平吳獨斷而克，苻堅伐晉獨斷而亡，齊桓專任管仲而霸，燕噲專任子之而敗，事同功異爲問。安石滋不悅，使侍御史謝景溫論奏其過，窮治無所得。軾遂請外，通判杭州。

綱 八月，夏人寇環、慶州，（環州治通遠縣，即今甘肅環縣。慶州治安化縣，即今甘肅慶陽縣。）以韓絳爲陝西宣撫使。尋命兼河東宣撫使。

綱 九月，以曾布爲崇政殿說書，判司農寺。

目 王安石常欲置其黨一二人於經筵，以防察奏對者。呂惠卿遭父喪去職，安石遂薦布代之。布資序淺，人尤不服，尋罷。

山陰陸佃嘗受經於安石，佃音田。（山陰縣，即今浙江紹興市。）至是應舉入京師。安石問以新政，佃曰：「法非不善，但推行不能如初意，還爲擾民。」安石驚曰：「何乃爾？吾與惠卿議之。」又訪外議，佃曰：「公樂聞善，古所未有，然外間頗以爲拒諫。」安石笑曰：「吾豈拒諫者，但邪說營營，顧無足聽。」佃曰：「是乃所以致人言也。」明日召佃謂之曰：「惠卿言『私家取債，亦須一雞半豚，已遣李承之使淮南質究矣。』」既而承之還，詭言民無不便，佃說遂不行。

綱 以劉庠知開封府。

目 庠不肯屈事王安石，安石欲見之。或以爲言，庠曰：「安石自執政，未嘗一事合人情，往將何語邪！」卒不往，而上疏極言新法非是。帝曰：「奈何不與大臣協心濟治乎！」庠對曰：「臣知事陛下而已，不敢附安石也。」

綱　曾公亮罷。

目　公亮初嫉韓琦，故薦王安石以閒之。及同輔政，知帝方向安石，凡更張庶事，一切陰助之，而外若不與同者。嘗遣其子孝寬參其謀，至帝前略無所異，由是帝益信任安石；安石深德之。公亮以老求去，遂拜司空、侍中、集禧觀使。蘇軾嘗從容責其不能救正變更，公亮曰：「上與介甫如一人，（安石字介甫。）此乃天也。」然安石猶以公亮不盡阿附己，於是聽其罷相。

綱　以馮京參知政事，吳充爲樞密副使。

綱　策賢良方正之士，黜台州司戶參軍孔文仲。

目　詔舉賢良，帝親策之。太原判官呂陶對曰：「陛下初卽位，願不惑理財之說，不閒老成之謀，不興疆場之事。陛下措意立法，自謂庶幾堯、舜，然以陛下之心如此，天下之論如彼，獨不反而思之乎！」及奏第，帝顧王安石取卷讀，讀未半，神色頗沮。帝覺之，使馮京竟讀，稱其言有理。台州司戶參軍孔文仲策凡九千餘言，（台州治臨海縣，卽今浙江臨海縣。）力論安石所建之法非是，宋敏求第爲異等。安石怒，啓帝御批，罷文仲還故官。齊恢、孫固封還御批。范鎭上疏言：「臣所薦孔文仲，草茅疏遠，不識忌諱。且以直言求之，而又罪之，恐爲

宋敏求第孔文仲策爲異等

聖明之累。」不聽。呂陶亦止授通判蜀州。（卽崇慶軍，卽今四川崇慶縣。）

綱 罷翰林學士司馬光。

目 光求去，上曰：「王安石素與卿善，何自疑？」光曰：「安石執政，凡忤其意如蘇軾輩者皆毁其素履，（謂生平之所履也。易履卦：「初爻素履，往，无咎。」）中以危法。臣不敢避削黜，但欲苟全素履。且臣善安石孰如呂公著？安石初舉公著，後亦毁之，彼一人之身，何前是而後非，必有不信者矣。」求益力，乃以端明殿學士知永興軍。

綱 冬十月，陳升之罷。（升之旣與安石忤，會母喪去位。）

綱 貶秦鳳經略使李師中知舒州。（秦鳳治秦州，見上。舒州治懷寧縣，卽今安徽潛山縣。）

目 管幹秦鳳經略司機宜文字王韶，請築渭、涇上下兩城，（渭州治平涼縣，卽今甘肅平涼市。涇州治安定縣，在今甘肅涇川縣北。）屯兵以撫納洮、河諸部。（洮州治臨潭縣，卽今甘肅臨潭縣。河州治枹罕縣，卽今甘肅寧夏市。）下師中議，師中以爲不便，詔師中罷帥事。韶又言渭源至秦州良田不耕者萬頃，（百畝爲頃。）（渭源堡，在今甘肅隴西縣西北。）願置市易司，頗籠商賈之利，取其贏以治田，乞假官錢爲本。詔秦鳳經略司以川交子易物貨給之，（川交子，見卷六十七仁宗天聖元年「置益州交子務」目。）命韶領市易事。師中言：「韶所指田，乃極邊弓箭手地耳。」又將移市易司於古渭，恐秦州自此益多事，所得不補所亡。」王安石主韶議，爲削師中職，徙知舒州。尋進韶太子中允。

初，師中仕州縣，邸狀報包拯參知政事，或曰：「朝廷自此多事矣。」師中曰：「包公何能爲？今知鄞縣王安石者眼多白，甚似王敦，（王敦事見卷三十一晉元帝大興三年及永昌元年。）他日亂天下者必斯人也。」世貴其先識。

綱 翰林學士范鎮致仕。

范鎮疏

目 鎮上疏曰：「臣言青苗不見聽，一宜去；薦蘇軾、孔文仲不見用，二宜去。李定避持服，遂不認母，壞人倫逆天理，而欲以爲御史，反爲之罷舍人，逐臺諫。王韶上書肆欲欺罔，以興造邊事，事敗則置而不問，安石既主韶議，以竇舜卿知秦州，與內侍李若愚按閱田所在，僅得地一頃，地主有訟又歸之矣。舜卿、若愚奏其欺，安石又爲譎舜卿，而命韓縝；縝遂附會實其事。反爲之罪帥臣。及不用蘇軾則掎摭其過，掎音雞，牽也。摭音職，拾也。不悅孔文仲則遣之歸仕，以此二人，況彼二人，況，比況也。是非得失，能逃聖鑑乎！」因復極言青苗之害，且曰：「陛下有納諫之資，大臣進拒諫之計。陛下有愛民之性，大臣用殘民之術。」

王安石持疏手顫

疏入，王安石大怒，持其疏至手顫，顫音戰。乃自草制極詆之，遂以戶部侍郎致仕。鎮表謝，略曰：「願陛下集羣議爲耳目，以除壅蔽之姦。任老成爲心腹，以養中和之福。」天下聞而壯之。

范鎮不欲享名

蘇軾往賀曰：「公雖退而名益重矣。」鎮愀然曰：愀音悄。愀然，悚動之貌。「君子言聽計從，消患於未萌，使天下陰受其賜，無智名，無勇功。吾獨不得爲此，使天下受其害而吾享其名，吾何心哉！」

改更戍法

綱 十二月，改諸路更戍法。初，太祖懲五代之弊，用趙普策，定兵制，天子衞兵以守京師，更番戍邊者曰禁軍；諸州鎭兵以分給役使者曰廂軍；選於戶籍或應募，使之團結，以爲所在防守者曰鄉軍；具籍塞下以爲藩籬者曰蕃軍；大抵四者而已。至是，議者以更戍法雖無難制之患，而兵將不相識，緩急不可恃。乃部分諸路將兵，總隸禁旅，使兵知其將，將練其兵，平居知有訓厲而無番戍之勞。尋置京畿、河北、京東、西路三十七將，陝西五路四十二將，然禁旅盡屬將官，飲食嬉遊，養成驕惰。又將官遂與州郡長吏爭衡，每將各有部隊將、訓練官等數十人，而諸州舊有總管、鈐轄、都監、監押，設官重復，虛破廩祿。知兵者皆知其非，卒不能奪也。

立保甲法

綱 立保甲法。王安石言：「先王以農爲兵，今欲公私財用不匱，爲宗社長久計，當罷募兵，用民兵。」乃立保甲。其法十家爲保，有保長。五十家爲大保，有大保長。十大保爲都保，有都保正副。主客戶兩丁以上選一人爲保丁附保，兩丁以上有餘丁，而壯勇者亦附之；內家貲最厚，材勇過人者，亦充保丁，授之弓弩，敎之戰陣。每一大保夜輪五人警盜，凡告、捕所獲，以賞格從事。同保犯強盜、殺人、強姦、略人、傳習妖敎、造蓄蠱毒，知而不告，依律五保法。餘事非干己，又非敕律所聽糾，皆毋得告，雖知情亦不坐；若於法鄰保合坐罪者，乃坐之。其居停強盜三人，經三日，保鄰雖不知情，科失覺罪。逃移死絕，同保不及五家，幷他保。有自外入保者，收爲同保，戶數足則附之，俟及十家則別爲保，置牌以書其戶數姓名。提點刑獄趙子幾迎安石意，請先行於畿甸，詔從之；遂推行於永興、秦鳳、河北東、西五路，以達於天下。

目 於是諸州籍保甲，聚民而敎之，禁令苛急，往往去爲盜，郡縣不敢以聞。判大名府王拱辰抗言其害，曰：「非止困其財力，奪其農時，是以法驅之使陷於罪罟也。浸淫爲大盜，其兆已見。縱未能盡罷，願裁損下戶以紓之。」主者指拱辰爲沮法，拱辰曰：「此老臣所以報國也。」抗章不已，帝悟，由是下戶得免。

韓絳王安石相　行募役法

綱　以韓絳、王安石同平章事，王珪參知政事。

綱　行募役法。先是詔條例司講立役法，條例司言：「使民出錢募人充役，即先王致民財以祿庶人在官者之意。」命呂惠卿、曾布相繼草具條貫，踰年始成。計民之貧富，分五等輸錢，名「免役錢」；若官戶、女戶、寺觀、單丁、未成丁者，亦等第輸錢，名「助役錢」。凡輸錢，先視州若縣應用雇直多少，隨戶等均取雇直，又增取二分以備水旱欠闕，謂之「免役寬剩錢」，用其錢募人代役。既試用其法於開封府，遂推行於諸路。

目　司馬光言：「上等戶自來更互充役，有時休息；今使歲出錢，是常無休息之期。下等戶及單丁、女戶從來無役；今盡使之出錢，是鰥寡孤獨之人俱不免役。夫力者，民之所生而有；穀帛者，民可耕桑而得；至於錢者，縣官之所鑄，不敢指斥天子，故稱縣官。民之所不得私爲也。今有司立法，惟錢是求，歲豐則民賤糶其穀，歲凶則伐桑棗、殺牛、賣田得錢以輸，民何以爲生乎！此法卒行，富室差得自寬，貧者困窮日甚矣！」帝不聽。

綱鑑易知錄卷七一

宋紀

神宗皇帝

綱 辛亥，四年，（一〇七一）春正月，韓絳使种諤襲夏人，絳復以諤爲鄜延鈐轄，知青澗城。襲夏人於囉兀。敗之，遂城囉兀。（在今陝西米脂縣西北。）

綱 粥廣惠倉田。粥同鬻。

目 廣惠倉田，本絕戶業以賑濟者也。王安石請粥之，以爲河北東、西、陝西、京東四路青苗本錢，詔從之。

綱 二月，更定科舉法，專以經義、論策試士。

目 初，上篤意經學，深憫貢舉之弊，且以西北人材多不在選，遂議更法。王安石言於帝曰：「進士科試詩賦，亦多得人。然士少壯時正當講求天下正理，乃閉門學作詩賦，及其入官，世事皆所未習。此科法敗壞人材，致不如古。」既而中書門下言：「今欲追復古制，則患於無漸，宜先除去聲律偶對之文，使學者得專意經術，以俟朝廷興建學校，然後講求三代所以教育、選舉之法，施之天下，則庶幾可以復古矣。」於是改法，罷詩賦，士各占治易、詩、

更定科舉法

罷詩賦

試四場
殿試分五等

書、周禮、禮記一經，兼論語、孟子。每試四場，初本經，次兼經大義，凡十道；次論一首，次策三道；禮部試卽增二道。其殿試則專以策。分五等：第一等、二等賜進士及第，第三等賜進士出身，第四等賜同進士出身，第五等賜同學究出身。

綱　三月，夏人陷撫寧諸城。（撫寧城，在今陝西米脂縣西北。）詔安置种諤于潭州。（治長沙縣，卽今湖南長沙市。）韓絳免。罷知鄧州。

綱　詔察奉行新法不職者。

目　陳留知縣姜潛，（陳留縣，在今河南開封市東南。）到官才數月，青苗令下，潛卽榜於縣門，又移之鄉村，各三日，無人至。遂撤榜付吏曰：「民不願矣！」卽移疾去。移文稱疾。山陰知縣陳舜俞上書極論新法，（山陰縣，卽今浙江紹興市。）謫監南康軍鹽酒稅。（南康軍，卽今江西南康縣。）至是，復上書言：「青苗法實便，初迷不知爾！」識者笑之。

綱　夏四月，以司馬光判西京留臺。

目　光在永興，（治長安城，在今陝西西安市境。）以言不用，乞判西京留臺，（西京卽洛陽。）不報。又上疏曰：「臣之不才，最出羣臣之下，先見不如呂誨，公直不如范純仁、程顥，敢言不如蘇軾、孔文仲，勇決不如范鎭。今陛下唯安石是信，附之者謂之忠良，攻之者謂之讒慝。臣今日所言，陛下之所謂讒慝者也。若臣罪與范鎭同，卽乞依鎭例致仕；若罪重於鎭，或竄或誅，所不敢逃！」久之，乃從其請。光旣歸洛，自是絶口不復論新法。

綱 以鄧綰爲侍御史，判司農寺。

目 初，綰通判寧州，（治安定縣，在今甘肅寧縣東南。）知王安石得君專政，乃條上時事數十，以爲「宋興百年，習安玩治，當事更化。」且言「陛下得伊、周之佐，作青苗、免役等法，民莫不歌舞聖澤，願勿移以浮議而堅行之。」復貽安石書，極其佞諛。由是安石力薦於帝，遂驛召對，帝問：「識王安石、呂惠卿否？」綰對曰：「不識也。」帝曰：「安石，今之古人；惠卿，賢人也。」退見安石，欣然如素交。或問：「君今當作何官？」綰曰：「不失爲館職。」「得無爲諫官乎？」明日果除集賢校、理檢正中書孔目房。鄉人在都者皆笑且罵，綰曰：「笑罵從他笑罵，好官還我爲之！」尋同知諫院。時新法皆出司農，曾布不能獨任其事，安石欲藉綰以威衆，故有是命。

綱 五月，右諫議大夫呂誨卒。

目 誨以疾表求致仕，曰：「臣本無宿疾，偶值醫者用術乖方，妄投藥劑，寖成風痹，（痹音祕。風痹，脚冷溼病。）遂艱行步，非祇憚跛戾之苦，（足掌曰跛，音職。跛戾，言足跛反戾不可行也。漢書賈誼傳：「病非徒瘇也，又苦跛盭。」）又將虞心腹之變。勢已及此，爲之奈何！」蓋以身疾喻朝政也。至是，病亟。司馬光往省之，至則目已瞑，聞光哭，張目強視曰：「天下事尚可爲，君實勉之！」（司馬光字君實。）遂卒。

綱 罷知開封府韓維。

笑罵從他笑罵

呂誨卒

目　保甲法行，維時知開封，上言：「諸縣團結保甲，鄉民驚擾，至有截指斷腕以避丁者，乞候農隙排定。」帝以問安石，安石對曰：「此固未可知，就令有之，亦不足怪。」帝曰：「民言合而聽之，則理亦不可不畏也。」安石對曰：「爲天下者，如止欲任民情所願而已，則何必立君而爲之張官置吏也！大抵保甲法不特除盜，固可漸習爲兵，且省財費。惟陛下果斷，不恤人言以行之。」帝遂變河東、北、陝西三路義勇如府畿保甲法。安石由此益惡維。帝欲命維爲御史中丞，維以兄絳居政府，力辭。安石因言：「維善附流俗以非上所建立，乞允其請。」會文彥博求去，帝曰：「密院事劇，當除韓維佐卿。」明日維奏事殿中，以言不用，力請外郡，乃出知襄州。（治襄陽縣，即今湖北襄樊市。）

王安石惡留歐陽脩

綱　六月，知蔡州歐陽脩致仕。（蔡州治汝陽縣，即今河南汝南縣。）

目　脩以風節自持，既連被汚衊，衊音滅。衊亦汚也。年六十，即乞謝事。及守青州，（治益都縣，即今山東益都縣。）上疏請止散青苗錢。帝欲復召執政，王安石力詆之，乃徙蔡州，至是求歸益切。馮京請留之，安石曰：「脩附麗韓琦，以琦爲社稷臣。如此人在一郡則壞一郡，在朝廷則壞朝廷，留之安用！」乃以太子少師致仕。

貶富弼官

綱　貶富弼官，徙知汝州。（治梁縣，即今河南臨汝縣。）

目　弼判亳州，（治譙縣，即今安徽亳縣。）青苗法行，弼謂：「如是則財聚於上，人散於下。」持不行。提舉官趙濟劾弼沮格詔旨，鄧綰乞付有司鞫治，鞫音菊，推窮罪也。乃落弼使相，

（節度使兼同平章事曰使相。）以左僕射移判汝州。弼行過應天，（即宋州，治宋城縣，在今河南商丘市南。）謂判府張方平曰：「人固難知也。」方平曰：「謂王安石乎？亦豈難知者！方平頃知皇祐貢舉，皇祐，仁宗年號。或稱其文學，辟以考較，辟音壁，舉也。既至，院中之事皆欲紛更。方平惡其爲人，檄之使出，檄，移文也。自是未嘗與語。」弼有愧色，蓋弼亦素喜安石也。

綱 秋七月，貶御史中丞楊繪知鄭州，監察御史裏行劉摯監衡州鹽倉。（衡州治臨蒸縣，即今湖南衡陽市。）

目 時賢士多引去，以避王安石。繪上疏言：「老成人不可不惜。當今舊臣，多引疾求去，范鎮年六十有三，呂誨年五十有八，歐陽脩年六十有五而致仕，富弼年六十有八而引疾，司馬光、王陶皆五十而求散地，陛下可不思其故乎！」安石聞而深惡之。

摯爲安石所器，拜監察御史裏行。始就職，卽奏言：「陛下有勸農之志，今變而爲煩擾；陛下有均役之意，今倚以爲聚斂。天下有喜於敢爲，有樂於無事，彼以此爲流俗，此以彼爲亂常，此風寖成，漢、唐黨禍必起矣。」因陳率錢助役十害。繪又言助役之難行者有五。於是安石大怒，使知諫院張璪取繪、摯所論助役十害、五難行之事，作十難以詰之，璪辭不爲。曾布請爲之，既作十難，且劾繪、摯欺誕懷向背；詔下其疏於繪、摯，使各言狀。繪錄前後四奏以自辨，摯奮然曰：「爲人臣，豈可壓於權勢，使天子不知利害之實！」卽條對所難以伸其說，不報。

貶楊繪劉摯

老成人不可不惜

漢唐黨禍必起
張璪辭作十難

劉摯疏

明日，復上疏曰：「陛下夙夜勵精以親庶政，天下未致於安且治者，誰致之邪？陛下注意以望太平，而自以太平爲己任得君專政者是也。二三年間，開闔搖動，舉天地之內，無一民一物得安其所者。其議財，則市井屠販之人皆召至政事堂；其征利，則下至曆日而官自粥之。推此以往，不可究言。輕用名器，淆混賢否。忠厚老成者，擯之爲無能；俠少儇辯者，（儇音喧。）取之爲可用；守道憂國者，謂之流俗；敗常害民者，謂之通變。凡政府謀議經畫，除用進退，獨與一掾屬曾布者論定，（掾屬，官屬也。）然後落筆，同列與聞，反在其後；故奔走乞丐之人，布門如市。今西夏之款未入，反側之兵未安，三邊瘡痍，流潰未定，河北大旱，諸路大水，民勞財乏，縣官減耗。聖上憂勤念治之時，而政事如此，皆大臣誤陛下，而大臣所用者誤大臣也。」疏奏，安石欲竄摯嶺外，（大庾嶺以外，謂今廣東、廣西等地。）帝不許，詔貶繪知鄭州，（治管城縣，即今河南鄭州市。）謫摯監衡州鹽倉。繹亦落職。

綱　八月，以王雱爲崇政殿說書。雱音滂。

目　雱，安石子也。爲人慓悍陰刻，（慓音飄，悍音翰，很急也。）無所顧忌。性敏甚，未冠已著書數十萬言。舉進士，調旌德尉。（旌德縣，即今安徽旌德縣。）雱氣豪，睥睨一世，（睥音譬，睨音詣，邪視也。）不能作小官。安石執政，所用多少年，雱亦欲預選，乃與父謀曰：「執政子雖不可預事，而經筵可處。」安石欲帝知而自用，乃以雱所作策及注道德經鏤版鬻於市，（鏤，刻也。）遂傳達於帝，鄧綰、曾布又力薦之。召見，除太子中允、崇政殿說書。

王雱稱商鞅爲豪傑之士

安石更張政事，雱實導之。常稱商鞅爲豪傑之士，且言不誅異議者則法不行。安石一日與程顥語，雱囚首跣足，（跣足，赤足也。）攜婦人冠以出，問父所言何事？曰：「以新法爲人所沮，故與程君議之。」雱大言曰：「梟韓琦、富弼之首於市，則法行矣。」安石遽曰：「兒誤矣！」顥曰：「方與參政論國事，子弟不可預，姑退。」雱不樂。

綱　命王韶主洮、河安撫司事。（洮州治臨潭縣，即今甘肅臨潭縣。河州治枹罕縣，在今甘肅臨夏市境。）

綱　冬十月，以鮮于侁爲利州轉運副使。（利州治緜谷縣，即今四川廣元縣。）

目　初，詔監司各定所部助役錢數。利州路轉運使李瑜欲定四十萬。侁時爲判官，爭之曰：「利州民貧地瘠，半此可矣。」瑜不從，遂各爲奏。帝是侁議，諭司農曾布，使頒以爲式，因黜瑜而擢侁副使，兼提舉常平。侁既爲副使，部民不請青苗錢，安石遣吏詰之，侁曰：「青苗之法，願取則與。民自不願，豈能強之哉！」蘇軾稱侁上不害法，中不廢親，下不傷民，以爲三難。

立太學生三舍法

綱　立太學生三舍法。

目　帝垂意儒學，因言者論太學假錫慶院西北廊甚湫隘，乃盡以錫慶院及朝集院西廡廣太學。增直講爲十員，率二員共講一經。生員釐爲三等：始入太學爲外舍，定額爲七百人；外舍升內舍，員三百；內舍升上舍，員百。各執一經，從所講官受學，月考試其業，優等以次升舍。

綱　壬子，五年，（一〇七二）春正月，置京城邏卒，邏，巡也。察謗時政者。

綱　二月，以蔡挺爲樞密副使。

蔡挺

目　挺知渭州，（治襄武縣，在今甘肅隴西縣西。）甲兵整習，常若寇至，故多立功效。然譎智深險，在位歲久，鬱鬱不得志，寓意詞曲，有「玉關人老」之句，中使至，使優伶歌之，傳達禁中。帝聞而愍之，故有是命。

玉關人老

綱　三月，判汝州富弼致仕。

目　弼至汝州兩月，卽上言：「新法臣所不曉，不可以治郡，願歸洛養疾。」許之。遂請老，復授司空、使相，使致仕。弼雖家居，朝廷有大利害，知無不言。帝雖不盡用，而眷禮不衰。嘗因王安石有所建明，（帝）却之曰：「富弼手疏稱『老臣無所告訴，但仰屋竊歎』者，卽當至矣。」其敬之如此。

綱　行市易法。

行市易法

目　自王韶倡爲緣邊市易之說，王安石善之，以爲與漢平準法同，（漢武帝置平準，貴卽賣之，賤卽買之，使富商大賈無所取利，物不騰貴。）可以制物低昂而均通之，遂用草澤魏繼宗議，以內藏庫錢帛置市易務於京師。凡貨之可市及滯於民而不售者，售音酬，賣物也。平其價市之，願以易官物者聽。若欲市於官者，則度其田宅或金帛爲抵當而貸之錢，責期使償，半歲輸息十一，及歲倍之；過期不輸，息外每月更加罰錢。以戶部判官呂嘉問爲提舉。

行保馬法

綱 夏五月，行保馬法。

目 王安石建保甲養馬之法，文彥博、吳充以爲不便，安石持論益堅。乃詔曾布等上其條約，保甲願養馬者戶一匹，物力高願養二匹者聽，皆以監牧見馬給之，或官與其直，（直，價也。）令自市。先行於開封府及陝西五路。歲一閱其肥瘠，死病者補償。三等以上，十戶爲一保，四等以下，十戶爲一社，以待病斃補償者。保戶馬死，保戶獨償；社戶馬死，社戶半償之。其後遂徧行於諸路。

綱 王安石求去位，帝不許。

綱 秋閏七月，以章惇爲湖北察訪使。

目 時帝思用兵以威四夷。湖北提點刑獄趙鼎上言「峽州峒酋刻剝無度，（峽州治夷陵縣，即今湖北宜昌市。）蠻衆願內附。」辰州布衣張翹，（辰州治沅陵縣，即今湖南沅陵縣。）亦上書言南北江利害。遂詔中書檢正官章惇察訪荆湖北路，經制蠻事。（荆湖北路治荆州城，即今湖北江陵縣。）

綱 八月，王韶擊吐蕃，（吐蕃即今西藏。）敗之，遂城武勝。建爲鎭洮軍。（武勝城，在今甘肅臨潭縣境。）

工師造屋之喻

目 初，詔言：「措置洮、河只用回易息錢，未嘗輒費官本。」文彥博曰：「工師造屋，初必小計，冀人易於動工。及既興作，知不可已，乃方增多。」帝曰：「屋壞豈可不修！」王安石曰：「主者善計，自有忖度，豈爲工師所欺也！」彥博不復敢言。由是詔進討，輒肆欺誕，朝廷不與計財。

綱 觀文殿學士致仕歐陽脩卒。

歐陽脩五代史

目 是歲有詔求脩所撰五代史，而脩卒矣。脩天資剛勁，見義勇爲，平生與人，盡言無隱，獎引後進，如恐不及，賞識之下，率爲聞人。及在政府，士大夫有所干請，輒面諭可否，雖臺諫論事，亦必以是非詰之，怨誹益衆。自五代以來，文體卑弱。脩遊隨州，（治隨縣，即今湖北隨縣。）得唐韓愈遺稾，讀而心慕之，苦心探賾，賾音宅，雜也。易繫辭上傳：「探賾索隱，鉤深致遠。」坐忘寢食，遂以文章名冠天下，學者翕然師尊之。謚文忠。

綱 貶唐坰爲潮州別駕。（潮州治海陽縣，即今廣東潮州市。）

唐坰廷劾王安石

目 坰嘗上書言：「秦二世制於趙高，乃失之弱，非失之彊。」帝悅其言。又言：「青苗法不行，宜斬大臣異議如韓琦者數人。」王安石尤喜之，薦使對，賜進士出身，爲崇文校書。安石復令鄧綰舉爲御史，遂除太子中允。將用爲諫官，安石疑其輕脫，將背己立名，不除職，以本官同知諫院，非故事也。

坰果怒安石易己，凡奏二十疏論時事，皆留中不出。坰乃因百官起居日，扣陛請對，帝令諭以他日，坰伏地不起，遂召升殿。坰至御座前，進曰：「臣所言皆大臣不法，請對陛下一一陳之。」乃搢笏展疏，目安石曰：「王安石近御座聽劄子！」安石遲遲，坰訶曰：訶同呵。「陛

頒方田均稅法

下前猶敢如此，在外可知！」安石竦然而進。坰大聲宣讀，凡六十條，大抵言「安石專作威福，曾布表裏擅權，天下但知憚安石，不復知有陛下。文彥博、馮京知而不敢言，王珪曲事安石，無異廝僕。」且讀且目珪，珪慚懼，俯首先降。又言：「薛向、陳繹，安石頤指氣使，無異家奴；張璪、李定爲安石爪牙；張商英乃安石鷹犬。」至詆安石爲李林甫、盧杞。李林甫，唐玄宗朝姦相。盧杞，唐德宗朝姦相。帝屢止之，坰慷慨自若，略不退懾。讀已，下殿再拜而退。侍臣衞士相顧失色，閤門糾其瀆亂朝儀，貶潮州別駕。

綱 頒方田均稅法。

目 帝患田賦不均，詔司農重定方田及均稅法，頒之天下。方田之法，以東西南北各千步，當四十一頃六十六畝一百六十步爲一方。歲以九月，縣委令佐分地計畫，隨陂原、平澤而定其地，因赤淤、黑壚而辨其色。方量畢，以地及色參定肥瘠，而分五等以定其稅則。至明年三月畢，揭以示民。一季無訟，即書戶帖，連莊帳付之，以爲地符。均稅之法，縣各以其租額稅數爲限。舊嘗收蹙奇零，如米不及十合而收爲升，絹不滿十分而收爲寸之類，今不得用其數均攤增展，致溢舊額，凡越額增數皆禁。若瘠鹵不毛，及衆所食利山林、陂塘、溝路、墳墓，皆不立稅。凡田方之角，立土爲峰，植其野之所宜木以封表之，有方帳，有莊帳，有甲帳，有戶帖。其分烟析產、典賣割移，官給契，縣置簿，皆以今所方之田爲正。令既具，乃以鉅野縣尉王曼爲指教官，曼音曼。（鉅野縣，即今山東鉅野縣。）先自京東路行之，諸路倣焉。

綱 九月，少華山崩。其下地裂，陷居民數百戶。（少華山，在今陝西渭南縣東南，與太華山相接。）

綱　冬十二月，以陳升之爲樞密使。

綱　癸丑，六年，（一○七三）春二月，王韶克河州。

目　獲木征妻子。木征，唃廝囉之孫。

綱　三月，置經義局。

目　訓詩、書、周禮義，以王安石提舉，呂惠卿、王雱同脩撰。帝欲召程顥預其事，安石不可。

綱　夏四月，文彦博罷。

目　彦博久居樞密，以王安石多變舊典，言於帝曰：「朝廷行事，務合人心，宜兼采衆論，以靜重爲先。陛下勵精求治，而人心未安，蓋更張之過也。祖宗法，未必皆不可行，但有偏而不舉之弊爾。」及市易司立，至果實亦官監賣，彦博以爲損國體，斂民怨，致華嶽山崩，爲帝極言之。安石曰：「華山之變，殆天意爲小人發。市易之起，自爲細民久困，以抑兼并爾，於官何利焉！」彦博求去益力，遂以司空、河東節度使判河陽，（河東節度使治并州城，在今山西太原市東北。河陽，在今河南孟縣西。）徙大名府。（即今河北大名縣。）身雖在外，而帝眷有加。

綱　置律學。

目　詔士之蒞官，以法從事。今所習非所學，宜置律學，命官、舉人皆得入學習律令。

綱　六月，知南康軍周敦頤卒。

置經義局

文彦博罷

置律學

周敦頤卒

目 敦頤，道州營道人。（營道縣，即今湖南道縣。）初因舅鄭向，任爲分寧主簿，（分寧縣，即今江西修水縣。）有獄久不決，敦頤至，一訊立辨。邑人驚曰：「老吏不如也。」調南安司理，（南安軍即今江西大庾縣。）有囚，法當不死，轉運使王逵欲深治之。敦頤力與辯，逵不聽，敦頤委手版，笏也。將棄官去，曰：「如此，尚可仕乎！殺人以媚人，吾不爲也。」逵悟，囚得釋。調桂陽令，（桂陽縣，即今湖南汝城縣。）改知南昌，（即今江西南昌市。）富家、大姓、黠吏、惡少惴惴焉，（黠，狡也。）不獨以得罪爲憂，而又以汙穢善政爲恥。歷知南康軍，年五十七而卒。

太極圖易通

敦頤博學力行，著太極圖、易通，明天理之根源，究萬物之終始，言約而道大，文質而義精，得孔、孟之本原，大有功於學者。

程顥程頤受業

吟風弄月

爲南安司理時，通判程珦以其學爲知道，使二子顥、頤往受業。敦頤每令尋孔、顏樂處，所樂何事。顥嘗曰：「自再見周茂叔後，（敦頤字茂叔。）吟風弄月以歸，有『吾與點也』之意。」侯師聖學於程頤，未悟，因見敦頤。敦頤留與對榻夜談，越三日乃還。程頤驚異之，曰：「非從周茂叔來邪？」其善開發人類此。

濂溪先生

既至南康，即築室於蓮花峯下。（蓮花峯，在今江西九江市南，廬山之一峯。）前有溪合於湓江，（在今江西九江市南。）取營道所居濂溪以名之，（濂溪，在今湖南道縣城西。）學者稱爲濂溪先生。

綱 大蝗。

綱 秋九月，初策武舉之士。

破走吐蕃

綱　吐蕃木征復入河州，王韶破走之，遂取岷、宕、洮、疊四城。（岷州治溢樂縣，即今甘肅岷縣。宕州治懷道縣，在今甘肅岷縣西南。洮州治臨潭縣，即今甘肅臨潭縣。疊州治合川縣，在今青海西寧市西北。）帝御殿受賀。解所服玉帶賜王安石，進韶左諫議大夫、端明殿學士。

收免行錢

綱　收免行錢。京師百物有行，官司所須俱以責辦。

擊南江蠻

綱　冬十月，章惇擊南江蠻，平之。置沅州。（治盧陽縣，即今湖南芷江縣。）

行折二錢

綱　行折二錢。

綱　甲寅，七年，（一〇七四）春三月，遼使人來議疆事，遣太常少卿劉忱報之。

目　遼以河東路沿邊增脩戍壘，起鋪舍，侵入蔚、應、朔三州界內，（蔚州治安邊縣，在今河北蔚縣西南。應州治金城縣，在今山西山陽縣東北。朔州治善陽縣，即今山西朔縣。）使林牙蕭禧來言，乞行毀撤，別立界至。禧歸，帝面諭以「三州地界，俟遣官與北朝官即境上議之。」遂詔忱如遼。遼遣樞密副使蕭素會忱於代州境上。（代州治鴈門縣，在今山西原平縣東北。）

韓琦上疏

詔下樞密院議，且手詔判相州韓琦、司空富弼、判河南府文彥博、判永興軍曾公亮條代北事宜以聞。（相州治安陽縣，即今河南安陽市。）琦言：「臣觀近年朝廷舉事，似不以大敵爲卹，（卹同恤。）彼見形生疑，必謂我有復燕之意，（燕即幽州，遼都，在今北京市境內。）故引先發制人之說造爲釁端。所以致疑，其事有七：

致契丹疑事有七

招高麗朝貢，高麗爲遼所阻，不通中國者四十三年，熙寧四年五月高麗王徽遣其民官侍郎金悌等由登州入貢，自是與中國復通，聘貢相繼。一也；取吐蕃之地建熙河，熙寧五年十月置熙

權罷新法

自去秋七月不雨至夏四月

河路，領熙、河、洮、岷州、通遠軍，升鎮洮軍爲熙州，以王韶爲經略安撫使。二也；植榆柳於西山以制蕃騎，三也；團保甲，四也；築河北城池，五也；置都作院，頒弓矢新式，六也；置河北三十七將，七也。契丹素爲敵國，因事起疑，不得不然。臣嘗竊計，始爲陛下謀者，必曰治國之本，當先聚財、積穀，募兵於農，則可以鞭笞四夷。故散青苗錢，爲免役法，置市易務，次第取錢，新制日下，更改無常，而監司督責以刻爲明。今農怨於畎畝，商歎於道路，長吏不安其職，陛下不盡知也。夫欲攘斥四夷以興太平，而先使邦本困搖，衆心離怨，此則爲陛下始謀者大誤也。臣今爲陛下計，宜遣報使，具言向來興作，乃脩備之常，疆土素定，悉如舊境，不可持此造端，以隳累世之好。隳音灰。可疑之形，如將官之類，因而罷去。益養民愛力，選賢任能，使天下悅服，邊備日充，若其果自敗盟，則可一振威武，恢復故疆，攄累朝之宿憤矣。」攄音樞，舒也。弼、彥博、公亮亦皆有言，大抵度上以虜爲憂，故深指時事云。

綱 大旱，詔求直言。夏四月，權罷新法；雨。

目 自去秋七月不雨至夏四月，帝憂形於色，欲盡罷法度之不善者。王安石曰：「水旱常數，堯、湯不免。堯洪水爲患，湯大旱七年。但當脩人事以應之。」帝曰：「朕所以恐懼者，正謂人事之未脩爾！今取免行錢太重，人情咨怨，自近臣以至后族，無不言其害者。」馮京曰：「臣亦聞之。」安石曰：「士大夫不逞者以京爲歸，故京獨聞此言，臣未之聞也！」翰林學士韓維言：「陛下損膳避殿，乃舉行故事，恐不足以應變。當痛自責己，廣求直言。」帝卽命維草詔行之。

鄭俠報王安石

初，光州司法參軍鄭俠，（光州治定城縣，卽今河南潢川縣。）爲安石所奬拔，感其知己，思欲盡忠。及滿秩入京，安石問以所聞，俠曰：「青苗、免役、保甲、市易數事，與邊鄙用兵，在俠心不能無區區也。」安石不答。久之，監安上門。（汴京城門。）會歲饑，征斂苛急，東北流民，每風沙霾曀，（霾音埋，曀音意。霾，雨土蒙霧也。陰而風曰曀。詩邶風「終風且霾」，又：「終風且曀。」）扶攜塞道，羸疾愁苦，身無完衣，或茹木實草根，（茹，食也。）至身被鎖械，而負瓦揭木，（揭音傑，亦負也。）賣以償官，累累不絕。

鄭俠流民圖

乃繪所見爲圖，奏疏詣閤門，不納，遂假稱密急，發馬遞，上之銀臺司，且云：「旱由安石所致。去安石，十日不雨，卽乞斬臣宣德門外，以正欺君之罪。」疏奏，帝反覆觀圖，長吁數四，袖以入內。是夕，寢不能寐。翌日，命開封體放免行錢，三司察市易，司農發常平倉，三衞具熙河所用兵，諸路上民物流散之故，青苗、免役，權息追呼，方田、保甲並罷，凡十有八事，民間讙呼相賀。是日，果大雨，遠近沾洽。

復行新法

綱 下監安上門鄭俠獄，復行新法。

目 輔臣入賀雨。帝示以俠所進圖狀，且責之。皆再拜，安石上章求去，外間始知所行之由。羣姦切齒，遂以俠付御史，治其擅發馬遞罪。呂惠卿、鄧綰言於帝曰：「陛下數年忘寢與食，成此美政，天下方被其賜，一旦用狂夫之言，罷廢殆盡，豈不惜哉！」相與環泣於帝前。於是新法一切如故，惟方田暫罷。

綱 吐蕃木征圍河州，王韶擊降之。韶送木征赴京師，帝大喜，以木征爲營州團練使，賜姓名趙思忠。

綱 王安石免。以韓絳同平章事，呂惠卿參知政事。

目 安石執政六年，更法度，開邊疆，老成正士，廢黜殆盡，儇慧少年，儇音喧。超擢用事，天下怨之，而帝倚任益專。太皇太后嘗乘閒語帝曰：「祖宗法度，不宜輕改。吾聞民閒甚苦青苗、助役，宜罷之。」帝曰：「此以利民，非苦之也。」后又曰：「安石誠有才學，然怨之者甚衆，欲保全之，不若暫出之於外。」帝曰：「羣臣惟安石爲國家當事。」時帝弟岐王顥在側，（岐即岐州，治雍縣，在今陝西鳳翔縣南。）因進曰：「太后之言，至言也，不可不思。」帝怒曰：「是我敗壞天下邪？汝自爲之！」顥泣曰：「何至是邪！」皆不樂而罷。久之，太后流涕謂帝曰：「安石亂天下，奈何？」帝始疑之。及鄭俠疏進，安石不自安，遂求去位，帝再四勉留，安石請益堅，乃以觀文殿大學士知江寧府。（治江寧縣，即今江蘇南京市。）呂惠卿使其黨變姓名日投匭留之，（匭以銅爲之，如匣，用以受密奏者。）安石感其意，因乞韓絳代己而惠卿佐之，帝從其請。二人守其成規不少失，時號絳爲「傳法沙門」，惠卿爲「護法善神」。

綱 初榷蜀茶。

綱 五月，罷制科。

綱 三司使曾布、提舉市易司呂嘉問免。呂惠卿劾布等沮新法，出布知饒州，嘉問亦出知常州，以章惇爲三司使。

綱　六月，作渾儀、浮漏成。浮漏，銅壺漏刻也，提舉司大監沈括始制渾儀、景表、五壺浮漏，至是成，以括爲右正言。

綱　秋七月，立手實法。

目　時免役出錢或未均，呂惠卿用其弟曲陽尉和卿計，創手實法。其法，官爲定物價，使民各以田畝、屋宅、資貨、畜産隨價自占。非用器、食粟而輒隱落者許告，有實，以三分之一充賞。詔從其言，於是民家尺椽寸土，檢括無遺，至於雞豚亦徧鈔之，民不聊生。

綱　冬十月，置三司會計司。

綱　十二月，以王韶爲樞密副使。

綱　乙卯，八年，（一〇七五）春正月，蔡挺罷。

綱　竄鄭俠于英州，（治須陽縣，即今廣東英德縣。）罷參知政事馮京，放祕閣校理王安國于田里。

目　俠上疏論呂惠卿朋姦壅蔽，仍取唐魏徵、姚崇、宋璟、李林甫、盧杞傳爲兩軸，題曰正直君子邪曲小人事業圖迹，在位之臣與之暗合者，各以其類，復爲書獻之，且薦馮京可相。惠卿奏爲謗訕，令中丞鄧綰、知制誥鄧潤甫治之，遂編管俠於汀州。

御史臺吏楊忠信謁俠曰：「御史緘默不言，而君上書不已，是言責在監門，俠監安上門。而臺中無人也。」取懷中名臣諫疏二帙授俠曰：「以此爲正人助。」

作浮漏成

立手實法

置三司會計司

取唐相傳爲兩軸

王安國素與鄭俠善

京在政府，常與惠卿爭辨，而王安石弟安國素與俠善。侍御史張璪承惠卿旨，劾京與俠交通有迹。時俠已行，惠卿遂令奉禮郎舒亶往捕，遇於陳州，（治宛丘縣，即今河南淮陽縣。）搜其篋，篋音怯。得所錄名臣諫疏，有言新法事及親朋書尺，悉按姓名治之。獄成，惠卿欲致俠以死，帝曰：「俠所言，非爲身也，忠誠亦可嘉，豈宜深罪！」但徙英州。京罷政，出知亳州。安國奪祕閣校理，放歸田里。

初，安國仕西京國子教授，秩滿至京師。帝以安石故，特召對，問曰：「漢文帝何如主？」安國對曰：「三代以後未有也。」帝曰：「但恨其才不能立法更制耳。」安國對曰：「文帝自代來入未央宮，定變故俄頃呼吸閒，恐無才者不能。至用賈誼言，待羣臣有節，專務以德化民，海內興於禮義，幾致刑措，則文帝加有才一等矣。」帝曰：「王猛佐苻堅，以蕞爾國而令必行。蕞音萃。蕞爾，小貌。今朕以天下之大，不能使人，何也？」曰：「猛教堅以峻刑法殺人，致秦祚不傳世。今刻薄小人必有以是誤陛下者，願專以堯、舜、三代爲法，則下豈有不從者乎！」帝又問：「卿兄秉政，外論謂何？」安國對曰：「恨知人不明，聚斂太急爾！」帝不悅，由是止授崇文院校書，尋改祕閣校理。安國屢以新法之弊力諫安石，又嘗以佞人目惠卿，故惠卿銜之。銜音鹹，恨也。

王安石復相

綱 二月，復以王安石同平章事。

目 初，呂惠卿迎合安石，建立新法，安石故力援引，驟至執政。惠卿既得志，忌安石復用，遂欲迎閉其途，凡可以害安石者無所不用其智。安石聞而怨之。時韓絳顓處中書，事多稽留不决，且數與惠卿爭論，度不能制，密請帝復用安石，帝從之。安石承命，卽倍道而進，七日至汴京。

沈括報遼

綱　二月，遼人復來議疆事。遣知制誥沈括報之。

目　劉忱與蕭素議不能决，虜初指蔚、朔、應三州分水嶺土壟爲界，田間高處曰壟。及忱與之行視，巡視也。無土壟，乃但云以分水嶺爲界。凡山皆有分水，虜意至時可以罔取也。相持久之。至是，遼主復遣蕭禧來致圖書，以忱等遷延爲言。乃命韓縝代忱等與遼使議。縝與禧爭辯或至夜分，禧執分水嶺之說不變，留館不肯辭，曰：「必得請而後反。」帝不得已，先遣知制誥沈括報聘。

沈括閲故牘得邊界

括詣樞密院閲故牘，得頃歲所議疆地書，指古長城爲分界，（長城，秦長城，在今山西靈武縣北。）今所爭乃黄嵬山，相遠三十餘里，表論之。帝喜曰：「大臣殊不究本末，幾誤國事。」乃賜括白金千兩，使行。

括至遼，遼相楊益戒與議，不能屈，謾曰：「數里之地不忍，而輕絶好乎？」括曰：「師直爲壯，曲爲老。今北朝棄先君之大信，以威用其民，非我朝之不利也。」凡六會，竟不可奪，乃還。括在道，圖其山川險易迂直，風俗淳龐，龐，雜也。人情向背，爲使契丹圖，上之。

沈括使契丹圖

綱　夏四月，以吳充爲樞密使。

綱　閏月，陳升之罷。

王安石上三經新義

王呂之怨益深

春秋爲斷爛朝報王安石字說

韓琦卒

割地畀遼

遂爲異日興兵之端

呂惠卿以罪免

綱 六月，王安石上三經新義，詔頒于學宮。

目 王安石等以所訓釋詩、書、周禮三經上進，帝謂之曰：「今談經者人人殊，何以一道德？卿所著經，其以頒行，使學者歸一。」遂頒於學宮，號曰三經新義。加安石左僕射，呂惠卿給事中，王雱龍圖閣直學士。雱辭新命，惠卿勸帝許之，由是王、呂之怨益深。新義既頒，一時學者無敢不傳習，主司純用以取士；先儒傳註，一切廢而不用。又黜春秋之書，不列學宮，至詆之爲斷爛朝報。安石又以字學久不講，後罷居金陵，（卽江寧府，見上。）作字說二十四卷以進，多穿鑿附會，其流入於佛、老云。

綱 司徒、侍中、魏公韓琦卒。（魏卽魏州大名府，今河北大名縣。）

目 琦卒前一夕，大星隕州治，（時琦在相州。）櫪馬皆驚。櫪音力，馬皁。帝自爲碑文，載琦大節，篆其首曰「兩朝顧命定策元勳」。兩朝，仁宗、英宗。贈尚書令，謚忠獻。後追封魏王。

綱 秋七月，詔韓縝如河東，割地以畀遼。

目 遼使爭議疆事不決。帝問於安石，安石勸帝曰：「將欲取之，必姑與之。」於是詔遣天章閣待制韓縝如河東，割新疆與之。至是，凡東西失地七百里，遂爲異日興兵之端。於分水嶺爲界，禧乃去。

綱 八月，韓絳免。絳以疾求罷，出知許州，而三司會計司亦罷。

綱 冬十月，呂惠卿有罪，免。

目　御史蔡承禧論惠卿姦惡，惠卿居家俟命，中丞鄧綰亦欲彌縫前附惠卿之迹以媚安石，安石子雱復深憾惠卿，遂諷綰發惠卿兄弟強借秀州華亭富民錢五百萬，惠卿弟和卿。（華亭即今上海市松江縣。）與知華亭縣張若濟買田共爲姦利事，置獄鞫之。惠卿竟罷，出知陳州。綰又論三司使章惇協濟惠卿之姦，出知湖州。（治烏程縣，即今浙江湖州市。）

綱　彗星見。詔求直言。罷手實法。

鄧綰請罷手實法

目　彗出軫。宿名。詔求直言，赦天下，詢政事之未協於民者。鄧綰言「凡民養生之具，日用而家有之，今欲盡令疏實，則家有告訐之憂，人懷隱匿之慮。商賈通殖貨利，交易有無，或春有之而夏已蕩析，或秋貯之而冬已散亡，公家簿書，何由拘錄，其勢安得不犯！徒使嚚訟者趨賞報怨，嚚音銀。嚚訟，謂口不道忠信之言，而惟務爭辯也。虞書堯典：「帝曰：『吁，嚚訟可乎！』」畏怯者守死忍困而已。」詔罷手實法。

綱　十一月，交阯大舉入寇，（交阯，國名，在今越南民主共和國北境。）陷欽、廉州。（欽州治欽江縣，在今廣東欽縣東北。廉州治合浦縣，在今廣東合浦縣東北。）

綱　十二月，以元絳參知政事，曾孝寬簽書樞密院事。

目　絳在翰林，諂事王安石，而安石嘗德曾公亮之助己，欲引公亮子孝寬於政地以報之，由是二人同升。

綱　罷直學士院陳襄。

陳襄請斥王安石等

陳襄薦司馬光等三十三人

目　襄，福州侯官人。（侯官縣在今福建福州市境。）舉進士，歷知仙居、河陽縣，（仙居縣，即今浙江仙居縣。）留意教化，進縣子弟於學。判府富弼奇之，及弼相，薦諸朝，累擢侍御史。上疏論青苗之害，曰：「臣觀制置司所議，莫非引經以爲言，而其實則稱貸以取利，是特管夷吾、商鞅之術。望貶斥王安石、呂惠卿以謝天下，罷韓絳以杜大臣爭利而進者。」不聽。乃請外，帝惜其去，留脩起居注。安石屢欲出之，帝不許。三遷直學士院，帝嘗訪人才之可用者，襄以司馬光、韓維、呂公著、蘇頌、范純仁、蘇軾等三十三人對。安石益惡之，摘其書詔小失，摘音惕，挑也。諷御史劾之，遂知陳州。

綱鑑易知錄卷七二

宋紀

神宗皇帝

綱　丙辰，九年，（一〇七六）春正月，交阯陷邕州，（交阯即今越南北部地。邕州治宣化縣，即今廣西南寧市。）知州事蘇緘死之。

目　交人圍邕，知州蘇緘悉力拒守，外援不至，城遂陷。緘義不死賊手，命其家三十六人皆先死，藏尸於坎，乃縱火自焚。城中人感緘之義，無一人從賊者。於是交人盡屠其民，凡五萬八千餘口。事聞，詔贈緘奉國節度使，謚曰忠勇。

綱　章惇招降五溪蠻，惇使湖北提刑李平招降之。（五溪蠻，見卷二十一漢光武帝建武二十四年「馬援征武陵蠻」目及注。）遂城下溪州。賜名會溪。（下溪州，在今湖南辰溪附近。）

綱　二月，以郭逵爲安南招討使。

目　王安石聞欽、廉陷，不悅，會得交人露布，（露布，見卷五十四唐德宗興元元年「于公異作露布」注。）言中國作青苗、助役之法，窮困生民，今出兵欲相拯濟。拯音整，救也。安石怒，自草敕榜詆之，而以天章閣待制趙卨爲招討使，卨音屑。宦者李憲爲副，將兵討之。既而卨與李憲議事不合，帝因問卨「孰可代憲？」卨言：「逵老於邊事，願以爲使，而己副之。」帝從其言，仍詔占城、占臘合擊交阯。（占城即林邑國治，在今越南民主共和國南部。占臘即眞臘，即今柬埔寨。）

綱 秋七月，御史中丞鄧綰有罪，免。

目 呂惠卿既出守陳，（治宛丘縣，即今河南淮陽縣。）而張若濟之獄久不成，王雱令門下客呂嘉問、練亨甫共取鄧綰所列惠卿事雜他書下制獄，王安石不知也。省吏告惠卿於陳，惠卿以狀聞，且訟安石「盡棄所學，隆尚縱橫之末數，方命矯令，虞書：「方命圮族。」注：「方命，逆命而不行也。」蓋圓則行，方則止。圮，敗也。圮族，猶言敗類也。圮音痞。罔上要君。」要音邀。帝以狀示安石，安石謝無有，歸以問雱。雱言其情，安石咎之；雱忿，患疽發背死。帝頗厭安石所爲，綰慮安石去失勢，乃上書言宜錄安石子及壻，仍賜第京師。帝以語安石，安石曰：「綰爲國司直，而爲宰臣乞恩澤，極傷國體，當黜之！」帝以綰操心頗僻，賦性姦回，論事薦人，不循分守，斥知虢州。（治弘農縣，在今河南靈寶縣南。）

綱 八月，罷粥祠廟。粥同鬻。

目 司農粥祠廟於民，應天府閼伯、微子廟皆在粥中，閼伯，高辛氏之子，爲堯火正，堯遷之於商丘。左傳襄公九年，陶唐氏之火正閼伯居商丘。微子，周成王封微子啓於宋，以紹殷後。（應天府即宋州，治宋城縣，在今河南商丘市南。）判官劉摯歎曰：「一至於此！」往見判府張方平曰：「獨不能爲朝廷言之邪！」方平矍然，矍音覺，驚顧貌。託摯爲奏，曰：「閼伯遷商丘主祀炎火，爲國家盛德所乘；（宋太祖初

呂惠卿訟王安石

罷粥祠廟

劉摯奏

建國時，定國運以火德王，故云。）微子，宋始封之君，開國此地，亦本朝受命建號所因。（宋太祖初起於宋州，因國號宋。）又有雙廟，乃唐張巡、許遠，孤城死敗，（張巡、許遠事，並見卷五十唐玄宗天寶十五載。）能捍大患。今若令承買，小人規利，冗褻瀆慢，何所不爲，歲收微細，實傷國體，乞留此三廟以慰邦人崇奉之意。」疏上，帝大震怒，批牘尾曰：「慢神辱國，無甚於斯！」於是天下神廟皆得罷鬻。

綱　冬十月，王安石免，以吳充、王珪同平章事，馮京知樞密院事。

目　安石之再相也，屢謝病求去，及子雱死，尤悲傷不堪，力請解機務，帝益厭之，乃以使相判江寧府，（節度使兼同平章事稱爲使相。江寧府，即今南京市。）尋改集禧觀使。安石既退處金陵，往往寫「福建子」三字，蓋深悔爲呂惠卿所誤也。（呂惠卿，泉州人，泉州屬福建路。）

充子安持雖娶安石女，而充心不善安石所爲，數爲帝言新法不便。帝察充中立無與，及安石免，遂相之。充欲有所變革，乞召還司馬光、呂公著、韓維、蘇頌及薦孫覺、李常、程顥等數十人。

光自洛貽書充曰：「自新法之行，中外洶洶。民困於煩苛，迫於誅斂，愁怨流離，轉死溝壑，日夜引領，冀朝廷覺悟，一變敝法。今日救天下之急，當罷青苗、免役、保甲、市易，而息征伐之謀。欲去此五者，必先別利害，開言路，以悟人主之心。今病雖已深，猶未至膏肓，肓音荒。心下爲膏。肓，膈也。左傳成公十年，晉侯疾病，求醫於秦，秦伯使醫緩爲之。未至，公夢疾爲二豎子，曰：「彼

王安石免吳充王珪相

王安石悔爲呂惠卿誤

吳充乞召還司馬光等

司馬光貽書吳充

病猶未至膏肓

良醫也，懼傷我焉，逃之。」其一曰：「居肓之上，膏之下，若我何。」醫至，曰：「疾不可爲也。在肓之上，膏之下，攻之不可，達之不及，藥不至焉，不可爲也。」公曰：「良醫也。」失今不治，遂爲痼疾矣。」充不能用。呂惠卿告安石罪，發其私書有「無使上知」，及「勿令齊年知」之語。京與安石同年生，故云。帝以安石爲欺而賢京，故召用之。

綱 十二月，郭逵敗交阯兵于富良江，李乾德降。

宦者節制諸軍

綱 詔宦者李憲節制秦鳳、熙河諸軍。（秦鳳軍治秦州，即今甘肅天水市。熙河，熙河路，治熙州，即今甘肅臨洮縣。）

綱 丁巳，十年，（一〇七七）春二月。王韶免。

目 韶與王安石有隙，且以勤兵遠略，歸曲朝廷，帝亦不悅。數以母老乞歸，乃出知洪州。（治南昌縣，即今江西南昌市。）

綱 秋七月，河決澶州。（治濮陽縣，即今河南濮陽縣。）

邵雍卒

綱 九月，河南邵雍卒。（邵雍先爲范陽人，後居河南。河南，在今河南洛陽市境。）

目 雍天性高邁，迥出千古，而坦夷溫厚，不見圭角。時新法行，吏牽迫不可爲，或投劾去，投，上也。按罪曰劾。上狀自劾有過也。雍門生故友居州縣者或貽書訪之。雍曰：「此賢者所當盡力之時，新法固嚴，能寬一分則民受一分之賜矣，投劾何益邪！」程顥嘗與雍議論終日，退而歎曰：「堯夫內聖外王之學也。」（邵雍字堯夫。）雍知慮絕人，遇事能前知，程頤嘗曰：

內聖外王之學

程顥爲雍銘墓

「其心虛明，自能知之。」及疾病，司馬光、張載、顥、頤晨夕候之，卒年六十七。顥爲銘墓，稱雍之學純一不雜，汪洋浩大，就其所至而論之，可謂安且成矣。所著皇極經世、觀物內外篇、漁樵問對傳於世。元祐中賜謚康節。元祐，哲宗年號。

綱　冬十一月，同知太常禮院張載卒。

有得則識

目　載自崇文歸，（神宗熙寧二年，以張載爲崇文院校書，尋辭歸。）終日危坐一室，左右簡編，俯而讀，仰而思，有得則識之，識音至。或中夜起坐，取燭以書，其志道精思，未嘗須臾息也。敝衣蔬食，與諸生講學，每告以知禮成性，變化氣質之道，學必如聖人而後已。以爲知人而不知天，求爲賢人而不求爲聖人，此秦、漢以來學者大弊也。故其學以易爲宗，以中庸爲體，以孔、孟爲法，黜怪妄，辨鬼神。其家婚喪葬祭，率用先王之意，而傅以今禮。又論定井田學校之法，皆欲條理成書，使可舉而措諸事業。呂大防薦之，召同知太常禮院。以疾歸而卒，世稱橫渠先生，所著正蒙、西銘行於世。程頤言：「西銘明理一而分殊，擴前聖所未發，與孟子善養氣之論同功。」

橫渠先生

綱　戊午，元豐元年，（一〇七八）春閏正月，曾孝寬罷，以孫固同知樞密院事。

目　初，固與王安石議新法不合，出知眞定，（卽恆州，治眞定縣，卽今河北正定縣。）至是，帝思其先見，召用之。

綱　秋九月，以呂公著、薛向同知樞密院事。

目　公著在翰林，帝嘗以釋、老之事語之。公著曰：「堯、舜知此道乎？」帝曰：「堯、舜豈不知。」公著曰：「堯、舜雖知此，而惟以知人安民爲難，所以爲堯、舜也。」帝默然。向幹局絕人，尤善商財計，算無遺策，爲陝西轉運副使，八年改三司使。洮、河用兵，（洮州治臨潭縣，卽今甘肅臨潭縣。河州治枹罕縣，在今甘肅臨夏市境。）資用浩繁，向未嘗乏供給。用心至到，然不能不病民，王安石方尙功利，從中主之，雖御史有言不聽也，故益得展奮，由文俗吏得大用。

綱　冬，復置大理獄。

綱　己未，二年，（一〇七九）春二月，召程顥判武學，旣而罷之。

目　顥自知扶溝縣召判武學，（扶溝縣，卽今河南扶溝縣。）命下數日，李定、何正臣劾其「學術迂闊，趨向僻異，且新法之初，首爲異論」，復罷之。呂公著上疏言：「方朝廷修改法度之初，凡在朝野，孰無論議？陛下兼包，豈悉記錄。而小人賊害，指目未已，如顥者，陛下早自知之，其立身行己素有本末。昔在言路，謂爲御史。時有論列，皆辭意忠厚，不失臣子之體。兼所除武學，亦未爲仕宦要津，而小人斷斷必以爲不可者，斷斷，爭辯也。直欲深梗正路，其所措意非特一二人而已。」疏奏，不納，顥竟歸故官。

綱　夏五月，元絳罷，以蔡確參知政事。

目　確善觀人主意，與時上下。以王安石薦再調監察御史，因爲之用，知帝已厭安石，卽論安石乘馬入宣德門，與衞士競，以賈直。

文彥博言濬川杷非濬河之具。熙寧六年十月，外都水監丞王令圖以河北流閉已久，請開脩直河。王安石言於帝曰：「開直河則水勢分。其不可開者，以近河，每開數尺即見水，不容施功。今第見水，即以濬川杷濬之，苟置數千杷，則諸河淺澱皆非所患，歲可省開濬之費幾百千萬。」帝遣知制誥熊本行視，察視也。以文彥博言爲是。確遂論本附彥博，本坐罷，確因代其職，改知諫院，判司農事。覬欲得臺端，覬音記，希幸也。會太學生虞蕃訟博士受賄，確深探其獄，連引朝士，自翰林學士許將及元絳子耆寧以下皆逮繫，遂劾絳爲子有所屬，請出知亳州，（治譙縣，即今安徽亳縣。）確遂代其位。因論中丞鄧潤甫、御史上官均按獄失實，潤甫、均皆罷，而確得中丞，猶領司農。確自諫院爲參知政事，皆以起獄奪人位而居之，士大夫交口叱駡，而確自以爲得計也。吳充數爲帝言新法不便，欲稍去甚者。確曰：「曹參與蕭何有隙，至代爲相，一遵何約束。今陛下所自建立，豈容一人挾怨而壞之！」法遂不變。

蔡確皆以起獄奪人位

綱　冬十月，太皇太后曹氏崩。

目　帝事太后極誠孝，后亦慈愛天至。故事，外家男子毋得入謁；帝以后春秋高，數請召弟佾入見，久之乃許。及見，少頃，后謂佾曰：「此非汝所當得留。」趣遣出焉。趣同促。帝嘗有意於燕、薊，（燕、薊，謂石敬瑭割與契丹之燕、薊等十六州。）已與大臣定議，乃詣太后白其事。后曰：「事體至大。吉凶悔吝生乎動，吝，羞也。蓋吉凶相對，而悔吝居其中間，悔自凶而趨吉，吝自吉而向凶也。易繫辭下傳：「吉凶悔吝者，生乎動者也。」得之，不過南面受賀而已；萬一不諧，則生靈所繫，未易以言。苟可取之，太祖、太宗收復久矣，何待今日！」帝曰：「敢不受教。」

綱 下知湖州蘇軾獄，（湖州治烏程縣，即今浙江湖州市。）貶爲黃州團練副使。（黃州治黃崗縣，即今湖北黃崗縣。）

蘇軾以詩託諷

目 軾自徐徙湖，（徐州治彭城縣，即今江蘇徐州市。）上表以謝，又以事不便民者不敢言，以詩託諷，庶有益於國。中丞李定、御史舒亶擿其語以爲侮慢，（擿音惕，挑也。）因論軾「自熙寧以來，作爲文章，怨謗君父，交通戚里。」逮軾赴臺獄，詔定與知諫院張璪、御史何正臣、舒亶等雜治之。定等媒糵以爲誹謗時事，（媒糵猶言醞釀。）鍛鍊久之，且多引名士，欲寘之死。太皇太后曹氏違豫中聞之，謂帝曰：「嘗憶仁宗以制科得軾兄弟，喜曰：『吾爲子孫得兩宰相。』今聞軾以作詩繫獄，得非仇人中傷之乎？捃至於詩，（捃，摭也。）其過微矣，宜熟察之。」帝曰：「謹受教。」吳充申救甚力，帝亦憐之，會同脩起居注王安禮從容白帝曰：「自古大度之君，不以言語罪人。軾以才自奮，謂爵祿可立取，顧碌碌如此，其心不能無觖望。（觖音厥。觖望，怨望也。）今一旦致於理，（大理獄。）恐後世謂陛下不能容才。」帝曰：「朕固不深譴也，行爲卿貰之。（貰音射，赦也。）第去，勿漏言。軾方賈怨於衆，（賈音古。）恐言者緣以害卿也。」王珪復舉軾詠檜詩，曰「根到九泉無曲處，世間惟有蟄龍知」，以爲不臣。帝曰：「彼自詠檜爾，何預朕事。」軾遂得輕比。（比，例也。）舒亶又言：「駙馬都尉王詵輩公爲朋比，如盛僑、周邠固不足論，若司馬光、張方平、范鎮、陳襄、劉摯皆略能誦說先王之言，而所懷如此，可置而不誅乎！」帝不從，但貶

蘇軾詠檜詩

軾黄州團練副使，本州安置。弟轍及詵皆坐謫貶，張方平、司馬光、范鎮等二十二人俱罰銅。

初，鮮于侁爲京東轉運使，以王安石、呂惠卿當國，正人不得立朝，歎曰：「吾有薦舉之權，而所列非賢，恥也。」遂舉劉摯、李常、蘇軾、蘇轍、劉攽、范祖禹等。及知揚州，（治江都，即今江蘇揚州市。）會軾自湖赴獄，親朋皆絶與交，道出廣陵，即揚州。侁往見之，臺吏不許通，或曰：「公與軾相知久，其所往來文字書問宜焚之，勿留，不然且獲罪。」侁曰：「欺君負友，吾不忍爲。以忠義分譴，則所願也。」至是以舉吏，累謫主管西京御史臺。

鮮于侁薦劉摯等　不忍欺君負友

綱　庚申，三年，（一〇八〇）春正月，以章惇參知政事。三月，吴充罷。踰月卒。

綱　夏六月，詔中書詳定官制。詔祕書監劉几等定雅樂。

劉几定雅樂

綱　秋七月，孛出太微垣，詔羣臣直言闕失。

目　王安石弟安禮應詔上疏曰：「人事失於下，變象見於上。陛下有仁民愛物之心，而澤不下究，意者左右大臣，是非好惡，不遵諸道，乘權射利者，用力殫於溝瘠，取利究於園夫，足以干陰陽而召星變。願察親近之行，杜邪枉之門，至於祈禳小數，貶損舊章，恐非所以應天者。」帝覽疏嘉歎，諭之曰：「王珪欲使卿條具，朕嘗謂不應沮格人言，恪音閣。以自壅障。今以一指蔽目，雖泰、華在前弗之見，泰、華，泰山、華山。近習蔽其君何以異此，卿當益自信。」遂進翰林學士，知開封府。

王安禮星變疏　一指蔽目

綱　九月，定百官寄禄格。

定百官寄禄格

目　官制成，下詔行之，凡領空名者一切罷去，而易之以階，因以寄祿。議者又欲罷樞密院歸兵部，帝曰：「祖宗不以兵柄歸有司，故專命官以統之，互相維制，何可廢也。」遂止。帝嘗謂執政曰：「官制將行，欲新舊人兩用。」指御史大夫曰：「非司馬光不可。」王珪、蔡確相顧失色，珪憂甚，不知所出，確曰：「上久欲收靈武，（即靈州，治迴樂縣，在今寧夏靈武縣西南。）公能任責，則相位可保也。」珪喜謝之，因薦俞充帥慶，（慶州治安化縣，即今甘肅慶陽縣。）使上平西夏策。其意以爲既用兵深入，必不召光；雖召，將不至。已而光果不召。

綱　以馮京爲樞密使，薛向、孫固、呂公著爲副使，向尋免。時同列質向以西北事，多默不對。會詔民畜馬，向既奉命，旋知民不便，欲改議。御史舒亶論其反覆，無大臣體，斥知潁州。

綱　辛酉，四年，（一〇八一）春正月，馮京罷，以孫固知樞密院事，呂公著、韓縝同知院事。

目　京再執政，初與王安石不合，後爲呂惠卿所傾，中立不倚，人服其操。宋進士自鄉舉至廷試皆第一者才三人，王曾、宋庠爲名宰相，俱相仁宗。京爲名執政，不愧科名云。

綱　三月，章惇有罪，免，以張璪參知政事。

目　朱服爲御史，惇密使客達意於服，爲服所白。惇父俞又強占民田，民遮訴惇，惇繫之開封。事併聞，遂免知蔡州。（治汝陽縣，即今河南汝南縣。）

綱　夏四月，築河隄，自大名至于瀛州。（大名府即北京，又即魏州，即今河北大名縣。瀛州治河間縣，即今河北河間縣。）

三人不愧科名

築河隄

目 河復大決澶州小吳埽，（隄岸曰埽。）詔都水監丞李立之經畫以聞。立之言：「宜自北京至瀛州，分立東西隄五十九埽。」詔從之。

立二侯廟

綱 五月，立晉程嬰、公孫杵臼廟于絳州。（程嬰、公孫杵臼事，見卷四周定王十年。絳州治正平縣，在今山西侯馬市西北。）

目 報其存趙孤也。追贈嬰成信侯，杵臼忠智侯。

伐夏

綱 夏人幽其主秉常。秋七月，詔李憲會陝西、河東五路之師討之。

目 知慶州俞允知帝有用兵意，屢請西伐，又言：「諜報云：『夏將李清本秦人，說秉常以河南地來歸，秉常母梁氏知之，遂誅清，奪秉常政而幽之。』宜興師問罪，此千載一時也。」帝然之，遂詔熙河經制李憲等大舉征夏，而召鄜延副總管种諤入對。（鄜延軍治鄜州，在今陝西洛川縣西北。）諤至，大言曰：「夏國無人，秉常孺子，往持其臂以來爾！」帝壯之，乃決意西伐。

孫固諫伐夏

方議出師，孫固諫曰：「舉兵易，解禍難，不可。」帝曰：「夏有釁不取，則爲遼人所有，不可失也。」固曰：「必不得已，請聲其罪薄伐之，分裂其地，使其酋長自守。」帝笑曰：「此眞酈生之說爾。」（酈生勸高帝立六國後。）

孫固諫任李憲

固曰：「然則孰爲陛下任此者？」帝曰：「朕已屬李憲。」固曰：「伐國大事，而使宦者爲之，則士大夫孰可爲用！」帝不悅。他日固又曰：「今五路進師而無大帥，就使成功，兵必爲亂。」帝諭以「無其人」。呂公著進曰：「問罪之師，當先擇帥，既無其人，曷若已之。」固曰：「公著言是也。」帝不聽，竟命李憲出熙河，种諤出鄜延，高遵裕出環慶，（環慶軍治環州，即今甘肅環縣。）劉昌祚出涇原，（涇原軍治涇州，在今甘肅涇川縣北。）王中正出河東，（河東即并州，治陽曲縣，在今山西太原市東北。）分道並進。

綱 冬十一月，高遵裕等兵潰，李憲不至靈州而還。

綱 壬戌，五年，（一〇八二）春正月，貶高遵裕等官，以李憲爲涇原經略安撫制置使。

綱 夏四月，御史中丞舒亶有罪，免。亶坐詐爲錄目，勒停，遠近稱快。

綱 以王珪爲尚書左僕射兼門下侍郎，蔡確爲尚書右僕射兼中書侍郎，章惇爲門下侍郎，張璪爲中書侍郎，蒲宗孟爲尚書左丞，王安禮爲尚書右丞。

王珪蔡確相

目 官制成，改同中書門下平章事爲左右僕射，參知政事爲門下中書侍郎、尚書左右丞。

改官制

確既相，屢興羅織之獄，縉紳士大夫重足而立。富弼在洛上書：「確，小人，不宜大用。」帝不從。

富弼諫相蔡確

帝嘗語輔臣有無人才之歎，宗孟率爾對曰：「人才半爲司馬光邪說所壞。」帝不語，直視久之，曰：「蒲宗孟乃不取司馬光邪？未論別事，只辭樞密一節，朕自即位以來，惟見此一人；他人則雖迫之使去，亦不肯矣！」宗孟慚懼，無以爲容。

時李憲乞再舉伐夏，帝以訪輔臣。王珪對曰：「向所患者用不足，朝廷今捐錢鈔五百萬緡，緡音民，錢貫也。以供軍食，有餘矣。」安禮曰：「鈔不可噉，噉音淡，食也。必變而爲錢，錢又變爲芻粟。今距出征之期才兩月，安能集事？」帝曰：「李憲以爲已有備，彼宦者能如是，卿等獨無意乎？唐平淮蔡，（憲宗元和十年正月，吳元濟反，至十二年十月平。）惟裴度謀議與主同，今乃不出公卿，而出於閹寺，（閹音淹。閹寺，宦官也。）朕甚恥之！」安禮曰：「淮西三州爾，有裴度之謀，李光顏、李愬之將，然猶引天下之兵力，歷歲而後定。今夏氏之强非淮蔡比，憲才非度匹，諸將非有光顏、愬輩，臣懼無以副聖志也。」

王安禮諫伐夏

綱　以曾鞏爲中書舍人。

目　鞏能文章，爲歐陽脩所重，帝深知其才，命充史館脩撰，專典史事，至是命爲中書舍人。時自三省百職事，選授一新，除書日至十數人，人舉其職，於訓辭典約而盡。未幾卒。

訓辭典約而盡

綱　呂公著罷。

目　呂公著嘗言於帝曰：「鞏爲人行義不如政事，政事不如文章。」以是不大用。

朝獻景靈宮

綱　秋八月，詔歲以四孟月朝獻景靈宮。

目　帝以先朝御容多寓寺觀，乃作十一殿於景靈宮，凡神御皆迎入，累朝文臣執政官、武臣節度使以上，並圖形於兩廡。凡執政官除拜，赴宮恭謝。其後南郊，先詣宮行薦享禮，並如太廟。

徐禧城永樂

綱　給事中徐禧護兵城永樂。

目　种諤西討不能如志，知延州沈括，（延州治膚施縣，即今陝西延安縣。）欲盡城横山，下瞰平夏，瞰，俯視也。使虜不得絕磧爲寇。直度曰絕，沙漠曰磧。諤遂上其策於朝，且言興功當自銀州始。（銀州治儒林縣，在今陝西米脂縣西北。）帝以爲然，遣給事中徐禧、內侍李舜舉往鄜延議之。禧至鄜延，上言：「銀州不如永樂之形勢險阨，請先城永樂。」永樂依山無水泉，种諤極言其不可。帝從禧議，乃詔禧護諸將往城之，而命括移府並塞，並音旁，依也。總兵爲援，陝西轉運判官李稷主饋餉。禧以諤跋扈，奏留諤守延州，自率諸將往築，十四日而成。距故銀州治二十五里，賜名銀州砦。禧等退還米脂，（米脂寨即銀州城，見上。）以兵萬人屬曲珍守之。

永樂之敗

綱 九月，夏人陷永樂，徐禧等敗死。

鐵鷂子軍

目 禧等既城。去九日，夏人以數千騎來攻。曲珍使報禧，禧遂與李舜舉、李稷往援之，留沈括守米脂。比抵永樂，夏人傾國而至。禧兵陳於城下，夏人縱鐵騎渡河。珍白禧曰：「此鐵鷂子軍也。當其半濟擊之，乃可以逞；得地，則其鋒不可當也。」禧不從。鐵騎既濟，震盪衝突，盪同蕩。大衆繼之；珍兵卒敗，奔還，夏人乘之，珍衆大潰。珍收餘衆入城，夏人圍之，且據其水砦，珍城中乏水已數日，渴死者十六七。括與李憲援兵及饋餉，皆爲夏人所隔，不得前。种諤怨禧，不遣救師。會夜半大雨，夏人環城急攻，城遂陷，禧、舜舉、稷皆爲亂兵所害，惟珍走免，將校死者數百人，喪士卒役夫二十餘萬。夏人耀兵米脂城下而還。

自熙寧以來用兵，熙寧，神宗年號。得夏葭蘆、吳保、義合、米脂、浮圖、塞門六堡，（葭蘆寨，在今陝西米脂縣東北。吳保寨，在今陝西綏德縣東南。義合寨，在今綏德縣東。浮圖寨，在今陝西延安縣附近。塞門寨，在今榆林縣西南。）而靈州永樂之役，官軍、熟羌、義保死者六十萬人，錢穀銀絹不可勝計。事聞，帝臨朝痛悼，爲之不食，贈禧等官，而貶括爲均州團練副使，（均州治武當縣，即今湖北均縣。）隨州安置；（隨州治隨縣，即今湖北隨縣。）降珍爲皇城使。自是帝始知邊臣不可倚信，深自悔咎，無意於西伐，而夏人亦困弊矣。初帝之遣禧也，王安禮諫曰：「禧志大才疏，必誤國事。」帝不聽。及敗，帝曰：「安禮每勸朕勿用兵，少置獄，蓋爲是也。」

綱　癸亥，六年，（一〇八三）春二月，夏人寇蘭州，（治金城縣，即今甘肅蘭州市。）貶李憲爲熙河都總管。

綱　夏四月，遼大雪。（四月遼大雪）

目　平地丈餘，馬死者十六七。

綱　閏六月，司徒、韓公富弼卒。（富弼卒）

目　遺表大略云：（富弼遺表）「陛下即位之初，邪臣納說，上誤聰明，浸成禍患。今上自輔臣，下自多士，畏禍圖利，習成斂風。去年永樂之役，兵民死亡者數十萬，今久戍未解，百姓困窮，豈諱過恥敗，不思救禍之時乎！天地至仁，寧與羌夷較勝負！願休兵息民，使關、陝之閒稍遂生理。兼陝西再團保甲，州縣奉行，勢侔星火，人情惶駭；不若寢罷，以綏懷之。臣之所陳急於濟事，若夫要道，則在聖心所存，與所用之人君子小人之辨爾。」弼早有公弼之望，名聞夷狄，遼使每至，必問其出處安否。臨事周悉，不萬全不發。當其敢言，奮不顧身，忠義之

九老圖

洛陽耆英會

孟子配食孔子

封孟子爲鄒國公

性，老而彌篤。家居一紀，斯須未嘗忘朝廷。訃聞，贈太尉，謚文忠。

綱 秋七月，孫固罷，以韓縝知樞密院事，安燾同知院事。八月，蒲宗孟免，以王安禮、李淸臣爲尙書左、右丞。

綱 冬十一月，太師文彥博致仕。

目 彥博自河南入朝，（河南，洛陽也，彥博判河南府。）帝嘉其輔立英宗而不伐其功，加兩鎭節度使。將行，賜燕瓊林苑，兩遣中使遺詩祖道，（祖道謂餞行也。）當世榮之。至是請老，以太師致仕。

彥博之在河南也，與富弼等，用白居易故事，（唐白居易號香山居士，與胡杲等皆高年不仕，於東都履道坊作尙齒會，人繪爲九老圖，內惟狄兼謩年未六十。）就弼第置酒相樂，尙齒不尙官。洛陽多名園古刹，（刹音察。僧寺曰刹。梵言刹，中華言竿，即今幡柱。沙門得法，建幡告遠，故稱僧寺爲刹也。）諸老鬚眉皓白，衣冠甚偉，都人常隨觀之。已而圖形妙覺僧舍，謂之洛陽耆英會。司馬光年未六十，以狄兼謩故事與焉。（謩音謨，與同預。）

綱 甲子，七年，（一〇八四）夏五月，詔以孟軻配食孔子。

目 先是判國子監常秩，請立孟軻、揚雄像於廟庭，仍賜爵號，又請追尊孔子爲帝。下兩制禮官詳議，以爲非是而止。知鄆州曾孝寬復請加封孟子，（鄆州治須昌縣，即今山東東平縣。）乃詔封爲鄒國公，（鄒，今山東鄒縣。孟子鄒人。）至是復詔孟子與顏子並配孔子。又追封荀況爲蘭陵伯，(蘭陵縣，即今山東嶧縣，荀卿曾爲蘭陵令。)揚雄爲成都伯，(揚雄成都人，即今四川成都市。)韓愈爲昌黎伯，(昌黎，即今河北昌黎縣。韓愈昌黎人。)從祀廟庭。

綱　秋七月，王安禮罷。

綱　冬十二月，端明殿學士司馬光上資治通鑑。

司馬光上資治通鑑歷十九年而成

目　初，光約戰國至秦二世如左氏體爲通志以進，英宗悅之，命續其事，就崇文殿開局，許自選官屬，得借龍圖、天章、三館祕閣書籍，(龍圖、天章皆閣名。三館即崇文院，太宗太平興國三年造，貯圖書八萬卷。)給御府筆墨、繒帛，及御前錢以供果餌，以內臣爲承受。光遂與劉攽、劉恕、范祖禹及子康編集。帝即位，賜名資治通鑑，製序文賜之。會光出知永興軍，(治長安城，在今西安市境。)以衰病乞閒，乃差判西京，留司御史臺及提舉崇福宮，前後六任，聽以書局自隨。光於是徧閱舊史，旁采小說，抉摘幽隱，較計毫釐，上起周威烈王二十三年，下終五代，又略舉事目，年經國緯，以備檢尋，爲目錄；又參考羣書，評其同異，俾歸一塗，爲考異：合三百五十四卷，歷十九年而成。至是上之，詔以光爲資政殿學士，降詔獎諭。

綱　乙丑，八年，春正月，(一〇八五)帝有疾。三月，詔立延安郡王傭爲皇太子，賜名煦，煦音許。皇太后權同聽政。

目　帝疾甚，羣臣請立皇太子，及請皇太后高氏權同聽政，許之。三月，甲午朔，立傭爲皇太子，賜名煦。先是岐王顥、嘉王頵日問起居，頵音均。太后既垂簾，命二王毋輒入。

邢蔡姦謀

初，太子之未立也，職方員外郎邢恕與蔡確成謀，密語太后之姪高公繪、公紀曰：「上疾不可諱，延安幼沖，宜早有定論，岐、嘉皆賢王也。」公繪驚曰：「此何言！君欲禍吾家邪！」恕知計不行，反宣言太后屬意岐王，而與王珪表裏；導確約珪入問疾，陽鉤致珪語，使知開封府蔡京伏劍士於外，須珪小持異，則執而誅之。既而珪言上自有子，定議立延安，恕益無所施。及太子已立，猶與確自謂有定策功，傳播其語於朝。

高后垂簾初政

綱 帝崩，太子卽位，赦。

目 帝崩，年三十八。太子卽位，生十年矣。

綱 尊皇太后曰太皇太后，皇后曰皇太后，德妃朱氏曰皇太妃。

目 德妃，帝生母也。太皇太后旣聽政，散遣脩京城役夫，止造軍器及禁庭工技，出近侍尤無狀者，戒中外無苛歛，寬民閒保戶馬；事由中旨，王珪等弗預知也。蔡確思求媚於太后以自固，太后從父高遵裕坐西征失律抵罪，因上言乞復遵裕官。后曰：「遵裕靈武之役，塗炭百萬，先帝中夜得報，起環榻而行，徹旦不能寐，自是驚悸，悸音忌，心動也。馴致大故。禍由遵裕，得免刑誅幸矣！先帝肉未冷，吾何敢顧私恩而違天下公議乎！」確悚栗而退。

高后不顧私恩

罷免行錢

綱 罷免行錢。

綱 司馬光自洛入臨。臨，哭也。夏五月，詔求直言。

目 光居洛十五年，天下以爲眞宰相，田夫野老皆號爲司馬相公，婦人女子亦知其爲

司馬光入哭神宗

君實也。神宗崩，光欲入臨，避嫌不敢，時程顥在洛，勸光行，乃從之。衞士見光，皆以手加額曰：「此司馬相公也。」所至民遮道聚觀，馬至不得行，曰：「公無歸洛，留相天子，活百姓。」光懼，亟還。太后遣內侍梁惟簡勞光，問爲政所當先。光請開言路。詔榜朝堂，於是上封事者千數。封事，密奏也。

程顥卒　新法吾黨激成

綱　召程顥爲宗正寺丞，未至卒。

目　顥嘗曰：「新法之行，乃吾黨激成之。當時自愧不能以誠感上心，遂致今日之禍，豈可獨罪王安石也。」至是召爲宗正丞，未行而卒，年五十四。顥自十五六時與弟頤聞汝南周敦頤論道，（周敦頤，道州營道縣人，居於汝南，爲宋理學之祖，世稱濂溪先生。汝南，即今河南汝南縣。）遂厭科舉之業，慨然有求道之志。未知其要，泛濫於諸家，出入於老、釋者幾十年，返求諸六經，而後得之。資性過人，充養有道，純粹之氣，盎於面背，同人交友，從之歲久，未嘗見其忿厲之容，遇事優爲，雖當倉卒，卒同猝。不動聲色。深有意經濟，方召用，遽卒，士大夫識與不識，莫不哀傷焉。

文彥博題墓　弟頤作序

文彥博采衆論，題其墓曰「明道先生」。弟頤序之曰：「周公沒，聖人之道不行。孟軻死，聖人之學不傳。道不行，百世無善治；學不傳，千載無眞儒。無善治，士猶得以明夫善治之道，以淑諸人，以傳諸後；無眞儒，則天下貿貿焉，貿音茂。莫知所之，人欲肆而天理滅矣。先生生乎千百年之後，得不傳之學於遺經，以興起斯文爲己任，辨異端，闢邪說，使聖人之道煥然復明於世，蓋自孟子之後一人而已。然學者於道不知所向，則孰知斯人之爲功；不知所至，則孰知斯名之稱情也哉。」

綱 王珪卒。

目 珪以文學見推流輩，然自執政至宰相，凡十六年，無所建明，率詔諛將順，當時目爲「三旨相公」，以其上殿進呈云取聖旨，上可否訖云領聖旨，退諭稟事者云已得聖旨也。

三旨相公

綱 以蔡確、韓縝爲尚書左、右僕射兼門下、中書侍郎，章惇知樞密院事。

蔡確韓縝相

綱 以司馬光爲門下侍郎。

目 詔起光知陳州，過闕，留爲門下侍郎。既而蘇軾自登州召還，（登州治蓬萊縣，即今山東蓬萊縣。）緣道人相聚號呼曰：「寄謝司馬相公，毋去朝廷，厚自愛以活我。」是時天下之民引領拭目以觀新政，而議者猶謂「三年無改於父之道」。光曰：「先帝之法，其善者雖百世不可變也；若王安石、呂惠卿所建爲天下害者，改之當如救焚拯溺，拯音整，援也。況太皇太后以母改子，非子改父也。」於是衆議少止。

綱 六月，賜楚州孝子徐積粟帛。（楚州治山陽縣，即今江蘇淮安縣。）

賜孝子徐積粟帛

目 積事親孝，日夕必冠帶定省。從胡瑗學，（胡瑗，海陵人，爲湖州教授，事見卷六十八仁宗慶曆四年。）所居一室，寒一裘，啜粟飲水，啜，食也。雖瑗遺以食亦不受。以父名石，至終身不用石器，行遇石則避而不踐。中年屏居窮里，屏音丙。而四方事無不知。嘗借人書，經夕還之，借者紿言書中有金葉，紿，欺也。積賣衣償之，不與辯。後以近臣薦授楚州教授，每升堂，訓諸

徐積遇石不踐

賣衣償金

生曰：「諸君欲爲君子，而使勞己之力，費己之財，如此而不爲君子猶可也；不勞己之力，不費己之財，諸君何不爲君子？鄉人賤之，父母惡之，如此而不爲君子猶可也；鄉人榮之，父母欲之，諸君何不爲君子？」聞者敬服。及卒，賜謚節孝。

徐積訓諸生

綱　秋七月，以呂公著爲尚書左丞。

目　公著知揚州，被召侍讀。既至，拜左丞。公著既居政府，與司馬光同心輔政，推本先帝之志，凡欲革而未暇，與革而未定者，一一舉行之，民懽呼鼓舞稱便。

罷保甲法

綱　罷保甲法。

綱　冬十一月，復以鮮于侁爲京東轉運使。

目　熙寧末，侁已嘗爲京東轉運使，至是復用之。司馬光語人曰：「今復以子駿爲轉運使，鮮于侁字子駿。誠非所宜，然朝廷欲救東土之弊，非子駿不可。此一路福星也，安得百子駿布在天下乎！」侁既至，奏罷萊蕪、利國兩鐵冶，（萊蕪，今山東萊蕪縣。利國監，在今江蘇徐州市西北。萊蕪、利國均有鐵冶。）又奏海鹽依河北通商，民大悅。

綱　葬永裕陵。

罷方田法

綱　罷方田法。

罷市易法

綱　十二月，罷市易法，貶呂嘉問知淮陽軍。

罷保馬法

綱　罷保馬法。

【綱】起居舍人邢恕有罪，貶知隨州。

【目】恕博通經籍，能文章，從程頤學，司馬光、呂公著、王安石、吳充皆重之。然天資詭詐冒進，與蔡確謀立岐王顥，事旣不成，會王珪卒，恕與確及章惇宣言太皇太后及吳充有異議，賴確擁護而止，自以爲功。至是，復爲高公繪草奏，乞尊崇朱太妃，爲高氏異日計。太后怒，黜知隨州。

哲宗皇帝

名煦，神宗第六子，初封延安郡王，後立爲太子。在位十五年，壽二十五歲而崩。帝幼沖嗣位，高太后臨朝，任用賢相，庶事脩舉。迨後熙、豐小人得志橫行，追貶元祐正人殆無虛日，以致禍亂，而金狄之難萌，徽、欽之禍兆矣。

【綱】丙寅，哲宗皇帝元祐元年，（一〇八六）春閏二月，蔡確有罪，免。

【目】右司諫王覿上疏言：覿音狄。「國家安危治亂，繫於大臣。今執政八人，而姦邪居半，使一二元老何以行其志哉！」因極論蔡確、章惇、韓縝、張璪朋邪害正，章數十上。會右諫議大夫孫覺、侍御史劉摯、左司諫蘇轍、御史王巖叟、朱光庭、上官均等連章論確罪，太后不忍斥之，但罷政，出知陳州。

【綱】以司馬光爲尙書左僕射兼門下侍郎。

【目】時光已得疾，而青苗、免役、將官之法猶在，西伐之議未決，光歎曰：「四害未除，吾死不瞑目矣！」折簡與呂公著曰：（折簡，擘紙作書也。）「光以身付醫，以家事付愚子，惟國事未

司馬光相

有所託，今以屬公。」既而詔免朝覲，許乘肩輿三日一入省。光不敢當，曰：「不見君，不可以視事。」詔令子康扶入對。遼人聞之，敕其邊吏曰：「中國相司馬矣，毋輕生事開邊隙！」

綱 以呂公著爲門下侍郎，李清臣、呂大防爲尚書左、右丞，以李常爲戶部尚書。

綱 章惇有罪，免，以范純仁同知樞密院事。

目 惇與司馬光爭辯役法於太后簾前，其語甚悖，太后怒，斥知汝州，（治梁縣，即今河南臨汝縣。）以安燾代惇知樞密院事，范純仁同知院事。命既下，給事中王巖叟、侍御史劉摯等交章論燾附惇，不當躐遷，至封還誥命；燾亦力辭，乃詔仍同知院事。

罷青苗法

綱 罷青苗法。復常平舊法。

罷免役法

綱 三月，罷免役法。

司馬光請行差役　蘇軾論差役免役

目 司馬光請悉罷免役錢，諸色役人皆如舊制，其見在役錢撥充州縣常平本錢。於是詔脩定役書，凡役錢惟元定額及額外寬剩二分以下，許著爲準；餘並除之。光復請直降敕命，委縣令佐揭簿定差，其人不願身自供役，許擇可任者顧代。

蘇軾言於光曰：「差役、免役，各有利害。免役之害，聚斂於上，而下有錢荒之患。差役之害，民不得力農而吏胥緣以爲姦。此二害，輕重蓋略等矣。」光曰：「於君何如？」軾曰：「法相因，則事易成；事有漸，則民不驚。三代之法，兵農爲一，至秦始分爲二。及唐中葉，中世也。盡變府兵爲長征卒，自是農出穀帛以養兵，兵出性命以衛農，天下便之，雖聖人復起不能易也。今免役之法實大類此；公欲驟罷免役而行差役，正如罷長征而復民兵，蓋未易也。」光不以爲然。軾又陳於政事堂，光色忿然。軾曰：「昔韓魏公刺陝西義勇，（韓魏公，韓琦。）公爲諫官，爭之甚力，韓公不樂，公亦不顧。軾昔聞公道其詳，豈今日作相，不許軾盡言邪！」光謝之。

范純仁謂光曰：「差役當熟講緩行，不然滋爲民病。願虛心以延衆論，不必謀自己出。謀自己出，則諂諛得乘間迎合矣。役議或難回，則可先行之一路，以觀其究竟。」光不從，持之益堅。純仁曰：「是使人不得言爾。若欲媚公以爲容悅，何如少年合安石以速富貴哉！」光深謝之。

初，差役之復，爲期五日，同列病其太迫，知開封府蔡京獨如約，悉改畿縣顧役，（畿縣，京畿之縣。改顧役爲差役。）無一違者。詣政事堂白光，光喜曰：「使人人奉法如君，何不可之有！」

【綱】范子淵有罪，貶知峽州。（治夷陵縣，即今湖北宜昌市。）

【目】子淵在熙、豐閒，（熙寧、元豐，神宗年號。）提舉脩隄開河，糜費巨萬，而功用卒不成，護隄壓埽之人溺死無算。至是御史呂陶劾其罪，黜知峽州。中書舍人蘇軾草制詞有曰：「汝以有限之財，興必不可成之役，驅無辜之民，置之必死之地。」時以爲至言。

【綱】夏四月，召程頤爲崇政殿說書。

【目】頤，顥弟也。年十八上書仁宗，欲黜世俗之論，以王道爲心。治平、元豐閒，（治平，英

司馬光呂公著共薦伊川

宗年號。大臣屢薦皆不起，至是司馬光、呂公著共疏其行義曰：「伏見河南處士程頤，力學好古，安貧守節，言必忠信，動遵禮法，年踰五十，不求仕進，眞儒者之高蹈，聖世之逸民。望擢以不次，使士類有所矜式。」詔以爲西京國子監教授，力辭；西京，洛陽。尋召爲祕書郎。及入對，改崇政殿說書。頤即上疏言：「習與智長，化與心成。陛下春秋方富，雖睿聖得於天資，而輔養之道不可不至。大率一日之中，接賢士大夫之時多，親寺人宮女之時少，寺人，閹宦也。則氣質變化，自然而成。願選名儒入侍勸講，講罷留之分直，以備訪問，或有小失，隨事獻規，歲月積久，必能養成聖德。」

綱　韓縝免。

王安石卒

綱　王安石卒。

目　安石性彊忮，忮音至，很也。遇事無可否，自信所見，執意不回。然議論奇高，能以辨博濟其說，慨然有矯世變俗之志，故神宗排衆論，力倚任之。及議變法，在廷交執不可，安石傅經義，出己意辨論，輒數百言，衆不能詘。甚者謂天變不足畏，祖宗不足法，人言不足恤。以是怨議紛起，終神宗世不復召，凡八年。安石每聞朝廷變其法，夷然不以爲意，夷然，坦然也。及聞罷助役復差役，愕然失聲曰：「亦罷至此乎！」良久曰：「此法終不可罷。」又嘗曰：「新法始終以爲可行者，曾子宣也；曾布字子宣。始終以爲不可行者，司馬君實也。」

呂公著相

綱　以呂公著爲尙書右僕射，兼中書侍郎。

詔舉經明行脩之士

命程頤等脩定學制

【綱】詔起文彥博平章軍國重事。

【目】彥博致仕居洛，司馬光言其宿德元老，宜起以自輔。太后將用爲三省長官，言者以爲不可，乃命平章軍國重事，六日一朝，一月兩赴經筵，班宰相上，恩禮甚渥。彥博年八十一矣。

【綱】詔舉經明行脩之士。

【目】司馬光請立經明行脩科，歲委升朝文臣，各舉所知，以勉勵天下，使敦士行，以示不專取文學之意。若所舉人違犯名教，必坐舉主，毋赦，則自不敢妄舉，而士之居鄉居家者，惟懼玷缺外聞，不待學官日訓月察，立賞告訐，而士行自美矣。於是詔：「自今凡遇科舉，令升朝官各舉經明行脩之士一人，俟登第日用以升甲。」

【綱】五月，以韓維爲門下侍郎。

【目】神宗崩，維自提舉嵩山崇福宮入臨，（嵩山，在今河南登封縣北。）太后手詔勞問，維對曰：「人情貧則思富，苦則思樂，困則思息，鬱則思通。誠能常以利民爲本，則民富；常以憂民爲心，則民樂；賦力非人力所堪者去之，則勞困息；法禁非人情所便者蠲之，則鬱塞通。推此而廣之，盡誠而行之，則子孫觀陛下之德，不待教而成矣。」未幾起知陳州，召爲資政殿大學士，兼侍讀，至是拜門下侍郎。

【綱】命程頤等脩定學制。

目 太學自蔡確起大獄，連引朝士，有司緣此造爲法禁，煩苛凝密，博士諸生禁不相見，教諭無所施。御史中丞劉摯以爲言，至是命程頤、孫覺、顧臨同太學長貳看詳脩定條制。頤大概以爲：學校，禮義相先之地，（相先，猶相尙也。）而月試之爭，（謂月有試以較其高下，是使之爭也。）殊非教養之道。請改試爲課，有所未至，則學官召而教之，更不考定高下。置尊賢堂，以延天下道德之士，鐫解額以去利誘，（鐫音箋，謂刻定之。士由鄉而貢曰解。額，猶數也。）省繁文以專委任，（師儒之官，不責以吏牘之繁文。）勵行檢以厚風教，及置待賓、吏師齋，（待賓齋，所以待行能可賓敬者。吏師齋，則通於治道，可爲吏之師法者居之。）立觀光法，（蓋以處來學之士。易觀卦四爻：「觀國之光，利用賓于王。」）如是者亦數十條。

改試爲課　置尊賢堂　鐫解額　置待賓吏師二齋　立觀光法

綱 六月，放鄧綰、李定于滁州。（治淸流縣，即今安徽滁縣。）

綱 置春秋博士。

置春秋博士

綱 呂惠卿有罪，建州安置。

目 惠卿見正人彙進，知不容於時，懇求散地。右司諫蘇轍、王覿歷數其姦，請投畀四裔以禦魑魅；中丞劉摯復列其五罪。於是貶光祿卿分司南京，再貶建寧軍節度副使，（建寧軍治建州城，即今福建建甌縣。）建州安置。

時惠卿、章惇、呂嘉問、鄧綰、李定、蒲宗孟、范子淵等皆已斥外，言者論之不已，范純仁言於太后曰：「錄人之過，不宜太深。」太后深然之，乃詔：「前朝希合附會之人，一無所問，言

呂惠卿等皆斥外

治道去太甚

立十科舉士法

夏乾順嗣立

司馬光卒

者勿復彈劾。」惠卿黨稍安。或謂呂公著曰：「今除惡不盡，將貽後患。」公著曰：「治道去太甚耳。文、景之世，網漏吞舟。且人才實難，宜使自新，豈宜使自棄邪。」

綱 秋七月，立十科舉士法。

目 司馬光奏曰：「爲政得人則治，然人之才或長於此而短於彼，雖皋、夔、稷、契各守一官，中人安可求備。若指瑕掩善，則朝無可用之人；苟隨器授任，則世無可棄之士。臣備位宰相，職當選官，若專引知識，則嫌於私；若止循資序，未必皆才。乞設行義純固，可爲師表；節操方正，可備獻納；知勇過人，可備將帥；公正聰明，可備監司；經術精通，可備講讀；學問該博，可備顧問；文章典麗，可備著述；善聽獄訟，盡公得實；善治財賦，公私俱便；練習法令，能斷請讞：凡十科舉士。應侍從以上，每歲於十科舉三人，中書置籍記之。有事須材，執政按籍視其所舉科，隨事試之。有勞，又著之籍。內外官闕，取嘗試有效者，隨科授職。所賜告命，告身、敕命。仍具所舉官姓名，其人任官無狀，坐以謬舉之罪。」詔從之。

綱 夏主秉常卒，子乾順立。

綱 九月，尚書左僕射兼門下侍郎、河內公司馬光卒。（河內，縣名，即今河南沁陽縣。）

目 時兩宮虛己以聽光爲政，光亦自見言行計從，欲以身徇社稷，躬親庶務，不舍晝夜。賓客見其體羸，舉諸葛亮食少事煩以爲戒。光曰：「死生，命也。」爲之益力。病革，革音

諄諄語如夢中

所爲無不可對人言

戟，亟也。諄諄語如夢中，皆朝廷天下事也。及薨，太后哭之慟，與帝臨其喪。贈太師、溫國公，（溫，溫縣，即今河南溫縣。）謚文正。年六十八。京師人爲之罷市，往弔。及如陝葬，（陝，陝縣，即今河南陝縣。）送者如哭私親。四方皆畫像以祀。

子康居喪，因寢地得腹疾，召醫李積於兗，（謂兗州瑕丘縣，即今山東滋陽縣。）鄉民聞之告積曰：「百姓受司馬公恩深；今其子病，願速往也。」積至，則康疾不可爲矣。

光孝友忠信，恭儉正直，居處有法，動作有禮，自少至老，語未嘗妄，自言：「吾無過人者，但平生所爲，未嘗有不可對人言者耳。」誠心自然，天下敬信，陝、洛閒皆化其德；有不善，曰：「君實得無知之乎！」光於物澹然無所好，於學無所不通，惟不喜釋、老，曰：「其微言不能出吾書，其誕吾不信也。」及居政府，凡王安石、呂惠卿所建新法爲民害者，剗革略盡。剗音產，削也。或謂光曰：「熙、豐舊臣多憸巧小人，他日有以父子之義閒上，則禍作矣。」光正色曰：「天若祚宋，必無此事。」遂改之不疑。

綱　以蘇軾爲翰林學士。

目　軾自登州召還，十月之閒，三遷淸要。尋兼侍讀，每經筵進讀未嘗不反覆開導，覬有所啓悟。覬音記，冀也。嘗鎖宿禁中，召見便殿，太后問曰：「卿前爲何官？」對曰：「常州團練副使。」（常州治晉陵縣，即今江蘇常州市。）曰：「今爲何官？」對曰：「待罪翰林學士。」曰：「何以遽至此？」對曰：「遭遇太皇太后、皇帝陛下。」曰：「非也。」對曰：「豈大臣論薦乎？」曰：「亦非

畢仲遊貽書戒蘇軾

也。」軾驚曰：「臣雖無狀，不敢自他途進。」曰：「此先帝意也。先帝每誦卿文章，必歎曰：『奇才，奇才！』但未及進用卿耳。」軾不覺哭失聲，太后與帝亦泣，左右皆感涕。已而命坐賜茶，徹御前金蓮燭送歸院。

軾在翰林，頗以言語文章規切時政，衞尉丞畢仲遊憂其及禍，貽書戒之曰：「君官非諫官，職非御史，而好非是人，危身觸諱，以遊其閒，殆猶抱石而救溺也。」軾不能從。

綱 張璪免。罷知鄭州。

綱 冬十月，改封孔子後爲奉聖公。

目 鴻臚卿孔宗翰言：「孔子後世襲公爵，本爲侍祠；今乃兼領他官，不在故郡，於名爲不正。乞自今襲封之人，使終身在鄉里。」詔改衍聖公爲奉聖公，不預他職。添給田百頃，百畝爲頃。供祭祀外，許均贍族人。賜國子監書，立學官以誨其子弟。宗翰，道輔子也。

綱 十一月，以呂大防爲中書侍郎，劉摯爲尚書右丞。

綱鑑易知錄卷七三

宋紀

哲宗皇帝

禁王氏經義字說

綱 丁卯，二年，(一〇八七)春正月，禁科舉用王氏經義、字說。

目 時科舉罷詞賦，專用王安石經義，(神宗熙寧八年六月，王安石上三經新義及字說，其字說多流入於佛、老云。)且雜以釋氏之說，凡士子自一語以上，非安石新義不得用。學者至不誦正經，惟竊安石之書以干進，精熟者輒上第，故科舉益弊。呂公著當國，始請禁主司不得以老、莊書命題，舉子不得以申、韓、佛書爲學，經義參用古今諸儒說，毋得專取王氏，尋又禁毋得引用王氏字說。(見同經義。)

綱 夏四月，詔文彥博十日一議事都堂。彥博累表乞致仕故也。

綱 以處士陳師道爲徐州教授。

目 師道高介有節，安貧樂道，博學善文，家貧或經日不炊，晏如也。熙寧中，(熙寧，神宗年號。)王氏經學盛行，師道心非其說，遂絕意進取。至是，以蘇軾薦，授是職。

復制科

綱 復制科。

罷程頤

蘇軾玩侮程頤

綱 李清臣免。

目 時釐正熙、豐之政，（釐，理也。）清臣固爭，以爲不可。遂罷知河陽府。（治河陽城，在今河南孟縣西。）

綱 五月，以劉摯、王存爲尚書左、右丞。六月，以安燾知樞密院事。

綱 秋七月，罷門下侍郎韓維。

目 維處東省踰年，有忌之者密爲譭愬，詔分司南京。（即宋州應天府，治宋城縣，在今河南商丘市南。）王存抗聲簾前曰：「韓維得罪，莫知其端，臣切爲朝廷惜之！」乃還維資政殿大學士、知鄧州。（治穰縣，在今河南鄧縣東南。）

綱 八月，罷崇政殿說書程頤。

目 頤在經筵，以禮法自持，每進講，色甚莊，繼以諷諫。蘇軾謂其不近人情，深嫉之，每加玩侮。於是頤門人右司諫賈易、左正言朱光庭等憤不能平，劾軾「試館職，策問謗訕。」殿中侍御史呂陶言：「臺諫當徇至公，不可假借事權以報私隙。」右司諫王覿言：「軾命辭失輕重，其事小，不足考；若悉考同異，深究嫌疑，則兩岐遂分，使士大夫有朋黨之名，大患也。」太后然之。范純仁亦言軾無罪，遂置不問。

會帝患瘡疹不出，頤詣宰臣問知否，且曰：「上不御殿，太后不當獨坐，人主有疾，而大臣可不知乎！」翌日，宰臣以頤言問疾，由是大臣亦多不悅。御史中丞胡宗愈、左諫議大夫孔文仲、給事中顧臨，遂連章力詆頤不宜在經筵，乃罷頤出管句西京國子監。（西京卽洛陽。）

元祐三黨

時呂公著獨當國，羣賢咸在朝，不能不以類相從，遂有洛黨、蜀黨、朔黨之語。洛黨以頤爲首，（程頤河南人，故爲洛黨。）而朱光庭、賈易爲輔；蜀黨以蘇軾爲首，（蘇軾蜀人，故爲蜀黨。）而呂倘等爲輔；朔黨以劉摯、梁燾、王巖叟、劉安世爲首，（劉摯等皆河北人，故爲朔黨。）而輔之者尤衆。是時熙、豐用事之臣，退休散地，怨入骨髓，陰伺閒隙；而諸賢不悟，各爲黨比以相訾議。訾音子，毀也。惟呂大防秦人，戇直無黨；戇音撞。范祖禹師司馬光，不立黨。既而帝聞之，以問胡宗愈，宗愈對曰：「君子指小人爲姦，則小人指君子爲黨，陛下能擇中立之士而用之，則黨禍息矣。」因著君子無黨論以進。

胡宗愈君子無黨論

綱　罷右司諫賈易。

程蘇交惡

目　時程頤、蘇軾交惡，其黨互相攻訐。易因劾呂陶黨軾兄弟，語侵文彥博、范純仁。太后怒，欲峻責易；呂公著言：「易言頗直，惟詆大臣太甚，不可處諫列耳。」乃止，罷知懷州。（治河內縣，卽今河南沁陽縣。）公著退，語同列曰：「諫官所言，未論得失。顧主上方富於春秋，異時有導諛惑上心者，正賴左右力諫，不可使人主輕厭言者。」呂大防、劉摯、王存私顧而歎曰：「呂公可謂仁者之勇。」

綱　戊辰，三年，（一〇八八）春正月，復置廣惠倉。

綱　夏四月，以呂公著爲司空、同平章軍國事。

常安民貽呂公著書

前世已然之禍

呂大防范純仁相

事者四人，公著與父夷簡居其二，世羨其榮。

目 公著以老，懇辭位；乃拜司空、同平章軍國事。國初以來，宰相以三公平章軍國事者四人，公著與父夷簡居其二，世羨其榮。

時熙、豐用事之臣雖去，其黨分布中外，起私說以搖時政。鴻臚丞常安民貽公著書曰：「善觀天下之勢，猶良醫之視疾。方安寧無事之時，語人曰『其後必將有大憂』，則衆必駭笑。惟識微見幾之士，然後能逆知其漸，故不憂於可憂，而憂之於無足憂者，至憂也。今日天下之勢，可爲大憂。雖登進忠良，而不能搜致海內之英才，使皆萃於朝以勝小人，恐端人正士未得安枕而臥也。故去小人爲不難，而勝小人爲難。陳蕃、竇武協心同力，選用名賢，天下想望太平，然卒死曹節之手，遂成黨錮之禍；（事見卷二十五漢靈帝建寧元年、二年。）張柬之五王，中興唐室，以謂慶流萬世，及武三思一得志，至於竄移淪沒。（事見卷四十六唐中宗神龍元年、二年。）凡此者，皆前世已然之禍也。今怨忿已積，一發其害必大，可不爲大憂乎！」公著得書，默然。

綱 以呂大防、范純仁爲尚書左、右僕射兼門下、中書侍郎，孫固、劉摯爲門下、中書侍郎，王存、胡宗愈爲尚書左、右丞，趙瞻簽書樞密院事。

目 大防朴厚惷直，純仁務以博大開上意，忠厚革士風。二人同心戮力以相王室，太后復盡心委之，故元祐之治，比隆嘉祐。嘉祐，仁宗年號。

時黨論方起，純仁慮之。會右諫議大夫王覿以胡宗愈進君子無黨論，惡之，因疏宗愈不可執政。太后大怒，純仁與文彥博、呂公著辨於簾前，太后意未解，純仁曰：「朝臣本無黨，但善惡邪正各以類分，彥博、公著皆累朝舊人，豈容雷同罔上，昔先臣與韓琦、富弼同慶曆柄任，先臣，謂范仲淹。慶曆，仁宗年號。各舉所知，當時飛語指爲朋黨。三人相繼補外，造謗者共相慶曰：『一網打盡矣！』此事未遠，願陛下戒之。」因極言前世朋黨之禍，幷錄歐陽脩朋黨論上之。（歐陽修朋黨論，見卷六十八仁宗慶曆三年。）然竟出覿知潤州，（治丹陽縣，即今江蘇鎮江市。）而宗愈居位如故。

綱　冬閏十二月，蜀公范鎭卒。（蜀州即崇慶軍，即今四川崇慶縣。）

范鎭卒

綱　己巳，四年，（一〇八九）春二月，東平公呂公著卒。（東平即鄆州，今山東東平縣。）

呂公著卒

目　公著薨，年七十二，太皇太后見輔臣泣曰：「邦國不幸，司馬相公既亡，呂司空復逝。」帝亦悲感，卽詣其家臨奠，臨，哭也。贈太師，封申國公，（申卽申州，在今河南信陽縣南。）諡正獻。

公著自少講學，卽以治心養性爲本；平居無疾言遽色，於聲利紛華，泊然無所好。簡重淸潔，蓋天稟然。其識慮深敏，量宏而學粹，遇事善決，苟便於國，不以利害動其心。與人交，出於至誠，好德樂善，見士大夫以人物爲意者，必問其所知，與其所聞參互考實，以達於上。每議政事，博采衆善以爲善，至所當守，則毅然不可回奪。神宗嘗言：「其於人材不欺，如權衡之稱物。」稱，量也。尤能避遠聲迹，不以知人自處。王安石博辨騁辭，人莫敢與

講學以治心養性爲本

亢，公著獨以精識約言服之。安石嘗曰：「疵吝每不自勝，（易繫辭上傳：「悔吝者，言乎其小疵也。」）一詣長者卽廢。」其敬服如此。

呂公著言服王安石

綱 三月，胡宗愈免。中丞孫覺、右正言劉安世等論之也。

綱 夏四月，分經義、詩賦爲兩科試士，罷明法科。

立經義詩賦兩科罷明法科

目 尙書省請復詩賦與經義兼行，解經通用先儒傳注及己說。又言舊明法最爲下科，今中者卽除司法，敍名反在及第進士上，非是。乃詔立經義、詩賦兩科，罷試律義。

初，司馬光言：「取士之道，當先德行，後文學。就文學言之，經術又當先於詞章。神宗專用經義、論策取士，此乃復先王令典，百王不易之法。但王安石不當以一家私學，欲蓋先儒，令天下師生講解。至於律令，皆當官所須，使爲士者果能知道義，自與法律冥合，何必置明法一科，習爲刻薄，非所以長育人才、敦厚風俗也。」至是遂罷之。未幾，詔御試舉人，仍試賦、詩、論三題。

綱 五月，以范祖禹爲右諫議大夫兼侍讀。

范祖禹

目 祖禹初從司馬光脩資治通鑑，在洛十五年，不事進取。王安石尤愛重之，祖禹終不往謁。帝卽位，擢右正言，以婦翁呂公著當國，引嫌辭職；再改著作郎兼侍講。會夏暑，權罷講筵，祖禹上言：「陛下今日之學與不學係他日治亂，如好學則天下君子欣慕願立於朝，以直道事陛下，輔佐德業而致太平；不學則小人皆動其心，務爲邪諂以竊富貴。且凡人之

范祖禹諫罷講筵

進學，莫不於少時。今聖質日長，數年之後，恐不得如今日之專，竊爲陛下惜也。」公著薨，始除右諫議大夫，尋加禮部侍郎。

聞禁中覓乳媼，以帝年十四，非近女色之時，與左諫議大夫劉安世上疏勸進德愛身，又乞太皇太后保護聖躬，言甚切至。太后謂曰：「乳媼之說，外閒虛傳也。」祖禹對曰：「外議雖虛，亦足爲先事之戒。凡事言於未然則誠爲過，及其已然則又無所及，言之何益！陛下寧受未然之言，勿使臣等有無及之悔。」太后深嘉之。

蔡確車蓋亭賦詩

綱　安置蔡確於新州。（治新興縣，即今廣東新興縣。）

目　確失勢日久，遂懷怨望。在安州嘗遊車蓋亭，（安州治安陸縣，在今湖北安陸縣北。車蓋亭在安陸城西北。）賦詩十章。知漢陽軍吳處厚與確有隙，上之，以爲皆涉譏訕，其用郝處俊上元閒諫高宗欲傳位武后事以斥東朝，（東朝，太后朝。）（郝處俊諫使武后攝政事，見卷四十五唐高宗上元二年三月。）語尤切害。於是臺諫言確怨謗，乞正其罪。執政議置確於法，范純仁、王存獨以爲不可，力爭之。文彥博欲貶確嶺嶠，（指今廣東等地，與嶺表同義。）純仁聞之，謂呂大防曰：「此路自乾興以來，（乾興，眞宗年號。）荆棘近七十年，吾輩開之，恐自不免。」大防遂不敢言。越六日，貶確英州別駕，（英州治湞陽縣，即今廣東英德縣。）新州安置。確至新州，未幾卒。

綱　六月，范純仁、王存罷。

目　呂大防言：「蔡確黨盛，不可不治。」純仁面諫：「朋黨難辨，恐誤及善人。」司諫吳安

以四砦還夏

文彥博致仕

詩，正言劉安世因論純仁黨確，純仁亦力求罷政，乃出知潁昌府。（即許州，即今河南許昌市。）存，確所舉也，故亦出知蔡州。

綱 以趙瞻同知樞密院事，韓忠彥、許將爲尚書左、右丞。宗彥，韓琦子。

綱 秋七月，安燾罷。以母喪去位也。

綱 冬十一月，以孫固知樞密院事，劉摯、傅堯俞爲門下、中書侍郎。

綱 庚午，五年，（一〇九〇）春二月，夏人來歸永樂之俘，（永樂，見卷七十二神宗元豐五年「夏人陷永樂」目及注。）詔以米脂等四砦畀之。（米脂寨，即今陝西米脂縣。）

目 夏人來歸永樂所獲吏士百四十九人，遂詔以米脂、葭蘆、浮圖、安疆四砦還之；（葭蘆寨，在今陝西米脂縣東北。浮圖寨，在今陝西延安縣附近。安疆寨，在今甘肅慶陽縣西北。）夏得地益驕。

綱 文彥博致仕。

目 彥博復居政府，無歲不求去。會殿中侍御史賈易言：「彥博至和建儲之議不可信。」（事見卷六十九仁宗嘉祐元年五月，爲至和二年之後一年。）太后命付史官，彥博益求罷，乃以太師、充護國軍、山南西道節度等使致仕，（護國軍治蒲州城，在今山西芮城縣西北。山南西道治梁州城，即今陝西漢中市。）命有司備禮册命，宴餞於玉津園。

先是遼使耶律永昌來聘，蘇軾館之。與永昌入覲，見彥博於殿門外，却立改容，曰：「此潞公也邪？」（文彥博封潞國公，即今山西長治市。）問其年，曰：「何壯也？」軾曰：「使者見其容，未聞其語。其總理庶務，雖精練少年有不如；其貫穿古今，雖專門名家有不逮。」永昌拱手曰：「天下異人也。」

路公天下異人

綱 三月，趙瞻卒，以韓忠彥同知樞密院事，蘇頌爲尚書左丞。

綱 夏四月，孫固卒。

孫固卒

目 固宅心誠粹，不喜驕亢，與人居久而益信，故更歷夷險而不爲人所疾害。傅堯俞言：「司馬公之清節，孫公之淳德，蓋所謂不言而信者也。」世以爲確論。

綱 秋八月，召鄧潤甫爲翰林學士承旨，罷御史中丞梁燾、諫議大夫劉安世、朱光庭。

目 初，潤甫以母喪終制，除吏部尚書，梁燾權給事中，駁之，改知亳州。（治譙縣，即今安徽亳縣。）至是，復以承旨召。燾爲中丞，與左諫議大夫劉安世、右諫議大夫朱光庭交章論「潤甫出入王、呂黨中，（王安石、呂惠卿。）始終反覆，今之進用，實繫君子小人消長之機。」又言：「潤甫嘗爲蔡確制，稱確有定策之功，以欺惑天下，乞行罷黜。」累疏不報。燾等因力請外，乃出燾知鄭州，（治管城縣，即今河南鄭州市。）光庭知亳州，安世提舉崇福宮。時劉摯上疏請暫出潤甫留燾等，蘇轍亦三疏論之，皆不報。

蘇轍諫用安石黨

自司馬光卒後，王安石之徒，多爲飛語，以搖在位。大臣爲自全計，呂大防、范純仁二相尤畏之，欲用其黨以平舊怨，謂之「調停」，太后疑不決。轍復上疏曰：「先帝疾頹靡之俗，將以綱紀四方，而臣下不能將順，（將，行也。君有美善則順而行之。）造作諸法，（新法也。）上逆天意，下失民心。今二聖因民所願，（二聖謂太后及帝。）取而更之，上下忻慰。前者用事之臣，不加斥逐，宥之於外，蓋已厚矣。而議者惑於衆説，乃欲招而納之，與之共事。此輩若返，豈肯但已哉！必將戕害衆人，以快私忿。人臣被禍，蓋不足言，臣所惜者，祖宗、朝廷也。」疏入，太后曰：「轍疑吾君臣兼用邪正，其言極中理。」諸臣從而和之，調停之説遂已。

劉摯相

綱 辛未，六年，（一〇九一）春二月，以劉摯爲尚書右僕射兼中書侍郎，蘇轍爲尚書右丞，王巖叟簽書樞密院事。

楊康國論蘇轍

目 轍除命既下，右司諫楊康國奏曰：「轍之兄弟，謂其無文學則非也，蹈道則未也。其學，乃學爲儀、秦者也。（張儀、蘇秦。）其文，率務馳騁，好作爲縱横捭闔，（見卷五周安王十五年「破遊説之言從横者」注。）無安靜理。陛下若悦蘇轍文學而用之不疑，是又用一安石也。轍以文學自負，而剛很好勝，則與安石無異。」不報。

王巖叟納諫兩宮

巖叟居言職五年，正諫無隱。及拜簽樞入謝，因進曰：「太后聽政以來，納諫從善，務合人心，所以朝廷清明，天下安靜。願信之勿疑，守之勿失！」復進言於帝曰：「陛下今日聖學，當深辨邪正。正人在朝，則朝廷安；邪人一進，便有不安之象。非謂一夫能然，蓋其類應之者衆，上下蔽蒙，不覺養成禍胎爾！」又曰：「或聞有以君子小人參用之説告陛下者，不知果有之否？此乃深誤陛下也。自古君子小人無參用之理，聖人但云君子在内小人在外則泰，（易泰卦象傳：「内君子而外小人。」）君子在外小人在内則否。（否卦象傳：「内小人而外君子。」）小人既進，君子必引類而去；若君子與小人競進，則危亡之基也。」兩宮深然之。

綱　夏五月朔，日食。

綱　六月，浙西水。杭州死者五十萬，蘇州死者三十萬。詔賜米百萬石、錢二十萬緡賑之。

綱　翰林學士承旨蘇軾罷。

目　初，軾以論事爲衆所忌，趙挺之、王覿攻之，遂出知杭州。（治錢塘縣，即今浙江杭州市。）未幾，召還，侍御史賈易復劾軾元豐末在揚州聞先帝厭代作詩，元豐，神宗年號。及草呂惠卿制，皆誹怨先帝，無人臣禮。御史中丞趙君錫亦繼言之。太后怒，罷易知宣州，（治宣城縣，即今安徽宣城縣。）君錫知鄭州。呂大防請幷軾兩罷，乃出軾知潁州，（治汝陰縣，即今安徽阜陽縣。）尋改知揚州。（治江都縣，即今江蘇揚州市。）

罷劉摯

綱　冬十一月，罷劉摯知鄆州。（治須昌縣，即今山東東平縣。）

鄭雍楊畏附呂大防

目　摯性陗直，有氣節，不爲利誘威怵。與呂大防同位，國家大事多決於大防，惟進退士大夫實執其柄。然持心少恕，勇於去惡，竟爲朋讒奇中，遂與大防有隙。中丞鄭雍、殿中侍御史楊畏皆附大防。章惇諸子故與摯子遊，摯亦間與之接，雍、畏謂延見接納，爲牢籠之計，以覬後福。覬音記，冀也。遂罷摯知鄆州。給事中朱光庭駁之曰：「摯忠義自奮，朝廷擢之大位，一旦以疑而罷，天下不見其過。」言者以光庭爲黨，亦罷知亳州。

綱　中書侍郎傅堯俞卒。

傅堯俞

目 堯俞重厚寡言，遇人不設城府，人不忍欺。論事君前，略無回隱，退與人言，不復有驚異色。素與王安石善。熙寧初，（熙寧，神宗年號。）自知廬州入京，（廬州治合肥縣，在今安徽合肥市北。）時方行新法，安石謂之曰：「舉朝紛紛，俟君來久矣！將以待制諫院處君。」堯俞曰：「新法，世以爲不便，誠如是，當極論之。」安石怒，遂不用。司馬光嘗謂邵雍曰：「清、直、勇三德，人所難兼，吾於欽之見焉。」（堯俞字欽之。）雍曰：「欽之清而不耀，直而不激，勇而能溫，是爲難耳。」及卒，太后謂輔臣曰：「傅侍郎清直一節，始終不變，金玉君子也。方倚以爲相，遽至是乎！」謚獻肅。

蘇轍沮用程頤

綱 壬申，七年，（一〇九二）春三月，以程頤直祕閣、判西京國子監，既而罷之。

目 頤服闋，（闋音闕。服終曰闋。）三省擬除館職，（三省，中書省、門下省、尚書省。館職，館閣之職。）判檢院。蘇轍進曰：「頤入朝，恐不肯靜。」太后納之，遂差管句崇福宮。頤亦懇辭，訖不就職。范祖禹言：「頤經術行義，天下共知，司馬光、呂公著豈欺罔者邪！但草茅之人，未習朝廷事體則有之，寧有他故如言者所指哉！乞召勸講，必有補聖明。」不聽。

始備六禮立后

綱 夏四月，始備六禮，立皇后孟氏。

目 后，洺州人，（洺州治永年縣，在今河北永年縣東南。）馬軍都虞候元之孫。帝年益壯，太皇太后歷選世家女百餘入宮。后年十六，太皇太后及太后皆愛之，教以女儀。至是，太皇太后諭執政曰：「孟氏女能執婦禮，宜正位中宮。」命學士草制。又以近世禮儀簡略，詔翰林、臺諫、給、舍與禮官，給、舍，給事中及中書舍人。議册后六禮以進。六禮，奉迎、發册、告期、納成、納吉、納采、問名。遂命呂大防兼六禮使，帝御文德殿册爲皇后。太皇太后語帝曰：「得賢內助，非細事也。」既而歎曰：「斯人賢淑，惜福薄耳！異日國有事變，必此人當之。」

高太后遠識

綱　五月，王巖叟罷。出知鄭州。

綱　六月，以蘇頌爲尚書右僕射兼中書侍郎，蘇轍爲門下侍郎，范百祿爲中書侍郎，梁燾、鄭雍爲尚書左、右丞，韓忠彥知樞密院事，劉奉世簽書院事。

蘇頌相

綱　秋八月，陝西地震。

綱　九月，召蘇軾爲兵部尚書兼侍讀。尋又遷禮部，兼端明侍讀二學士，未幾又罷知定州。

綱　癸酉，八年，（一〇九三）春三月，蘇頌、范百祿罷。

綱　夏六月，梁燾罷。

目　燾以疾罷。燾自立朝，一以引拔人物爲意，嘗作薦士錄，具載姓名。或曰：「公所植桃李，乘時而發，但不向人開耳。」燾笑曰：「燾出入侍從，致位執政，八年之閒，所薦用之不盡，負愧多矣。」帝以燾求去，遣近臣密訪人材。燾具奏：「訪人才可大任者，陛下當自知之。但須識別邪正，公天下之善惡，圖任舊人中堅正純厚有人望者，不牵左右好惡之言以移聖意，天下幸甚！」帝然之。

梁燾薦士錄

綱　秋七月，以范純仁爲尚書右僕射兼中書侍郎。

范純仁相

太皇太后高氏崩

范祖禹哲宗親政疏

目 純仁入謝，太后謂曰：「或謂卿必先引用王覿、彭汝礪，卿宜與呂大防一心。」對曰：「此二人實有士望，臣終不敢保位蔽賢，望陛下加察。」純仁之將召也，殿中侍御史楊畏附蘇轍，欲相之，因與來之邵上疏論純仁不可復相，乞進用章惇、安燾、呂惠卿；不報。及純仁視事，呂大防欲引畏爲諫議大夫以自助，純仁以畏不端，不可用。大防曰：「豈以畏嘗言相公邪？」蘇轍卽從旁誦其彈文，純仁初不知也，已而竟遷畏禮部侍郎。

綱 八月，京東、西、河南、北、淮南水。

綱 九月，太皇太后高氏崩。

目 太皇太后不豫。呂大防、范純仁等問疾。太皇太后曰：「老身沒後，必多有調戲官家者，五帝官天下，三王家天下，故稱。宜勿聽。公等亦宜早退，令官家別用一番人。」乃呼左右賜社飯，曰：「明年社飯時，思量老身也。」尋崩。太后臨朝九年，朝廷清明，華夏綏定。力行故事，抑絕外家私恩，人以爲女中堯、舜。

綱 冬十月，帝始親政，詔內侍劉瑗等復入內給事。

目 太后既崩，中外洶洶，人懷顧望，在位者畏懼，莫敢發言。翰林學士范祖禹慮小人乘閒害政，上疏曰：「陛下方攬庶政，延見羣臣，此國家隆替之本，社稷安危之機，生民休戚之端，君子小人進退消長之際，天命人心去就離合之時也，可不畏哉！先后有大功於宗社，有大德於生靈，九年之閒始終如一。然羣小怨恨，亦不爲少，必將以改先帝之政、逐先帝之臣爲言以事離間，不可不察也。惟剖析是非，深拒邪說，有以姦言惑聽者，付之典刑，痛懲一人以警羣慝，則恬然無事。此等既誤先帝，又欲誤陛下，天下之事，豈堪小人再破壞邪！」時蘇軾方具疏將諫，及見祖禹奏，曰：「經世之文也。」遂附名同進而毀已草。疏入，不報。會有旨召內侍劉瑗等十人復職，祖禹又諫曰：「陛下親政以來，未聞訪一賢臣，而所召乃先內侍，四海必謂陛下私於近習，不可。」弗聽。

綱　十二月，范純仁乞罷政，不許。

目　初，太皇太后寢疾，召純仁曰：「卿父仲淹，可謂忠臣，在明肅垂簾時，惟勸明肅盡母道；（明肅，眞宗劉皇后。事見卷六十七仁宗天聖七年。）明肅上賓，（謂崩也。）惟勸仁宗盡子道。卿當似之。」純仁泣曰：「敢不盡忠！」及帝親政，純仁乞避位。帝語呂大防曰：「純仁有時望，不宜去，可爲朕留之。」時羣小力排太后時事，純仁奏曰：「太皇保祐聖躬，功烈誠心，幽明共鑒，議者不恤國是，一何薄哉！」因以仁宗禁言明肅垂簾時事詔書上之，（事見卷六十七仁宗明道二年。）曰：「望陛下稽放而行，以戒薄俗。」帝不納。

綱　復章惇、呂惠卿官，貶樞密都承旨劉安世知成德軍。（卽今河北正定縣。）

目　呂大防爲山陵使，甫出國門，楊畏首叛大防，上疏言：「神宗更法立制，以垂萬世，乞賜講求，以成繼述之道。」帝卽召對，詢以先朝故臣孰可召用者？畏遂列上章惇、安燾、呂惠卿、鄧潤甫、李淸臣等行義，各加題品。且言神宗所以建立法度之意，與王安石學術之

楊畏叛呂大防

美，乞召章惇爲相。帝深納之，遂復惇、惠卿官。安世諫以爲不可，出知成德軍。

鄧潤甫首開紹述

綱 甲戌，紹聖元年，（一〇九四）春二月，以李清臣爲中書侍郎，鄧潤甫爲尚書左丞。

目 潤甫首陳武王能廣文王之聲，成王能嗣文、武之道，以開紹述，故有是命。范純仁以時用大臣，皆從中出，言於帝曰：「陛下親政之初，四方拭目以觀，天下治亂，實本於此。舜舉皋陶，湯舉伊尹，不仁者遠。縱未能如古人，亦須極天下之選。」帝不納。

綱 葬宣仁聖烈皇后。

綱 三月朔，日食。

目 不盡如鉤。

呂大防罷

綱 呂大防罷。殿中侍御史來之邵逆探時旨，首劾大防，而大防亦自求去，帝亟從之。

李清臣發試進士策

綱 策進士。罷門下侍郎蘇轍。

目 廷試進士，李清臣發策曰：「今復詞賦之選而士不知勸，罷常平之官而農不加富，可差可募之說雜而役法病，或東或北之論異而河患滋，賜土以柔遠也而羌夷之患未弭，弛利以便民也而商賈之路不通。夫可則因，否則革，惟當之爲貴，聖人亦何有必焉！」其意蓋絀元祐之政也。絀同黜。

蘇轍諫黜元祐之政

蘇轍諫曰：「伏見策題，歷詆近歲行事，有紹復熙寧、元豐之意。臣謂先帝設施，蓋有百世不可改者。元祐以來，上下奉行，未嘗失墜。至於事或失當，何世無之！父作於前，子救於後，前後相濟，此則聖人之孝也。漢武帝外事四征，內興宮室，財用匱竭，於是脩鹽鐵、榷酤、均輸之政，民不堪命，幾至大亂。昭帝委任霍光，罷去煩苛，漢室乃定。陛下若輕變九年已行之事，擢任累歲不用之人，懷私忿而以先帝爲辭，大事去矣。」帝覽奏，大怒曰：「安得以漢武比先帝！」

轍下殿待罪，衆莫敢救。范純仁從容言曰：「武帝雄才大略，史無貶辭，轍以比先帝，非謗也。」鄧潤甫越次進曰：「先帝法度，爲司馬光、蘇轍壞盡。」純仁曰：「不然，法本無弊，弊則當改。」帝曰：「人謂秦皇、漢武。」純仁曰：「轍所論，事與時也，非人也。」帝爲之少霽。霽音祭，怒少止也。竟落轍職，出知汝州。（治梁縣，即今河南臨汝縣。）

（范純仁救蘇轍）

及進士對策，考官第主元祐者居上；禮部侍郎楊畏覆考，乃悉下之，而以主熙、豐者置前列，遂拔畢漸爲第一。自是紹述之論大興，國是遂變矣。

（楊畏覆考拔畢漸爲第一）

綱　以曾布爲翰林學士承旨。初布以戶部尚書出知太原府，徙江寧過京，留拜承旨。

綱　夏四月，以張商英爲右正言。初商英爲開封推官，諫罷新法，呂公著惡之，出爲河東提刑，至是召爲右正言。商英在外十年，憾元祐諸臣，因極力攻之。

綱　貶蘇軾知英州。

綱　詔改元。

目　曾布上疏，請復先帝政事，且乞改元，以順天意。帝從之，改元祐九年爲紹聖元

（改元祐爲紹聖）

范罷章相

陳瓘說章惇

章惇使林希典書誥

年。於是天下曉然知帝意所向矣。

綱 罷翰林學士范祖禹。

目 時帝欲相章惇，祖禹言惇不可用，帝不悅。祖禹遂乞郡，乃知陝州。（治陝縣，即今河南陝縣。）祖禹在邇英，（邇英，閣名，仁宗置。）守經據正，獻納尤多。每當講前夕，必正衣冠如在上側，命子弟侍，先按講其說，開列古義，參之時事，言簡而當，義理明白，蘇軾稱爲講官第一。

綱 以章惇爲尙書左僕射兼門下侍郎，范純仁罷。

目 惇之被召也，通判陳瓘從衆道謁之。瓘音貫。惇聞瓘名，邀與同載，詢當世之務。瓘因問惇曰：「天子待公爲政，敢問何先？」惇曰：「司馬光姦邪，所當先辨，勢無急於此。」瓘曰：「公誤矣。果爾，將失天下望。」惇厲聲曰：「光不務纘述先烈，而大改成緒，誤國如此，非姦邪而何？」瓘曰：「不察其心而疑其迹，則不爲無罪。若指爲姦邪，又復改作，則誤國益甚矣。爲今之計，惟消朋黨，持中道，庶可以救弊。」惇不悅。

帝既相惇，純仁請去益力，乃以觀文殿大學士出知潁昌府。

綱 召蔡京爲戶部尙書，以林希爲中書舍人。

目 章惇嘗言：「元祐初，司馬光作相，用蘇軾掌制，所以能鼓動四方。安得斯人而用之！」或曰：「林希可。」會希赴成都過闕，（成都，即今四川成都市。）惇欲使典書誥，逞毒於元祐諸臣，且許以爲執政，希久不得志，請甘心焉。凡元祐名臣貶黜之制，皆希爲之，極其醜詆，至以「老姦擅國」之語陰斥宣仁，高太后。讀者無不憤歎。一日草制罷，擲筆於地曰：「壞名節矣！」

復免役法

綱　復免役法。

綱　以蔡卞爲國史脩撰。卞，王安石壻也，從安石從子防所求安石舊作日錄，文飾姦僞，芟落事實，盡改正史。

罷十科舉士法

綱　閏月，罷十科舉士法。

綱　以安燾爲門下侍郎。

綱　貶吏部尚書彭汝礪知江州。（治潯陽縣，即今江西九江市。）

目　言者謂其附會劉摯也。汝礪將行，帝問所欲言，對曰：「陛下今所復者，其政不能無是非，其人不能無賢不肖；政惟其是則無不善，人惟其賢則無不得矣。」至郡數月而卒。

綱　五月，詔進士專習經義。

罷制舉置宏詞科

綱　罷制舉，置宏詞科。

綱　劉奉世罷。

目　奉世，敞之子也。爲人簡重有法度，常云：「家世惟知事君，內省不愧，恃士大夫公論而已。得喪，常理也。譬如寒暑加人，雖善攝生者不能無病，正須安以處之。」以章惇用事，力乞外，乃出知成德軍。

綱 鄧潤甫卒。

綱 以黄履爲御史中丞。

目 元豐末，履爲中丞，與蔡確、章惇、邢恕相交結，每確、惇有所嫌惡，則使恕道風旨於履，履卽排擊之，時謂之「四凶」，爲劉安世所論而出。至是，惇復引用，俾報復仇怨，元祐正臣，無一得免者矣。

四凶

綱 六月，除字說之禁。

綱 以曾布同知樞密院事。

綱 秋七月，奪司馬光、呂公著等贈謚，貶呂大防、劉摯、蘇轍、梁燾等官，詔諭天下。

目 黄履、張商英、上官均、來之邵等交章論司馬光等變更先朝之法，畔道逆理。章惇、蔡卞請發光、公著冢，斲棺暴尸。暴音僕。帝問許將，將對曰：「此非盛德事也。」帝乃止。於是追奪光、公著贈謚，仆所立碑，奪王巖叟贈官；貶大防爲祕書監，摯爲光祿卿，轍爲少府監，並分司南京。

李清臣復與章惇異

初，李清臣冀爲相，首倡紹述之説，以計去蘇轍、范純仁，亟復青苗、免役法。及章惇至，心甚不悅，復與爲異。惇既貶司馬光等，又籍文彥博以下三十人，將悉竄嶺表。清臣進曰：「更先帝法度，不能無過，然皆累朝元老；若從惇言，必大駭物聽。」帝乃下詔曰：「大臣朋黨，司馬光以下各以輕重議罰。其布告天下，餘悉不問，議者亦勿復言。」

初，朋黨論起，帝曰：「梁燾每起中正之論，其開陳排擊，盡出公議，朕皆記之。」又曰：「蘇頌知君臣之義，無輕議也。」由是頌獲免，而燾止謫提舉舒州靈仙觀。（舒州治懷寧縣，即今安徽潛山縣。）

罷廣惠倉

綱　八月，罷廣惠倉。

復免行錢

綱　復免行錢。

常安民料呂惠卿

綱　冬十月，以呂惠卿知大名府。

目　監察御史常安民言：「北都重鎮而除惠卿。（北都即北京大名府，即今河北大名縣。）惠卿賦性深險，背王安石者，其事君可知。今將過闕，必言先帝而泣以感動陛下，希望留京矣。」帝納之。及惠卿至京，請對，見帝果言先朝事而泣，帝正色不答。計卒不施而去，時論快之。

重修神宗實錄

綱　十二月，重脩神宗實錄成，安置范祖禹等於遠州。

目　蔡卞進神宗實錄，於是祖禹及趙彥若、黃庭堅等並坐詆誣，降官，安置永、澧、黔州；（永州治零陵縣，即今湖南零陵縣。澧州治澧陽縣，即今湖南澧陽縣。黔州治彭水縣，即今四川彭水縣。）遷卞爲翰林學士。初，禮部侍郎陸佃預脩實錄，數與祖禹等爭辨，大要是安石，爲之晦隱。庭堅曰：「如公言，蓋佞史也！」佃曰：「盡用君意，豈非謗書乎？」至是佃亦落職。言者又以呂大防監脩神宗實錄，徙安州居住。

佞史謗書

復保甲法

綱　乙亥，二年，（一〇九五）春二月，復保甲法。

常安民首發蔡京之姦

【綱】夏四月，置律學博士。

【綱】冬十月，鄭雍罷，以許將、蔡卞爲尚書左、右丞。

【綱】贈蔡確太師，謚忠懷。時確黨屢言確有定策功。會馮京卒，帝臨奠，確子渭，京壻也，於喪次闌訴，遂有是命。

【綱】貶監察御史常安民監滁州酒稅。（滁州治清流縣，即今安徽滁縣。）

【目】時蔡京深結中官裴彥臣，安民因論之，謂「京姦足以惑衆，辯足以飾非，巧足以移奪人主之視聽，力足以顚倒天下之是否。內結中官，外連朝士，一不附己，則誣以黨於元祐，非先帝法，必擠之而後已。今在朝之臣，京黨過半，陛下不可不早覺悟而逐之，他日羽翼成就，悔無及矣。」是時京之姦始萌芽，人多未測，獨安民首發之。至是復論章惇顓國植黨，乞收主柄而抑其權，反覆曲折，言之不置。惇怒。御史董敦逸論安民黨於蘇軾兄弟。會安民言事忤旨，惇遂出安民監滁州酒稅；安燾救之，不克。

【綱】左司諫張商英有罪免。商英黨章惇以攻安燾，帝不直之，遂免。

【綱】十一月，安燾罷。燾救常安民，章惇言燾與之表裏，出知鄭州。

【綱】貶范純仁知隨州。（治隨縣，即今湖北隨縣。）

【目】時呂大防等竄居遠州。會明堂赦，章惇豫言此數十人當終身勿徙。純仁聞之憂憤，欲申理，所親勸其勿觸怒，萬一遠斥，非高年所宜。純仁曰：「事至於此，無一人敢言，若

范純仁申理呂大防等

上心逐回，所繫大矣；如其不然，死亦何憾！」因上言：「大防等所罪，亦因持心失恕，好惡任情，違老氏好還之戒，老子上篇：「以道佐人主者，不以兵强天下，其事好還。」言迭爲勝負，循環之理，未有勝而不復者也。忽孟軻反爾之言。然牛、李之禍，唐末牛僧孺、李德裕之黨禍也。僧孺之黨多小人，德裕之黨多君子。數十年淪胥不解，淪胥，相陷也。詩小雅：「無淪胥以敗。」豈可尙遵前軌！願斷自淵衷，原放大防等。」疏奏，章惇大怒，遂落觀文殿大學士，徙知隨州。

綱 丙子，三年，(一〇九六)春正月，韓忠彥罷。

綱 二月，女眞伐紇石烈部阿踈，阿踈奔遼。

綱 秋七月，竄范祖禹于賀州，(治臨賀縣，即今廣西賀縣。)劉安世于英州。

目 時劉婕妤專寵內庭，章惇、蔡京摭祖禹、安世元祐中諫乳媼事，摭音職，拾也。以爲斥婕妤也。於是坐二人構造誣謗之罪，謫授昭、新州別駕，(昭州治平樂縣，在今廣西平樂縣西南。)賀、英州安置。

廢孟皇后

綱 九月，廢皇后孟氏。

目 劉婕妤同后朝太后於隆祐宮，或撤婕妤座，懟，不復朝，泣訴於帝。會后女福慶公主疾，后姊持道家治病符水入治，宮中相傳，厭魅之端作矣。厭，鎭也。魅音妹，鬼魅。未幾，后養母聽宣夫人燕氏、尼法端爲后禱祠事聞，詔入內押班梁從政等即皇城司鞫之，鞫音菊，推窮罪也。捕逮宦者、宮妾三十人，搒掠備至。獄成，命侍御史董敦逸覆錄罪人。敦逸秉筆疑未下，內侍郝隨等以言脇之。敦逸畏禍，乃以奏牘上。詔廢后爲華陽教主、玉清妙靜仙師，法名沖眞，出居瑤華宮。時章惇欲誣宣仁后有廢立計，宣仁后卽高太后。以后逮事宣仁；又陰附劉婕妤，欲請建爲后，遂與郝隨構成是獄，天下冤之。

綱 冬十月，雷，大雨雹。

綱 以龔原爲國子司業。

目 原少師王安石，安石之改學校法，常引原自助，原亦爲盡力。及爲司業，遂請以安石所撰字說、洪範傳及王雱論語、孟子義刊板傳學者。故學校舉子之文，靡然從之，其弊自原始。

綱 丁丑，四年，（一〇九七）春正月，李清臣免。

綱 二月，追貶司馬光、呂公著等官。

綱 復罷春秋科。

綱 流呂大防、劉摯、蘇轍、梁燾、范純仁等于嶺南，貶韓維等三十人官。大防道卒。

目 三省言：「呂大防等爲臣不忠，罪與司馬光等不異，頃朝廷雖嘗懲責，而罰不稱愆；生死異罪，無以垂示萬世。」遂貶大防、劉摯、蘇轍、梁燾、范純仁，安置於循、新、雷、化、永五州；（循州治歸善縣，在今廣東惠陽縣東北。雷州治海康縣，卽今廣東海康縣。化州治石龍縣，卽今廣東化縣。）劉奉世安置柳州；（治馬平縣，卽今廣西柳州市。）韓維落職致仕，再謫均州安置；（均州治武當縣，卽

龔原

復罷春秋科

流呂大防等

范純仁不避好名之嫌

范純仁曉諸子

范純仁在道覆舟

今湖北均縣。）王覿、韓川、孫升、呂陶、范純禮、趙君錫、馬默、顧臨、范純粹、孔文仲、王欽臣、呂希哲、呂希純、呂希績、姚緬、吳安詩、秦觀十七人遠州居住；王汾落職，致仕；張耒、晁補之、賈易並監當官；朱光庭、孫覺、趙卨、李之純、杜純、李周並追奪官秩。葉濤當制，文極醜詆，聞者切齒。時燾已卒。大防行至虔州信豐而卒，（信豐，在今江西信豐縣西南。）天下惜之。旣而蘇軾自惠州徙昌化軍，初貶英州，未幾惠州安置。（惠州治博羅縣，在今廣西惠陽縣西。昌化軍在儋州，即今海南島儋縣。）范祖禹自賀州徙賓州，劉安世自英州徙高州。（賓州治臨浦縣，即今廣西賓縣。高州治電白縣，在今廣東茂名縣東北。）純仁時因疾失明，聞命怡然就道。或謂近名，純仁曰：「七十之年，兩目俱喪，萬里之行，豈其欲哉！但區區之愛君，有懷不盡，若避好名之嫌，則無爲善之路矣。」諸子欲以與司馬光議役法不同爲請，冀得免行，純仁曰：「吾用君實薦，以致宰相，昔同朝論事不合則可，汝輩以爲今日之言則不可也。有愧心而生，不若無愧於心而死。」其子乃止。每戒子弟不可小有不平，聞諸子怨章惇，必怒止之。及在道，舟覆於江，純仁衣盡濕，顧諸子曰：「此豈章惇爲之哉！」

綱　降太師致仕文彥博爲太子少保。言者論其朋附司馬光，詆毀先烈故也。

綱　閏月，以曾布知樞密院事，林希同知院事，許將爲中書侍郞，蔡卞、黃履爲尙書左、右丞。

目　布初附章惇，覬惇引居同省，覬音記，希幸也。故草惇制，極其稱美，復贊紹述甚力；

許將諫誅元祐諸臣

惇忌之，處於樞府，由是稍不相能。不相善也。時章惇、蔡卞同肆羅織，貶謫元祐諸臣，欲舉漢、唐故事，誅戮黨人。帝以問將，將對曰：「二代固有之，但祖宗以來未之有。本朝治道所以遠過漢、唐者，以未嘗輒戮大臣也。」帝深然之。

薛昂林自乞毁資治通鑑板

綱 三月，詔中書舍人蹇序辰等編類司馬光等章疏。

目 章惇議遣呂升卿、董必察訪嶺南，將盡殺流人。帝曰：「朕遵祖宗遺志，未嘗殺戮大臣，其釋勿治。」惇志不快。於是中書舍人蹇序辰上疏言：「司馬光等變亂典刑，改廢法度，其章疏案牘散在有司；若不彙緝而藏之，歲久必致淪棄。願選官編類，人爲一帙，置之二府，中書、樞密。以示天下後世之大戒。」章惇、蔡卞請卽命序辰及直學士院徐鐸編類。由是搢紳之士，無得脫禍者矣。卞黨薛昂、林自，又乞毁司馬光資治通鑑板；太學博士陳瓘因策士引神宗所製序文以問，昂、自議沮，得免。

文彥博卒

綱 夏五月，潞公文彥博卒。

目 彥博逮事四朝，任將相五十年，名聞四夷。平居接物謙下，尊德樂善如恐不及。其在洛也，洛人邵雍、程顥兄弟，皆以道自重，賓接之如布衣交；立朝端重，公忠直諒，臨事果斷，有大臣之風。功成退居，朝野倚重，卒年九十二。追復太師，謚忠烈。

綱 秋八月，彗星見西方。

綱 冬十月，以邢恕爲御史中丞，追貶王珪爲萬安軍司戶參軍。

【綱】十一月，梁燾卒于化州。

【綱】編管程頤于涪州。（治涪陵縣，即今四川涪陵縣。）

【目】頤時放歸田里。帝一日與輔臣語及元祐政事，曰：「程頤妄自尊大，在經筵多不遜。」於是言者論頤與司馬光同惡相濟，削籍竄涪州，河南尹李清臣即日迫遣。

【綱】復立市易務。

【目】十二月，劉摯卒于新州。

竄程頤

復立市易務

劉摯卒

綱鑑易知錄卷七四

宋紀

哲宗皇帝

綱　戊寅，元符元年，（一〇九八）春正月，得秦璽于咸陽。（即今陝西咸陽市。）

目　咸陽縣民段義，於劉銀村脩舍，得古玉印，其文曰「受命于天，既壽永昌」，上之。詔蔡京等辨驗，京以爲秦璽。遂命曰「天授傳國受命寶」。帝御大慶殿受寶，行朝會禮，詔賜義絹二百匹，授右班殿直。傳國璽者，秦之前以金銀爲方寸璽，秦得和氏璧，乃以玉爲之，在六璽之外，李斯篆其文曰「受命于天既壽永昌」，號曰傳國璽。漢高定三秦，子嬰獻之；王莽篡逆，就元后取之；莽敗，王憲得之；李松入長安，斬憲取璽，送上更始，更始以奉赤眉，赤眉立劉盆子，盆子奉上光武。後董卓作亂，掌璽者投諸井中，孫堅入洛討卓，見井中有五色光，堅浚井得璽，袁術僭逆，乃拘堅妻奪之，術死爲徐璆所得以上獻帝，然後漢以傳魏，魏以傳晉。後劉曜入洛陽執懷帝取璽，曜又爲石勒所得。冉閔滅勒得璽，閔敗，璽存於閔大將軍蔣幹，其後謝尙得之於幹，以晉穆帝永和八年還建康，晉元興三年又爲桓元僭逆而得；元敗，劉裕得之。齊蕭道成篡宋復得璽，蕭衍篡齊爲梁又得之。其後盜竊璽而歸之於齊，又其後陳得之於梁，隋得之於陳，而秦王世民又得之於竇建德妻曹氏。厥後唐昭宣帝四年遣使奉册寶如朱梁，則是溫得之矣。又晉得傳國寶者，乃唐僖宗廣明元年，黃巢入長安，魏州僧得傳國寶以爲常玉，將鬻之，或識其爲傳國寶，乃詣行臺獻之，後梁主又爲盜竊之以迎唐，而石晉滅唐，唐主從珂攜傳國寶登玄武樓自焚死，璽至此蓋已亡矣。由是後之得國者各自爲之，故晉作受命寶，其文曰「受天明命惟德永昌」，周又更作二寶。今綱目大書「元符元年春正月，得秦璽于咸陽」者，所以深著蔡京愚惑哲宗之罪也。

綱　三月，下文彥博子及甫于同文館獄，遂錮劉摯、梁燾子孫于嶺南。以蔡京爲翰林學士承旨，安惇爲御史中丞。京覬求執政，故治獄極意羅織元祐諸賢。既成而曾布忌京，密言於帝曰：「蔡卞備位承轄，京不可以同升。」遂止進承旨，京、布由是有隙。

章惇蔡卞請追廢宣仁

綱　章惇、蔡卞請追廢宣仁聖烈皇后，高太后。不果行。

目　惇、卞恐元祐舊臣一旦復起，日夜與邢恕等謀，且結內侍郝隨爲助，媒蘖宣仁嘗欲危帝之事。至是，惇、卞自作詔書，請廢宣仁爲庶人。皇太后方寢，向氏。聞之，遽起謂帝曰：「吾日侍崇慶，宮名，宣仁居此。天日在上，此語曷從出。且帝必如此，亦何有於我！」帝感悟，取惇、卞奏，就燭焚之。郝隨知之，密語惇、卞。明日，惇、卞再具狀，堅請施行。帝怒曰：「卿等不欲朕入英宗廟乎！」抵其奏於地，抵，擲也。事得寢。

綱　夏四月，林希免。希恨章惇不引爲執政，漸有怨隙，邢恕承惇意論免之。

竄范劉

綱　秋七月，再竄范祖禹、劉安世于化、梅州，（化州治石龍縣，即今廣東化縣。梅州治程鄉縣，即今廣東梅縣。）祖禹尋卒。

目　初，章惇怨范祖禹、劉安世尤深，必欲置諸死地。至是，諷蔡京併陷二人以罪，詔徙祖禹於化州，安世於梅州。

安世至貶所，章惇將必置之死，擢土豪爲轉運判官，使殺之。判官承意疾馳，未至梅三十里，嘔血而死，安世獲免。

祖禹平居恂恂，口不言人過，遇事則別白是非，不少借隱。長於勸講，論諫不啻數十萬言，（啻音試。）開陳治道，辨釋事宜，平易明白，洞見底蘊，雖賈誼、陸贄不是過也。（賈誼，漢文帝時賢臣。陸贄，唐德宗朝賢相。）

綱 京師地震。

綱 己卯，二年，（一〇九九）秋八月，子茂生。九月，立賢妃劉氏爲皇后。竄右正言鄒浩于新州。（治新興縣，即今廣東新興縣。）

子茂生

目 妃多材藝，有盛寵。既搆廢孟后，章惇與內侍郝隨、劉友端相結，請妃正位中宮。時帝未有儲嗣，會妃生子茂，帝大喜，遂立焉。浩以數論事，帝親擢爲右正言，露章劾章惇不忠慢上之罪，（露章，不封也。）未報而劉后立。浩上疏言：「賢妃與孟后爭寵，而孟后廢。今乃立之，殊累聖德。乞追停册禮。」帝曰：「此祖宗故事，豈獨朕邪！」蓋指眞宗立劉德妃也。浩對曰：「祖宗大德，可法者多矣，陛下不之取，而效其小疵邪！」帝變色，持其章躊躇，若有所思，因付於外。明日，章惇詆其狂妄，除名勒停，羈管新州。尚書右丞黃履進曰：「浩以親被拔擢之故，敢犯顏納忠，陛下遽出之死地，人臣將視以爲戒，誰復爲陛下論得失乎！幸與

鄒浩露章劾章惇

鄒浩諫立劉妃

黃履救鄒浩

善地。」不聽。

初，陽翟田晝議論慷慨，（陽翟即今河南禹縣。）與浩以氣節相激厲。劉后立，晝謂人曰：「志完不言，（鄒浩字志完。）可以絕交矣！」浩既得罪，晝迎諸途。浩出涕，晝正色責之曰：「使志完隱默官京師，遇寒疾不汗，五日死矣，豈獨嶺海之外能死人哉！（嶺海謂廣東。）願君毋以此舉自滿，士所當爲者，未止此也。」浩茫然自失，謝曰：「君贈我厚矣！」浩之將論事也，以告其友宗正寺簿王回，回曰：「事有大於此者乎？子雖有親，然移孝爲忠，亦太夫人素志也。」及浩南遷，人莫敢顧，回斂交遊錢與浩治裝，往來經理，且慰安其母。邏者以聞，（邏，巡也。）逮詣詔獄，衆爲之懼，回居之晏如。御史詰之，回曰：「實嘗預謀，不敢欺也。」因誦浩所上章，幾二千言。獄上，除名停廢，回即徒步出都門。行數十里，其子追及，問以家事，不答。又有曾誕者，嘗三以書勸浩論孟后事，浩不報。及浩廢，誕作玉山主人對客問，以譏浩不能力諫孟后之廢，而俟朝廷過舉乃言，爲「不知幾」云。

王回斂錢爲鄒浩治裝

曾誕作玉山主人對客問

綱　御史中丞邢恕免。恕揣帝稍厭章惇，因屢白惇短，惇遂構陷以罪，出知汝州，以安惇代之。

綱　閏月，黄履罷。

綱　置看詳訴理局。

置看詳訴理局

目　安惇言：「陛下未親政時，奸臣置訴理所，凡得罪熙、豐之閒者咸爲除雪，（熙寧、元豐，俱神宗年號。）歸怨先朝，收恩私室。乞取公案，看詳從初加罪之意，復依斷施行。」蔡卞勸章惇

二蔡二惇之謠

曾布叱章惇

韓忠彥陳四事

置局，命中書舍人蹇序辰及安惇看詳。由是重得罪者八百三十家，士大夫或千里會逮，天下怨疾，有二蔡、二惇之謠。二蔡，蔡京、蔡卞。二惇，章惇、安惇。

綱 子茂卒。

綱 庚辰，三年，（一一〇〇）春正月，帝崩，端王佶卽位，太后權同聽政，赦。

目 帝崩，無子，皇太后向氏哭謂宰臣曰：「國家不幸，大行皇帝無嗣，事須早定。」章惇抗聲曰：「在禮律當立母弟簡王似。」太后曰：「老身無子，諸王皆神宗庶子，莫難如此分別。」惇復曰：「以長則申王佖當立。」佖音弼。太后曰：「申王有目疾，不可。於次則端王佶，當立。」惇曰：「端王輕佻，佻音挑。不可以君天下。」言未畢，曾布叱之曰：「章惇未嘗與臣商議，如皇太后聖諭極當。」蔡卞、許將相繼曰：「合依聖旨。」太后又曰：「先帝嘗言端王有福壽，且仁孝。」於是惇默然。乃召端王入卽位於柩前。羣臣請太后權同處分軍國事，后以長君辭；帝泣拜移時，乃許之。端王，神宗第十一子也。

綱 尊皇后劉氏爲元符皇后。

綱 二月，立皇后王氏。后，開封人，德州刺史璪之女。

綱 以韓忠彥爲門下侍郎，黃履爲尙書右丞。

目 忠彥入對，陳四事，曰廣仁恩，開言路，去疑似，戒用兵。太后納之。自是忠直敢言、知名之士稍見收用。

【綱】三月，詔求直言。

【目】以四月朔日當食，詔求直言。筠州推官崔鶠上書曰：（筠州治高安縣，即今江西高安縣。）「毁譽者，朝廷之公議。故責授朱厓軍司戶司馬光，紹聖四年二月，追貶司馬光朱厓軍司戶。左右以爲姦，而天下皆曰忠。今宰相章惇，左右以爲忠，而天下皆曰姦。此何理也？賞繆罰濫，佞人徜徉，徜徉，音常羊，自得之貌。如此，而國不亂，未之有也。小人譬之蝮蝎，蝮音福，蝎音歇。其兇忍害人根乎天性，隨遇必發。天下無事，不過賊陷忠良，破碎善類；至緩急危疑之際，必有反覆賣國，跋扈不臣之心。比年以來，諫官不論得失，御史不劾姦邪，門下不駁詔令，共持喑默，以爲得計。夫以股肱耳目，治亂安危所繫，而一切若此，陛下雖有堯、舜之聰明，將誰使言之，誰使行之！夫四月，陽極盛、陰極衰之時，而陰干陽，故其變爲大。惟陛下畏天威，聽明命，大運乾剛，大明邪正，則天意解矣。」帝覽而善之，以爲相州教授。（相州治安陽縣，即今河南安陽市。）

崔鶠日食疏

小人譬之蝮蝎

【綱】召龔夬爲殿中侍御史，夬音怪。陳瓘、鄒浩爲左、右正言。

【目】韓忠彦等薦之也。御史中丞安惇言：「鄒浩復用，慮彰先帝之失。」帝曰：「立后，大事也。中丞不言，而浩獨敢言，何爲不可復用！」惇懼而退。陳瓘言：「陛下欲開正路，取浩既往之善；惇乃誑惑主聽，規騁其私，若明示好惡，當自惇始。」遂出惇知潭州。（治長沙縣，即今湖南長沙市。）

韓忠彦薦賢

韓忠彥相

爲文如行雲流水

綱 詔許劉摯、梁燾歸葬，錄其子孫。

綱 夏四月朔，日食。

綱 以韓忠彥爲尚書右僕射兼中書侍郎，李清臣爲門下侍郎，蔣之奇同知樞密院事。

綱 復范純仁等官，徙蘇軾等于内郡。

目 純仁時在永州，（治零陵縣，即今湖南零陵縣。）遣中使賜以茶藥，諭之曰：「皇帝在藩邸，太皇太后在宮中，知公先朝言事忠直，今虛相位以待，不知目疾如何？用何人醫之？」純仁頓首謝。徙居鄧州；（治穰縣，在今河南鄧縣東南。）在道，拜觀文殿大學士、中太乙宮使。制詞有曰：「豈惟尊德尚齒，昭示寵優；庶幾鯁論嘉謀，日聞忠告。」純仁聞制，泣曰：「上果用我矣，死有餘責。」既又遣中使趣入覲。趣同促。純仁乞歸養疾，帝不得已許之。每見輔臣，問：「安否？」且曰：「范純仁得一識面足矣！」

軾自昌化移廉，（昌化軍置在儋州，即今廣東海南島儋縣。廉州治合浦縣，在今廣東合浦縣東南。）徙永，更三赦，復提舉玉局觀，未幾，卒於常州。治晉陵縣，即今江蘇常州市。軾與弟轍師父洵，爲文如行雲流水，初無定質，雖嬉笑怒駡之辭，皆可書而誦之。自爲舉子至出入侍從，必以愛君爲本，忠規讜論，挺挺大節，挺挺，正直也。左傳襄公五年：「周道挺挺。」但爲小人忌惡，不得久居朝耳。

綱 五月，詔復哲宗廢后孟氏爲元祐皇后。

目 初，哲宗嘗悔廢后事，歎曰：「章惇壞我名節。」至是太后將復后位，會布衣何文正

蔡卞免

章惇猶在蔡卞術中

章惇免

上書言之，遂降是詔。自瑤華宮還居禁中。

綱　蔡卞有罪免。

目　卞專託紹述之説，上欺天子，下脇同列。凡中傷善類，皆密疏建白，然後請帝親札付外行之；章惇雖巨姦，然猶在其術中。至是，龔夬論惇、卞之惡，未報，而臺諫陳師錫、陳次升、陳瓘、任伯雨、張庭堅等極論卞罪浮於惇，乞正典刑以謝天下。乃出知江寧，（治江寧縣，在今江蘇南京市境。）臺諫論之不已，遂以祕書少監分司池州。（池州治貴池縣，即今安徽貴池縣。）

綱　追復文彦博、王珪、司馬光、呂公著、呂大防、劉摯等三十三人官。從韓忠彦之言也。

綱　六月，邢恕有罪，安置均州。（治當陽縣，即今湖北均縣。）

目　陳瓘論其矯誣定策之罪也。

綱　秋七月，太后罷聽政。

綱　八月，葬永泰陵。

綱　九月，章惇有罪免。

目　惇爲相，專圖復怨，引蔡卞、林希、黄履、來之邵、張商英等居要地，任言責，由是正人無一得免死者；屢興大獄，以陷忠良，天下嫉之。及兼山陵使，靈轝陷淖中，淖音閙，泥也。踰宿而行。臺諫豐稷、陳次升、龔夬、陳瓘等劾其不恭，免知越州。（治會稽縣，即今浙江紹興市。）

綱　冬十月，復以程頤判西京國子監。（西京即洛陽。）

章惇極刑

豐稷去蔡京

韓忠彥曾布相

目 頤既受命，卽謁告，（謁，請也。休假曰告。）欲遷延爲尋醫計。既而供職，門人尹焞深疑之。（焞音吞。）頤曰：「上初卽位，首被大恩，不如是則何以仰承德意！然吾之不能仕，蓋已決矣，受一月之俸焉，然後惟吾所欲爾。」未幾，致仕。

綱 安惇、蹇序辰有罪除名，放章惇于潭州。

目 惇既罷知越州，陳瓘等以爲責輕，復論「惇在紹聖中置看詳元祐訴理局，（紹聖、元祐，俱哲宗年號。）凡於先朝言語不順者，加以釘足、剝皮、斬頸、拔舌之刑，其慘刻如此。看詳之官如安惇、蹇序辰等，受大臣諷諭，迎合紹述之意，傅致語言，指爲謗訕，遂使朝廷紛紛不已。考之公論，宜正典刑。」於是二人並除名，放歸田里，而貶惇武昌節度副使。（武昌軍，卽今湖北武漢市武昌城。）居潭州。

綱 蔡京有罪免。削林希官，徙知揚州。（治江都縣，卽今江蘇揚州市。）

目 中丞豐稷論京姦狀，帝未納，臺諫陳瓘、江公望等相繼言之，帝亦不聽。稷曰：「京在朝，吾屬何面目居此！」復力論之，始出知永興軍，（治長安城，在今陝西西安市境。）言者不已，乃奪職居杭州。

右司諫陳祐復論林希紹聖初黨附權要，詞命醜詆之罪。乃削端明殿學士，徙知揚州。

綱 以韓忠彥、曾布爲尚書左、右僕射兼門下、中書侍郎。

目 布初附章惇，凡惇所爲，多布所建白；及不得同省，始與乖異。及帝卽位，銳意圖

曾鞏勸曾布

（治宛丘縣，即今河南淮陽縣。）言於布曰：「兄方得君，當引用善人，翊正道以杜惇、卞復起之萌。而數月以來，所謂端人吉士，繼迹去朝，所進以爲輔佐、侍從、臺諫，往往皆前日事惇、卞者，一旦勢異今日，必首引之以爲固位計，思之可爲慟哭。異時惇、卞縱未至，一蔡京足以兼二人，可不深慮乎！」布不能從。

治，延進忠鯁，布因力排紹聖之人而去之。既拜相，其弟翰林學士肇引嫌出知陳州。

建中靖國

綱 十一月，詔改元。

目 時議以元祐、紹聖均有所失，欲以大公至正消釋朋黨，遂詔改明年元爲建中靖國，由是邪正雜進矣。

綱 以安燾知樞密院事，黃履免。

綱 置春秋博士。

綱 以范純禮爲尚書右丞。

徽宗皇帝

名佶，神宗第十一子。初封端王，哲宗無嗣，向太后立之。在位二十五年，爲金所虜，壽五十四歲而殂。帝機巧多技，大興土木，窮極淫樂，天變民怨。盜賊雖平，反復不省，屛忠任奸，約金滅遼，尋爲金欺，虜帝北行，封昏德公，殂五國城。

綱 辛巳，徽宗皇帝建中靖國元年，（一一〇一）春正月朔，有赤氣亙天。

目 是夕，有赤氣起東北，亙西南，中函白氣；將散，復有黑祲在旁。祲音侵，氣也。右正

任伯雨論天變

言任伯雨言：「正歲之始，而赤氣起於暮夜之幽。日爲陽，夜爲陰；東南爲陽，西北爲陰；朝廷爲陽，宮禁爲陰；中國爲陽，夷狄爲陰；君子爲陽，小人爲陰。此宮禁陰謀，下干上，夷狄竊發之證也。天心仁愛，以災異爲警戒。願陛下進忠良，絀邪佞，絀同黜。正名分，擊姦惡，使小人無得生犯上之心，則災異可變爲休祥矣。」

范純仁卒

綱 高平公范純仁卒。（高平卽澤州，治晉城縣，在今山西晉城縣東北。）

目 純仁疾革，革音戟，亟也。口占遺表，勸帝清心寡欲，約己便民，絕朋黨之論，察邪正之歸，毋輕議邊事，易逐言官，辨明宣仁誣謗。且云：「蓋嘗先天下而憂，期不負聖人之學，此先臣所以教子，而微臣資以事君者也。」卒，贈開府儀同三司，謚忠宣。純仁性夷易寬簡，不以聲色加人，誼之所在，則挺然不少屈。嘗曰：「吾平生所學，得之『忠恕』二字，一生用不盡，以至立朝事君，接待僚友，親睦宗族，未嘗須臾離此也。」每戒子弟曰：「人雖至愚，責人則明；雖有聰明，恕己則昏。苟能以責人之心責己，恕己之心恕人，不患不至聖賢地位也。」

綱 皇太后向氏崩。謚欽聖憲肅。

綱 追尊太妃陳氏爲欽慈皇后，陪葬永裕陵。神宗陵也。

目 陳氏，帝生母也。

遼延禧立

綱 遼耶律洪基死，孫延禧立。是爲天祚皇帝，改元乾統。

綱 二月，貶章惇爲雷州司戶參軍。（雷州治海康縣，卽今廣東海康縣。）

目　任伯雨論：「惇久竊朝柄，迷國罔上，毒流縉紳，承先帝變故倉卒，（卒音猝。）輒逞異志。向使其計得行，將置陛下與皇太后於何地！若貸而不誅，則天下大義不明、大法不立矣。臣聞北使言：『去年遼主方食，聞中國黜惇，放箸而起，稱善者再，謂南朝錯用此人。』北使又問：『何爲只若是行遣？』以此觀之，不獨孟子所謂『國人皆曰可殺』，雖蠻貊之邦莫不以爲可殺也。」章入上，未報。會臺諫陳瓘、陳次升等復極論之，乃貶惇爲雷州司戶參軍。

任伯雨論章惇

初，蘇轍謫雷州，不許占官舍，遂僦民屋。（僦，賃也。）又以爲強奪民居，下州追民究治，以僦劵甚明，乃止。至是惇問舍於民，民曰：「前蘇公來，爲章丞相幾破我家，今不可也。」後徙睦州，（治建德縣，即今浙江建德縣。）卒。

章惇問舍於民

綱　三月，罷權給事中任伯雨。

目　伯雨初爲右正言，半歲之間，凡上百八疏。大臣畏其多言，俾權給事中，密諭以少默即爲眞。伯雨不聽，抗論愈力。時曾布欲和調元祐、紹聖之人，伯雨言：「人才固不當分黨與，然自古未有君子小人雜然並進，可以致治者。蓋君子易退，小人難退，二者並用，終於君子盡去，小人獨留。唐德宗坐此，（任楊炎、盧杞爲相。）致播遷之禍，（建中四年十月，涇卒過京師作亂，奉朱泚爲主，德宗如奉天。興元元年二月，李懷光反，逼奉天，德宗奔梁州。）建中乃其紀号，（今號建中乃德宗之紀號。）不可以不戒。」既而欲劾布，布覺之，徙爲度支員外郎。

半歲百八疏

建中乃其紀號

綱　夏六月，罷尚書右丞范純禮。

曾布憚范純禮

目　時韓忠彥雖首相，而曾布專政，漸進紹述之說，諷中丞趙挺之排擊元祐諸臣。純禮從容言於帝曰：「邇者朝廷命令，莫不是元豐而非元祐，以臣觀之，神宗立法之意固善，吏推行之或有失當，以致病民；宣仁聽斷，高太后。一時小有潤色，蓋大臣識見異同，非必盡懷邪爲私也。今議論之臣，有不得志，故挾此以藉口，其心豈恤國事，直欲快私忿以售其姦，不可不深察也。」純禮沉毅剛正，曾布憚之，謂駙馬都尉王詵曰：「上欲除君承旨，范右丞不可。」詵怒。會詵館遼使，純禮主宴，詵誣其輒斥御名，遂罷知潁昌府。（即許州，今河南許昌市。）

綱　罷左司諫江公望。

目　先是公望上疏言：「自先帝有紹述之意，輔政非其人，借威柄以快私隙，使天下騷然。神考與元祐之臣，神考，即神宗。其先非有射鉤斬袪之隙也，鉤，帶鉤。袪音區，衣袂。乾時之戰，管仲射桓公中鉤；蒲城之役，寺人披斬文公袪，俱見左傳僖公二十四年。先帝信仇人而黜之。陛下若立元祐爲名，必有元豐、紹聖爲之對，有對則爭興，爭興則黨復立矣。陛下改元詔旨，亦稱思建皇極，周書：「皇建其有極。」謂君立中道，而爲四方之所取正也。端好惡以示人，本中和而立政，皇天后土，實聞斯言。今若渝之，渝，變也。奈皇天后土何！」帝嘗以示范純禮，純禮贊之，乞褒遷公望以勸來者。會蔡王府相告，有不遜語及於王，公望乞勿以無根之言加諸至親，遂坐罷。

綱　秋七月，安燾罷，以蔣之奇知樞密院事，章楶同知院事，楶音節。陸佃爲尚書右丞。

綱　冬十月，李清臣免。以忤曾布免。

陳瓘一書決去就

【綱】罷權給事中陳瓘。

【目】瓘議論持平，務存大體，不以細故藉口，未嘗及人暗昧之過。及權給事中，曾布使客告以將即眞。瓘語子正彙曰：「吾與丞相議事多不合，今若此，是欲以官爵相餌也。若受其薦進，復有異同，則公議、私恩兩有愧矣。吾有一書論其過，將投之以決去就，汝其書之，旦持入省。」布使數人邀相見，甫就席，遽出書，布大怒，爭辯移時，至箕踞詬語。責詬也。瓘色不變，徐起言曰：「適所論者國事，是非有公議，公未可遽失待士禮。」布矍然改容。矍然，驚顧貌。信宿出瓘知泰州。（治海陵縣，即江蘇泰州市。）

【綱】十一月，以陸佃、溫益爲尚書左、右丞。益初知潭州，凡逐臣在其境內如鄒浩、范純仁、劉奉世、韓川、呂希純、呂陶輩率爲所侵困，用事者悅之。

復召蔡京

【綱】復召蔡京爲翰林學士承旨。

【目】供奉官童貫，性巧媚，善擇人主微指先事順承，以故得幸。及詣三吳，訪書畫奇巧，留杭累月，蔡京與之遊，不舍晝夜。凡所畫屏障扇帶之屬，貫日以達禁中，且附語言論奏於帝所，由是帝屬意用京。左階道錄徐知常，以符水出入元符皇后所，太學博士范致虛與之厚，因薦京才可相。知常入宮言之，由是宮妾、宦官衆口一辭譽京。遂起京知定州，（治安喜縣，即今河北定縣。）改大名。（即今河北大名縣。）會韓忠彥與曾布交惡，布謀引京自助，乃召爲翰林學士承旨。

曾布謀引蔡京自助

綱 再詔改元。

目 曾布主於紹述，請改明年元爲崇寧，帝從之。

綱 以鄧洵武爲給事中兼侍講。

目 洵武爲起居郎，嘗因對言：「陛下乃神宗子。今相忠彦，乃琦之子。神宗行新法以利民，琦嘗論其非。今忠彦更神宗之法，是忠彦爲能繼父志，陛下爲不能也。必欲繼志述事，非用蔡京不可。」又曰：「陛下方紹述先志，羣臣無助者。」乃作愛莫助之圖以獻。愛莫助之，詩大雅烝民篇辭。言心誠愛之，而恨其不能有以助之也。其圖如史記年表，列旁行七重，別爲左右，左曰元豐，右曰元祐。自宰相、執政、侍從、臺諫、郎官、館閣、學校各爲一重，左序紹述者，執政中惟溫益一人，餘不過三四，若趙挺之、范致虛、王能甫、錢遹之屬而已。右序舉朝輔相、公卿、百執事，咸在以百數。帝出示曾布，而揭去左方一姓名。布請之，帝曰：「蔡京也。洵武謂非相此人不可，以與卿不同，故去之。」布曰：「洵武既與臣見異，臣安敢與議！」明日改付溫益，益欣然奉行，請相蔡京而籍異論者。於是善人皆不見容，而帝決意相京矣。乃進洵武中書舍人、給事中兼侍讀。

綱 罷禮部尚書豐稷，復蔡卞、邢恕、呂嘉問、安惇、蹇序辰等官。

綱 壬午，崇寧元年，(一一〇二)春正月，河東地震。太原等十一郡地震彌旬，晝夜不止，壞城壁屋宇，人畜死者甚衆。(河東路治并州，在今山西太原市東北。)

鄧洵武蔡京愛莫助之圖

河東十一郡地震彌旬

【綱】三月，命宦者童貫製御器于蘇、杭州。（蘇州治吳縣，即今江蘇蘇州市。）

童貫製御器于蘇杭

【目】童貫置局於蘇、杭造作器用，曲盡其巧。牙角、犀玉、金銀、竹籐、裝畫、糊抹、雕刻、織繡諸色匠，日役數千。而材物所須，悉科於民，民力重困。

【綱】夏五月，罷韓忠彥知大名府。

【目】忠彥爲相，召還流人，進用忠讜之士，張庭堅、陳瓘、鄒浩、龔夬、江公望、常安民、任伯雨、陳次升、陳君錫、張舜民等皆居臺諫，翕然稱爲得人。然與曾布不協，至是，左司諫吳材、右正言王能甫附布，論忠彥變神考之法度，逐神考之人材，遂罷知大名府。

【綱】復追貶司馬光等四十四人官。

詔籍元祐元符黨人

【綱】詔籍元祐、元符黨人，陸佃罷。

【目】詔元祐并元符末今來責降人，除韓忠彥曾任宰相，安燾曾任執政，王覿、豐稷見任侍從官外，蘇轍、范純禮、劉奉世等凡五十餘人，並令三省籍記，不得與在京差遣。又詔司馬光等二十一人子弟毋得官京師。

勢如大病向愈

佃與曾布比，而持論近恕，每欲參用元祐人才，嘗曰：「今天下之勢，如人大病向愈，當以藥餌輔養之，須其安平；苟爲輕事改作，是使之騎射也。」會御史請更懲元祐餘黨，佃言於帝曰：「不宜窮治。」乃下詔云：「元祐諸臣，各已削秩，自今無所復問，言者亦勿輒言。」揭之朝堂，言者用是論佃名在黨籍，不欲窮治，正恐自及耳。遂罷知亳州，（治譙縣，即今安徽亳縣。）卒。

曾蔡不合

綱 以許將、溫益爲門下、中書侍郎，蔡京、趙挺之爲尚書左、右丞。

綱 閏六月，曾布免。

目 布與蔡京素有隙，議事多不合。會布擬壻父陳佑甫爲戶部侍郎，京言布私其所親，布忿然爭辨，久之，聲色俱厲。溫益叱之曰：「曾布，上前安得失禮！」帝不悅。殿中侍御史錢遹言布援元祐之姦黨，擠紹聖之忠賢。於是布請罷，出知潤州。（治丹陽縣，即今江蘇鎭江市。）

綱 秋七月，以蔡京爲尚書右僕射兼中書侍郎。

目 制下之日，賜坐延和殿，命之曰：「神宗創法立制，先帝繼之，兩遭變更，國是未定，朕欲上述父兄之志，卿何以教之？」京頓首謝曰：「敢不盡死！」

綱 焚元祐法，置講議司于都省。蔡京用熙寧條例司故事，卽都省置講議司，自爲提舉講議。

綱 章楶罷。

復罷春秋博士

綱 復罷春秋博士。

綱 八月，詔天下興學貢士，作辟雍于都城南。

綱 以趙挺之、張商英爲尚書左、右丞。

綱 復令進士兼試律。

立黨人碑于端禮門

定邪正等

馮澥論復孟后爲非

綱　復紹聖役法。

綱　九月，立黨人碑于端禮門。籍元符末上書人，分邪正等黜陟之。

目　時元祐、元符末羣賢，貶竄死徙者略盡，蔡京猶未愜意，乃與其客強浚明、葉夢得籍宰執司馬光、文彦博、呂公著、呂大防、劉摯、范純仁、韓忠彦、王珪、梁燾、王巖叟、王存、鄭雍、傅堯俞、趙瞻、韓維、孫固、范百祿、胡宗愈、李清臣、蘇轍、劉奉世、范純禮、安燾、陸佃，曾任待制以上官蘇軾、范祖禹、孔文仲、孔武仲、朱光庭、孫覺、鮮于侁、賈易、鄒浩等，餘官程頤、秦觀、張耒、晁補之、黄庭堅、孔平仲等，内臣張士良等，武臣王獻可等，凡百二十人，等其罪狀，謂之姦黨，請御書刻石於端禮門。京等復請下詔籍元符末日食求言章疏及熙寧、紹聖之政者，付中書定爲正上、正中、正下三等；邪上、邪中、邪下三等。於是鍾世美以下四十一人爲正等，悉加旌擢；鄧考甫以下五百餘人爲邪等，降責有差。又詔降責人不得同州居住。

綱　冬十月，蔣之奇罷。

綱　復廢元祐皇后孟氏，貶韓忠彦等官，竄豐稷、陳瓘等于遠州。

目　時元符皇后閤宦者郝隨諷蔡京再廢元祐皇后，京未得閒。閒音諫，隙也。既而昌州判官馮澥上書論復后爲非，（昌州治大足縣，即今四川大足縣。）於是御史中丞錢遹、殿中侍御史石豫、左膚連章論「韓忠彦等乘一布衣誑言，復瑤華之廢后，掠流俗之虚美。當時物議固已洶洶，

陳瓘先見

乃至疎遜小臣詣闕上書，遜音剔，遠也。忠義激切，則天下公議從可知矣。望詢考大臣，斷以大義，無牽於流俗非正之論以累聖朝。」京與許將、溫益、趙挺之、張商英皆主臺臣之說，帝不得已，從之。詔罷元祐皇后之號，復居瑤華宮，且治元符末議復后號者，降宰臣韓忠彥、曾布官，追貶李清臣雷州司戶參軍，黃履祁州團練副使，安置翰林學士曾肇、御史中丞豐稷、諫臣陳瓘、龔夬等十七人於遠州。擢馮澥鴻臚寺主簿。

綱 以蔡卞知樞密院事。

綱 十二月，追謚哲宗子茂爲獻愍太子，竄鄒浩于昭州。（治平樂縣，在今廣西平樂縣西南。）

目 初，鄒浩召自新州入對，帝首及諫立后事，獎歎再三，詢諫草安在？對曰：「已焚之矣。」退告陳瓘，瓘曰：「禍其在此乎！異時姦人妄出一緘，緘音兼，函也。則不可辨矣。」蔡京用事，乃使其黨僞爲浩疏，有「劉后殺卓氏而奪其子以爲己出，欺人可矣，詎可以欺天乎」之語。帝詔暴其事，暴音僕。遂追册茂爲太子，而竄浩於昭州。

綱 癸未，二年，（一一〇三）春正月，安置任伯雨等十二人于遠州。蔡京、蔡卞怨元符末臺諫之論己，悉陷以黨事，同日貶竄。任伯雨昌化軍，陳瓘廉州，龔夬化州，陳次升循州，陳師錫郴州，陳祐澧州，李深復州，江公望南安軍，常安民溫州，張舜民商州，馬涓吉州，豐稷台州。

綱 溫益卒。以蔡京爲尚書左僕射兼門下侍郎。二月，尊元符皇后劉氏爲皇太后，宮名崇恩。

伊川遷居龍門之南

令州縣立黨人碑

綱 三月，詔黨人子弟毋得至闕下。

綱 夏四月，詔毁司馬光等景靈宫繪像。

目 司馬光及呂公著、呂大防、范純仁、劉摯、范百祿、梁燾、鄭雍、趙瞻、王巖叟凡十人。時又詔毁范祖禹唐鑑及三蘇、黄庭堅、秦觀文集。三蘇，蘇洵、蘇軾、蘇轍。

綱 以趙挺之爲中書侍郎，張商英、吳居厚爲尚書左、右丞，安惇同知樞密院事。

綱 除故直祕閣程頤名。

目 言者希蔡京意，論頤「學術頗僻，素行譎怪，專以詭異，聾瞽愚俗。」乃追毁頤出身文字，其所著書，令監司嚴加覺察。范致虚又言：「頤以邪說詖行，詖音祕。惑亂衆聽，而尹焞、張繹爲之羽翼，乞下河南，盡逐學徒。」頤於是遷居龍門之南，（龍門山，在今河南洛陽市南。）止四方學者曰：「尊所聞，行所知，可矣，不必及吾門也。」

綱 詔童貫監洮西軍。（在今甘肅臨潭縣。）六月，貫及安撫王厚復湟州，（治邈川城，即今青海樂都縣。）貶韓忠彦等官有差。論棄湟州罪，貶忠彦爲磁州團練副使，安燾爲祁州團練副使，曾布爲賀州別駕，范純禮爲静江軍節度副使，奪蔣之奇三秩，凡預議者貶黜有差。

綱 秋八月，張商英罷。商英復與蔡京議政不合，數詆京，御史斥其反復，罷知亳州，詔入元祐黨籍。

綱 九月，令州縣立黨人碑。

目 蔡京又自書姦黨爲大碑，頒於郡縣，令監司長吏廳皆刻石。有長安石工安民當鐫宇，鐫音箋，刻也。辭曰：「民，愚人，固不知立碑之意。但如司馬相公者，海內稱其正直，今謂之姦邪，民不忍刻也！」府官怒，欲加之罪，民泣曰：「被役不敢辭，乞免鐫安民二字於石末，恐得罪後世。」聞者愧之。

綱 甲申，三年，(一一〇四)春正月，鑄當十大錢。

綱 命方士魏漢津定樂，鑄九鼎。

綱 二月，令天下阬冶金銀悉輸內藏。

綱 夏六月，圖熙寧、元豐功臣于顯謨閣。

綱 以王安石配享孔子。

目 辟雍初成，詔：「荆國公王安石，孟軻以來一人而已，其以配享孔子，位次孟軻。」吏部尚書何執中請開學殿，使都人縱觀。

綱 置書畫算學。

綱 重定黨人，刻石朝堂。凡三百九人。

綱 秋七月，復行方田法。

綱 八月，許將罷。九月，以趙挺之、吳居厚爲門下、中書侍郎，張康國、鄧洵武爲尚書左、右丞。

綱 以胡師文爲戶部侍郎。師文，蔡京姻家也。

安民不忍刻黨人碑

鑄當十大錢

鑄九鼎

圖熙豐功臣于顯謨閣

以王安石配享孔子

復行方田法

復封孔子後爲衍聖公
夾錫鐵錢
趙挺之相
置四輔郡

【綱】冬十二月，復封孔子後爲衍聖公。

【綱】是歲，大蝗。

【綱】安惇卒。

【綱】乙酉，四年，（一一〇五）春正月，蔡卞罷。

【目】卞居心傾邪，一意婦翁王安石所行爲至當。以兄京晚達，而位在上，致己不得相，故二府政事，（二府，中書、樞密。）時有不合。至是京請以童貫爲制置使，卞言不宜用宦者，必誤邊計。京於帝前詆卞，卞求去，遂出知河南府。

【綱】以童貫爲熙河、蘭湟、秦鳳路經略安撫制置使。（熙河、秦鳳見卷七十二神宗熙寧九年「詔李憲節制秦鳳、熙河諸軍」注。蘭湟治金城縣，卽今甘肅蘭州市。）

【綱】二月，以張康國知樞密院事，劉逵同知院事，何執中爲尙書左丞。

【綱】閏月，鑄夾錫鐵錢。

【綱】三月，以趙挺之爲尙書右僕射兼中書侍郎。

【綱】夏五月，除黨人父兄子弟之禁。

【綱】六月，趙挺之罷。

【綱】秋七月，置四輔郡。

【目】右司諫姚祐請置輔郡，以拱大畿。詔以潁昌府爲南輔；升襄邑縣爲拱州，（襄邑縣，在今河南西華縣北。）爲東輔；鄭州爲西輔；（鄭州治管城縣，即今河南鄭州市。）澶州爲北輔。（澶州治濮陽縣，即今河南濮陽縣。）各屯兵二萬，重其資給。蓋蔡京欲兵權歸己故也。

綱 還上書流人。

綱 八月，新樂及九鼎成。九月，帝受賀于大慶殿。

九鼎成

目 九鼎成，奉安於九成宮，以蔡京爲定鼎禮儀使。帝幸宮行酌獻禮。鼎各一殿，中央曰帝鼎，北曰寶鼎，東曰牡鼎，東北曰蒼鼎，東南曰岡鼎，南曰彤鼎，彤音同。西南曰阜鼎，西曰晶鼎，晶音杳。西北曰魁鼎。時制新樂亦成，賜名大晟。晟音盛。置大晟府，建官屬。九月，帝受賀於大慶殿，加號魏漢津虛和沖顯寶應先生。帝之幸九成宮也，酌獻至北方寶鼎，鼎忽破，水流溢於外，或者以爲北方致亂之兆。

九鼎方名

大晟樂

綱 詔徙元祐黨人于近地。惟不得至畿甸。

綱 冬十一月，以朱勔領蘇、杭應奉局及花石綱。

應奉局花石綱

目 先是蘇州人有朱沖者及其子勔，俱給事蔡京所，京竄其父子名姓於童貫軍籍中，竄，入也。皆得官。帝頗垂意花石，京諷沖密取浙中珍異以進。初致黃楊三本，帝嘉之。後歲歲增加，舳艫相銜於淮、汴，二水名。號「花石綱」。乃命勔領應奉局及綱事，勔指取內帑如囊中物，每取以數十百萬計。於是搜巖剔藪，幽隱不置。凡士庶之家，一石一木稍堪玩者，即領健卒直入其家，用黃封表識，使護視之。微不謹，即被以大不恭罪。及發行，必撤屋抉牆以出。人不幸有一物小異，共指爲不祥，惟恐芟夷之不速。芟音衫。民預是役者，中家破產，或粥賣子女以供其須。粥同鬻。斸山輦石，斸音竹，斫也。程督慘刻，雖在江湖不測之淵，百計取之，必得乃止。篙工柁師，倚勢貪横，陵轢州縣，轢音歷。陵轢，踐蹈也。道路以目。

綱　丙戌，五年，（一一〇六）春正月，彗出西方，長竟天。

綱　以吳居厚爲門下侍郎，劉逵爲中書侍郎。

綱　詔求直言，毁黨人碑，復謫者仕籍。

毁黨人碑

目　帝以星變，避殿損膳，劉逵請碎元祐黨人碑，寬上書邪籍之禁，帝從之，夜半遣黄門至朝堂毁石刻。翌日，蔡京見之，厲聲曰：「石可毁，名不可滅也。」尋以太白晝見，赦除黨人一切之禁，詔崇寧以來左降者，無問存沒，稍復其官，盡還諸徙者。

綱　二月，蔡京有罪免。

蔡京以惟王不會爲說

目　京懷姦植黨，託紹述之名，紛更法制，貶斥羣賢，增修財利之政，務以侈靡惑人主，動以周官惟王不會爲說，會，計也。周禮，司會歲有會，膳夫歲終則會，惟王及后、世子之膳不會。每及前朝惜財省費者必以爲陋。至於土木營造，率欲度前規而侈後觀。時天下久平，京因覩帑庾盈溢，遂倡爲「豐亨豫大」之說，視官爵財物如糞土，累朝所儲掃地矣。及彗星見，帝悟其姦，凡所建置，一切罷之，而免京爲中太乙宫使，留京師。

趙挺之相

綱　以趙挺之爲尚書右僕射兼中書侍郎。

目 挺之與劉逵同心輔政，然挺之多知，慮後患，每建白務開其端，而使逵畢其說。初，蔡京興邊事，用兵累年。至是，帝臨朝語大臣曰：「朝廷不可與四夷生隙，釁端一開，兵連禍結，生民肝腦塗地，豈人主愛民之意哉！」挺之退謂同列曰：「上志在息兵，吾曹所宜將順。」曹，輩也。將，行也。君有美善，則順而行之。時執政皆京黨，但唯笑而已。

罷求直言

綱 三月，罷求直言。

綱 許夏人平。

綱 秋七月朔，日當食，不虧。冬十二月朔，日當食，不虧。羣臣稱賀。

綱 劉逵罷。

目 蔡京令其黨進言於帝曰：「京之改法度，皆稟上旨，非私爲之。今一切皆罷，恐非紹述之意。」帝惑其說，復有用京之心。於是京黨御史余深、石公弼論逵專恣，反覆引用邪黨，出知亳州。

蔡京相

綱 丁亥，大觀元年，（一一〇七）春正月，以蔡京爲尚書左僕射兼門下侍郎。吳居厚罷，以何執中爲中書侍郎，鄧洵武、梁子美爲尚書左、右丞。三月，趙挺之罷，以何執中、鄧洵武爲門下、中書侍郎。梁子美、朱諤爲尚書左、右丞。

綱 以蔡攸爲龍圖閣學士兼侍讀。攸，京之長子。

立八行取士科

綱 立八行取士科。

目　八行者：孝，善事父母。友，善於兄弟。睦，親於九族。婣，親於外親。任，信於朋友。恤，賑濟貧乏。忠，盡己之心。和也。和，心無乖戾。周禮大司徒：「以鄉三物教萬民而賓興之：一曰六德，知、仁、聖、義、忠、和；二曰六行，孝、友、睦、婣、任、恤；三曰六藝，禮、樂、射、御、書、數。」凡有此八行者，卽免試，補太學上舍。知台州李諤文以徐中行應，（台州治臨海縣，卽今浙江臨海縣。）中行聞之，盡毀其所爲文，入委羽山以避之。（委羽山，在今浙江黃巖縣南。）或問之，中行曰：「人而無行與禽獸等，使吾得以八行應科目，則彼之不被舉者非人類歟？」

徐中行不應八行科

綱　夏五月，以蔡薿爲給事中。薿音擬。

目　薿以諸生試策，揣蔡京且復用，卽對曰：「熙、豐之德業足以配天，不幸繼之以元祐；紹聖之纘述足以永賴，不幸繼之以靖國。」於是擢爲第一，以所對頒天下。甫解褐，卽除祕書正字，未踰年至侍從，前此未有也。

綱　鄧洵武免。六月，以梁子美爲中書侍郎。

綱　朱諤卒。

綱　秋八月，以徐處仁爲尚書右丞，林攄同知樞密院事。處仁尋罷。

綱　九月，故直祕閣程頤卒。

目　頤於書無所不讀，其學本於誠，以大學、論語、孟子、中庸爲標指，而達於六經。動止語默，一以聖人爲師，卒得孔、孟不傳之學爲諸儒倡。著易春秋傳。平生誨人不倦，故

程頤學本於誠

學者出其門最多，淵源所漸，皆爲名士，而劉絢、李籲、謝良佐、游酢、張繹、蘇昞、呂大臨、呂大鈞、尹焞、楊時成德尤著。籲音豫。焞音吞。世稱頤爲伊川先生，卒年七十五。

絢力學不倦，頤每言「他人之學，敏則有矣，未易保也。若絢者，吾無疑焉。」仕終太常博士。

籲，頤稱其才器可大任。又言：「自予兄弟倡明道學，能使學者視傚而信從者，籲與劉絢有力焉。」仕終校書郎。

良佐學問該贍，事有未徹，則穎有泚。嘗與頤別，一年復來見，頤問所進，對曰：「但去得一『矜』字爾。」頤喜曰：「是子可謂博學切問而近思者。」與游酢、楊時、呂大臨在程門號「四先生」。仕終監西京竹木場。

一年去得一矜字

程門四先生

酢，初與兄醇俱以文行知名，所交皆天下士。頤見之京師，謂其資可以進道。及程顥興扶溝學，（扶溝，即今河南扶溝縣。）酢盡棄故所習而學焉。仕終知濠州。（治鍾離縣，即今安徽鳳陽縣。）

繹，家世甚微，年長未知學，傭力於市。聞邑官傳呼聲，心慕之，卽發憤爲學，遂以文名。會頤自涪還河南，（涪，涪州，治涪陵縣，即今四川涪陵縣。）繹往受業，頤稱其穎悟，嘗曰：「吾晚得二士。」謂繹與尹焞也。

昞，始學於張載而事二程卒業，仕爲太常博士，坐元符上書邪等人，編管饒州，卒。（饒州治鄱陽縣，即今江西鄱陽縣。）

大鈞，大防之弟，能守其師説而踐履之，尤喜講明井田兵制，謂治道必自此始。張載每歎其勇爲不可及。仕終陝西轉運從事。

大臨，大鈞之弟，通六經，尤邃於禮，每欲掇習三代遺文舊制，（掇，拾也。）令可行，不爲空言以拂世矯俗。仕終祕書省正字。

綱 冬閏十月，以林攄爲尚書左丞，鄭居中同知樞密院事。

綱 流太廟齋郎方軫于嶺南。

方軫劾蔡京

目 軫上書言：「蔡京睥睨社稷，（睥睨音譬詣，邪視也。）内懷不道，專以紹述熙、豐之説爲自媒之計。内而執政侍從，外而帥臣監司，無非其門人親戚。自元符末陛下嗣服，忠義之士投匭者無日無之；（投匭，告密者。）京分爲邪等，黥配編置，（黥音擎，墨刑，在面。）不齒仕籍，則誰肯爲陛下言哉！京又使子攸日以花、石、禽、鳥爲獻，欲愚陛下，使不知天下治亂。臣以爲京必反也，請誅京。」詔宣示京，京請下軫獄，竟流嶺南。

黄河清

綱 十二月，黄河清。

目 乾寧軍言：（乾寧軍，在今河北靜海縣西南。）「河清踰八百里，凡七晝夜。」詔以乾寧軍爲清州。

受八寶于大慶殿

綱 戊子，二年，（一一〇八）春正月朔，受八寶于大慶殿，赦。

目 先是有以玉印六寸龜紐獻者，文曰「承天福，延萬億，永無極」，詔名鎮國寶。至

六璽九璽

是，又得良玉工，帝命作六寶以合秦制天子六璽之數，蔡邕獨斷曰：「璽凡九，各有文刻，皆以玉爲之，螭虎紐。一曰傳國璽。一曰神璽，以鎭國中，藏而不用。一曰受命璽，以封禪禮神。其所謂六璽者，皇帝行璽，以報王公書；皇帝之璽，以勞王公；皇帝信璽，以召王公；天子行璽，以報四夷書；天子之璽，以勞四夷；天子信璽，以召兵四夷。」六璽，曰皇帝行寶、皇帝之寶、皇帝信寶、天子行寶、天子之寶、天子信寶。與受命、鎭國，通曰八寶。受命，受命寶。

綱　二月，以葉夢得爲翰林學士。

目　夢得初用，蔡京薦爲禮部員外郎。京罷相，趙挺之更其所行，及京再相，復反前政。夢得入對，因言：「事不過可、不可二者而已。以爲可而出於陛下，則前日不應廢；以爲不可而不出於陛下，則今日不可復。今徒以大臣進退爲可否，無乃陛下未有了然於胸中乎！」帝悅，以爲起居郎，遂進學士。

綱　夏五月，童貫復洮州，詔加貫檢校司空。以玉帶賜蔡京。

綱　秋八月，梁子美罷。九月，以林攄爲中書侍郎，余深爲尙書左丞。

綱　皇后王氏崩。諡曰靖和。

綱　冬十二月，詔以孔伋從祀孔子廟。

林攄不識甄盎字

引衣裾落

綱鑑易知錄卷七五

宋紀

徽宗皇帝

綱　己丑，三年，（一一〇九）春三月，謫右正言陳禾監信州酒稅。（信州治上饒縣，在今江西上饒縣西北。）

目　時童貫權益張，與黃經臣胥用事，中丞盧航表裏爲姦，縉紳側目。陳禾曰：「此國家安危之本也。」遂上書劾貫、經臣怙寵弄權之罪，願亟竄之遠方。論奏未終，帝拂衣起，禾引帝衣，請畢其說，衣裾落。裾音居，衣後裾。帝曰：「正言碎朕衣矣！」禾言：「陛下不惜碎衣，臣豈惜碎首以報陛下！此曹今日受富貴之利，陛下他日受危亡之禍。」言愈切，帝變色曰：「卿能如此，朕復何憂。」內侍請帝易衣，帝却之曰：「留以旌直臣。」翌日，貫等相率前訴，謂「國家極治，安得如此不詳語邪！」遂奏禾狂妄，謫監信州酒稅。

綱　夏四月，林攄有罪，免。

目　集英臚唱貢士，集英，殿名。臚，傳也。攄當傳姓名，不識「甄盎」字，帝笑曰：「卿誤邪？」攄不謝，而語詆同列。御史論其寡學，倨傲不恭，失人臣禮，黜知滁州。（治清流縣，即今

徽宗始有北伐之意
孟翊易數
蔡京免
郭天信深以蔡京爲非
何執中相
陳朝老詣闕上書

安徽滁縣。）久之，自揚州徙大名，（揚州治江都縣。即今江蘇揚州市。大名，即今河北大名縣。）道過闕，爲帝言：「頃使遼，（崇寧四年冬林攄使遼，蔡京使其激怒以啓釁，攄遂恣情不遜。遼人大怒，空客館，絕烟火，三日乃遣還。）見其國中攜貳，若兼而有之，勢無不可。」蓋欲報其辱也。帝由是始有北伐之意。

綱 以鄭居中知樞密院事，管師仁同知院事，余深爲中書侍郎，薛昂、劉正夫爲尚書左、右丞。（昂附蔡京，至舉家爲京避私諱，或誤及之，輒加笞責，昂嘗誤及，即自批其口。）

綱 五月，流孟翊于遠州。

目 孟翊獻所畫卦象，謂宋將中微，有再受命之象，宜更年號，改官名，變庶事以厭之。（厭，鎮也。）帝不樂，詔竄之遠方。

綱 六月，管師仁罷。

綱 蔡京有罪，免。

目 中丞石公弼、殿中侍御史張克公劾京罪惡，章數十上，京遂罷爲太乙宮使。時有郭天信者以方伎得親幸，深以京爲非，每奏天文，必指陳以撼京。密白日中有黑子，帝爲之恐，故罷京。

綱 以何執中爲尚書左僕射，兼門下侍郎。

目 執中一意謹事蔡京，遂代爲首相。太學生陳朝老詣闕上書曰：「陛下知蔡京之姦，解其相印，天下之人，鼓舞有若更生。及相執中，中外黯然失望。執中雖不敢若京之蠹國害民，然碌碌常質，初無過人。天下敗壞至此，如人一身臟腑受沴已深，陰陽氣亂曰沴。豈庸庸之醫所能起乎？執中夤緣攀附，夤緣，連絡也。致位二府，亦已大幸，遽俾之經體贊元，是猶以蚉負山，蚉同蚊。莊子應帝王篇：「其於治天下也，猶涉海鑿河，而使蚊負山也。」多見其不勝任也。」多同祇。疏奏，不省。

綱　冬十一月，詔蔡京以太師致仕，留京師。

綱　庚寅，四年，（一一一〇）春正月，以余深爲門下侍郎，張商英爲中書侍郎，侯蒙同知樞密院事。

目　蔡京既免，商英自峽州起知杭州，（峽州治夷陵縣，即今湖北宜昌市。杭州治錢塘縣，即今浙江杭州市。）過闕，賜對，因奏曰：「神宗脩建法度，務以去大害，興大利。今誠一一舉行，則盡紹述之美。」遂留居政府。

帝嘗從容問蒙曰：「蔡京何如人也？」蒙對曰：「使京正其心術，雖古賢相何以加。」帝使密伺京所爲，京聞而銜之。銜音鹹，恨也。

綱　夏五月，立詞學兼茂科。

綱　彗出奎、婁，二宿名。詔直言闕失。貶蔡京爲太子少保，出居杭州。石公弼等論之也。

綱　余深罷。

綱　六月，以張商英爲尚書右僕射，兼中書侍郎。

立詞學兼茂科

商霖

目 蔡京久盜國柄，中外怨疾，見商英能立異同，更稱爲賢，帝因人望而相之。時久旱，彗星中天；商英受命，是夕彗不見，明日雨。帝喜，因大書「商霖」商書說命篇：「若歲大旱，用汝作霖雨。」二字賜之。

綱 薛昂免。秋八月以吳居厚、劉正夫爲門下、中書侍郎，侯蒙、鄧洵仁爲尚書左、右丞。

綱 冬十月，立貴妃鄭氏爲皇后。

綱 鄭居中罷，以外戚罷。以吳居厚知樞密院事。

綱 辛卯，政和元年，（一一一一）春三月，以王襄同知樞密院事。

綱 秋八月，張商英罷。

目 商英爲政持平，謂蔡京雖名紹述，但借以劫制人主，禁錮士大夫耳。於是大革弊事，勸帝節華侈，息土木，抑僥倖。帝頗嚴憚之，時稱商英忠直。初，何執中與蔡京同相，凡營立皆預議，至是惡商英出己上，與鄭居中日夜醞織其短。會商英與郭天信往來，事覺，居中因諷中丞張克公論之，遂罷政出知河南府，（即洛陽，今河南洛陽市。）尋貶爲崇信軍節度副使。（崇信軍，在今甘肅涇川縣西南。）

綱 九月，王襄免。

綱 遣端明殿學士鄭允中及童貫使遼。

童貫使遼

目 童貫既得志於西羌，西夏。遂謂遼亦可圖，因請使遼以覘之。覘，窺視也。乃以鄭允中充賀遼主生辰使，而以貫副之。或言：「以宦官爲上介，國無人乎？」帝曰：「契丹聞貫破羌，故欲見之，因使覘其國，策之善者也。」遂行。

綱　冬十月，羈管陳瓘于台州。（治臨海縣，卽今浙江臨海縣。）

目　瓘以忤蔡京竄郴州，（治郴縣，卽今湖南郴縣。）瓘子正彙在杭，訟京有動搖東宮迹，杭守蔡薿執送京師，陰告京，俾爲計。事下開封府，併逮治瓘。尹李孝壽逼使證其妄，瓘曰：「正彙聞京將不利社稷，傳於道路，瓘豈得預知。以所不知，忘父子之恩，而指其爲妄，則情有所不忍；挾私情以符合其說，又義所不爲。京之姦邪，必爲國禍，瓘固嘗論之於諫省，亦不待今日語言閒也。」內侍黃經臣涖鞫，聞其詞，失聲太息，謂曰：「主上正欲得實，但如言以對可也。」獄具，正彙猶以所告失實流海上，瓘安置通州。

陳瓘獄詞

瓘嘗撰尊堯集，謂紹聖史官專據王安石日錄改脩神宗史，（紹聖，哲宗年號。）變亂是非，不可傳信，深明誣妄，以正君臣之義。張商英爲相，取其書，旣上，而商英罷，瓘又徙台州。何執中起遷人石悈知台州，（悈音介。）欲置瓘以必死。悈至，執瓘至庭，大陳獄具，將脅以死。瓘揣知其意，大呼曰：「今日之事，豈被制旨邪！」悈失措，始告之曰：「朝廷令取尊堯集爾。」瓘曰：「然則何用許？使君知尊堯所以立名乎？蓋以神考爲堯，主上爲舜，尊堯何得爲罪！時相學術短淺，爲人所愚，君所得幾何，乃亦不畏公議干犯名分乎！」悈慚，揖瓘使退。執中怒，罷悈。瓘平生論京兄弟，皆披擿其處心，發露其情慝，最所忌恨，故得禍最酷。

陳瓘撰尊堯集

童貫以李良嗣來賜姓趙

馬植請結女眞圖遼

御筆手詔

書楊

綱 童貫以遼李良嗣來；命爲祕書丞，賜姓趙。

目 燕人馬植本遼大族，仕至光祿卿，行汚而內亂，不齒於人。童貫使遼，道盧溝，（卽今北京市豐台區盧溝橋。）植夜見其侍史，自言有滅燕之策，因得見貫。貫與語，大奇之，載與俱歸，易姓名曰李良嗣，薦諸朝。植卽獻策曰：「女眞恨遼人切骨，而天祚荒淫失道，（遼主耶律延禧號天祚皇帝。）本朝若自登、萊涉海，（登州治蓬萊，卽今山東蓬萊縣。萊州治掖縣，卽今山東掖縣。）結好女眞，與之相約攻遼，其國可圖也。」議者謂：「祖宗以來，雖有此道，以其地接諸蕃，禁商賈舟船不得行，百有餘年矣；一旦啓之，懼非中國之利。」不聽。帝召問之，植對曰：「遼國必亡。陛下念舊民遭塗炭之苦，復中國往昔之疆，代天譴責，以治伐亂，王師一出，必壺漿來迎。萬一女眞得志，事不侔矣。」帝嘉納之，賜姓趙氏，以爲祕書丞。圖燕之議自此始。

綱 壬辰，二年，（一一一二）春二月，復蔡京太師，賜第京師。（京自杭州召還，帝宴之於內苑太清樓。）

綱 夏五月，詔蔡京三日一至都堂議事。

目 京患言者議己，乃作御筆密進，而丐帝親書以降，（丐，求也。）謂之「御筆手詔」，違者以違制坐之。事無巨細，皆紀以行，至有不類帝書者，羣下亦莫敢言。由是貴戚近臣爭相請求，至使中人楊球代書，號曰「書楊」。京復病之，而亦不能止矣。

綱 六月，以余深爲門下侍郎。

更定官名

綱 秋九月，更定官名。蔡京率意自用，欲更置官名，以繼元豐之政。乃首更開封守臣爲尹牧。由是府分六曹，縣分六案，內侍省職悉倣機廷之號，脩六尚局，建三衞郎。遂詔：「太師、太傅、太保，古三公之官，今爲三師，古無此稱，合依三代爲三公，爲眞相之任。司徒、司空周六卿之官，太尉秦主兵之任，皆非三公，並宜罷，仍立三孤爲次相之任。更侍中爲左輔，中書令爲右弼，尚書左僕射爲太宰兼門下侍郎，右僕射爲少宰兼中書侍郎。罷尚書令及文武勳官，而以太尉冠武階。」

受元圭于大慶殿

綱 冬十一月，受元圭于大慶殿，赦。時民聞有得玉圭來獻者，帝御殿受賀，執政皆進秩。

綱 以何執中爲少傅。

綱 十二月，加童貫太尉。

綱 癸巳，三年，（一一一三）春正月，追封王安石爲舒王，安石子雱爲臨川伯，從祀孔子廟。

何執中相

綱 以何執中爲太宰。

綱 吳居厚罷，以鄭居中知樞密院事。

綱 二月，太后劉氏自殺。劉氏，哲宗后，以不謹聞。帝與輔臣議將廢之，后卽自縊死，諡昭懷。

綱 夏四月，鄧洵仁罷。

綱 以薛昂爲尚書右丞。

改公主爲帝姬

綱 閏月，改公主爲帝姬。

綱 秋八月，以何執中爲少師。

綱 九月，賜方士王老志號洞微先生，方士，方外之士。王仔昔號通妙先生。

目 濮人王老志，（濮州治鄄城縣，在今山東鄄城縣東。）初爲小吏，遇異人授以丹，遂棄妻子，結草廬田閒，爲人言休咎，多驗。太僕卿王亶以名聞，時帝方嚮道術，乃召至京師，館於蔡京第。嘗緘書一封至帝所，啓視乃昔歲中秋與喬、劉二妃燕好之語也。由是益信之，號爲洞微先生。朝士多從求書，初若不可解者，卒應者什八九，其門如市。踰年而死。

洪州人王仔昔，（洪州治南昌縣，卽今江西南昌市。）初隱於嵩山，（在今河南登封縣北。）自言遇許遜，（南昌人，晉初爲旌陽令，點石化金足逋賦。尋棄官歸，精脩山中，年一百三十六歲，舉家飛升，宋封妙濟眞君。）得大洞隱書豁落七元之法，能道人未來事。京薦之，帝召見，賜號沖隱處士，進封通妙先生。由是道家之事日興，而仔昔恩寵寖加，朝臣戚里，夤緣關通。

綱 冬十一月，祀天于圜丘，以天神降，詔百官。

綱 十二月，詔求道教仙經于天下。

綱 女眞阿骨打自稱都勃極烈。

目 初遼主如春州，幸混同江釣魚，（卽今黑龍江之松花江。）生女眞酋長在千里內者，（生女眞，見卷六十五太宗太平興國六年「女眞遣使入貢」注。）以故事皆來朝。適遇魚頭宴，遼主命諸酋次第起舞，至阿骨打，辭不能，但端立直視。遼主諭之再三，終不從。他日，遼主密諭北院樞密

賜方士號

道家之事日興

天神降

求道教仙經

使蕭奉先曰：「阿骨打雄豪不常，可托以邊事誅之，否則必貽後患。」奉先曰：「彼麤人，麤即粗。不知禮義，且無大過而殺之，恐傷向化心。設有異志，蕞爾小國，蕞音萃。蕞爾，小貌。亦何能爲！」遼主乃止。阿骨打歸，疑遼主知其異志，且以遼主淫酗，酗，醉怒也。不恤國政，遂稱兵先并旁近族。至是，節度使烏雅東死，阿骨打襲位爲都勃極烈。都勃極烈者，官長也。

阿骨打雄豪不常

綱　甲午，四年，（一一一四）冬十月，女眞阿骨打叛遼，取寧江州。（即混同軍，在今吉林扶餘縣東南。）

阿骨打叛遼

目　遼使阿息保往謂之曰：「何故不告喪？」阿骨打曰：「有喪不能弔，而乃以爲罪乎！」

綱　十一月，遼遣都統蕭嗣先伐女眞；阿骨打迎戰于混同江，遼軍大敗。

阿骨打混同之捷

目　遼主聞寧江州陷，乃以司空蕭嗣先爲東北路都統，蕭撻不也副之，帥兵屯出店河。阿骨打帥衆來禦，未至混同江，會夜，阿骨打方就枕，若有扶其首者三，寤而起曰：「神明警我也。」即鳴鼓舉燧而行，燧音遂，火也。黎明，黎明，天將明也。至混同江，與遼兵遇。會大風起，塵埃蔽天，阿骨打乘風奮擊，遼兵潰，將士多死，其獲免者十有七人。遼人嘗言女眞兵滿萬則不可敵，至是始滿萬云。

綱　乙未，五年，（一一一五）春正月，女眞完顏阿骨打稱帝，國號金。

女眞國號金

目　阿骨打既屢勝遼，其弟吳乞買率將佐勸其稱帝，阿骨打遂於正月朔即皇帝位。且曰：「遼以賓鐵爲號，取其堅也。賓鐵雖堅，終亦變壞，惟金不變不壞。金之色白，完顏色尙白，况所居按出虎水之上。」（按出虎水卽阿勒楚喀河，在今黑龍江阿城縣南。）於是國號大金，改元收國，更名旻。以吳乞買爲諳班勃極烈，撒改斜也爲國論勃極烈。其國語謂金爲按出虎，謂尊大爲諳班，謂國相爲國論。斜也亦阿骨打弟，撒改烏古迺之孫也。

綱 二月，立定王桓爲皇太子，赦。桓，帝長子，顯恭皇后所生。

綱 以童貫領六路邊事。時永興、鄜延、環慶、秦鳳、涇原、熙河各置經略安撫司，以貫總領之，於是西兵之柄皆屬貫。

童貫領六路邊事

綱 秋八月，有星流出於柳。

目 其光照地，色赤黃，有尾。占者以爲天子宗廟有喜，國家建造宮室之祥；蔡京率百官表賀。

綱 安置太子詹事陳邦光於池州。（治貴池縣，卽今安徽貴池縣。）

目 蔡京獻太子以大食國琉璃酒器，羅列宮庭，太子怒曰：「天子大臣不聞以道義相訓，乃持玩好之具，蕩吾志邪！」命左右碎之。京聞邦光實激太子，諷言者斥逐之。

太子碎琉璃酒器

綱 九月，金取遼黃龍府。（在今遼寧開原縣。）

目 金主攻黃龍府，次混同江，無舟以渡，金主使一人導前，乘赭白馬徑涉。赭，赤色。曰：「視吾鞭所指而行。」諸軍隨之以濟，遂克黃龍府。遣蕭辭刺還遼，是年五月，遼遣蕭辭刺如金，金留不遣。曰：「若歸我叛人阿疎，（阿疎，女眞紇石烈部，哲宗紹聖三年奔遼。）卽當班師。」班，還也。

金取遼黃龍府

【綱】丙申，六年，(一一一六)春正月，賜方士林靈素號通眞達靈先生。

【目】靈素，溫州人，(溫州治永嘉縣，卽今浙江溫州市。)少從浮屠，(僧也。)苦其師笞罵，去爲道士。善妖幻，往來淮、泗閒。及王老志死，王仔昔寵衰，帝訪方士於左階道籙徐知常，知常以靈素對，卽召見，靈素大言曰：「天有九霄，而神霄爲最高，其治曰府。神霄玉淸王者，上帝之長子，主南方，號稱長生大帝君，陛下是也。既下降於世，其弟號靑華帝君者，主東方，攝領之。又有仙官八百餘名，今蔡京卽左元仙伯，王黼卽文華使，鄭居中、童貫等皆有名，而己卽仙卿褚慧，下降佐帝君之治。」時劉貴妃方有寵，靈素以爲九華玉眞安妃，帝心獨喜其事，甚加寵信。賜號通眞達靈先生，爲改溫州爲應道軍。靈素本無所能，惟稍習五雷法，召呼風霆，閒禱雨有小驗而已。

方士林靈素

【綱】閏月，立道學。(從林靈素之言也。)

立道學

【綱】二月，作上淸寶籙宮成。

【綱】夏四月，何執中罷。詔蔡京三日一朝，總治三省事。

【綱】五月，以鄭居中爲少保太宰，劉正夫爲少宰，鄧洵武知樞密院事。秋八月，以侯蒙爲中書侍郎，薛昂爲尙書左丞。

鄭居中劉正夫相

【綱】九月，帝詣玉淸和陽宮，(政和三年四月作。)上玉帝徽號，赦。

上玉帝徽號

【目】帝奉玉册玉寶如玉淸和陽宮，上玉帝尊號曰太上開天執符御曆含眞體道昊天玉皇上帝。詔天下洞天福地脩建宮觀，塑造聖像。

綱　冬十月，以白時中爲尚書右丞。十二月，劉正夫罷。

林靈素講道經

綱　丁酉，七年，（一一一七）春二月，帝幸上清寶籙宮，命林靈素講道經。

千道會

目　時道士皆有俸，每一觀給田亦不下數百千頃。百畝爲頃。凡設大齋，輒費緡錢數萬，緡音民，錢貫也。貧下之人多買青布幅巾以赴，日得一飫餐，飫，飽也。而襯施錢三百，謂之「千道會」。且令士庶入聽靈素講經，帝爲設幄其側。靈素據高座，使人於下再拜請問，然所言無殊絕者，時時雜以滑稽媟語，滑稽，詼諧也。媟同褻。上下爲大鬨笑，莫有君臣之禮。

綱　夏四月，道籙院上章册帝爲教主道君皇帝。

綱　冬十二月，有星如月，南行。

綱　帝言天神降于坤寧殿。

作萬歲山

綱　作萬歲山。

目　初，帝以未得嗣子爲念。道士劉混康以法籙符水出入禁中，言「京師西北隅地協堪輿，天地總名。堪，天道；輿，地道。倘形勢加以少高，當有多男之祥。」始命爲數仞岡阜，八尺曰仞。已而後宮生子漸多，帝甚喜，始信道教。至是，又命戶部侍郎孟揆於上清寶籙宮東築山，以像餘杭之鳳凰山，（餘杭即杭州。鳳凰山，在今浙江杭州市南。）號曰萬歲。

定命寶

綱　戊戌，重和元年，（一一一八）春正月，作定命寶成。

目　于闐上美玉，踰二尺，帝命製寶，號曰「定命寶」，合前八寶爲九寶，以定命寶爲首。

約金攻遼　通金好自此始　掖庭大火　金來聘

綱　以王黼爲尚書左丞。

綱　二月，遣武義大夫馬政浮海使金，約夾攻遼。

目　建隆中，建隆，太祖年號女眞嘗自其國之蘇州，泛海至登州賣馬，故道猶存。至是有漢人高藥師者，泛海來言女眞建國，屢破遼師。登州守臣王師中以聞，詔蔡京、童貫共議。命師中募人同藥師等齎市馬詔以往；不能達而還。帝乃復委童貫選人使之，遂使武義大夫馬政同藥師由海道如金。政言於金主曰：「主上聞貴朝攻破契丹五十餘城，欲與通好，共行弔伐。若允許，後當遣使來議。」通金好自此始。

綱　秋七月，以鄭居中爲少傅，余深爲少保。八月，以童貫爲太保。

綱　九月，掖庭大火。掖庭，宮旁舍。凡爇五千餘閒，後苑廣聖宮及宮人所居幾盡，焚死者甚衆。

綱　薛昂罷，以白時中、王黼爲門下、中書侍郎，馮熙載、范致虛爲尚書左、右丞。鄭居中罷。

綱　閏月，立周恭帝後。

綱　冬十二月，遼大饑，人相食。

綱　己亥，宣和元年，（一一一九）春正月，金人來聘。遣馬政報之，不至而復。

目　金主遣渤海人李善慶等持國書同馬政來脩好；（渤海，見卷六十五太宗太平興國六年「女眞遣使入貢」注。）詔蔡京等諭以夾攻遼之意。遣政同趙有開齎詔與善慶等渡海報聘。行至登

金人不肯受宋詔

余深王黼相

京師大水

李綱以言貶官

夏人來

州，有開死，會諜者言遼已封金主爲帝，（諜，間諜。）乃詔政勿行，止遣平海軍校呼慶送善慶等歸金。金主遣慶歸，且語之曰：「歸見皇帝，果欲結好，早示國書；若仍用詔，決難從也。」

綱 以余深爲太宰，王黼爲少宰。二月，以鄧洵武爲少保。三月，以馮熙載爲中書侍郎，范致虛、張邦昌爲尚書左、右丞。

綱 夏五月，京師大水。

目 京師茶肆傭，晨興見大犬蹲榻傍，（蹲音存。）近視之，則龍也，軍器作坊兵士取而食之；逾五日，大雨如注，歷七日而止，京城外水高十餘丈。起居郎李綱言：「國家都汴百五十餘年矣，（汴即開封。）未嘗有此異。夫變不虛生，必有感召之，災非易禦，必有消復之，望求直言，采而用之，以答天戒。」詔貶綱一官，與縣去。

綱 六月，夏人來，（童貫諷夏人納款也。）詔童貫罷兵。秋七月，以貫爲太傅。（時人稱蔡京爲公相，貫爲媪相。）

綱 八月，范致虛罷。

目 時朝廷欲用師契丹，致虛言「邊隙一開，必有意外之患」，宰相謂其懷異，會母喪，去位。

綱 九月，幸蔡京第。

綱 加蔡攸開府儀同三司。

目　攸有寵於帝，進見無時，與王黼得預宮中祕戲。或侍曲宴，私宴也。則攸、黼著短衫窄袴，塗抹青紅，雜倡優侏儒中，多道市井淫媟詼浪語，以獻笑取悅。攸妻宋氏出入禁掖，攸子行領殿中監，寵信傾其父。攸嘗言於帝曰：「所謂人主當以四海爲家，太平爲娛。歲月能幾何，豈徒自勞苦！」帝深納之，因令苑囿皆倣江、浙爲白屋，江，江南。浙，浙江。不施五采，多爲村居野店，及聚珍禽異獸，動數千百，以實其中。都下每秋風夜靜，禽獸之聲四徹，宛若山林陂澤之閒，識者以爲不祥之兆。

綱　冬十一月，以張邦昌、王安中爲尚書左、右丞。

綱　十二月，帝數微行。微行，私出也。竄祕書省正字曹輔于郴州。

曹輔諫微行疏

目　帝自政和以來，政和，徽宗年號。多微行。始民閒猶未知，及蔡京謝表：「輕車小輦，七賜臨幸。」自是邸報傳之四方，而臣僚阿順莫敢言。曹輔上疏諫曰：「陛下厭居法宮，時乘小輦出入廛陌郊坰，坰音絅。邑外曰郊，郊外曰牧，牧外曰野，野外曰林，林外曰坰。極遊樂而後返。臣不意陛下當宗社付託之重，玩安忽危，一至於此。夫君之與民，本以人合，合則爲腹心，離則爲楚、越，畔服之際，在於斯須，甚可畏也。萬一當乘輿不戒之初，一夫不逞，包藏禍心，雖神靈垂護，然亦損威傷重矣，又況有臣子不忍言者，可不戒哉！」帝得疏，出示宰臣，令赴都堂審問。余深曰：「輔小官，何敢論大事！」輔曰：「大官不言，故小官言之。」王黼陽顧張邦昌、王安中曰：「有是事乎？」皆應以「不知」。輔曰：「茲事，雖里巷小民無不知；相公當國，獨不知邪！曾此不知，焉用彼相！」黼怒，令吏從輔受詞。輔操筆曰：「區區之心，一無所求，愛君而已。」退，待罪於家，遂編管郴州。初輔將有言，知必獲罪，召子紳來付以家事，乃閉戶草疏；及貶，怡然就道。

綱　召楊時爲祕書郎。

目　時，南劍將樂人。初舉進士第，聞程顥兄弟講孔、孟絕學於河、洛，（黃河、洛水之間，謂洛陽也。）調官不赴，以師禮見顥於潁昌，（即今河南許昌市。）相得甚歡。其歸也，顥目送之，曰：「吾道南矣！」及顥卒，又師事程頤於洛，蓋年四十矣。一日頤偶瞑坐，（瞑，閉目也。）時與游酢侍立不去，頤既覺，則門外雪深一尺矣。後歷知瀏陽、餘杭、蕭山三縣，（瀏陽，即今湖南瀏陽縣。餘杭，即今浙江餘杭縣。蕭山，即今浙江蕭山縣。）皆有惠政，民思之不忘。時安於州縣，未嘗求聞達，而德望日重，四方之士不遠千里從之遊，號曰龜山先生。會蔡京客張覺言於京曰：（覺音學。）「今天下多故，事至此必敗，宜亟引舊德老成置諸左右，庶幾猶可及。」京問其人，覺以時對，京因薦之。會路允迪自高麗還，言高麗國王問龜山先生安在，乃召爲祕書郎。

楊游立雪

龜山先生

綱　庚子，二年，（一一二〇）春正月，罷道學。

綱　林靈素有罪，放歸田里。

目　靈素初與道士王允誠共爲神怪之事，後忌其相軋，（相軋，勢相傾也。）毒殺允誠，遂專用事。及都城水，帝遣靈素厭勝，（厭勝，鎭也，禳也。）方步虛城上，役夫爭舉梃將擊之，（梃，杖也。）走而免，帝始厭之。然横恣愈不悛，悛音詮，改也。道遇皇太子弗斂避，太子入訴於帝。帝怒，以靈素爲太虚大夫，斥還故里，命江端本通判温州察之。端本廉得其居處過制罪，廉，察也。詔徙置楚州，（楚州治山陽縣，即今江蘇淮安縣。）命下而靈素已死。

綱　二月，遣趙良嗣使金。時童貫密受旨圖燕，因建議遣右文殿脩撰趙良嗣往金，仍以市馬爲名，其實約攻遼以取燕、雲之地。

綱　夏六月，詔蔡京致仕。

目　京專政日久，公論益不與，帝亦厭薄之。子攸權勢既與父相軋，浮薄者復間焉，由是父子各立門戶，遂爲仇敵。攸別居賜第，一日詣京，京正與客語，使避之。攸甫入，遽起握父手爲胗視狀，胗同診。曰：「大人脈勢舒緩，體中得無有不適乎？」京曰：「無之。」攸曰：「禁中方有公事。」即辭去。客竊窺見，以問京，京曰：「君固不解此邪？解，曉也。此兒欲以爲吾疾而罷我耳。」閱數日，果以太師、魯國公致仕，仍朝朔望。

綱　秋八月，金人來議攻遼及歲幣，遣馬政報之。

目　趙良嗣謂金主曰：「燕本漢地，欲夾攻遼，使金取中京大定府，（遼中京大定府治大定縣，在今河北平泉縣境。）宋取燕京析津府。」（遼置燕京析津府，即燕京，在今北京市境內。）金主許之，遂議歲幣。金主因以手札付良嗣，約金兵自平地松林趨古北口，（平地松林在遼上京臨潢府，在今河北圍場縣境。古北口，即今北京市密雲縣東北古北口。）宋兵自白溝夾攻，（見卷六十八仁宗慶曆二年「送至白溝」注。）不

趙良嗣使金

蔡京致仕

父子各立門戶

金議攻遼及歲幣

然不能從。因遣勃堇偕良嗣還，以致其言。帝使馬政報聘，書云：「大宋皇帝致書於大金皇帝：遠承示書，致罰契丹，當如來約，已差童貫勒兵相應，彼此兵不得過關。歲幣之數，同於遼。」

綱 以余深爲少傅。

綱 冬十月，加內侍梁師成太尉。

隱相

目 時帝留意禮文符瑞之事，師成善逢迎，希恩寵，帝命處殿中，凡御書號令皆出其手，多擇善書吏習倣帝書，雜詔旨以出，外庭莫能辨。師成實不能文，而高自標榜，自言蘇軾出子。時天下禁誦蘇文，其尺牘在人間者皆毀去。師成訴於帝曰：「先臣何罪！」（先臣謂蘇軾。）自是軾之文乃稍出。以翰墨爲己任，四方俊秀名士必招致門下，往往遭點汙。多置書畫卷軸於外舍，邀賓客縱觀，得其題識合意者輒密加汲引，執政、侍從可階而升。王黼以父事之，稱爲恩府先生，蔡京父子亦諂附焉，都人目爲「隱相」，所領職局至數十百，階至開府儀同三司。布衣朱夢說上書論宦寺權太重，詔編管於池州。

方臘起兵

綱 睦州人方臘作亂。（睦州治建德，即今浙江建德縣。）

鄧肅進詩諷諫

目 睦州清溪民方臘，（清溪屬睦州，即今浙江淳安縣，時當名淳安。）世居縣揭村，託左道以惑衆。臘有漆園，造作局屢酷取之，臘怨而未敢發。時吳中困於朱勔花石之擾，（見卷七十四崇寧四年「花石綱」目。）比屋致怨，太學生鄧肅進詩諷諫，帝不聽，放肅歸田里，勔益橫。臘因民不忍，陰聚貧乏游手之徒，以誅勔爲名，起作亂，自號聖公，建元永樂。置官吏將帥，以巾飾爲別，自紅巾而上凡六等。無弓矢介冑，介，甲也。惟以鬼神詭祕事相扇訹。訹音恤，誘也。焚室廬，掠金帛子女，誘脅良民爲兵。人安於太平，不識金革，聞金鼓聲卽斂手聽命，不旬日聚衆至數萬。

綱　十一月，余深罷，以王黼爲少保太宰。

綱　十二月，方臘陷睦、歙、杭州，（歙州治歙縣，卽今安徽歙縣。）詔以童貫爲江、淮、荆、浙宣撫使，發兵討之。帝得報，始大驚，乃罷北伐之議，而以童貫爲宣撫使，譚稹爲兩浙制置使，率禁旅及秦、晉、蕃、漢兵十五萬討之。

綱　眞臘入貢。

眞臘入貢

綱　辛丑，三年，（一一二一）春正月，鄧洵武卒。

綱　童貫承詔罷蘇、杭應奉局、花石綱。

綱　方臘陷婺州，（婺州治金華縣，卽今浙江金華縣。）又陷衢州。（衢州治西安縣，卽今浙江衢縣。）

目　衢守彭汝方被執，駡賊而死，賊屠其城。

綱　二月，方臘陷處州。（處州治括蒼縣，在今浙江麗水縣東南。）

綱　淮南盜宋江掠京東諸郡，知海州張叔夜擊降之。

宋江以三十六人橫行河北

目　宋江起爲盜，以三十六人橫行河朔，河北也。轉掠十郡，官軍莫敢嬰其鋒。嬰，觸也。

方臘被擒

知亳州侯蒙上書，（亳州治譙縣，即今安徽亳縣。）言「江才必有過人者，不若赦之，使討方臘以自贖。」帝命蒙知東平府，（即鄆州，治須昌縣，即今山東東平縣。）未赴而卒。又命張叔夜知海州。（治東海縣，在今江蘇東海縣東北。）江將至海州，叔夜使閒者覘所向，江徑趨海濱，劫鉅舟十餘，載鹵獲。叔夜募死士得千人，設伏近城，而出輕兵距海誘之戰，先匿壯卒海旁，伺兵合，舉火焚其舟。賊聞之皆無鬬志，伏兵乘之，擒其副賊，江乃降。

綱　方臘寇秀州，（治嘉興，即今浙江湖州市。）官軍敗之。臘還據杭州。

綱　遼都統耶律余覩叛降金。

綱　夏四月，童貫合兵擊方臘，破之，執臘以歸。

目　二月，童貫、譚稹前鋒水陸並進，臘乃宵遁，還清溪幫源洞。一名清溪洞。諸將劉延慶、辛興宗、王淵等相繼至，盡復所陷城。四月，貫等合兵擊臘於幫源洞。臘衆尚二十萬，與官軍力戰而敗，深據巖屋爲三窟，諸將莫知所入。王淵裨將韓世忠裨將，偏將也。潛行溪谷，問野婦得徑，即挺身仗戈直前擣其穴，格殺數十人，擒臘以出。辛興宗領兵截洞口，掠爲己功，併取臘妻子及僞相方肥等五十二人，殺賊七萬餘人，其黨皆潰。臘凡破六州五十二縣，戕平民二百萬，所掠婦女，自賊洞逃出，裸而縊於林中者相望百餘里。

綱　五月，以鄭居中領樞密院事。

綱　大蝗。

陳過庭直言

黑眚見禁中

黑漢

綱　安置御史中丞陳過庭于黃州。（治黃崗縣，即今湖北黃崗縣。）

目　過庭以睦寇竊發，謂方臘。嘗上言：「致寇者蔡京，養寇者王黼，竄二人則寇自平。」又言：「朱勔父子本刑餘小人，交結權近，竊取名器，罪惡盈積，宜正典刑以謝天下。」三人憾之，至是陷以罪，責黃州安置。

綱　秋七月，黑眚見于禁中。眚音生，妖氣也。

目　元豐末，元豐，神宗年號。嘗有物大如席，夜見寢殿上，而神宗崩。元符末，元符，哲宗年號。又見，哲宗崩。至大觀間，漸晝見。政和以來大作，每出若列屋摧倒之聲，其形僅丈餘，彷彿如龜，黑氣蒙之，不大了了，氣之所及，腥血四灑。又或變人形，或爲驢，晝夜出無時，多在掖庭及內殿，習以爲常，人亦不大怖。又洛陽府畿內忽有物如人，或如犬，其色正黑，不辨眉目。始夜則掠小兒食之，後雖白晝入人家爲患，所至喧然不安，謂之「黑漢」。有力者夜執鎗自衛，亦有託以作過者，二年乃息。

綱　八月，加童貫太師，封楚國公。

綱　方臘伏誅。改睦州爲嚴州，歙州爲徽州。

綱　九月，以王黼爲少傅，鄭居中爲少師。

綱　詔宦者李彥括民田于京東、西路。

綱　冬十月，詔童貫復領陝西、兩河宣撫使。

金克遼中京

陳瓘卒

金克遼西京

鄭居中主守約

綱 十一月，馮熙載罷。以張邦昌爲中書侍郎，王安中、李邦彥爲尚書左、右丞。

綱 金侵遼中京。

綱 壬寅，四年，（一一二二）春正月，以蔡攸爲少保。

綱 金克遼中京，遼耶律延禧殺其子晉王敖盧斡走雲中。金克中京，耶律撒八等謀立敖盧斡，事覺，遼主遣人縊殺之。敖盧斡素有人望，由是人心解體。耶律余覩引金兵逼遼主行宮，遼主率衞士五千餘騎走雲中。（雲中即雲州，治雲中縣，即今山西大同市。）

綱 二月，管句太平觀陳瓘卒。

目 或問游酢以當今可以濟世之人，酢曰：「四海人才，不能周知，以所識知，陳了翁其人也」。陳瓘字了翁。劉安世嘗因瓘病，使人勉以醫藥自輔，曰：「天下將有賴於公，當力加保養，以待時用。」至是，卒於楚州。

綱 三月，金襲遼軍，延禧走夾山。

綱 遼燕京留守李處溫等以耶律淳稱帝，延禧之叔。遙廢其主延禧爲湘陰王。

綱 金克遼西京。（遼西京即雲中。）

綱 詔童貫、蔡攸等勒兵巡邊，以應金。

目 朝廷既與金約夾攻遼，以復燕、雲，蔡京、童貫主之。鄭居中力陳不可，謂京曰：「公爲大臣，不能守兩國盟約，輒造事端，誠非廟算。」京曰：「上厭歲幣五十萬故爾。」居中曰：「公獨不思漢世和戎用兵之費乎？使百萬生靈肝腦塗地，公實爲之。」由是議寢。及金數敗遼兵，童貫乃復乞擧兵，居中又言「不宜幸災而動，待其自斃可也。」時睦寇初平，帝亦悔於用兵，王黼獨言曰：「中國與遼雖爲兄弟之邦，然百餘年閒，彼之所以開邊慢我者多矣。今而不取燕、雲，女眞卽疆，中原故地將不復爲我有。」帝遂決意治兵。會聞耶律淳自立，乃以蔡攸副貫，勒兵十五萬巡北邊以應金。

綱　夏五月，童貫進兵擊遼，敗績，退保雄州，（治歸信縣，在今河北霸縣西南。）詔班師。貶都統制种師道爲右衞將軍，致仕。

（种師道諫進兵）（宋師白溝之敗）

目　貫至高陽關，（在今河北高陽縣東。）命都統制种師道護諸將進兵。師道諫曰：「今日之擧，譬如盜入鄰家，不能救，又乘之而分其室焉，無乃不可乎！」貫不聽。耶律淳聞之，遣耶律大石、蕭幹禦之。師道次白溝，遼人譟而前，師道前軍統制楊可世敗績，師道退師雄州。帝聞兵敗而懼，詔班師。遼使來言曰：「女眞之叛本朝，亦南朝之所甚惡也。今射一時之利，棄百年之好，結豺狼之鄰，基他日之禍，謂爲得計可乎！救災卹鄰，古今通義，惟大國圖之。」貫不能對。种師道復請許之和，貫不納，而密劾師道助賊，王黼怒，責授師道右衞將軍，致仕。

綱　六月，以王黼爲少師。

綱　遼耶律淳死，其妻蕭氏稱太后，主國事。李處溫伏誅。處溫懼禍，南通童貫，欲挾蕭后納土，北通於金，欲爲內應。事覺，后執處溫賜死。

綱 秋七月，詔童貫、蔡攸再舉伐遼，以劉延慶爲都統制。

綱 九月，除朝散郎宋昭名。

宋昭諫攻遼

目 昭上書極言遼不可攻，金不可鄰，異時金必敗盟爲中國患，乞誅王黼、童貫、趙良嗣等。且曰：「兩國之誓，敗盟者禍及九族。陛下以孝理天下，其忍忘列聖之靈乎！陛下以仁覆天下，其忍置河北之民於塗炭之中，而使肝腦塗地乎！」王黼大惡之，除昭名，編管海州。

綱 金遣使來，命趙良嗣報之。金人聞童貫舉兵，恐朝廷徑取燕，而歲幣不可得，乃遣使來議師期。帝遣趙良嗣報之，且言不負初約。

綱 遼將郭藥師以涿、易二州來降。（涿州治范陽縣，在今河北涿縣東北。易州治易縣，即今河北易縣。）

綱 冬十月，劉延慶及郭藥師進兵攻遼。藥師襲燕，敗績，延慶兵潰。

綱 以蔡攸爲少傅，判燕山府。（即燕京，宋改名，在今北京市境內。）

趙良嗣如金求三州

綱 十一月，金人來議燕地。十二月，遣趙良嗣復如金，求營、平、灤三州。初朝廷與金約，但求石晉賂契丹故地，而不思平、營、灤三州，乃劉仁恭獻契丹以求援者。既而王黼悔，欲并得之，金主不肯。及趙良嗣往，金主云：「今更不論元約，特與燕京、薊、景、檀、順、涿、易六州。」良嗣言：「元約十六州，今乃如此，信義安在！」抗辯數四，金人不從，良嗣乃與其吏李靖偕來，止許六州。帝復遣良嗣送之，且求營、平、灤三州。（營州，在今河北昌黎縣西北。灤州治義豐縣，在今河北唐山市東北。）

金克遼燕京

綱　金克遼燕京，耶律淳妻蕭氏奔天德。於是遼五京皆爲金有。金主遣騎兵送趙良嗣還，且獻遼俘。

艮嶽

綱　萬歲山成，更名曰艮嶽。帝自爲艮嶽記，以爲山在國之艮位故也。

綱　癸卯，五年，（一一二三）金太宗完顏吳乞買天會元年。春正月，金遣使來，趙良嗣復如金。

目　良嗣至燕，與金主議燕京、西京之地，金主曰：「若宋必欲平、灤等州，則幷燕京不與。」因以答書先示良嗣。良嗣讀至「燕京用本朝兵力攻下，其租稅當輸本朝。」良嗣因曰：「租稅隨地，豈有與其地而不與其租稅者。」粘沒喝曰：「燕京自我得之，則當歸我。大國熟計，若不早見與，請速退涿、易之師，無留我疆。」於是遣李靖與良嗣偕來。靖既入對，遂見王黼。黼謂靖曰：「租稅，非約也。」上意以交好之故，欲以銀絹充之。靖復請去年歲幣，帝亦特許之，仍命良嗣與靖偕使。

綱　以王安中知燕山府，郭藥師同知府事。

目　朝廷以金人將歸燕，謀帥臣守之。左丞王安中請行，王黼贊於帝，遂以安中知燕山府，郭藥師同知府事。詔藥師入朝，禮遇甚厚，賜以甲第、姬妾，命貴戚大臣更互設宴。又召對於後苑延春殿，藥師拜庭下，泣言：「臣在虜中，聞趙皇如在天上，不謂今日得望龍

郭藥師不反故主

金南京

左企弓獻詩金主

許金歲幣

顏」。帝深褒稱之，委以守燕。對曰：「願效死！」又令取天祚以絕燕人之望。藥師變色，言曰：「天祚，故主也，國破出走，臣是以降陛下。使臣畢命他所不敢辭，若使反故主，非所以事陛下，願以付他人。」因涕泣如雨。帝以爲忠，解所御珠袍及二金盆以賜。藥師出諭其下曰：「此非吾功，汝輩力也。」卽剪盆分給之。

綱 金以遼平州爲南京，命張瑴留守。瑴音角。

綱 二月，以李邦彥、趙野爲尙書左、右丞。

綱 三月，遣使如金。

目 趙良嗣至燕，謂金主曰：「本朝徇大國多矣，豈平、灤一事不能相從邪？」金主曰：「平、灤欲作邊鎭，不可得也。」遂議租稅，金主曰：「燕租六百萬，止取一百萬。不然，還我涿、易舊疆，我且提兵按邊。」良嗣曰：「本朝自以兵下涿、易，今乃云爾，豈無曲直邪！」且言御筆許十萬至二十萬，不敢擅增，乃令良嗣歸報。金主謂之曰：「過半月不至，吾提兵往矣。」時左企弓嘗以詩獻金主曰：左企弓，遼相，金克燕京時降金。「君王莫聽捐燕議，一寸山河一寸金。」故金人欲背初約，要求不已。良嗣行至雄州，以金書遞奏。遞，驛遞。王黼欲功之速成，乃請復遣良嗣自雄州再往，使許遼人舊歲幣四十萬之外，每歲更加燕京代稅錢一百萬緡。金主大喜，遂遣銀朮可持誓書草來，許以燕京及六州來歸，而山後諸州，及西北一帶接連山、川，不在許與之限。帝曲意從之，遣盧益、趙良嗣等持誓書往。金人又求糧，良嗣許以二十萬石。

綱　夏四月，金人來歸燕及涿、易、檀、順、景、薊之地，詔童貫、蔡攸班師。

金歸燕及六州之地

綱　金襲遼延禧于青塚，獲其子女、族屬、從臣以歸。延禧邀戰，敗績，走雲內。

綱　五月，以楊時爲邇英殿說書。

楊時入對

目　時入對，言於帝曰：「熙寧之初，熙寧，神宗年號。大臣文六藝之言以行其私，六藝，六經。祖宗之法紛更殆盡。元祐繼之，元祐，哲宗年號。盡復祖宗之舊，熙寧之法一切廢革。至紹聖、崇寧，紹聖，哲宗年號。崇寧，徽宗年號。抑又甚焉，凡元祐之政事著在令甲，法令首章也。皆焚之以滅其迹。自是分爲二黨，縉紳之禍，至今未殄。臣願明詔有司，條具祖宗之法，著爲綱目，有宜於今者舉而行之，當損益者損益之，元祐、熙、豐，熙寧、元豐。姑置勿問，一趨於中而已。」又言：「燕、雲之師宜退守內地，以省轉輸之勞，募邊民爲弓弩手，以殺常勝軍之勢。」初，遼主募遼東人爲兵，使報怨於女眞，號曰怨軍，以郭藥師爲帥，後改爲常勝軍；藥師帥所部降宋。又言：「都城無高山巨浸以爲阻衞，士人各異心，緩急不可倚仗，君臣警戒，正在無虞之時。」帝首肯之，除邇英說書。

綱　以王黼爲太傅，總治三省事；鄭居中爲太保，蔡攸爲少師。進封童貫爲徐豫國公。居中辭不拜。以收復燕、雲，宰執皆進位，以趙良嗣爲延康殿學士。居中自陳無功，不拜。

綱　遼延禧奔夏，都統蕭特烈等以梁王雅里稱帝。雅里，延禧第二子。

綱 金遣使如夏。遺書於夏，使執送遼主，且許割地。

綱 六月，金張瑴以平州來歸。

目 金驅遼宰相左企弓等同燕京大家富民俱東徙，燕民流離道路，不勝其苦。過平州，遂入城言於張瑴曰：「左企弓不能守燕，致吾民如是。公今臨巨鎮，握強兵，盡忠於遼，初瑴爲遼興軍節度副使，領平州事。金破遼入燕京，升平州爲南京，命瑴判留守事。使我復歸鄉土，人心亦惟公是望。」瑴遂召諸將領議，皆曰：「聞天祚兵勢復振，出沒漠南，公若仗義勤王，奉迎天祚以圖興復，先責左企弓等叛降之罪而誅之，盡歸燕民，使復其業，而以平州歸宋，則宋無不接納，平州遂爲藩鎮矣。即後日金人加兵，內用營、平之軍，外藉宋人之援，又何懼焉？」瑴又訪於翰林學士李石，亦以爲然。瑴乃遣張謙帥五百餘騎傳留守令，召左企弓等，數以十罪，皆縊殺之。瑴乃稱保大三年，保大，天祚年號。榜諭燕人復業，恆產爲常勝軍所占者悉還之。燕民既得歸，大悅。

李石更名安弼，偕故三司使高黨至燕京，說王安中曰：「平州形勢之地，張瑴總練之才，足以禦金人，安燕境，幸招致之。」安中令安弼黨與至汴以聞。帝以手札付同知燕山府事詹度，第令羈縻之，而度促瑴內附，瑴乃遣張鈞、張敦固持書來請降，王黼勸帝納之。趙良嗣諫曰：「國家新與金盟，如此，必失其懽，後不可悔。」不聽。

綱 鄭居中卒，以蔡攸領樞密院事。

禁元祐學術

金太宗完顔晟

幸王黼第觀芝

殺張瑴畀金

綱　秋七月，童貫致仕，以内侍譚稹爲兩河、燕山路宣撫使。

綱　禁元祐學術。

目　中書言「福建印造司馬光等文集」，詔令毁板，凡舉人傳習元祐學術者以違制論。尋又詔：「蘇軾、黄庭堅等獲罪宗廟，義不戴天，片文隻語，並令焚毁勿存，違者以大不恭論。」

綱　八月，金阿骨打死，弟吴乞買立。更名晟，改元天會。

綱　冬十月，詔建平州爲泰寧軍，以張瑴爲節度使。

目　金人聞瑴叛，遣闍母將三千騎來討。闍音都。瑴率兵拒之於營州，闍母以兵少，不交鋒而退，瑴遂妄以大捷聞朝廷。拜瑴節度使，犒賞銀絹數萬。

綱　十一月，幸王黼第觀芝。

綱　金人襲平州，張瑴奔燕山，平州人殺金使以拒守。

目　闍母無功而退，金主復使斡离不督闍母攻平州。斡音腕，入聲。會張瑴聞朝廷犒賜將至，喜而遠迎，斡离不乘其無備襲之，與瑴戰於城東，瑴敗，宵奔燕山，王安中納而匿之。平州都統張忠嗣及張敦固出降金，金遣使與敦固入諭城中，城中人殺其使者，立敦固爲都統，閉門固守。

綱　詔殺張瑴，函首以畀金。

目　金人以納叛來責，朝廷初不欲發遣，金人索之益急，王安中取貌類瑴者斬其首與之。金曰：「非瑴也。」遂欲以兵攻燕。朝廷不得已，令安中縊殺之，函其首，併瑴二子送於金，於是燕降將及常勝軍士皆泣下。郭藥師曰：「金人欲瑴卽與，若求藥師亦將與之乎！」安中懼，因力求罷，以蔡靖知燕山府事。自是，降將卒皆解體，而金人遂用此興師矣。

夏稱藩于金　金來索糧　白時中李邦彦相

綱鑑易知録卷七六

宋紀

徽宗皇帝

綱 甲辰，六年，(一一二四)春正月，夏稱藩于金，金以邊地畀之。畀音祕。

綱 三月，金人來索糧，索趙良嗣所許糧二十萬石。不與。金人由是大怒。

綱 閏月，京師、河東、陝西地震。詔右司郎中黄潛善按視，潛善不以實聞，上意乃安，遷潛善爲戸部侍郎。

綱 夏四月，起復李邦彦爲尚書左丞。時邦彦居父喪纔兩月。

綱 六月，金人陷平州。

綱 秋八月，譚稹罷，復以童貫領樞密院事，兩河、燕山路宣撫使。

綱 九月，以白時中爲太宰，李邦彦爲少宰，趙野、宇文粹中爲尚書左、右丞，蔡懋同知樞密院事。

綱 冬十一月，王黼有罪，免。李邦彦素與黼不協，陰結蔡攸共毁之。會中丞何㮚論黼姦邪專横十五事，遂詔黼致仕，其黨胡松年等皆免。

蔡京復相

綱　十二月，詔蔡京復領三省事。王黼既致仕，朱勔力勸用京，帝從之。京至是四當國，目昏眊不能視，事悉決於季子絛。

綱　河北、山東盜起。山東有張仙者，衆至十萬；又有張迪者，衆至五萬；河北有高托山者，號三十萬；自餘二三萬者不可勝數。

女子生髭

綱　都城有女子生髭，髭音咨。下曰鬚，上曰髭。詔度爲道士。

男子誕子

目　都城中酒保朱氏女忽生髭，長六七寸，疏秀甚美，宛然一男子。特詔爲道士。又有賣青果男子，孕而誕子。

遼亡

綱　乙巳，七年，（一一二五）春正月，遼延禧如党項。（党項舒和倫部，在今山西大同以北，近內蒙古。舊臣屬於遼，故請遼主臨其地。）二月，至應州，（治金城縣，在今山西山陽縣東北。）金將婁室獲之以歸。遼亡。凡九世，共二百二十年。

西遼耶律大石

綱　遼耶律大石稱帝于起兒漫。改元延慶，羣臣上尊號曰天祐皇帝，是爲西遼。

綱　夏四月，勒蔡京致仕。蔡絛鍾愛於京，擅權用事，其兄攸嫉之，白時中、李邦彥亦惡絛，乃與攸發絛奸私事。帝怒，褫絛侍讀，毀賜出身敕，欲以撼京；京遂解職。

復元豐官制

綱　復元豐官制。詔行元豐官制，復尙書令之官，虛而不授。三公但爲階官，毋領三省事。

綱　六月，封宦者童貫爲廣陽郡王。帝援神宗遺訓，能復全燕之境者，胙土賜以王爵，封貫爲王。（廣陽卽宋幽州，亦卽遼都，在三國魏爲燕國，在今北京市境內。時以童貫有復燕功，故取以爲王號。）

【綱】前寶文閣待制劉安世卒。

【目】安世爲章惇、蔡卞、蔡京所忌，連貶竄，極遠惡地無不歷之，至是卒。安世少從學於司馬光，平居坐不傾倚，書不草率，不好聲色貨利，忠孝正直，皆取則於光。除諫官，在職累年，正色立朝，其面折廷諍，或逢盛怒，則執簡却立，俟威少霽，霽音際，止也。復前抗辭，旁列者見之，蓄縮聳汗。年既老，羣賢凋喪略盡，巋然獨存，巋然，獨貌。以是名望益重。梁師成用事，能生死人，心服其賢，求得小吏吳默常趨走前後者，使持書啗以即大用。啗音淡，餌之也。默勸爲子孫計，安世笑謝曰：「吾若爲子孫計，不至是矣。」還其書，不答。蘇軾嘗評元祐人物曰：元祐，哲宗年號。「器之眞鐵漢。」安世字器之。

劉安世取則溫公

器之眞鐵漢

【綱】秋八月，金吳乞買廢遼延禧爲海濱王。遣使以獲遼主來告慶。

【綱】九月，有狐升御榻而坐。

狐升御坐

【目】時又有都城東門外鬻菜夫，至宣德門下，忽若迷罔，釋荷擔向門戟手，且詈云：「太祖皇帝、神宗皇帝使我來道，尚宜速改也。」邏卒捕之，邏，巡也。下開封獄。一夕方省，則不知向者所爲，乃於獄中盡之。

【綱】冬十月，金將粘沒喝、斡离不分道入寇。自平州入燕山。

【綱】十一月，太常少卿傅察使金，不屈，死之。

傅察死金

【目】察爲金賀正使，至境上，遇斡离不兵，脅之使拜且降；不拜，左右捽之伏地，捽音

張孝純止童貫

卒，持頭髮也。愈植立，反覆論辨不屈，遂遇害。察，堯俞從孫也，十八登進士，蔡京嘗欲妻以女，拒弗答。平居恂恂然若無所可否，及倉猝徇義，聞者莫不壯之，後謚忠肅。

綱 召种師道爲兩河制置使。時師道致仕居南山豹林谷，金人南下，趣召之。師道聞命，即東過姚平仲，有步騎四千，與之俱赴汴。（兩河，謂河北、河東。河北路治大名府，即今河北大名縣。河東路治太原府，在今山西太原市西南。）

綱 十二月，童貫自太原逃歸。金粘沒喝陷朔、代州，（朔州治善陽縣，即今山西朔縣。代州治雁門縣，在今山西原平縣東北。）遂圍太原。

目 先是，金人遣使來，許割蔚、應州及飛狐、靈丘縣，（蔚州治安邊縣，在今河北蔚縣西南。飛狐縣，即今河北淶源縣。靈丘縣，即今山西靈丘縣。）帝信之，遣童貫往受地。至太原，聞粘沒喝自雲中南下，（雲中即雲州，即今山西大同市。）貫乃使馬擴、辛興宗往，使諭以交割地事。擴至，粘沒喝曰：「爾尚欲此兩州兩縣邪？汝家別削數城來，可贖罪也！汝輩可即去。」擴還報，請貫速作備禦，貫不從。既而粘沒喝遣王介儒、撒離拇持書至太原，責以渝盟納叛等事，納張瑴。詞語甚倨。貫問之曰：「如此大事，何不素告我？」撒離拇曰：「兵已興，何告爲！宜速割河東、河北，以大河爲界，用存宋朝宗社，乃報國也。」貫聞之氣褫，褫音恥，奪也。不知所爲，即欲假赴闕稟議爲名，遁還京師。知太原府張孝純止之曰：「金人渝盟，大王當會諸路將士極力枝梧。亦作支吾。小柱爲枝，斜柱爲梧。史記項羽本紀：「諸將皆慴服，莫敢枝梧。」今大王去，人心必搖，是以河東與金也。河東既失，河北豈可保邪！願少留，共圖報國。兼太原地險城堅，人亦習戰，未必金便能克也。」貫怒，叱之曰：「貫受命宣撫，非守土也。必欲留貫，置帥臣何爲？」遂行。孝純歎曰：「平生童太師作幾許威望，及臨事，乃蓄縮畏懾，奉頭鼠竄，奉音捧。何面目復見天子乎！」粘沒喝引兵降朔州，克代州，都巡檢使李翼力戰，被執，罵賊死。粘沒喝遂進圍太原，孝純悉力固守。

李翼戰死

綱 金斡离不入檀、薊州，（治薊縣，即今河北薊縣。）郭藥師以燕山叛降金，藥師帥所部兵劫蔡靖及都轉運使呂頤浩以降。（燕山府即幽州，治薊城，在今北京市境內。）金盡陷燕山州縣。斡離不既得藥師，益知宋虛實，因以爲鄉導，懸軍深入矣。

郭藥師降金

綱 詔內侍梁方平帥衛士守黎陽。（津名，即白馬津，在今河南滑縣北，今堙。）

綱 以皇太子爲開封牧。

目 帝以金師日迫爲憂。蔡攸探知帝意欲內禪，引給事中吳敏入對，宰執皆在，敏前奏事，且曰：「金人渝盟，舉兵犯順，陛下何以待之？」帝蹙然曰：「奈何！」時東幸計已定，命李梲先出守金陵，梲音拙。（金陵，在今江蘇南京市境。）敏退詣都堂言曰：「朝廷便爲棄京師計，何理也？此命果行，須死不奉詔！」宰執以爲言，梲遂罷行，而以太子爲開封牧。

綱 詔天下勤王，許臣庶直言極諫，罷道官及行幸諸局。

目 初，宇文虛中爲童貫參議官，虛中以廟謨失策，主帥非人，將有納侮自焚之禍，上

宇文虛中詔略

書極言之，王黼大怒；又累建防邊策議，皆不報。及金人南下，貫與虛中還朝，帝謂虛中曰：「王黼不用卿言，今事勢若此，奈何！」虛中對曰：「今日宜先降詔罪己，更革弊端，俾人心天意回，則備禦之事，將帥可以任之。」帝即命虛中草詔，略曰：「朕以寡昧之質，藉盈成之業，言路壅蔽，面諛日聞，恩倖持權，貪饕得志。縉紳賢能，陷於黨籍，政事興廢，拘於紀年。賦斂竭生民之財，戍役困軍旅之力，多作無益，侈靡成風。利源酤榷已盡，而牟利者尙肆誅求。諸軍衣糧不時，而冗食者坐享富貴。災異譴見而朕不寤，衆庶怨讟而朕不知，追惟己愆，悔之何及！思得奇策，庶解大紛。望四海勤王之師，宣二邊禦敵之略，永念累聖仁厚之德，涵養天下百年之餘。豈無四方忠義之人，來徇國家一日之急，應天下方鎭、郡縣守令，各率衆勤王，能立奇功者，並優加奬異。草澤異材，能爲國家建大計，或出使疆外者，並不次任用。中外臣庶，並許直言極諫。」帝覽之曰：「今日不吝改過，可便施行。」虛中又請出宮人、罷道官及大晟府行幸局暨諸局務。

綱 召熙河經略使姚古、秦鳳經略使种師中將兵入援。（熙河治熙州，即今甘肅臨洮縣。秦鳳治秦州，即今甘肅天水市。）

綱 以吳敏爲門下侍郞。

目 帝東幸之意益決，太常少卿李綱謂敏曰：「建牧之議，豈非欲委太子以留守之任乎？今敵勢猖獗，非傳太子以位號，不足以招徠天下豪傑。」敏曰：「監國可乎？」綱曰：「肅宗靈武之事，（唐玄宗天寶十五載，安祿山叛，玄宗出奔蜀，太子即位靈武，是爲肅宗。）不建號不足以復邦，而建號之議不出於明皇，後世惜之。上聰明仁恕，公曷不爲上言之。」翌日，敏入對，具以綱言白帝。帝卽召綱入議，綱刺血上疏曰：「皇太子監國，禮之常也。今大敵入攻，安危存亡，在呼吸閒，猶守常禮可乎！名分不正而當大權，何以號召天下？若假皇太子以位號，使爲陛下守宗社，收將士心，以死捍敵，天下可保。」帝意遂決。明日，宰臣奏事，帝留李邦彦，語敏，綱所言；遂拜敏門下侍郎，草詔傳位。

李綱刺血上疏

綱 帝傳位于太子，太子卽位，尊帝爲教主道君太上皇帝，皇后爲太上皇后。帝退居龍德宮，以李邦彦爲龍德宮使，蔡攸、吳敏副之。

傳位太子

綱 以李綱爲兵部侍郎。

目 綱上書言：「方今中國勢弱，君子道消，法度紀綱，蕩然無統。陛下履位之初，當上應天心，下順人欲，攘除外患，使中國之勢尊，誅鋤內姦，使君子之道長，以副道君皇帝付託之意。」召對延和殿，時金議割地，綱言：「祖宗疆土，當以死守，不可以尺寸與人。」帝嘉納之，拜兵部侍郎。

疆土不可以尺寸與人

綱 立皇后朱氏。后，武康節度使伯材之女。

綱 以耿南仲簽書樞密院事。南仲，帝東宮舊僚也。

綱 遣給事中李鄴使金。

目 告內禪，且請脩好。鄴至慶源府。斡离不欲還，郭藥師曰：「南朝未必有備，不如姑行。」從之。

陳東請誅蔡京等

【綱】太學生陳東上書，請誅蔡京等六人。

【目】時天下皆知蔡京等誤國，而用事者多受其薦引，莫肯爲帝明言之。東率諸生上書曰：「今日之事，蔡京壞亂於前，梁師成陰賊於內，李彥結怨於西北，朱勔聚怨於東南，王黼、童貫又從而結怨於二虜，（二虜，謂遼、金。）創開邊隙，使天下勢危如絲髮。此六賊者，異名同罪，伏願陛下擒此六賊，肆諸市朝，（肆，陳尸也。）傳首四方，（傳，驛遞。）以謝天下。」

欽宗皇帝

名桓，徽宗太子，初封定王，金人入寇，遂受內禪，在位二年，遂陷於金，而北宋亡矣。帝在東宮，初無失德。立遭强胡，二年入寇，逼之北行，紹興三十年殂於五國城。

【綱】丙午，欽宗皇帝靖康元年，（一一二六）春正月，詔中外臣庶直言得失。

【目】自金人犯邊，屢下求言之詔，事稍緩，則陰沮抑之，當時有「城門閉，言路開；城門開，言路閉」之語。

梁方平黎陽之潰

【綱】梁方平之師潰于黎陽，金人遂渡河。

【目】金斡离不陷相、濬二州。（相州治安陽縣，即今河南安陽市。濬州治三山縣，在今河南濬縣東南。）時方平帥禁旅屯於黎陽河北岸，金將迪古補奄至，（奄，忽也。）方平奔潰。河南守橋者望見金兵旗幟，燒橋而遁，河北、河東路制置副使何灌帥兵二萬退保滑州，（滑州治白馬縣，在今河南滑縣東。）亦望風迎潰，官軍在河南者無一人禦敵。金人遂取小舟以濟，凡五日，騎兵方絕，步兵猶未渡也。旋渡旋行，無復隊伍，金人笑曰：「南朝可謂無人，若以一二千人守河，我豈得渡哉！」遂陷滑州。

綱 以吳敏知樞密院事，李梲同知院事。

綱 竄王黼于永州；（治零陵縣，即今湖南零陵縣。）賜李彥死，並籍其家；放朱勔歸田里。

綱 黼至雍丘，（即今河南杞縣，屬開封府。）盜殺之。開封尹聶昌遣武士殺之。

徽宗出奔

綱 太上皇出奔亳州，（治譙縣，即今安徽亳縣。）遂如鎮江。（治丹徒縣，即今江蘇鎮江市。）

目 帝聞斡离不濟河，卽下詔親征，以蔡攸爲太上皇帝行宮使，宇文粹中爲副使，奉上皇東行以避敵。庚午，上皇如亳州，於是百官多潛遁。初，童貫在陝西募長大少年，號勝捷軍，幾萬人，以爲親軍，及自太原還京，適上皇南幸，貫卽以是軍自隨。上皇過浮橋，衛士攀望號慟，貫惟恐行不速，使親軍射之，中矢而踣者百餘人，踣同仆。道路流涕。蔡京亦盡室南行，爲自全之計。辛巳，上皇至鎮江。

李綱守東京

綱 以李綱爲尚書右丞、東京留守，（東京卽汴京，今河南開封市。）兼親征行營使。京師戒嚴。戒嚴，整兵也。

目 宰執議請帝出幸襄、鄧以避敵鋒。（襄州治襄陽縣，卽今湖北襄樊市。鄧州治穰縣，在今河南鄧縣東南。）行營參謀官李綱曰：「道君皇帝挈宗社以授陛下，委而去之，可乎？」帝默然。白時中謂都城不可守，綱曰：「天下城池豈有如都城者，且宗廟、社稷、百官、萬民所在，捨此欲何之？今日之計，當整飭軍馬，固結人心，相與堅守，以待勤王之師。」帝問：「誰可將者？」綱曰：「白時中、李邦彥等雖未必知兵，然藉其位號，撫將士以抗敵鋒，乃其職也。」時中勃然曰：「李綱莫能將兵出戰否？」綱曰：「陛下不以臣庸懦，儻使治兵，願以死報。」乃以綱爲尙書右丞、東京留守。綱爲帝力陳不可去之意，且言：「明皇聞潼關失守，卽時幸蜀，（事見卷五十唐玄宗天寶十五載六月。）宗廟、朝廷毁於賊手。今四方之兵不日雲集，奈何輕舉以蹈明皇之覆轍乎！」會內侍奏中宮已行，帝色變，倉卒降御榻曰：「朕不能留矣。」綱泣拜，以死邀之，帝顧綱曰：「朕今爲卿留。治兵禦敵之事，專責之卿，勿致疎虞。」綱皇恐受命。宰臣猶請出幸不已，帝從之。綱趨朝，則禁衞擐甲，（擐音患，貫也。）乘輿已駕矣。綱急呼禁衞曰：「爾等願守宗社乎？願從幸乎？」皆曰：「願死守。」綱入見曰：「陛下已許臣留，復戒行，何也？今六軍父子妻孥皆在都城，願以死守，萬一中道散歸，陛下孰與爲衞？敵兵已逼，知乘輿未遠，以健馬疾追，何以禦之？」帝感悟而止，禁衞六軍聞之無不悅者，皆拜伏呼萬歲。乃命綱兼行營使，以便宜從事。綱治守戰之具，不數日而畢。

李綱力陳不可出幸

綱 白時中免，以李邦彥爲太宰，張邦昌爲少宰，趙野爲門下侍郎，王孝迪爲中書侍郎，蔡懋爲尙書左丞。

李邦彥張邦昌相

綱 遣使督諸道兵入援。

綱 金斡离不圍京師，李綱力戰禦之。金人來議和，詔出內帑及括借士民金帛與之，遣康王構及少宰張邦昌往爲質。

金兵圍汴京

目 癸酉，斡离不軍抵汴城，據牟駝岡。駝音陀。帝召羣臣議之，李邦彥力請割地求和，李綱以爲擊之便。帝竟從邦彥計，命虞部員外郎鄭望之及高世則使其軍，未至，遇金使吳孝民來，因與偕還。是夜，金人攻宣澤門，李綱禦之，斬獲百餘人，金人知有備；又聞道君已內禪，乃退。

金議和條款

甲戌，孝民入見，問納張瑴事，令執送童貫、譚稹、詹度，且言曰：「上皇朝事已往，不必計。今少帝與金別立誓書結好，仍遣親王、宰相詣軍前可也。」帝因求大臣可使者，李綱請行，帝不許，而命李梲。綱曰：「安危在此一舉，臣恐李梲怯懦，誤國事也。」不聽，遂命李梲使金軍。梲至，斡离不謂之曰：「汝家京城，破在頃刻，所以斂兵不攻者，徒以少帝之故，欲存趙氏宗社，我恩大矣。今若欲議和，當輸金五百萬兩，銀五千萬兩，牛、馬萬頭，表段百萬匹；尊金帝爲伯父；歸燕、雲之人在漢者；（燕即燕山府，雲即雲州雲中縣，並見上。）割中山、太原、河閒三鎭之地，（中山卽定州，今河北定縣。太原見上。河間即瀛州，今河北河間縣。）而以宰相、親王爲質，送大軍過河，乃退爾。」因出事目一紙付梲，遣還。梲等唯唯，不敢措一言，遂與金使蕭三寶奴、耶律忠、王汭等偕來。汭音瑞。凡金人所要求，皆郭藥師教之也。

括汴京財輸金李綱諫納幣割地

乙亥，金人攻天津、景陽等門，李綱親督戰，募壯士縋城而下，縋，墮也。自卯至酉，斬其酋長十餘，殺其衆數千人，何灌力戰而死。丙子，梲至，李邦彥等力勸帝從金議，帝乃括借都城金、銀及倡優家財，得金二十萬兩，銀四百萬兩，而民閒已空。李綱言：「金人所需金幣，竭天下且不足，況都城乎！三鎮，國之屏蔽，割之何以立國？至於遣質，則宰相當往，親王不當往。若遣辯士姑與之議所以可不可者，宿留數日，大兵四集，彼孤軍深入，雖不得所欲亦將速歸；此時與之盟，則不敢輕中國，而和可久也。」李邦彥等言：「都城破在旦夕，尚何有三鎮？而金幣之數又不足較。」帝默然。綱不能奪，因求去。帝慰諭之曰：「卿第出治兵，此事當徐圖之。」綱退，則誓書已成，稱「伯大金國皇帝，姪大宋皇帝」，金幣、割地、遣質、更盟，一依其言。遣沈晦以誓書先往，并持三鎮地圖示之。

庚辰，以張邦昌為計議使，奉康王構往金軍為質以求成。初，邦昌與邦彥等力主和議，不意身自為質，及行，乃邀帝署御批，無變割地議，帝不許。康王與邦昌乘筏渡壕，（筏音罰，編竹為之。壕音豪，城下池也。）自午至夜始達金營。康王，道君皇帝第九子，韋賢妃所生也。

綱 以唐恪同知樞密院事。

綱 都統制馬忠敗金人于順天門。

目 金游騎大掠於城下，忠以京西募兵適至，擊金人，敗之於順天門外。金師遂收斂為一，西路稍通，援兵得達。

綱 以路允迪簽書樞密院事，如金粘沒喝軍。种師道帥師入援；以師道同知樞密院事，統四方勤王兵。

种師道入援

目 師道至洛，（洛即洛陽。）聞斡离不已屯東城下，或止師道，言「賊勢方銳，願少駐汜水以謀萬全。」（氾水縣，在今河南滎陽縣西北黄河南岸。）師道曰：「吾兵少，若遲回不進，形見情露，祗取辱焉。今鼓行而進，彼安能測我虛實？都人知吾來，士氣自振，何憂賊哉！」揭榜沿道，言「种少保領西兵百萬來」，遂抵京西，趨汴水南，（汴水故道，在今河南開封市西北。）徑逼敵營。金人懼，徙砦稍北，斂游騎，但守牟駝岡，增壘自衛。

老种

時師道年高，天下稱爲老种。帝聞其至，甚喜，開安上門，命李綱迎勞。去聲。師道入見，帝問曰：「今日之事，卿意若何？」對曰：「女眞不知兵，豈有孤軍深入人境，而能善其歸乎！」帝曰：「業以講好矣。」對曰：「臣以軍旅之事事陛下，餘非所敢知也。」遂拜同知樞密院事，充京畿、河北、河東宣撫使，統四方勤王兵及前後軍，以姚平仲爲都統制。師道時被病，命毋拜，許肩輿入朝。金使王汭在廷頡頏，頡頏音吉抗，謂相與上下，不肯降禮也。詩邶風「燕燕于飛，頡之頏之。」注：「飛而上曰頡，飛下曰頏。」望見師道，拜跪稍如禮。帝顧笑曰：「彼爲卿故。」師道請「緩給金幣於金，俟彼惰歸，扼而殲諸河，殲，盡殺也。計之上也。」李邦彥不從。

楊時諫用閹人

綱　以楊時爲右諫議大夫兼侍講。

目　時言：「今日之事，當以收人心爲先；人心不附，雖有高城深池，堅甲利兵，不足恃也。童貫爲三路大帥，棄軍逃歸，朝廷置之不罪，故梁方平之徒相繼而遁。當正典刑，以爲不忠之戒。自貫握兵二十餘年，覆軍殺將，馴至今日；馴音旬，順習也。比聞防城，仍用閹人，覆車之轍，不可復蹈。」疏上，遂有是命。

姚平仲襲金不克

李綱必勝之計

神臂弓

綱 貶梁師成爲彰化節度副使，尋賜死。太學生陳東旣疏其罪惡，布衣張炳亦以爲言，遂貶。令開封吏護送至貶所，行一日，追殺之。

綱 二月，都統制姚平仲將兵夜襲金營，不克而遁。

目 時朝廷日輸金幣於金，而金人需求不已，日肆屠掠。四方勤王之師漸至，李綱言：「金人貪婪無厭，婪亦貪也。兇悖日甚，其勢非用師不可。且敵兵號六萬，而吾勤王之師集城下者已二十餘萬，彼以孤軍入重地，猶虎豹自投陷穽中，當以計取之，不必與角一旦之力。若扼河津，絕餉道，分兵復畿北諸邑，而以重兵臨敵營，堅壁勿戰，俟其食盡力疲，然後以一檄取誓書、復三鎭，檄，移文也。縱其北歸，半渡而擊之，此必勝之計也。」帝深然之，約日舉事。种氏、姚氏皆素爲山西巨室，平仲以父古方帥熙河兵入援，慮功名獨歸种氏，乃云：「士不得速戰，有怨言。」帝聞之以語李綱，綱主其議，令城下兵緩急聽平仲節度。帝日遣使趣師道戰，趣同促。師道欲俟其弟師中至，因奏言「過春分乃可擊。」時相距纔八日，帝以爲緩；平仲請先期擊之。二月朔，平仲帥步騎萬人，夜斫敵營，斫，斬也。欲生擒斡离不及取康王以歸。夜半，帝遣中使諭李綱曰：「姚平仲已舉事，卿速援之。」平仲方發，金候吏覺之，斡离不遣兵迎擊。平仲兵敗，懼誅，亡去。李綱率諸將出救，遂與金人戰於幕天坡，以神臂弓射却之。師道復言：「劫寨已誤，然兵家亦有出其不意者；今夕再遣兵分道攻之，亦一奇也。如猶不勝，然後每夕以數千人擾之，不十日賊遁矣。」李邦彥等畏懦，皆不果用。

罷李綱以謝金人

陳東上書請復用李綱

李綱社稷之臣李邦彥等社稷之賊

綱　罷李綱以謝金人。

目　斡离不召諸使者詰責用兵違誓之故。張邦昌恐懼涕泣，康王不爲動，金人異之，乃使王汭來致責，且請更以他王爲質。汭至，李邦彥語之曰：「用兵乃李綱、姚平仲爾，非朝廷意也。」因罷李綱以謝金人，廢親征行營司。

時宇文虛中聞汴京急，馳歸，收合散卒，得東南兵二萬人，以便宜起李邈領之，令駐於汴、河。（汴、河即汴水、黃河。）會姚平仲失利，援兵西來者皆潰，虛中縋而入京。帝欲遣人奏使辨劫營非朝廷意，大臣皆不欲行，虛中承命，慨然而往。

綱　太學生陳東上書，請復用李綱；詔以綱爲尚書右丞、京城防禦使。

目　東等千餘人上書於宣德門，言「李綱奮勇不顧，以身任天下之重，所謂『社稷之臣』也。李邦彥、白時中、張邦昌、趙野、王孝迪、蔡懋、李梲之徒，庸繆不才，忌嫉賢能，動爲身謀，不恤國計，所謂『社稷之賊』也。陛下拔綱，中外相慶，而邦彥等疾如仇讎，恐其成功，因緣沮敗。罷綱，非特墮邦彥等計中，又墮虜計中也。乞復用綱而斥邦彥等，且以閫外付种師道，（閫，郭門限。將軍統兵禦敵於郭門外，故稱閫外。）宗社存亡在此舉，不可不謹。」書奏，軍民不期而集者數萬人。帝乃復綱右丞，充京城四壁防禦使。既而都人又言：「願見种師道。」詔趣師道入城彈壓。師道乘車而至，衆搴簾視之，（搴音牽，揭也。）曰：「果我公也。」相麾聲喏而散。（聲喏猶云唱喏，敬言也。）吳敏奏東爲士學錄，東力辭以歸。

除元祐黨籍學術禁
康王構還
割太原等三鎮界金
种呂先見
浪子宰相
張邦昌吳敏相

【綱】除元祐黨籍學術之禁。

【綱】更以肅王樞爲質于金，康王構還。

【目】宇文虛中冒鋒鏑至金營，次日，金遣王汭隨虛中入城，要越王及李邦彥、吳敏、李綱幷駙馬曹晟等，與金銀騾馬之類，且欲御筆書定三鎮界，方退軍。明日，帝命肅王往代質，康王、張邦昌還。

【綱】以徐處仁爲中書侍郎，宇文虛中簽書樞密院事。蔡懋罷。

【綱】詔割三鎮地以畀金，金斡离不引兵北去，京師解嚴。解嚴，罷兵也。

【目】初，金人犯城，蔡懋禁不得輒施矢石，將士積憤。及李綱復用，下令能殺敵者厚賞，衆無不奮躍。金人懼，稍稍引却。至是，宇文虛中復奉詔如金，許割三鎮地；斡离不得詔，遂不俟金幣數足，遣韓光裔來告辭，退師北去，肅王從之，京師解嚴。

种師道請乘其半濟擊之，帝不許。師道曰：「異日必爲國患。」御史中丞呂好問進言於帝曰：「金人得志，益輕中國，秋、冬必傾國復來。禦敵之備，當速講求。」不聽。

【綱】李邦彥免。

【目】邦彥無所建明，惟阿順趨諂而已，都人目爲「浪子宰相」。

【綱】以張邦昌爲太宰，吳敏爲少宰，李綱知樞密院事，耿南仲、李棁爲尚書左、右丞。

【綱】宇文粹中罷。

姚古等入援

綱　姚古、种師中及府州將折彥質以兵入援。

目　姚古、种師中及府州帥折彥質各以兵勤王，凡十餘萬人，至汴城下，而斡离不已退。李綱請詔古等追之，且戒俟其閒可擊則擊；而三省乃令護送出之，勿輕動以啓釁。時大臣政令矛盾，故迄無成功。

許翰諫罷种師道

綱　种師道罷。

目　中丞許翰言：「師道名將，沉毅有謀，不可使解兵柄。」帝謂其老難用，翰曰：「秦始皇老王翦而用李信，兵辱於楚；（事見卷七秦始皇帝二十二年「楚人大敗秦軍」目。）漢宣帝老趙充國而卒能成金城之功。（事見卷十六漢宣帝神爵元年，趙充國擊先零羌。）自呂望以來，（呂望年老遇周文王，佐武王伐紂。）以老將收功者難一二數。師道智慮未衰，雖老，可用也。」帝不納。翰又言：「金人此去，存亡所繫，當令一大創，創，懲也。使失利去，則中原可保，四夷可服；不然，將來再舉，必有不救之患。宜遣師邀擊之。」帝亦不聽。

吳敏薦楊時

綱　以楊時兼國子祭酒。

目　時知無不言，然不見聽。及太學生留李綱、种師道，吳敏乞用時以靖太學，因召對，時言：「諸生忠於朝廷，非有他意，但擇老成有行誼者爲之長貳，則將自定。」帝曰：「無以逾卿。」遂用之。

綱　金粘沒喝入威勝軍，（在沁州城，即今山西沁縣。）陷隆德府。（即潞州，治上黨縣，即今山西長治市。)

目 粘沒喝攻太原，悉破諸縣，獨城中以張孝純固守不下。平陽府叛卒導金兵入南北關，(平陽府，卽晉州，治臨汾縣，卽今山西臨汾縣。南北關，在臨汾縣西北。) 粘沒喝歎曰：「關險如此，而使我過之，南朝可謂無人矣！」既過，知威勝軍李植以城降，遂攻下隆德府，知府張確死之；進屯澤州。(治晉城縣，在今山西晉城縣東。)

綱 貶蔡京爲祕書監，童貫爲左衞上將軍，蔡攸爲大中大夫。以陳東之言也，時三人皆從上皇行。

綱 梁方平伏誅。金人過河，由方平之師潰於黎陽也。

綱 王孝迪罷。

綱 以聶昌爲東南發運使，未行而罷。

目 初上皇南幸，童貫、高俅等以兵扈從。俅音求。既行，聞都城受圍，乃止東南郵傳及勤王之師。道路籍籍，籍籍，語聲也。言貫等爲變，朝議以戶部尚書聶昌爲發運使，往圖之。李綱曰：「使昌所圖果成，震驚太上，此憂在陛下；萬一不果，是數人者挾太上於東南，求劍南一道，(劍南道治成都，卽今四川成都市。) 陛下將何以處之？莫若罷聶昌之行，請於太上，去此數人，自可不勞而定。」帝從之。

綱 金粘沒喝還雲中，留軍圍太原。

綱 三月，張邦昌、李棁免。

綱 以徐處仁爲太宰，唐恪爲中書侍郎，何㮚爲尙書右丞，㮚音栗。許翰同知樞密院事。

徐處仁相

目 帝召處仁問割三鎭是否，處仁言「不當棄」，與吳敏議合，敏薦處仁可相，遂拜太宰。時進見者多論宣和閒事，宣和，徽宗年號。恪言於帝曰：「革弊當以漸，宜擇今日之所急者先之，而言者不顧大體，至毛擧前事，以快一時之憤，豈不傷太上之心哉！京、攸、貫、黼之徒，蔡京、蔡攸、童貫、王黼。既從竄斥，姑可已矣，他日邊事既定，然後白太上，請下一詔，與天下共棄之，誰曰不可？」帝曰：「卿論甚善，爲朕作詔書，以此意布告在位。」

綱 宇文虛中免。言者劾其議和之罪，出知青州。

綱 詔种師道屯滑州，姚古、种師中援三鎭。古復隆德府、威勝軍，師中追斡离不至北鄙而還。

姚古復隆德威勝

目 詔：「金人要盟，要音邀。終不可保。今粘沒喝深入，南陷隆德，先敗元約，朕夙夜追咎，已黜罷原主和議之臣，其太原、中山、河閒三鎭，保塞、陵寢所在，誓當固守。」於是命种師道爲河北、河東宣諭使，駐滑州；姚古爲河北制置使，种師中副之。古總兵援太原，師中援中山、河閒。斡离不行至中山、河閒，兩鎭皆固守不下，師中因進兵以逼之，斡离不遂出境。姚古以兵復隆德、威勝，扼南北關。

李綱迎上皇

綱 詔李綱迎太上皇于南京。（即宋州應天府，在今河南商丘市南。）

徽宗還至汴京

目　時用事者言太上將復辟於鎮江，辟，君也，復辟，猶言復位。人情危駭。既而太上還至南京，以書問改革政事之故，且召吳敏、李綱。或慮太上意不可測，綱曰：「此無他，不過欲知朝廷事爾。」綱往，具道皇帝聖孝思慕，請陛下蚤還京師。太上因及行宮止遞角等事，綱曰：「當時恐金人知行宮所在，非有他也。」因言：「皇帝每得詰問之詔，輒憂懼不食。臣竊譬之，家長出而彊寇至，子弟之任家事者不得不從宜措置，長者但當以其能保田園大計而慰勞之，苟誅及細故，誅，責也。則爲子弟者何所逃其責邪！陛下回鑾，臣謂宜有以大慰皇帝之心，勿問細故可也。」太上感悟，出玉帶、金魚、象簡賜綱，（金魚，見卷四十九唐玄宗天寶八載「賜楊釗紫衣金魚」注。）且曰：「卿捍守宗社有大功，若能調和父子閒，使無疑阻，當遂垂名青史。」古者以火炙簡令汗出，取青易書，故其簡稱青簡，史稱青史。綱遂具道太上意，帝始釋然。

綱　夏四月，太上皇至京師。

目　太上將至，宰執進迎奉儀注，耿南仲議欲屏太上左右，車駕乃進。李綱言：「天下之理，誠與疑、明與闇而已。自誠明推之，可至於堯、舜，自疑闇推之，其患有不可勝言者。耿南仲不以堯、舜之道輔陛下，乃闇而多疑。」南仲怫然曰：「臣適見左司諫陳公輔，乃爲李綱結士民伏闕者，乞下御史置對。」上愕然。綱曰：「臣與南仲所論國事也，南仲乃爲此言，臣何敢復有所辨。」因求去，帝不允。

綱　立子諶爲皇太子。諶音忱。

綱　以耿南仲爲門下侍郎，趙野免。

綱　以种師道爲兩河宣撫使。

綱　復以詩賦取士，禁用王安石字說。

復以詩賦取士

綱　召河南尹焞至京師，（河南卽洛州河南縣，在今河南洛陽市境。）賜號和靖處士，遣還。

和靖處士

目　焞，洛人，師事程頤，紹聖初嘗應舉，（紹聖，哲宗年號。）發策有誅元祐諸臣議，（元祐亦哲宗年號。）焞曰：「噫，尙可以干祿乎哉！」不對而出，告頤曰：「焞不復應進士舉矣。」頤曰：「子有母在。」焞歸告其母，母曰：「吾知汝以善養，不知汝以祿養。」頤聞之曰：「賢哉母也。」於是終身不就舉，聚徒洛中，非弔喪問疾不出，士大夫宗仰之。种師道薦焞德行，召至京師，不欲留，賜號和靖處士遣還。戶部尙書梅執禮及侍郎邵溥、中丞呂好問、中書舍人胡安國合奏：「焞言動可以師法，器識可以任大，乞擢用之。」不報。

尹母

綱　五月，罷王安石配享孔子，猶從祀廟庭。國子祭酒楊時致仕。

楊時疏斥王安石

目　時上言：「蔡京用事二十年，蠹國害民，幾危宗社，人所切齒，而論其罪者莫知其所本也。蓋京以繼述神宗爲名，實挾王安石以圖身利，故推尊安石，加以王爵，配享孔子廟庭。今日之禍，實安石有以啓之。安石挾管、商之術，（管仲、商鞅。）飾六藝以文姦言，（六藝，六經也。）變亂祖宗法度，當時司馬光已言『其爲害當見於數十年之後』，今日之事，若合符契。其著爲邪說以塗學者耳目，而敗壞其心術者，不可縷數。伏望追奪王爵，明詔中外，毀去配享之象，使邪說淫辭不爲學者之惑。」疏上，詔罷安石配享，降居從祀之列。

時諸生習用王氏學以取科第者已數十年，不復知其非，忽聞楊時目爲邪說，羣論籍籍。於是中丞陳過庭、諫議大夫馮澥上疏詆時，乃罷時祭酒，詔改給事中。時力辭，遂以徽猷閣待制致仕。

時居諫垣九十日，凡所論列，皆切於世道，而其大者則闢王氏，排和議，論三鎭不可棄云。

种師中殺熊嶺之敗

綱 詔种師中、姚古進軍太原。師中與金人戰于殺熊嶺，（在今山西太原市東北。）敗績，死之；古軍潰。

目 太原圍不解，詔种師中由井陘，（在今河北石家莊市西。）與姚古掎角。師中進次平定軍，（在今山西陽泉市東南。）乘勝復壽陽、榆次等縣，（壽陽，在今山西陽泉市西。榆次，今山西榆次市。）留屯眞定。（即今河北正定縣。）時粘沒喝避暑還雲中，留兵分就畜牧，覘者以爲將遁，（覘，竊視也。）告於朝，許翰信之，數遣使趣師中出戰，責以逗撓。（兵法，行而逗留畏懦者斬，名曰逗撓。）師中歎曰：「逗撓，兵家大戮也。吾結髮從軍，今老矣，忍受此爲罪乎！」即日辦嚴，（嚴，整兵也。）約姚古及張灝俱進，而輜重賞犒之物皆不暇從行。（輜重，載衣物車。）師中抵壽陽之石坑，爲金將完顏活女所襲，五戰三勝；回趨榆次，至殺熊嶺，去太原百里。姚古將兵至威勝，統制焦安節妄傳粘沒喝將至，故古與灝皆失期不至。師中兵飢甚，敵知之，悉衆攻右軍，右軍潰，而前軍亦奔，師中獨以麾下死戰，自卯至巳，士卒發神臂弓射退金人，而賞賚不及，皆憤怨散去，所留才百人。師中身被四創，力疾鬬死。師中老成持重，爲時名將，既死，諸軍無不奪氣。金乘勝進兵迎古，遇於盤陀，古兵潰，退保隆德。事聞，李綱召安節斬之，安置古於廣州，（即今廣東廣州市。）而贈師中少師。

種師中戰死

綱　六月，詔諫官極論闕失。

目　右正言崔鷃上疏曰：「諫議大夫馮澥，近上章言：『熙寧、元豐之間，（熙寧、元豐皆神宗年號。）士無異論，太學之盛也。』澥尚敢爲此姦言乎！王安石除異己之人，著三經之說以取士，（神宗熙寧八年以王安石所上易、書、周禮三經新義頒於學宮。）天下靡然雷同，（聞人之言而附和謂之雷同。）陵夷至於大亂，（陵夷，猶言頹敗。）此無異論之効也。蔡京又以學校之法馭士人如馭卒伍，有一異論，累及學官。其苛錮多士固已密矣，而澥猶以爲太學之盛，欺罔不已甚乎！仁宗、英宗選敦樸敢言之士以遺子孫，安石目爲流俗，一切逐去；司馬光復起而用之，元祐之治天下安於泰山。及蔡京得志，引門生故吏，更持政柄，倡紹述之論以欺人主，使天下一於諂佞。紹述同風俗，而天下同於欺罔；紹述理財，而公私竭；紹述造士，而人才衰；紹述開邊，而塞塵犯闕矣。京之術破壞天下已極，尙忍使其餘蠹再破壞邪！京姦邪之計大類王莽，而朋黨之衆則又過之，願斬之以謝天下。」

崔鷃論蔡京馮澥之姦

綱　召种師道還，以李綱爲兩河宣撫使。

李綱代种師道

許翰書字遺李綱
手書裴度傳賜李綱

目 京師自金兵退，上下恬然，置邊事於不問，李綱獨以爲憂，數上備邊禦敵之策，不見聽用。每有謀議，復爲耿南仲等所沮。及姚古、种師中敗潰，种師道以病丐歸，（丐音蓋，乞也。）南仲等請棄三鎮，綱言不可，乃以綱爲宣撫使，劉韐副之，以代師道；又以解潛爲制置副使，以代姚古。綱言：「臣書生，實不知兵。在圍城中，不得已爲陛下料理兵事；今使爲大帥，恐誤國事。」因拜辭，不許。或謂綱曰：「公知所以遣行之意乎？此非爲邊事，欲緣此以去公，則都人無辭爾。公不起，上怒且不測，奈何！」許翰復書「杜郵」二字以遺綱，（秦昭襄王怒白起，遷之陰密，行至杜郵遂賜死。）綱不得已受命，帝手書裴度傳以賜之。（裴度，唐文宗時相，威望遠達四夷。）宣撫司兵僅萬二千人，綱請銀絹錢各百萬，僅得二十萬。庶事皆未集，綱乞展行期，展，緩也。）御批以爲遷延拒命，趣召數四。綱入對，帝曰：「卿爲朕巡邊，便可還朝。」綱曰：「臣之行，無復還理。臣以愚直，不容於朝，使既行之後，無有沮難，則進而死敵，臣之願也；萬一朝廷執議不堅，臣自度不能有爲，卽當求去，陛下宜察臣孤忠以全君臣之義。」上爲感動。陛辭，又爲上道唐恪、聶昌之姦，任之必誤國，言甚激切。

綱 路允迪免。

綱 謫左司諫陳公輔監合州酒稅。（合州治石照縣，卽今四川合川縣。）

目 公輔居職敢言，耿南仲指爲李綱之黨，公輔因自列，（列，陳也。）且辭位。復言：「李綱書生，不知軍旅，遣援太原，乃爲大臣所陷，後必敗事。」時宰怒其言，斥監合州酒務。

綱 天狗星隕。有聲如雷。

綱 彗出紫微垣。

綱 秋七月，竄蔡京于儋州，（治義倫縣，即今廣東海南島儋縣。）道死。死於潭州，其子孫二十三人分竄遠地。

綱 童貫、趙良嗣伏誅。竄貫於吉陽軍，良嗣於柳州，皆誅於貶所。

誅童貫趙良嗣

綱 李綱至懷州，（治河內縣，即今河南沁陽縣。）諸軍潰于太原。

目 綱留河陽十餘日，（河陽縣，在今河南孟縣南，即河陽中城。）練士卒，脩整器甲之屬，進次懷州，造戰車，期兵集大舉，而朝廷降詔罷所起兵。綱上疏言：「秋高馬肥，敵必深入，宗社安危，殆未可知。防秋兵盡集，尚恐不足，今河北、河東日告危急，未有一人一騎以副其求，奈何甫集之兵又皆散遣！且以軍法勒諸路起兵，而以寸紙罷之，臣恐後時有所號召，無復應者矣！」疏上，不報，趣赴太原。綱乃遣解潛屯威勝軍，劉韐屯遼州，（治遼山縣，在今山西和順縣西南。）幕官王以寧與都統制折可求、張思正等屯汾州，（治西河縣，即今山西汾陽縣。）范瓊屯南北關，皆去太原五驛，約三道並進。時諸將皆承受御畫，事皆專達，進退自如，宣撫司徒有節制之名，多不遵命。於是劉韐兵先進，金人幷力禦之，韐兵潰。潛與敵遇於關南，亦大敗。思正等領兵十七萬，與張灝夜襲金婁室軍於文水，（在今山西汾陽縣東北。）小捷，明日戰，復大敗，死者數萬人。可求師潰於子夏山。（在舊文水縣東，卜子夏嘗居此，故名。）於是威勝軍、隆德府、汾、晉、澤、絳民皆渡河南奔，（晉州即平陽府，見上。絳州治正平縣，在今山西侯馬市西北。）州縣皆空。

李綱諫罷諸路兵

欽宗任李綱不專太原諸軍大敗

种師道代李綱 唐恪相 金陷太原 罷李綱

綱 八月，復以种師道爲兩河宣撫使，召李綱還。

目 綱以張灝等違節制而敗，又上疏極論節制不專之弊，且言：「分路進兵，賊以全力制吾孤軍，不若合大兵由一路進。」及范世雄以湖南兵至，（湖南路治潭州城，即今湖南長沙市。）因薦爲宣撫判官，方欲會合親率擊虜，會以議和止綱進兵；綱亦求罷，遂代還。

綱 金粘沒喝、斡离不復分道入寇。粘沒喝發雲中，斡离不發保州。

綱 徐處仁、吳敏、許翰罷，以唐恪爲少宰，何㮚爲中書侍郎，陳過庭爲尚書左丞，聶昌同知樞密院事，李回簽書院事。

綱 九月，金粘沒喝陷太原，副都總管王稟等死之。

目 粘沒喝乘勝急攻太原，知府張孝純力竭不能支，城遂陷，孝純被執，既又釋而用之。副都總管王稟負原廟中太宗御容赴汾水死，原廟，原，再也，先既立廟，後又再立，故名。（汾水在今山西太原市西。）通判方笈、轉運韓揆等三十人皆被害。金分兵陷汾州，知州張克戩畢力扞禦，戩音翦。城破猶巷戰，不克，乃南向拜，自引決，一家死者八人。

綱 蔡攸、朱勔伏誅。

綱 以王寓爲尚書左丞。寓音宇。

綱 罷李綱知揚州，謫中書舍人劉珏、胡安國于遠州。珏音覺。

目 安國初爲太學博士，蔡京惡其異己，坐事除名，張商英相始得復官。帝卽位，召赴京師，入對，言：「明君以務學爲急，聖學以正心爲要。」語甚剴切，日昃始退。耿南仲聞其言而惡之，力閒於帝，帝不爲動。中丞許翰入見，帝謂曰：「卿識胡安國否？」翰對曰：「自蔡京得政，士大夫無不受其籠絡；超然遠迹，不爲所汙，如安國者實鮮。」遂除中書舍人。

劉珏當制　胡安國封還詞頭

及言者論李綱專主戰議，喪師費財，罷知揚州。（治江都縣，即今江蘇揚州市。）舍人劉珏當制，謂綱勇於報國，吏部侍郎馮澥言珏爲綱遊說，珏坐貶。安國封還詞頭，且論澥越職論事，耿南仲大怒，何㮚從而擠之，遂出知通州。（治靜海縣，即今江蘇南通市。）

安國在省一月，多在告之日，（告，休假也。）及出，必有所論列。或曰：「事之小者，盍姑置之。」安國曰：「事之大者，無不起於細微。今以小事爲不必言，至於大事又不敢言，是無時可言也。」人服其論。

止西南勤王兵

綱　罷西南勤王兵。

目　金師日逼，南道總管張叔夜，（時分天下二十三路爲四道，以知大名府趙野總北道，知河南府王襄總西道，知鄧州張叔夜總南道，知應天府胡直儒總東道。）陝西制置使錢蓋，各統兵赴闕。唐恪、耿南仲專主和議，函檄止諸軍勿前，遣給事中黃諤由海道使金以請和。

金陷眞定

綱　金斡离不陷眞定，都鈐轄劉竧死之。（竧音儘。）

目　种師閔及金斡离不戰於井陘，敗績，斡离不遂入天威軍，犯眞定。竧率衆晝夜搏戰，久之城陷，竧巷戰，麾下稍稍散亡，竧顧其弟曰：「我大將也，可受賊戮乎！」因挺刃欲奪門出，不果，自縊死。知府李邈被執北去。

綱 冬十月，安置李綱于建昌軍。（即今江西南城縣。）

綱 金遣使來。金二酋遣楊天吉、王汭等以書來詰責，索親王詣軍前陳謝，仍要割地，且求金帛、車輅、儀物及加其主徽號。

綱 罷御史中丞呂好問。

目 金人復至，大臣不知所出，遣使講解。金人佯許，而攻略自如。諸將以和議故，皆閉壁不出。好問乃請「亟集滄、滑、邢、相之戍以遏奔衝，（滄州治淸池縣，在今河北滄縣東南。邢州治龍岡縣，即今河北邢臺市。）而列勤王之師於畿邑以衞京城。」疏入，不省。金人陷眞定，攻中山，上下震駭，廷臣狐疑相顧，猶以和議爲辭。好問率臺屬劾大臣「畏懦誤國」，坐貶知袁州；（治宜春縣，即今江西宜春縣。）帝閔其忠，下遷吏部侍郎。

呂好問禦金之策

綱 召种師道還，尋卒。

目 師道次河陽，遇王汭，揣敵必大擧，亟上疏請幸長安以避其鋒。大臣以爲怯，召還，以范訥代之。師道尋卒，謚曰忠憲。

种師道卒

綱 十一月，詔百官議三鎭棄守。

目 先是遣王雲使金軍，許以三鎭賦入之數，至是雲還言：「金人必欲得三鎭，不然則進兵取汴都。」中外震駭，詔集從官於尙書省議割三鎭。百官多請割與以紓國禍，紓音舒，緩也。何㮚曰：「三鎭，國之根本，奈何一旦棄之！且金人無信，割亦來，不割亦來。」唐恪、耿南仲等力主割地，㮚論辨不已，因曰：「河北之民皆吾赤子，棄地則并其民棄之，爲民父母而棄其子可乎！」帝悟，乃止。

何㮚諫棄三鎭

綱　金粘沒喝陷河東諸州郡；李回、折彥質師潰，金人遂渡河，陷西京。詔馮澥使金軍請和。

金陷河東及西京

綱　下哀痛詔，徵兵于四方。

綱　詔王雲副康王構使金軍，許割三鎭。至磁州，（治釜陽縣，即今河北磁縣。）州人殺雲，構還次相州。

目　雲固請康王往使，詔雲以資政殿學士副王使斡离不軍，許割三鎭。王由滑、濬至磁州，守臣宗澤迎謁曰：「肅王一去不返，今敵又詭辭以致大王。其兵已迫，復去何益，願勿行！」先是，王雲奉使過磁、相，勸兩郡撤近城民舍，運粟入堡，爲清野之計，民怨之。及是次磁，會康王出謁嘉應神祠，雲在後，民遮道諫王勿北去，厲聲指雲曰：「眞奸賊也！」執雲殺之。

宗澤勸康王勿入金軍

磁州人殺王雲

時斡离不軍濟河，遊奕日至磁城下遊奕，即遊偵，謂之細作。蹤跡王所在。知相州汪伯彥亟以帛書請王如相，服櫜鞬，服櫜鞬，軍禮也，以示尊敬。部兵以迎於河上。王遂行，至相，勞伯彥曰：「他日見上，當首以京兆薦公。」由是受知。議者以爲是役雲不死，王必至金，無復還理。

汪伯彥受知康王

岳飛遇康王　郭京六甲兵　許割兩河地　絳人殺聶昌

相州湯陰人岳飛，（湯陰，即今河南湯陰縣。）少負氣節，家貧力學，尤好左氏春秋、孫吳兵法，（孫武、吳起兵法。）有神力，能挽弓三百斤，弩八石。劉韐宣撫眞定，募敢戰士，飛與焉，與音預。屢擒劇賊。至是，因劉浩以見，王以爲承信郎。

綱　何㮚罷。以陳過庭爲中書侍郎，孫傅爲尚書右丞。㮚主戰守，與唐恪、耿南仲不合，罷爲開封尹。

綱　以郭京爲成忠郎，選六甲兵以禦金。孫傅因讀丘濬感事詩，有「郭京、楊適、劉無忌」之語，於市人中訪得無忌，於龍衞中得京。好事者言京能施六甲法，可以生擒金二將而掃蕩無餘，其法用七千七百七十七人。朝廷深信不疑，命以官，賜金帛數萬，使自募兵，無問伎藝能否，但擇年命合六甲者，所得皆市井游惰，旬日而足。敵攻益急，京談笑自如，云「擇日出兵三百，可致太平，直襲擊至陰山乃止。」傅與何㮚尤尊信之。又有劉孝竭等募衆，或稱六丁力士，或稱北斗神兵，或稱天闕大將，大率効京所爲，識者危之。京嘗曰：「非至危急，吾師不出。」

綱　遣耿南仲、聶昌使金軍，許盡割兩河地。昌爲絳人所殺，南仲奔相州。

目　斡离不亦遣使來議割兩河地，帝許之，命耿南仲如河北斡离不軍。聶昌如河東粘沒喝軍。昌行至絳，鈐轄趙子淸麾衆殺昌，抉其目而臠之。臠之，切爲塊也。南仲與金使王汭偕行，至衞州，（治汲縣，即今河南汲縣。）衞鄉兵欲殺汭，汭脫去，南仲遂奔相州，以帝旨諭康王起河北兵入衞京師，因連署募兵榜揭之，人情始安。

綱　以孫傅同知樞密院事，曹輔簽書院事。

〔綱〕以范致虛爲陝西五路宣撫使，會兵入援。

〔綱〕金人入懷州，知州事霍安國等死之。安國及通判林淵等十三人皆不屈，被殺。安國一門無噍類。

〔綱〕金斡离不、粘沒喝圍京城，要帝出盟。（金軍圍汴京）

〔目〕斡离不自眞定趨汴，僅二十日至城下。粘沒喝自河陽來會，使劉晏來要帝出盟。時西南兩道援兵，爲唐恪、耿南仲遣還，於是四方無一人至者。城中惟衞士及弓箭手七萬人，乃以萬人分作五軍，備緩急救護，命姚友仲、辛永宗分領之，以五萬七千人分四壁守禦。

〔綱〕李回免。

〔綱〕南道都總管張叔夜將兵勤王。（張叔夜勤王）

〔目〕叔夜聞召，卽日自將中軍，令子伯奮將前軍，仲雄將後軍，合三萬餘人與金游兵轉戰而前。至都下，帝御南薰門見之，軍容甚整。入對，言「賊鋒甚銳，願如明皇之避祿山，暫詣襄陽，以圖幸雍。」（指陝西長安。）帝不答。

〔綱〕復元豐三省官名。（復元豐官名）

〔綱〕以何㮚爲門下侍郎。

〔綱〕閏月，唐恪免，以何㮚爲尙書右僕射，兼中書侍郎。（何㮚相）

〔綱〕馮澥至自金軍，以爲尙書左丞。澥與李若水至懷州，金使蕭慶挾與俱還。自後凡三遣慶來，堅請帝出會盟。

詔康王爲兵馬大元帥

京城陷帝如金營請降

悔不用种師道言

綱 詔張叔夜簽書樞密院事，將兵入城。

綱 詔康王構爲天下兵馬大元帥。

目 殿中侍御史胡唐老言：「康王奉使至磁，爲士民所留，乃天意也。乞就拜爲大元帥，俾率天下兵入援。」何㮚以爲然，密草詔稾上之。帝令募死士，得秦仔、劉定等四人，遣持蠟詔如相州，蠟詔，以蠟爲丸，置詔其中。拜王爲兵馬大元帥，陳遘爲元帥，汪伯彥、宗澤爲副元帥，使盡起河北兵速入衞。仔至相州，於項髮中出詔，王讀之嗚咽，軍民感動。

綱 彗星出，長竟天。

綱 郭京出禦金軍，敗走，京城陷；帝如金營請降。

目 金人攻通津、宣化門，何㮚數趣郭京出師，京徙期再三。至是，京盡令守禦人下城，毋得竊窺，因大啓宣化門出攻金師。京與張叔夜坐城樓上，金兵分四翼譟而前；京兵敗，退走，墮死於護龍河，塡尸皆滿，城門急閉。京白叔夜曰：「須自下作法。」因下城引餘衆南遁。金兵遂登城，四壁兵皆潰，京城遂陷。帝聞城陷，慟哭曰：「不用种師道言，謂扼而殲諸河，乘其半濟擊之之言，見上。以至於此！」

何㮚欲親率都民巷戰，金人宣言議和退師，乃止。帝聞金人欲和而退，命何㮚及濟王栩使其軍以請成。栩音許。粘沒喝、斡离不曰：「自古有南卽有北，不可相無也。今之所議，期在割地而已。」㮚還，言金人欲邀上皇出郊，帝曰：「上皇驚憂而疾，必欲之出，朕當親往。」

遂如粘沒喝軍，奉表請降。桌喜和議成，既歸都堂，作會飲酒，談笑終日。

康王次東平

綱 十二月，康王構帥師入衞，次于東平。（即今山東東平縣。）

目 康王開大元帥府於相州，有兵萬人，分爲五軍而進。既渡河，次於大名。宗澤以二千人與金人力戰，破其三十餘砦，砦同寨。履冰渡河見王曰：「京城受圍日久，入援不可緩。」王納之。既而知信德府梁揚祖以三千人至，（信德府即德州，治安德縣，即今山東德州市。）張俊、苗傅、楊沂中、田師中等皆在麾下，兵威稍振。會帝遣曹輔齎蠟詔至，云「金人登城不下，方議和好，可屯兵近甸毋動。」汪伯彥等皆信之，宗澤獨曰：「金人狡譎，是欲款我師爾。款，緩也。君父之望入援，何啻飢渴，宜急引軍直趨澶淵，（即澶州，今河南濮陽縣。）次第進壘，以解京城之圍。萬一敵有異謀，則吾兵已在城下。」伯彥難之，勸王遣澤先行。王乃命澤趨澶淵，自是澤不得預帥府事矣。

宗澤勸康王入援

綱 帝至自金營，遣使如兩河割地以畀金。

遣使割兩河地

目 帝還宮，士庶及太學生迎謁，帝掩面大哭曰：「宰相誤我父子。」觀者無不流涕。金遣使來索金一千萬錠，銀二千萬錠，帛一千萬匹。於是大括金銀。以陳過庭、折彥質等爲割地使，如河東、北割地以畀金。又分遣歐陽珣等二十人持詔而往。珣嘗上書，極言「祖宗之地，尺寸不可以與人。」復抗論「當與力戰。戰敗而失地，他日取之直；不戰而割地，他日取之曲。」時宰怒欲殺珣，乃以珣爲將作監丞，奉使割深州。（治靜安縣，在今河北深縣南。）珣至深州城下，慟哭謂城上人曰：「朝廷爲奸臣所誤至此，吾已辦死來矣，汝等宜勉爲忠義報國！」金人怒，執送燕，焚死之。

綱 范致虛會師入援，至鄧州，師潰。致虛勇而無謀，委己以聽於僧趙宗印，宗印徒大言，實未嘗知兵。師出武關至鄧州，金婁室以精騎衝之，不戰而潰，死者過半，致虛收餘兵入潼關。

兩河民不降金

何㮚勸帝如金營

綱鑑易知錄卷七七

宋紀

欽宗皇帝

綱 丁未，二年，（一一二七）五月高宗皇帝構建炎元年，金天會五年。春正月，詔兩河民降金，（兩河，河北、河東。）民不從。

目 陳過庭至兩河，民堅守不奉詔。至是，復詔兩河民開門出降，民猶不肯。

綱 帝命太子監國，復如金軍。

目 金人索金、銀急，且再邀帝至營。帝有難色。何㮚、李若水以爲無虞，勸帝行。帝乃命孫傅輔太子監國，而與㮚、若水等復如金營。粘沒喝營。唐恪聞之，曰：「一之爲甚，其可再乎！」閤門宣贊舍人吳革亦白㮚曰：「天文帝座甚傾，車駕若出，必墮虜計。」㮚不聽。

綱 河東割地使劉韐自經于金軍。

目 韐至金營，金人使僕射韓正館之僧舍，謂韐曰：「國相知君，今用君矣。」韐曰：「偷生以事二姓，有死不爲也。」正曰：「軍中議立異姓，欲以君爲正代。與其徒死，不若北去取富貴。」韐仰天大呼曰：「有是乎！」歸，書片紙曰：「貞女不事二夫，忠臣不事二君。況主辱臣死，以順爲正者妾婦之道，此予所以必死也！」使親信持歸，報其子子羽等，卽沐浴更衣，酌巵酒而縊。巵音支，飲酒器。金人歎其忠，瘞之寺西岡上，瘞音意，埋也。遍題窗壁以識其處。凡八十日，乃就斂，斂同殮。顏色如生。

劉韐從容自縊

綱 副元帥宗澤大敗金人于衞州。（治汲縣，卽今河南汲縣。）

目 澤自大名至開德，（大名，卽今河北大名縣。開德府卽澶州，治濮陽縣，卽今河南濮陽縣。）與金人十三戰，皆捷，遂以書勸康王檄諸道兵會京城。檄，徵兵之書。又移書北道總管趙野，河東、北路宣撫范訥，知興仁府曾楙合兵入援，（北道治大名府。河東路治幷州，卽太原，時已陷金。河北路治鎭州，卽今河北正定縣。興仁府卽興仁軍，在今山東曹縣西北。）三人皆以澤爲狂，不答。澤遂以孤軍進至衞南，（衞河之南，卽今河南滑縣、汲縣等地。）先驅云「前有敵營」，澤揮衆直前，與戰，敗之，轉戰而東。敵益生兵至，澤將王孝忠戰死，前後皆敵壘，軍壁。澤下令曰：「今日進退等死，不可不死中求生。」士卒知必死，無不一當百，斬首數千；金人大敗，退却數十里。澤計敵衆勢必復來，乃暮徙其營。金人夜至，得空營，大驚，自是憚澤，不敢復出兵。澤出其不意，遣兵過大河襲擊，敗之。

宗澤衞州之捷

不可不死中求生

綱 遼耶律大石建都于虎思。西遼主大石引兵東還，行二十日得善地，遂建都城，號虎思斡耳朵，改元康國。

西遼建都虎思

綱 大風霾，雲霧四塞。

綱　二月，金劫上皇及后妃、太子、宗戚至其軍。吏部侍郎李若水死之。

目　帝自如金營，都人日出迎駕，而粘沒喝留不遣。太學生徐揆上書請帝還宮，金人取而殺之。

吳乞買得帝降表，吳乞買即金主晟。遂廢帝及太上皇帝爲庶人。知樞密院事劉彥宗請復立趙氏，不許。丁卯，金人令翰林承旨吳幵、吏部尚書莫儔入城，幵音牽。令推立異姓堪爲人主者，且邀上皇出城。孫傅曰：「吾惟知吾君可帝中國爾。若立異姓，吾當死之。」京城巡檢范瓊逼上皇與太后御犢車出宮。鄆王楷及諸妃、公主、駙馬及六宮有位號者皆行，獨元祐皇后孟氏以廢居私第獲免。孟氏，哲宗后。初金人檄開封尹徐秉哲，盡取諸王、皇孫、妃、主，凡得三千餘人，秉哲悉令衣袂相聯屬而往。

金人逼帝及上皇易服。若水抱帝而哭，詆金人爲狗輩。金人曳若水出，曳音葉，拖也。擊之，敗面，氣結仆地。金人又逼上皇召皇后、太子；孫傅留太子不遣。吳幵、莫儔督脅甚急，范瓊恐變生，以危言讋衞士，讋，懼也。遂擁皇后、太子共車而出。傅曰：「吾爲太子傅，當同死生。」遂以留守事付王時雍，從太子出；百官軍吏奔隨太子號哭，太子亦呼云：「百姓救我！」哭聲震天。至南薰門，范瓊力止傅，金守門者曰：「所欲得太子，留守何預？」傅曰：「我宋之大臣，且太子傅也，當死從。」遂宿門下以待命。若水在金營旬日，粘沒喝召問立異姓狀，若水因罵之爲劇賊。粘沒喝令擁之去，若水反顧，罵益甚。謂其僕曰：「我爲國死，職爾，奈併累若屬何！」若，汝也。又罵不絕口，監軍撾破其脣，撾音打，擊也。噀血罵愈切，噀，噴也。至以刃裂頸斷舌而死。金人相與言曰：「遼國之亡，死義者十數，南朝惟李侍郎一人。」

綱 金人大括金帛，殺戶部尚書梅執禮等。

康王次濟州

綱 康王構次于濟州。（治巨野，即今山東鉅野縣。）

目 王有衆八萬，分屯濟、濮諸州。（濮州治鄄城縣，在今山東鄄城縣東。）金人遣甲士及中書舍人張徵齎蠟詔自汴京至，蠟詔，以蠟爲丸，置詔其中。命王以兵付副帥而還京。王問計於左右，後軍統制張俊曰：「此金人詐謀爾。今大王居外，此天授，豈可徒往！」因請進兵，王遂如濟州。既而金人謀以五千騎取康王，呂好問聞之，遣人以書白王曰：「大王之兵，度能擊則邀擊之；不然，卽宜遠避。」

金人議立異姓

綱 金人議立異姓，執孫傅、張叔夜及御史中丞秦檜。

張叔夜不肯署狀

目 吳幵、莫儔復召百官議立異姓，衆莫敢出聲。王時雍問於幵、儔，二人得言敵意在張邦昌，時雍未以爲然。適尚書員外郎宋齊愈至自金營，衆問金人意所主，齊愈取片紙書「張邦昌」三字示之。時雍乃決，遂以邦昌姓名入議狀，張叔夜不肯署狀，金人執叔夜及孫傅置軍中。粘沒喝召叔夜紿之曰：紿，誑也。「孫傅不立異姓，已殺之；公年老大家，豈可與傅同死！」叔夜曰：「世受國恩，義當與之存亡。今日之事，有死而已！」金人皆義之。太常寺簿張浚、開封士曹趙鼎、司門員外郎胡寅皆逃入太學，不書名。唐恪書名，飲藥而死。已而時雍復集百官詣祕書省，俾范瓊諭衆以立邦昌意，衆唯唯。時雍先署狀以率百官，御史馬伸獨奮曰：「吾曹職爲争臣，豈容坐視！」乃與御史吴給約中丞秦檜共爲議狀，願復嗣君以安四方，且論邦昌當上皇時蠹國亂政，以致社稷傾危。金人怒，執檜去。

金立張邦昌爲楚帝

綱　三月，金立張邦昌爲楚帝。閤門宣贊舍人吴革率衆討邦昌，不克而死。

目　金人奉册寶至，邦昌北向拜舞，受册即位，號大楚。閤門宣贊舍人吴革，恥屈節異姓，率内親事官數百人，皆先殺其妻孥，焚所居，舉義金水門外。范瓊詐與合謀，令悉棄兵仗，乃從後襲之，殺百餘人，捕革，併其子殺之。是日風霾，日暈無光。暈音運，日傍氣。百官慘沮，邦昌亦變色，唯王時雍、吴幵、莫儔、范瓊等欣然以爲有佐命功。邦昌心不安，拜官皆加權字。

二帝北行

綱　夏四月，金人以二帝及后妃、太子、宗戚三千人北去。

目　斡离不脅上皇、太后與親王、皇孫、駙馬、公主、妃嬪及康王母韋賢妃、康王夫人邢氏等由滑州去，（滑州治白馬縣，在今河南滑縣東。）粘没喝以帝、后、太子、妃嬪、宗室及何㮚、孫傅、張叔夜、陳過庭、司馬朴、秦檜等由鄭州去，（鄭州治管城縣，即今河南鄭州市。）而歸馮澥、曹輔、孫覿、汪藻、郭仲荀等於張邦昌。邦昌率百官遥辭二帝於南薰門，衆慟哭，有仆絶者。京師爲之一空。

宗澤欲邀還二帝

呂好問說張邦昌

康王即帝位南京

宗澤在衞，聞二帝北行，即提軍趨滑，走黎陽，（在今河南浚縣北。）至大名，欲徑渡河，據金人歸路，邀還二帝，而勤王之兵卒無至者，遂不果。上皇至燕山，館於延壽寺。帝從代渡大和嶺至雲中。

綱　張邦昌號哲宗廢后孟氏曰宋太后。

目　呂好問謂邦昌曰：「相公欲眞立邪，抑姑塞敵意而徐爲之圖也？」邦昌曰：「是何言也？」好問曰：「相公知中國人情所向乎？特畏女眞兵威爾。女眞既去，能保如今日乎？大元帥在外，（大元帥謂康王構。）元祐皇后在內，此殆天意。盍亟還政，可轉禍爲福。且省中非人臣所處，（省中，禁中也。）宜寓直殿廬。車駕未還，下文書不當稱聖旨。爲今計者，當迎元祐皇后，請康王早正大位，庶獲保全。」監察御史馬伸具書，請邦昌速奉迎康王，極陳逆順利害。邦昌讀其書，氣沮，乃尊元祐皇后爲宋太后，迎居延福宮，而遣人至濟州訪康王。

綱　五月，康王即皇帝位于南京，（即宋州應天府，治宋城縣，在今河南商丘市南，宋太祖興於此。）大赦，改元。

目　呂好問謂邦昌曰：「天命人心皆歸康王，相公先遣人推戴，則功無在相公右者。若撫機不發，他人聲罪致討，悔可追邪！」邦昌乃復遣謝克家往奉迎。王時雍曰：「騎虎者勢不得下，所宜熟慮。他日噬臍，悔無及矣！」邦昌不聽。克家至濟州勸進，（勸勉進上帝號也。）王不許，張俊曰：「大王，皇帝親弟，人心所歸，當早正大位。」既而邦昌又遣蔣思愈等持書詣濟州，自陳：「所以勉循金人推戴者，欲權宜一時，以紓國難爾，（紓音舒。）非敢有他也。」王復書與之，而諭宗澤等，以爲「邦昌受僞命之人，義當誅討；然慮事出權宜，未可輕動，合移師近都，按甲觀變。」澤復書謂：「邦昌篡亂，蹤跡已無可疑。今二聖、諸王悉渡河而北，惟大王在濟，天意可知，宜亟行天討，興復社稷，不可不斷。」好問亦遣人來言：「大王不自立，恐有不當立而立者。」

邦昌又遣謝克家及王舅忠州防禦使韋淵，（忠州後廢，卽忠武軍，在今河南淮陽縣東南。）奉大宋受命寶詣濟州，復以手書號太后曰元祐皇后，入居禁中，垂簾聽政，以俟復辟。復辟猶言復位。克家等至濟州，王慟哭受之，命克家還京辦儀物。

汪藻草告中外書

皇后命太常少卿汪藻草手書告中外，俾王嗣統，其略曰：「歷年二百，人不知兵，傳序九君，世無失德。雖舉族有北轅之釁，而敷天同左袒之心。乃眷賢王，越居近服。漢家之厄十世，宜光武之中興；獻公之子九人，惟重耳之尙在。左傳僖公二十四年：「獻公之子九人，唯君在矣。」茲乃天意，夫豈人謀！」濟州父老詣軍門，言「州四旁望見城中火光屬天，請卽皇帝位。」會宗澤及權應天府朱勝非來言：「南京，藝祖興王之地，藝祖，始祖也，卽太祖。取四方中，漕運尤易。」王遂決意趨應天府。

旣發濟州，鄜延副總管劉光世自陝州來會，（鄜延治鄜州城，在今陝西洛川縣西北。陝州治陝縣，卽今河南陝縣。）王以光世爲五軍都提舉。西道都總管王襄、宣撫司統制官韓世忠皆以師來會。（西道治鄧州，在今河南鄧縣東南。）

王至應天，邦昌來見，伏地慟哭請死，王撫慰之。王時雍等奉乘輿服御至，羣臣勸進者益衆。王命築壇於府門之左，五月庚寅朔，王登壇受命。畢，慟哭，遙謝二帝，遂即位於府治。改元建炎，大赦。是日元祐皇后在東京撤簾。（東京即汴京開封府。）

綱 遙上靖康帝尊號曰孝慈淵聖皇帝。以黃潛善爲中書侍郎，汪伯彥同知樞密院事。尊哲宗廢后孟氏爲元祐太后，遙尊韋氏爲宣和皇后，遙立夫人邢氏爲皇后。以張邦昌爲太保，封同安郡王，五日一赴都堂參決大事。

李綱相

綱 耿南仲免，召李綱爲尚書右僕射，兼中書侍郎。

目 綱再貶寧江，（即江州，今江西九江市。）金兵復至，淵聖悟和議之非，（淵聖即欽宗。）召綱爲開封尹。行次長沙，（即潭州，今湖南長沙市，湖南路亦治此。）被命即帥湖南勤王師入援，未至，而京城失守。至是，召拜右相，趣赴行在所。天子乘輿所至曰行在。中丞顏岐、右諫議大夫范宗尹咸沮之，帝皆不聽。汪伯彥、黃潛善自謂有攀附之勞，擬必爲相，及召綱於外，二人不悅，遂與綱忤。

李綱上疏

綱行至太平，（治當塗縣，即今安徽當塗縣。）上疏曰：「興衰撥亂之主，非英哲不足以當之。英則用心剛，足以涖大事而不爲小故之所搖；哲則見善明，足以任君子而不爲小人之所閒。願陛下以漢之高、光，唐之太宗，國朝之藝祖、太宗爲法。」

綱 馮澥免，以呂好問爲尚書右丞。

目 元祐太后遣好問奉手書詣應天，帝勞之曰：「宗廟獲全，卿之力也。」除尚書右丞。

後李綱以羣臣在圍城中不能執節，欲悉按其罪。好問曰：「王業艱難，政宜含垢，繩以峻法，懼者衆矣。」綱乃止。

綱　竄李邦彥、吳敏、蔡懋、李棁、宇文虛中、耿南仲、鄭望之、李鄴等于遠州。論主和誤國割地罪也。

綱　追貶蔡確、蔡卞、邢恕等官。以誣謗宣仁聖烈皇后也。

張叔夜死于金

綱　簽書樞密院事張叔夜自殺于金軍。

目　叔夜既北遷，道中惟時飲水，義不食其粟。至白溝，（即今白溝河，在今河北霸縣西，時爲宋與遼分界處。）御者曰：「過界河矣。」叔夜乃矍然起，矍然，驚顧貌。仰天大呼，遂不復語。明日，扼吭而死。吭音岡，咽喉也。朝廷聞叔夜死，贈開府儀同三司，謚忠文。何㮚、孫傅後從淵聖帝至燕山，亦相繼卒。

金陷河中府及諸州

綱　金人陷河中府及解、絳、慈、隰諸州。（河中府即蒲州，治河東縣，在今山西芮城縣西北。絳州治正平縣，在今山西侯馬市西北。慈州治吉昌縣，在今山西鄉寧縣西北。隰州治隰川縣，即今山西呂梁縣。）

目　金婁宿以重兵壓河中，權府事郝仲連力戰，外援不至，度不能守，先自殺其家人，已而城陷，與其子致厚皆不屈而死。

綱　以宗澤知襄陽府。（治襄陽縣，即今湖北襄樊市。）

目　澤見帝應天，陳興復大計。帝欲留澤，黃潛善等沮之，故出。

張所請用兩河民

還京城有五利

罷張所

李綱上十事

綱 安置監察御史張所于江州。

目 靖康中，所以蠟書冒圍募河北兵，士民得書喜曰：「朝廷棄我，猶有一張察院能拔而用之。」應募者十七萬人，由是所聲震河北。帝卽位，遣所按視陵寢，所還上言曰：「河東、河北，天下之根本。昨者誤用姦臣之謀，始割三鎭，（唐恪、耿南仲上年勸割太原、中山、河間三鎭。）繼割兩河，其民怨入骨髓，至今無不扼腕，若因而用之，則可藉以守，否則兩河兵民無所繫望，陛下之事去矣！」且請帝亟還京城，因具言有五利：「奉宗廟保陵寢，一也；慰安人心，二也；繫四海之望，三也；釋河北割地之疑，四也；早有定處而一意於邊防，五也。夫國之安危，在乎兵之強弱與將相之賢不肖，而不在乎都之遷與不遷也。誠使兵弱而將士不肖，雖渡江而南，安能自保！」帝欲以其事付所。會所言黃潛善姦邪不可用，恐害新政。潛善引去，帝留之，乃罷所言職，安置江州。

綱 六月，李綱至行在，固辭相位，不許。

目 綱至，入見，涕泗交集，帝爲動容。綱力辭相位，帝曰：「朕知卿忠義、智略久矣，其勿辭。」綱頓首泣謝。且言：「昔唐明皇欲相姚崇，崇以十事要說，（開元元年冬，明皇欲相姚崇，崇先設難以堅帝意曰：「臣願以十事聞，陛下度不可行，臣敢辭。一，政先仁恕；二，不倖邊功；三，法行自近；四，宦豎不與政；五，絕租賦外貢獻；六，戚屬不任臺省；七，大臣接之以禮；八，羣臣皆得披逆鱗，犯忌諱；九，絕道、佛營造；十，監戒權奸爲萬代法。」帝曰：「朕能行之。」崇乃頓首謝。）皆中一時之病。今臣亦以十事仰干天聽，陛下度其可行者賜之施行，臣乃敢受命。」一曰議國是，謂「中國之御四夷，能守而後可戰，能戰而後可和，而靖康之末皆失之。今莫若先自治，專以守爲策，俟吾政事脩，士氣振，然後可議大舉。」二曰議巡幸，謂「車駕不可不一至京師，見宗廟以慰都人之心，度未可居則爲巡幸之計。天下形勢，長安爲上，襄陽次之，（襄陽即襄州，今湖北襄樊市。）建康又次之，（建康即金陵之舊稱，在今江蘇南京市境。）皆當詔有司預爲之備。」三曰議赦令，謂「祖宗登極，赦令皆有常式。前日赦書，乃以張邦昌僞赦爲法；如赦惡逆及罪廢官盡復官職，皆不可行，宜悉改正。」四曰議僭逆，謂「張邦昌爲國大臣，不能臨難死節，而挾金人之勢易姓改號，宜正典刑，垂戒萬世。」五曰議僞命，謂「國家更大變，鮮有仗節死義之士，而受僞官者不可勝數。昔肅宗平賊，汚僞命者以六等定罪，宜倣之以厲士風。」六曰議戰，謂「軍政久廢，士氣怯惰，宜一新紀律，信賞必罰，以作其氣。」七曰議守，謂「敵情狡獪，獪音膾，亦狡也。勢必復來，宜於沿河、江、淮，措置控禦，以扼其衝。」八曰議本政，謂「政出多門，綱紀紊亂，宜一歸之中書，則朝廷尊。」九曰議久任，謂「靖康閒進退大臣太速，功效蔑著，宜愼擇而久任之，以責成功。」十曰議脩德，謂「上始膺天命，宜益脩孝悌恭儉，以副四海之望而致中興。」翌日，班綱議於朝，惟僭逆、僞命二事留中不出。

綱　以黄潛善爲門下侍郎。

綱　安置張邦昌于潭州，（見上長沙。）貶放其黨有差。

李綱劾張邦昌

呂好問附黃潛善持兩端

目 李綱以僭逆、僞命二事留中，言於帝曰：「二事，乃今日刑政之大者。邦昌當道君朝，（道君即徽宗。）在政府者十年，淵聖即位，首擢爲相，方國家禍難，金人爲易姓之謀，邦昌如能以死守節，推明天下戴宋之義，以感動其心，敵人未必不悔禍而存趙氏。而邦昌方以爲得計，偃然正位號，處宮禁，擅降僞詔，以止四方勤王之師。及知天下之不與，乃不得已，請元祐太后垂簾聽政，而議奉迎。邦昌僭逆始末如此，而議者不同，臣請以春秋之法斷之。夫春秋之法，人臣無將，將而必誅。（公羊傳莊公三十二年：「君親無將，將而誅焉。」）趙盾不討賊則書以弑君。（春秋宣公二年：「晉趙盾弑其君夷皐。」（見卷四周匡王六年九月紀。））今邦昌已僭位號，敵退而止勤王之師，非特將與不討賊而已。劉盆子以漢宗室爲赤眉所立，其後以十萬衆降，光武但待之以不死。（事見卷二十漢光武帝建武三年「馮異大破赤眉於崤底」目。）邦昌以臣易君，罪大於盆子，不得已而自歸，朝廷既不正其罪，又尊崇之，此何理也？陛下欲建中興之業，而尊崇僭逆之臣以示四方，其誰不解體！又僞命臣僚，一切置而不問，何以厲天下士大夫之節！」時執政中有議不同者，帝召黃潛善等語之，潛善主邦昌甚力，帝顧呂好問曰：「卿昨在圍城中知其故，以爲何如？」好問附潛善，持兩端。綱言：「邦昌僭逆，豈可留之朝廷，使道路指目曰『此亦一天子』哉！」因泣拜曰：「陛下必欲用邦昌，第罷臣。」帝頗感動。汪伯彥乃曰：「李綱氣直，臣等所不及。」帝乃出綱奏，責授邦昌昭化軍節度副使，潭州安置。幷安置王時雍、徐秉哲、吳幵、莫儔、李擢、孫覿於高、梅、永、全、柳、歸州，（高州治電白縣，在今廣東茂名縣東北。梅州治程鄉縣，即今廣東梅縣。永州治零陵縣，即今湖南零陵縣。全州治淸湘縣，即今廣西全縣。柳州治馬平縣，即今廣西柳州市。歸州治秭歸縣，即今湖北秭歸縣。）而顏博文、王紹以下論罪有差。

綱　贈李若水、霍安國、劉韐官，詔諸路訪死節之臣以聞。

綱　以李綱兼御營使。

規模　先務

目　綱既受命，拜謝，有旨兼充御營使。入對，言曰：「今國勢不逮靖康閒遠甚，然而可爲者，陛下英斷于上，羣臣輯睦于下，庶幾中興可圖，然非有規模而知先後緩急之序，則不能以成功。夫外禦強敵，內銷盜賊，脩軍政，變士風，裕邦財，寬民力，改弊法，省宂官，誠號令以感人心，信賞罰以作士氣，擇帥臣以任方面，選監司郡守以奉行新政，俟吾所以自治者，政事已脩，然後可以問罪金人，迎還二聖，此謂規模也。至於當急而先者，則在於料理河北、河東。蓋兩路，國之屏蔽，料理稍就，然後中原可保，而東南可安。今河東所失者恆、代、太原、澤、潞、汾、晉，（恆州當爲雲州，治雲中縣，即今山西大同市。代州治雁門縣，在今山西原平縣東北。太原府治陽曲縣，在今山西太原市東北。澤州治晉城縣，在今山西晉城縣東。潞州治上黨縣，即今山西長治市。汾州治西河縣，即今山西汾陽縣。晉州治臨汾縣，即今山西臨汾縣。河東三府十四州，時未陷者尚有絳、忻等八州。）河北所失者眞定、懷、衞、濬，（眞定府即恆州，治眞定縣，即今河北正定縣。懷州治河內縣，即今河南沁陽縣。衞州見上。濬州治三山縣，在今河南濬縣東南。河北三府十一州，時未陷者尙有雄、霸等十州。）其餘諸郡皆爲朝廷守。兩路士民兵將皆推豪傑以爲首領，多者數萬，少者不下萬人，朝廷不因此時置司遣使以大慰撫之，分兵以援其危急，臣恐糧盡力疲，坐受金人之困，雖懷忠義之心，危迫無告，必且憤怨朝廷，金人因得撫而用之，皆精兵也。莫若於河北置招撫司，河東置經制司，擇有材略者爲之，使宣諭天子恩德，所以不忍棄兩河於敵國之意。有能全一州復一郡者，以爲節度、防禦、團練使，如唐之方鎭，使自爲守，非惟絕其從敵之心，又可資其禦敵之力，使朝廷永無北顧之憂，最今日之先務也。」帝善其言，問誰可任者，綱薦張所、傅亮。亮，西人，習古兵法。綱與語，謂可爲大將，因奏用之。李綱又立軍法，五人爲伍，伍長以牌書同伍四人姓名；二十五人爲甲，甲正以牌書伍長五人姓名；百人爲隊，隊將以牌書甲正四人姓名；五百人爲部，部將以牌書隊將正副十人姓名；二千五百人爲軍，統制官以牌書部長正副十人姓名。命招置新軍及御營司兵，以此法團結，及詔陝西、山東諸路帥臣，並依此法，互相應援，有所呼召，使令按牌以遣。

李綱薦張所傅亮
李綱立軍法

綱 子旉生，旉音孚。大赦。

綱 還元祐黨籍及元符上書人官爵。

綱 以汪伯彥知樞密院事。

綱 遣宣義郎傅雱使金軍，雱音滂。通問二帝。

目 初，黃潛善白遣雱爲祈請使，又遣太常少卿周望爲通問使，俱未行。李綱上言：「堯、舜之道，孝弟而已。今日之事，正當枕戈嘗膽，晉劉琨與祖逖友，志在討逆，每枕戈待旦，曰：「恐祖生先我著鞭。」越王句踐臥薪嘗膽。內脩外攘，使刑政脩而中國彊，則二帝不俟迎請而自歸。不然，

巡社

雖冠蓋相望，卑辭厚禮，恐亦無益。今所遣使，但當奉表通問，致思慕之意可也。」帝從之，遂命綱草表，付雱以往，且致書於粘沒喝。

【綱】立沿河、江、淮帥府。從李綱請也。別置水軍，造舟江、淮諸州。

【綱】以張慤同知樞密院事，兼提舉戶部財用。

【目】初，慤爲計度都轉運使，帝爲大元帥，募諸道兵勤王。慤飛輓踵道，輓音挽，引車曰輓。建議印給鹽鈔以便商旅，不閱旬得緡錢五十萬以佐軍。緡音民，錢貫也。帝即位，以爲戶部尚書。至是，除同知樞密院事，兼提舉戶部財用。

慤建言：「三河之民，河南、河北、河東。怨敵深入骨髓，恨不殲殄其類以報國家之仇。請因唐人澤潞步兵雄邊子弟遺意，（事見卷五十二唐代宗永泰元年「以李抱眞爲澤潞節度使」目。）募民聯以什伍，而寓兵於農，使合力抗敵，謂之巡社。其法：五人爲甲，五甲爲隊，五隊爲部，五部爲社，皆有長。五社爲一都，社有正副，一都社有都副總首。甲長以上免身役，所結五百人以上，借補官有差。」論者以其法精詳，前此言民兵者皆莫之及。詔集爲書行之，隸安撫司。

【綱】呂好問罷知宣州。（治宣城縣，即今安徽宣城縣。）

【目】侍御史王賓論「好問嘗污僞命，不可立新朝。」帝曰：「邦昌僭號之初，好問募人齎帛書道京師內外之事；金人甫退，又遣人勸進。考其心迹，非他人比。」好問自慚，力求去，且言「邦昌僭號之時，臣若閉門潔身，實不爲難，徒以世被國恩，所以受賢者之責，冒圍齎書於陛下。」疏入，除資政殿學士，知宣州，以恩封東萊郡侯。（東萊郡即萊州，治掖縣，即今山東掖縣。）

宗澤疏諫和議

李綱舉宗澤守東京

綱 以宗澤爲東京留守。澤累表請帝還京師，不報。

目 澤在襄陽，聞黃潛善復倡和議，上疏曰：「自金人再至，朝廷未嘗命一將，出一師，但聞姦邪之臣朝進一言以告和，暮入一說以乞盟，終至二聖北遷，宗社蒙恥。臣意陛下赫然震怒，大明黜陟，以再造王室。今即位四十日矣，未聞有大號令，但見刑部指揮云：『不得謄播赦文於河之東西，陝之蒲、解。』（蒲即蒲州河中府，見上。解州治解縣，在今山西運城縣西南。）是褫天下忠義之氣，（褫音恥，奪也。）而自絕其民也。臣雖駑怯，當躬冒矢石，爲諸將先，得捐軀報國恩，足矣！」帝覽其言而壯之。及開封尹闕，李綱言：「綏復舊都，非澤不可。」乃以爲東京留守、知開封府。時敵騎留屯河上，金鼓之聲日夕相聞，而京城樓櫓盡廢，（櫓，城上望樓也。）兵民雜居，盜賊縱橫，人情洶洶。澤威望素著，既至，首捕誅舍賊者數人，下令曰：「爲盜者，贓無輕重悉從軍法。」由是盜賊屏息。因撫循軍民，脩治樓櫓，屢出師以挫敵，上疏請帝還京師。時眞定、懷、衞閒敵兵甚盛，方密脩戰具，爲入攻之計，澤以爲憂。乃渡河約諸將，共議事宜，以圖收復，而於京城四壁，各置使以領招集之兵。造戰車千二百乘，又據形勢立堅壁二十四所於城外，沿河鱗次爲連珠砦，連結河東、河北山水砦忠義民兵，於是陝西、京東、西諸路人馬咸願聽澤節制。澤又開五丈河以通西北商旅。守禦之具既備，累表請帝還京，而帝用黃潛善計，決意幸東南，不報。

宗澤用岳飛

秉義郎岳飛犯法將刑，澤一見奇之，曰：「將材也！」會金人攻汜水，（在今河南榮陽縣西北。）以五百騎授飛，使立功贖罪。飛大敗金人而還，升飛爲統制而謂之曰：「爾智勇材藝，古良將不能過，然好野戰，非萬全計。」因授飛陣圖。飛曰：「陣而後戰，兵法之常，運用之妙，在乎一心。」澤是其言，飛由此知名。

綱　金斡离不卒。斡离不聞帝即位，議歸上皇以講好，粘沒喝未之許。會其死，事遂中輟。蓋粘沒喝專權，吳乞買不能令，守虛位而已。

李綱請頒戰車之制

綱　詔諸路募兵買馬，勸民出財。

目　李綱言：「熙、豐閒，熙寧、元豐，俱神宗年號。內外禁旅五十九萬。今禁旅單弱，何以捍強敵而鎮四方！莫若取財於東南，募師於西北，若得數十萬，付諸將以時練之，不久皆成精兵，此最爲急務。」於是詔陝西、河北、京東、西路募兵十萬，更番入衛；河北西路括買官民馬，勸民出財助國。綱又言：「步不足以勝騎，騎不足以勝車。請以戰車之制，頒於京東、西路，使製造而教習之。」

岳飛請恢復中原

綱　以張所爲河北招撫使。

目　所招徠豪傑，擢王彥爲都統制。時岳飛上書言：「勤王之師日集，宜乘敵怠而擊之。黃潛善、汪伯彥輩不能承聖意恢復，奉車駕日益南，恐不足繫中原之望。願陛下乘敵穴未固，親率六軍北渡，則將士作氣，中原可復。」坐越職言事奪官。歸詣所，所以飛爲中軍

用兵先在定謀

統領，問之曰：「爾能敵幾何？」飛曰：「勇不足恃，用兵在先定謀。欒枝曳柴以敗荊，左傳僖公二十八年：「晉欒枝使輿曳柴而僞遁，楚師馳之，楚師敗績。」注：「曳柴起塵，詐爲衆走。」曳，牽也。荊，楚本號。莫敖采樵以致絞，左傳桓公十二年，「楚伐絞，莫敖屈瑕曰：『絞小而輕，輕則寡謀。請無扞采樵者以誘之。』明日絞人爭出，楚大敗之。」謂無以師扞衛采樵之人，以誘絞人之出。絞，小國。莫敖，楚官名。皆謀定也。」所矍然曰：矍然，驚顧貌。「君殆非行伍中人。」飛因說所曰：「國家都汴，恃河北以爲固，苟馮據要衝，馮音平。峙列重鎭，峙音雉，立也。一城受圍，則諸城或撓或救，金人不能窺河南，而京師根本之地固矣。招撫誠能提兵壓境，飛唯命是從。」所大喜，借補飛武經郎。

綱 秋七月，以王𤩽爲河東經制使，傅亮副之。又以錢蓋爲陝西經制使。

綱 以許翰爲尚書右丞。

綱 右諫議大夫宋齊愈以罪棄市。

目 齊愈附黃潛善、汪伯彥，上疏論李綱募兵、買馬、括財三事之非，不報。章擬再上，其鄉人嗛齊愈者，嗛同銜，恨也。竊其草示綱。時方論僭逆附僞之非，而齊愈實書邦昌姓名以示衆者，於是逮齊愈於獄。齊愈引伏，遂命戮於東市。

綱 以范致虛知鄧州。（治穰縣，在今河南鄧縣東南。）

目 李綱嘗言：「車駕巡幸之所，關中爲上，襄陽次之，建康爲下。陛下縱未能行上策，猶當且適襄、鄧，示不忘故都，以繫天下之心。不然，中原非復我有，車駕還闕無期矣。」帝乃諭兩京以還都之意，（兩京，東京開封，西京洛陽。）讀者感泣。

李綱諫幸東南

既而有詔欲幸東南避敵，綱極言其不可，且曰：「自古中興之主，起於西北，則足以據中原而有東南；起於東南，則不能復中原而有西北。蓋天下精兵健馬，皆在西北，若委中原而棄之，豈惟金人將乘閒以擾內地，盜賊亦將蜂起爲亂，跨州連邑，陛下雖欲還闕，不可得矣，況欲治兵勝敵，以歸二聖哉！夫南陽光武之所興，（南陽卽鄧州。光武時南陽治宛縣，卽今河南南陽市。）有高山峻嶺可以控扼，有寬城平野可以屯兵，西鄰關、陝可以召將士，東達江、淮可以運穀粟，南通荆、湖、巴、蜀可以取財貨，北距三都，可以遣救援。（兩京幷南京爲三都。）

李綱請暫幸南陽

暫議駐蹕，乃還汴都，策無出於此者。今乘舟順流而適東南，固甚安便，第恐一失中原則東南不能必其無事，雖欲退保一隅不可得也！況嘗降詔許留中原，人心悅服，奈何詔墨未乾，遽失大信。」帝乃許幸南陽，以范致虛知鄧州，脩城池，繕宮室，輸錢穀以實之。而汪伯彥、黃潛善陰主揚州之議。（揚州治江都縣，卽今江蘇揚州市。）或謂綱曰：「外論洶洶，咸謂東幸已決。」綱曰：「國之存亡於是焉分，吾當以去就爭之。」

綱　元祐太后如揚州。

目　帝從汪伯彥、黃潛善言，將幸揚州以避敵。詔副都指揮使郭仲荀奉太后先行，六官及衞士家屬皆從，遣使詣汴京迎奉太廟神主赴行在。

綱　閤門宣贊舍人曹勛以上皇手書至自金。

目　上皇在燕山，(遼舊都，在今北京市境內。)謂閤門宣贊舍人曹勛曰：「我夢四日並出，此中原爭立之象，不知中原之民尚肯推戴康王否？」因出御衣絹半臂，親書其領中曰：「便可卽眞，來救父母。」又諭勛曰：「如見康王，第言有淸中原之策，悉舉行之，毋以我爲念。」康王夫人邢氏，聞勛南還，亦脫所御金環，使內侍持付勛曰：「幸爲我白大王，願如此環，得早相見也。」勛遂閒行至南京，閒行，從微道而行。以御衣進。帝泣以示輔臣。勛因建議募死士入海，至金東境，奉上皇由海道歸。執政難之，出勛於外。

李綱黃潛善相

綱　八月，以李綱、黃潛善爲尚書左、右僕射兼門下、中書侍郎。

目　綱嘗侍帝，論及靖康時事，帝曰：「淵聖勤於政事，省覽章奏，至終夜不寐。然卒至播遷，何也？」綱對曰：「人主之職在知人。進君子，退小人，則大功可成；否則衡石程書無益也。」(見卷五十五唐憲宗元和元年「昔秦始皇以衡石程書」注。)因勉帝以明恕盡人言，恭儉足國用，英果斷大事。帝嘉納之。綱所論諫，其言切直，帝初無不容納；至是惑於黃潛善、汪伯彥之言，常留中不報。

綱　更號元祐太后曰隆祐太后。尚書省言「元」字犯后祖諱，請易以所居宮名，從之。

罷李綱

綱　召河東經制副使傅亮還行在。罷李綱提舉洞霄宮。

目　傅亮軍行十餘日，黃潛善等以爲逗遛，遛一作留。逗遛，曲行避敵也。令東京留守宗澤節制亮軍，卽日渡河。亮言措置未就而渡河，恐誤國事。李綱爲之請，潛善等不以爲然。綱言：「招撫、經制二司，臣所建明，而張所、傅亮，又臣所薦用。今黄潛善、汪伯彦沮所、亮，所以沮臣。臣每鑒靖康大臣不和之失，事未嘗不與潛善、伯彦議而後行，而二人設心如此，願陛下虚心觀之。」既而召亮赴行在，綱言：「聖意必欲罷亮，乞付黄潛善施行，臣得乞身歸田里。」綱退而亮竟罷。綱乃再疏求去，帝曰：「卿所爭細事，胡乃爾？」綱言：「方今人材，將帥爲急，恐非小事。臣昨議遷幸，與潛善、伯彦異，宜爲所嫉。然臣東南人，（李綱邵武人，即今福建邵武縣，故曰東南人。）豈不願陛下東下爲安便哉！顧一去中原，後患有不可勝言者！願陛下以宗社爲心，以生靈爲意，以二聖未還爲念，勿以臣去而改其議。臣雖去左右，不敢一日忘陛下。」泣辭而退。或曰：「公決於進退，於義得矣，如讒者何？」綱曰：「吾知盡事君之道，不可則全進退之節，患禍非所恤也！」會侍御史張浚劾綱以私意殺宋齊愈，且論其買馬、招軍之罪。潛善、伯彦等復力排綱，請帝去之，遂罷綱爲觀文殿大學士；浚論綱不已，乃落職，止提舉洞霄宫。凡在相位七十七日。綱罷，而招撫、經制司廢，車駕遂東幸，兩河郡縣相繼淪陷。（兩河，謂河北、河東。）凡綱所規畫軍民之政，一切廢罷。金兵益熾，關輔殘毁，而中原盗賊蜂起矣。

張浚劾李綱

綱 殺太學生陳東、布衣歐陽澈。澈音轍。

殺陳東歐陽澈

目 東自丹陽召至，（東，丹陽人，去年二月吴敏奏東爲士學録，東力辭歸。（丹陽縣，即今江蘇丹陽縣。））未得對，會李綱罷，乃上書乞留綱而罷黄潛善、汪伯彦；不報。又上疏請帝親征以還二聖，治諸將不進兵之罪以作士氣，車駕宜還京師勿幸金陵；（金陵即建康，見上。）又不報。

陳東從容就死

會撫州布衣歐陽澈徒步詣行在，伏闕上書，極詆用事大臣。潛善遽以語激怒帝，言「若不亟誅，將復鼓衆伏闕」。書獨下潛善所，府尹孟庾召東議事。東請食而行，手書區處家事，字書如平時，已，乃授其從者曰：「我死，爾歸，致此於吾親。」食已，如廁，（廁音次，溷池也。）吏有難色，東笑曰：「我陳東也，畏死即不敢言，已言肯逃死乎！」吏曰：「吾亦知公，安敢相迫！」頃之，東具冠帶出，別同邸，（邸音底，舍也。）乃與澈同斬於市。四明李猷贖尸瘞之。（瘞音意，埋也。）（四明，山名，在今浙江寧波市西北接餘姚縣界。）東初未識綱，特以國故，爲之死，識與不識皆爲流涕。

許翰罷

綱　許翰罷。

許翰著東澈哀辭

目　李綱罷，翰言：「綱忠義英發，舍之無以佐中興。今罷綱，臣留無益。」力求去，帝不許。及陳東見殺，翰謂所親曰：「吾與東皆爭李綱者，東戮於市，吾在朝堂可乎？」乃爲東、澈著哀辭，而八上章求罷，遂以資政殿大學士提舉洞霄宮。

綱　封子旉爲魏國公。

綱　安置河北招撫使張所于嶺南。（嶺南指今廣東。）

綱　都統制王彥等渡河，敗金人于新鄉，（即今河南新鄉市。）進次太行。（太行山，在今河南沁陽縣西北。）金人圍之，彥兵潰，走保共城。（縣名，即今河南輝縣。）

岳飛新鄉之捷

目　彥率岳飛等十一將，部七千人渡江，至新鄉，金兵盛，彥不敢進，飛獨引所部鏖戰，盡死殺人曰鏖。奪其纛而舞，諸軍爭奮，遂復新鄉。明日，戰於侯兆川，飛身被十餘創，士皆死戰，又敗之。會食盡，詣彥壁乞糧，彥不許。飛乃引兵益北，與金人戰於太行山，擒其將拓跋耶烏。居數日，又與敵遇，飛單騎持丈八鐵鎗，刺殺其將黑風大王，金人敗走。飛知彥不悅己，遂率所部復歸宗澤，澤復以爲統制。

彥以屢勝，因傳檄州郡。檄，徵兵之書。金人以爲大軍至，率騎數萬薄彥壘，薄，逼也。圍之數匝。彥以衆寡不敵，潰圍出走，諸將敗去。彥獨保共城西山，遣腹心結兩河豪傑圖再舉。金人購求彥急，購求，以財求也。彥慮變，夜寢屢遷。其部曲覺之，相率刺面作「赤心報國，誓殺金賊」八字，以示無他意。彥益感勵，撫愛士卒，與同甘苦。未幾，兩河響應，忠義民兵首領傅選、孟德、劉澤、焦文通等皆附之，衆十餘萬，綿亘數百里，皆受彥約束。金人患之，召其首領，俾以大兵破彥壘。首領跪而泣曰：「王都統砦堅如鐵石，未易圖也。」金人乃閒遣騎兵撓彥糧道，彥勒兵待之，斬獲甚衆。

侯兆川之捷　太行之捷　相率刺面作八字

綱　張邦昌伏誅。詔馬伸如潭州數邦昌之罪，賜死，并誅王時雍等。

誅張邦昌

綱　金盡陷河北州郡。

金陷河北

綱　冬十一月，帝如揚州。

高宗如揚州

目　先是黃潛善、汪伯彥力主幸東南，許景衡亦言：「建康天險可據。」帝從之，詔淮、浙沿海諸州，增脩城壁，招訓民兵，以備海道。又命揚州守臣呂頤浩繕脩城池。至是，諜者言金人欲犯江、浙，江南、浙江。詔暫駐淮甸，捍禦稍定，卽還京闕。宗澤上疏諫曰：「京師，天下腹心，不可棄也。昔景德閒契丹寇澶淵，王欽若江南人，勸幸金陵；陳堯叟閬中人，勸幸成都；惟寇準毅然請親征，卒用成功。」（契丹寇澶淵及真宗親征事，見卷六十六景德元年十一月。）因條上五事，其一言黄潛善、汪伯彦贊南幸之非。澤前後建議，輒爲汪、黄所抑，二人每見澤奏至，皆笑以爲狂。於是帝決意幸揚州。十月朔，帝登舟。

時兩河雖多陷於金，而其民懷朝廷恩，所在結爲紅巾，出攻城邑，皆用建炎年號，金人稍稍引去，及聞帝南幸，無不解體。澤復上疏言：「欲遣閭勍、王彦各統大軍盡平賊壘，望陛下早還京闕。臣之此舉，可保萬全。或姦謀蔽欺，未卽還闕，願陛下從臣措畫，勿使姦臣沮抑，以誤社稷大計！陳師鞠旅，詩小雅篇辭。鞠，告也。盡掃胡塵，然後奉迎鑾輿還京，以塞姦臣之口，以快天下之心。」帝優詔答之。

宗澤諫南幸

綱 十一月，竄李綱于鄂州。此黄、汪恐沮東南幸之謀也。（鄂州治江夏縣，卽今湖北武漢市武昌城。）

目 尋責授單州團練使，（單州治單父縣，卽今山東單父縣。）安置於萬安軍。（卽今廣東海南島萬寧縣。）

綱 遣朝奉郎王倫使金。

王倫使金

目 倫，旦之族孫也，家貧無行，爲任俠，往來京、洛閒，數犯法，幸免。至是，選能專對者使金問二帝起居，乃假倫刑部侍郎，充大金通問使，閤門舍人朱弁副之。弁音便。至雲中，

金遷二帝於霫郡

金陷西京

（雲中卽雲州，見上。）見粘沒喝議事。時金方大舉南下，倫邀說百端，粘沒喝不聽。

先是淵聖自雲中徙燕山，始與太上皇相見，居於愍忠寺。至是，並遷於霫郡。（當在今遼寧西遼河以北，內蒙古哲里木盟地。）霫，古溪國也，在燕山北千里。

綱　以張慤爲中書侍郎，顏岐、許景衡爲尙書左、右丞，郭三益同知樞密院事。

綱　十二月，金人分道入寇，遂陷西京；洛陽。留守孫昭遠走死，河東經制使王㜸引兵遁蜀。